21世纪 经济与管理精编教材·会计学系列

财务分析教程
（第二版）

Financial Analysis 2nd edition

朱学义 李文美 刘建勇 朱亮峰 ◎ 编著

图书在版编目(CIP)数据

财务分析教程/朱学义等编著.—2版.—北京:北京大学出版社,2014.2
(21世纪经济与管理精编教材·会计学系列)
ISBN 978-7-301-23753-3

Ⅰ.①财…　Ⅱ.①朱…　Ⅲ.①会计分析-高等学校-教材　Ⅳ.①F231.2

中国版本图书馆 CIP 数据核字(2014)第 014043 号

书　　　名	财务分析教程(第二版)
	CAIWU FENXI JIAOCHENG(DI-ER BAN)
著作责任者	朱学义　李文美　刘建勇　朱亮峰　编著
责 任 编 辑	刘誉阳　吕谦谦
标 准 书 号	ISBN 978-7-301-23753-3/F·3835
出 版 发 行	北京大学出版社
地　　　址	北京市海淀区成府路 205 号　100871
网　　　址	http://www.pup.cn
微信公众号	北京大学经管书苑(pupembook)
电 子 信 箱	em@pup.cn
电　　　话	邮购部 010-62752015　发行部 010-62750672　编辑部 010-62752926
印 刷 者	北京圣夫亚美印刷有限公司
经 销 者	新华书店
	787 毫米×1092 毫米　16 开本　26.25 印张　606 千字
	2009 年 7 月第 1 版
	2014 年 2 月第 2 版　2022 年 2 月第 4 次印刷
定　　　价	52.00 元

未经许可,不得以任何方式复制或抄袭本书之部分或全部内容。
版权所有,侵权必究
举报电话:010-62752024　电子信箱:fd@pup.pku.edu.cn
图书如有印装质量问题,请与出版部联系,电话:010-62756370

第2版前言

《财务分析教程》作为教育部高等学校"十一五"规划教材,自2009年7月第1版出版以来,分别于2010年2月、2012年1月进行了第2、3次印刷,销售总量已达11 000册。2010年5月,朱学义教授主讲的财务分析学被评为省级精品课程,2011年7月,朱学义教授等编著的《财务分析教程》被评为省级精品教材。

山东财经大学李恩柱教授在《会计之友》2010年第11期上发表本书书评"评《财务分析教程》的创新体系"认为,该书结构新、数据全、配套性强,实现了传统财务分析向突出现金流、战略财务、资本市场等现代财务分析内容的转变。至2012年年末,该书已被中国矿业大学、山东财经大学、江苏师范大学等10所高校作为优秀教材使用,还被江苏省物价局、江苏金海投资有限公司、河南神火煤电股份有限公司、山西三维华邦集团有限公司等23家企业选作现场会计人员以及会计实务人员后续教育和培训用教材,产生了良好的社会效应。

本书第二版修订突出了两大主体内容:一是将原教材中所列2004—2007年四年数据全部更新为2007—2011年五年数据;二是适应国家财税政策变化、会计准则变更进行了相关内容的修改,如营业税改增值税变化、利润表变革、长期股权投资核算变化等,都在本书中得到体现。

本书第二版第一章至第十章由朱学义教授编写,第十一章至第十四章由李文美副教授(博士)编写,第十五章至第十七章由朱学义教授编写,第十八章由刘建勇老师(博士)编写,书中习题及案例由朱亮峰编写,全书由朱学义教授总纂定稿。

由于编写时间仓促,水平有限,错误和不足之处,恳请广大读者批评指正。

编　者

2014年1月

前　言

财务分析课程有两种类型：一是财务分析学课程，它面向会计学专业学生单独开设，是在该专业学生掌握了会计各项基本知识的基础上开设的。二是财务报告分析课程，它面向非会计学专业学生，尤其是现场管理人员培训班单独开设，针对的是没有或有很少会计学专业基础知识的人员。非会计专业人员学习会计和会计专业人员学习会计是有不同的要求的。1995年8月，被煤炭部列入"八五"规划教材，由朱学义和周咏梅编著、机械工业出版社出版的《财务分析》，就是非会计专业人员通用的教材。它既适用于企业工程技术人员和经营管理人员的培训，也适用于高等学校经济管理类和理工文法类非会计学专业学生的教学。该书同《财务报告分析》相比，增加了会计基础知识、财务会计专业知识、财务管理相关知识等内容，其目的是要让非会计专业的各类人员了解国家的财经方针政策、财务会计法规制度，使其管理、决策行为符合国家规定；同时，了解会计的基本技术、会计信息的产生过程、会计基本术语的内容，最终能看懂会计报表，并利用会计报表及其有关资料进行专题分析和综合分析，提高生产经营管理和经济决策的主动性、科学性和效益性。

进入21世纪以来，笔者想把会计学专业和非会计学专业的财务分析课程打通，使之同时能满足本科学生、硕士研究生和博士研究生不同层次的教学需要，因此决定编著《财务分析教程》一书。本书分为三篇：第一篇"财务分析初级教程"，适合各类专业人员学习；第二篇"财务分析中级教程"，适合会计学专业学生和经济管理其他各类专业硕士研究生或人员学习；第三篇"财务分析高级教程"，适合管理学科博士研究生学习。笔者的这种设计得到了社会的认可，《财务分析教程》不仅被教育部列为高等学校"十一五"规划教材，而且还被江苏省列为省级精品教材予以立项资助。

本教材以国际、国内科学的会计理论、会计标准和会计方法为指导，以我国《企业会计准则》体系为依据，适应我国会计改革和税制改革的需要，从理论和实际的结合上阐述了《财务分析教程》的初级、中级和高级内容。本教材具有五大特色：

(1) 内容新颖。集中体现在两方面：一是及时反映了我国经济管理体制改革的实际，尤其是我国会计改革、税制改革的实际，保证了教材内容的与时俱进。二是兼顾了会计改革发展的国际趋向，力求同国际惯例接轨，主要突出我国已有定论和已经作出统一规定的具有较强生命力的内容，对我国目前尚未出现、未来必然出现的内容借鉴国际会计准则处理，充分体现了教材内容的先进性，如对我国目前尚未出现的、将来预计会出现的"现金折扣"等内容也进行了介绍。

(2) 高度概括。融会计学专业五门主干课(基础会计、财务会计、成本会计、财务管理、管理会计)核心内容于一体，并对其进行提炼、总纂，形成新的分析系统。

(3) 语言平实。不拘泥于会计凭证、账簿具体操作的圈子，主要让非会计专业人员了解会计的处理过程和数据的来龙去脉,能够掌握会计的基本知识。通过学习本书,不仅学校的学生能够掌握这些知识的精华内容,而且企业的厂长、经理以及供销、计划、统计、劳资、储运等生产经营过程中的管理人员、工程技术人员也能掌握会计核算知识,用于他们的具体决策。

(4) 由浅入深。首先,在内容安排上先阐述会计基础知识,再阐述会计专题分析内容,最后阐述会计综合分析内容;其次,在篇章结构上做到先写"财务分析**初级**教程",再写"财务分析**中级**教程",最后写"财务分析**高级**教程",突出了会计技术的逐渐深入,以便适应各类专业的本专科学生、硕士研究生、博士研究生及社会各类培训人员的教学和学习。

(5) 配备案例。运用上市公司和其他典型企业的财务报表数据及其他财务活动事件作案例,帮助读者理解、消化财务分析原理,更有效地解决现实问题。

本书第一至十章由朱学义教授编写,第十一至十四章由李文美副教授(博士)编写,第十五至十七章由朱学义教授编写,第十八章由刘建勇老师(博士)编写,书中习题及案例由朱亮峰编写,全书由朱学义教授总纂定稿。

由于编写时间仓促,编者水平有限,错误和不足之处,在所难免,恳请广大读者批评指正。

编 者

2009 年 1 月

目 录

第一篇 财务分析初级教程

第一章 总论 (3)
    第一节 财务分析的概念 (3)
    第二节 财务分析的对象 (4)
    第三节 财务分析的依据 (6)
    第四节 财务分析的种类和方法 (28)
    习题一 (31)
    习题二 (31)

第二章 流动资产 (35)
    第一节 货币资金 (35)
    第二节 交易性金融资产 (41)
    第三节 应收款项 (45)
    第四节 存货 (59)
    习题三 (69)
    习题四 (71)
    习题五 (71)
    案例一 (72)
    习题六 (72)

第三章 非流动资产 (74)
    第一节 非流动资产投资 (74)

第二节　固定资产 ·· (86)
　　第三节　其他长期资产 ·· (96)
　　习题七 ·· (101)
　　习题八 ·· (101)
　　习题九 ·· (103)
第四章　负债 ·· (104)
　　第一节　流动负债 ·· (104)
　　第二节　长期负债 ·· (114)
　　习题十 ·· (124)
　　习题十一 ·· (124)
第五章　成本和费用 ··· (126)
　　第一节　产品成本与生产费用 ··· (126)
　　第二节　产品制造成本 ·· (128)
　　第三节　期间费用 ·· (132)
　　第四节　成本和费用的分析 ··· (134)
　　习题十二 ·· (139)
第六章　收入和利润 ··· (141)
　　第一节　收入 ·· (141)
　　第二节　利润 ·· (148)
　　第三节　利润的分析 ·· (161)
　　习题十三 ·· (167)
　　案例二 ·· (168)
第七章　所有者权益 ··· (169)
　　第一节　实收资本 ·· (169)
　　第二节　资本公积 ·· (173)
　　第三节　盈余公积 ·· (175)
　　第四节　未分配利润 ·· (176)
　　习题十四 ·· (178)
第八章　会计报表 ··· (179)
　　第一节　会计报表概述 ·· (179)
　　第二节　财务报表 ·· (181)
　　第三节　成本报表 ·· (193)
　　第四节　财务指标分析 ·· (199)
　　习题十五 ·· (234)
　　案例三 ·· (236)

第二篇 财务分析中级教程

第九章 流动资产专题分析 (241)
- 第一节 货币资金专题分析 (241)
- 第二节 交易性金融资产专题分析 (248)
- 第三节 应收账款专题分析 (252)
- 第四节 存货专题分析 (258)
- 习题十六 (264)

第十章 非流动资产专题分析 (266)
- 第一节 固定资产专题分析 (266)
- 第二节 智力投资专题分析 (274)
- 第三节 投资性房地产专题分析 (281)
- 习题十七 (284)

第十一章 负债专题分析 (285)
- 第一节 流动负债专题分析 (285)
- 第二节 长期负债专题分析 (287)
- 习题十八 (289)

第十二章 经营业绩专题分析 (291)
- 第一节 弹性预算法下业绩评价专题 (291)
- 第二节 成本差异专题分析 (295)
- 第三节 市场占有率专题分析 (299)
- 习题十九 (300)

第十三章 所有者权益专题分析 (301)
- 第一节 资本保值增值分析 (301)
- 第二节 上市公司股东权益分析 (306)
- 习题二十 (309)

第十四章 财务综合分析 (311)
- 第一节 杜邦财务分析 (311)
- 第二节 沃尔评分分析 (319)
- 第三节 能力指标综合分析 (321)
- 第四节 资本绩效综合分析 (324)
- 第五节 经济效益综合分析 (339)
- 习题二十一 (344)
- 案例四 (346)

第三篇　财务分析高级教程

第十五章　资金流动分析 ……………………………………………………（349）
　　第一节　资金流动分析概述 ……………………………………………（349）
　　第二节　融资资金流动分析 ……………………………………………（350）
　　第三节　运营资金流动分析 ……………………………………………（353）

第十六章　企业价值评估分析 …………………………………………………（357）
　　第一节　企业价值评估概述 ……………………………………………（357）
　　第二节　现金流量折现法 ………………………………………………（360）
　　第三节　经济利润法 ……………………………………………………（366）
　　第四节　相对价值法 ……………………………………………………（368）

第十七章　期权估价 ……………………………………………………………（376）
　　第一节　期权的基本概念 ………………………………………………（376）
　　第二节　期权价值评估的方法 …………………………………………（378）

第十八章　会计实证研究与实证分析 …………………………………………（383）
　　第一节　实证研究法 ……………………………………………………（383）
　　第二节　实证分析法 ……………………………………………………（384）
　　第三节　上市公司实证研究分析法的应用 ……………………………（389）
　　案例五 ……………………………………………………………………（408）

参考文献 …………………………………………………………………………（410）

第一篇　财务分析初级教程

第一章　总论

第二章　流动资产

第三章　非流动资产

第四章　负债

第五章　成本和费用

第六章　收入和利润

第七章　所有者权益

第八章　会计报表

第一章 总论

第一节 财务分析的概念

一、财务

所谓财务,是指国民经济各部门、各单位中财务活动和财务关系的总称。财务活动是指企业、机关、事业单位或其他经济组织中有关资金的筹集、投放、耗费、收入和分配的活动。例如,企业通过吸收投资者投资、向债主借款等方式筹集资金,然后投放到劳动资料(如购买机器设备、兴建房屋或其他建筑物等)和劳动对象(如购买材料等)及其他方面,随着生产或经营活动的进行,发生材料、工资等耗费,再通过产品(商品)的销售取得收入,并补偿耗费,计算利润,进行利润的分配。这些有关钱财(财产物资)变动的经济活动,也称资金运动。财务关系是指企业、机关、事业单位或其他经济组织在财务活动中形成的与各有关方面的经济关系,包括与投资者和受资者(企事业等单位把资金投放到其他单位,接受投资的单位称为受资者)发生的投资和获取投资收益的关系,与银行发生的存贷关系,与客户发生的购销往来关系,与其他债权(务)人发生的借债和还本付息的关系,与税务机关发生的缴税和收税的关系,与本单位内部部门发生的内部结算关系,与本单位内部职工发生的劳动成果分配关系。组织财务活动、处理财务关系的一系列经济管理工作,统称为财务管理。需要指出的是,狭义的财务概念,通常是指筹资或理财。

财务按其主体的不同,分为宏观财务和微观财务两个方面。宏观财务是指以国家为主体、以国有经营资金运动为内容的有关社会资金分配与再分配的经济活动及其形成的宏观调控关系;微观财务则是指企业和行政事业单位的财务。本书主要论述企业财务的有关问题。

二、财务分析

企业财务分析是对企业一定时期内财务活动的过程和结果进行剖析。其过程是:收集企业各个部门、各个方面、各种因素变化产生的大量的经济数据,同企业财务计划或预算进行对比,找出差距,揭示主要问题,再通过对数据进行进一步加工,求出新的数据,找出主要问题的影响因素,作出有事实根据的评价,并对企业的前景作出预计,相应提出对策。因此,财务分析的工作程序可概括为三步:一是占有资料,进行对比;二是进行因素分析,抓住关键问题;三是总结评价过去,提出未来措施。

需要指出的是,对财务报告进行分析,虽然是财务分析的重点,但不是财务分析的全部内容。因为财务报告仅仅是财务活动的结果,财务分析不仅要分析财务活动的结果,而且要分析财务活动的过程。

第二节 财务分析的对象

财务分析的对象是社会再生产过程中能用货币表现的经济活动及其财务指标体系。

一、社会再生产过程中的经济活动

社会再生产过程是由生产、分配、交换和消费四个相互联系的环节所构成的,它包括各种各样的经济活动,但就会计而言,它只衡量其中能用货币表现的经济活动。下面以工业企业为例予以说明。

工业企业通过吸收投资、取得借款等方式筹集资金后,就进入了正常的生产经营过程,其经济活动可以分为供应、生产和销售三个主要阶段。供应阶段是生产的准备阶段,主要是购买劳动对象作为生产的储备。在供应过程中,购买单位购买材料,发生运输、装卸等费用,要向供货单位及其他有关单位支付货款。当购入的材料验收入库时,供应阶段结束。在这个阶段中,货币资金通过材料采购,转化为储备资金。生产阶段是工业企业最重要的阶段。在生产过程中,材料仓库储备的材料根据生产需要被投入生产,工人借助于劳动资料把劳动对象(材料)加工成产品。一方面,生产资料的价值(机器设备等固定资产的磨损价值和材料消耗价值)转入产品成本,另一方面,支付的工资、水电等费用也转入产品成本。当生产的产品完工验收入库时,生产阶段结束。在这个阶段中,储备资金随着生产的进行转化为生产资金;待产品制造完成入库时,生产资金又转化为成品资金。销售阶段的主要活动是把企业生产的产品销售出去,取得销售收入。在销售过程中,企业要发生销售费用,并要向国家缴纳税金;企业各种生产耗费及其支出都要从销售收入中得到补偿,补偿后要确定利润,进而进行利润分配。当产品库的产成品被销售出去,并收回货款时,成品资金转化为货币资金,销售阶段结束。

企业在生产经营过程中,为了获取更大利益或为了达到其他目的,还将资金投放到其他单位,如购买其他单位的股票、债券或用货币、材料、产品、固定资产等直接向其他单位投资,以获得投资收益,增加货币资金。这种投资收益同生产经营收益一样,构成了企业利润的组成部分。

上述供、产、销过程可简括表示如图1-1所示。

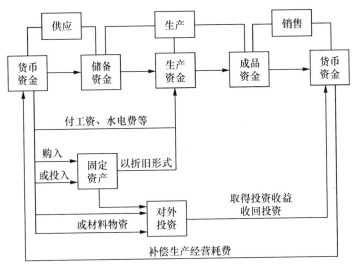

图1-1 供、产、销经营过程图

二、企业的财务指标体系

（一）单项财务指标

单项财务指标是反映企业某个方面的财务指标，它分为静态指标和动态指标两类。静态指标是反映企业某个时点（如月末、季末、年终）生产经营状况的指标。例如，具体某一天，企业有多少货币资金，有多少售出产品未收款（应收账款），有多少材料、产品存货，有多少固定资产价值，有多少对外投资的资金，有多少债务未还（负债），等等。这些指标从静态上反映了企业的资金分布状况。动态指标是反映企业一定时期（如一个月、一个季度、一年）生产经营状况的指标。例如，年度内取得的销售收入是多少，发生的成本费用是多少，实现的利润总额是多少，等等。企业利用单项财务指标可进行单方面分析、评价，例如可进行货币资金分析、应收账款分析、存货分析、固定资产分析、对外投资分析、成本费用分析、经营成果分析等。

（二）综合财务指标

综合财务指标是利用多个单项财务指标进行计算得出的复合指标，它主要分为以下三类：

（1）反映资金结构的指标。资金结构是指某项资金占某类（或全部）资金的比例，如固定资产占用率，是固定资产价值合计占资产总额的比例。

（2）反映偿债能力的指标。例如，资产负债率是负债总额占资产总额的比例。此比例过大，超过承受能力，就存在还不起债的风险。

（3）反映盈利能力的指标。例如，资产利润率，是利润总额占资产总额的比例。此比例越大，表示企业资产的利用效率越高。

第三节 财务分析的依据

财务分析的主要依据是会计核算资料。会计核算提供的财务指标是否先进合理,主要依据于财务计划。分析财务计划和财务指标的完成情况,最根本的是要看国家的方针、政策和财经法规制度执行得如何。因此,财务分析要以国家财会法规制度、企业财务计划和会计核算信息为依据。

一、财会法规制度

(一)《中华人民共和国会计法》

《中华人民共和国会计法》(以下简称《会计法》)是会计工作的准绳、依据和总章程,是一切会计法规、制度的"母法"。1985年1月21日,第六届全国人民代表大会常务委员会第九次会议通过了《中华人民共和国会计法》,该法从1985年5月1日起施行。1993年12月29日,第八届全国人民代表大会常务委员会第五次会议通过了《关于修改〈中华人民共和国会计法〉的决定》,对《中华人民共和国会计法》(以下简称《会计法》)部分条款进行了修改。1999年10月31日,第九届全国人民代表大会常务委员会第十二次会议又对《会计法》进行了修订。1999年10月31日修订、2000年7月1日实施的《会计法》由总则、会计核算、会计核算的特别规定、会计监督、会计机构和会计人员、法律责任、附则共七章五十二条组成。它同所有法律规范一样,包括:

(1)假定。即阐述《会计法》的适用条件和情形,也就是说《会计法》所要禁止的行为,应当在什么条件和情况下以及对什么人才能适用。

(2)处理。即指明《会计法》规定的法律规范的具体内容,也就是说《会计法》允许做什么,不允许做什么,要求什么行为,禁止什么行为。

(3)制裁。即指明违反《会计法》将要引起的法律后果。制定《会计法》的目的是规范会计行为,保证会计资料真实、完整,加强经济管理和财务管理,提高经济效益,维护社会主义市场经济秩序。《会计法》所要解决的核心问题就是进行会计核算,实行会计监督。

(二)会计准则

会计准则是进行会计工作的规范,是处理会计业务和评价会计资料质量的准绳,也称"会计标准"。会计准则可由政府主管会计工作的机关(如我国的财政部)制定,也可由法律授权制定会计法规的机构支持的民间权威会计组织(如美国证券交易委员会支持的美国财务会计准则委员会)制定。会计准则一般分为企业会计准则、非营利单位会计准则和政府会计准则等几类。企业会计准则分为企业基本会计准则和具体会计准则两个层次。我国企业会计准则体系由企业会计基本准则、企业会计具体准则和企业会计准则应用指南三部分组成。

1. 基本会计准则

基本会计准则简称基本准则。它是进行会计核算工作必须共同遵守的基本要求,包括会计核算的基本前提、会计核算的一般原则、会计对象要素核算和会计报表编制的基本要求四项内容。基本准则的特点是覆盖面广、概括性强，又可称为指导性准则。在我国，1992年11月30日财政部颁布的自1993年7月1日起施行的《企业会计准则》，是企业会计的基本准则，2006年又对其进行了修改，冠以《企业会计准则——基本准则》的名称发布，从2007年1月1日起实施。2011年10月18日，财政部颁布《小企业会计准则》，2013年1月1日实施。1997年5月，财政部颁布了《事业单位会计准则（试行）》，这是事业单位会计的基本准则，自1998年1月1日起施行。2012年12月5日，中华人民共和国财政部部务会议修订通过了《事业单位会计准则》，分总则、会计信息质量要求、资产、负债、净资产、收入、支出或者费用、财务会计报告、附则共9章49条，自2013年1月1日起施行，同时废止1997年5月28日财政部印发的《事业单位会计准则（试行）》。

《企业会计准则——基本准则》包括以下五部分内容：

（1）会计核算的基本前提。即对会计实践的一定环境、一定对象与控制手段作出判断与限定，也称会计假设。要进行会计核算，首先要明确会计为之服务的特定单位，这就产生了"会计主体"（或"记账主体"）的假设。其次，会计核算要以企业持续、正常的生产经营活动为前提，这就产生了"持续经营"的假设。再次，会计核算应当划分会计期间，分期结算账目和编制会计报表，这就产生了"会计分期"的假设。会计期间分为会计年度（以一年为一个会计期间，如我国规定公历1月1日至12月31日为一个会计年度）、会计季度（以一季为一个会计期间）、会计月度（以一个月为一个会计期间）。最后，会计核算要以货币为主要计量单位，这就产生了"货币计量"的假设。

（2）会计核算的一般原则。即反映社会化大生产和社会主义市场经济对会计核算基本要求以及体现会计核算一般规律的规范。我国会计核算的一般原则紧紧围绕"会计信息质量要求"展开，分为八项：① 客观性原则。指会计核算必须以实际发生的经济业务及证明经济业务发生的合法凭证为依据，如实反映财务状况和经营成果。客观性原则有三层含义：真实性、可靠性、可验证性（含完整性）。强调客观性原则，就是要使会计核算做到内容真实、数字准确、资料可靠。② 相关性原则。指会计提供的资料必须与使用者的决策需要相关联。具体体现在两方面：一是企业提供的会计信息应当与财务会计报告使用者的经济决策需要相关；二是会计信息应当有助于财务会计报告使用者对企业过去、现在或者未来的情况作出评价或者预测。③ 明晰性原则。指会计信息必须清晰、简明，便于理解和使用，也称可理解性原则。④ 可比性原则。指会计核算必须按规定的会计处理方法进行，提供相互可比的会计信息。它有两层含义：一是同一企业不同时期的会计信息可比。它要求企业选择的会计政策和会计处理方法要前后一致，不得随意变更。如有必要变更，应将变更的情况、变更的原因及其对单位的财务状况和经营成果的影响，在财务报告附注中说明。只有做到前后一贯，会计提供的企业不同时期的信息才能进行有效的比较。二是不同企业相同会计期间的会计信息可比。它要求企业要按国家统一规定进行核算，运用的会计指标口径要一致。这样，不同企业提供的会计信息才能在不同企业之间进行比较、分析和评价，国家也才能有效地汇总会计数据，满足国民经济宏观管理和调控的需要。⑤ 及时性原则。指会计业务的处理必须及时进行，以便会计信息得到及时利用。⑥ 谨慎性原则。亦称稳健性原则、保守性原则或审慎原则，是指对于具有估计性质的会计事项应当谨慎从事，不应高估资产或者收益，也不应低估负债或者费用。例如,对应收账款提取坏账准备,固定资产采用加速折旧法,存货计价采用成本与可变现净值孰低法,或有事项的确认等,都是谨慎性原则的体现。⑦ 重要性原则。指会计在全面反映企业财务状况和经营成果的基础上,对于影响决策的重要经济业务,应当分别核算,分项反映,力求翔实、准确,对于较次要的会计事项,应适当简化,合并反映。⑧ 实质重于形式的原则。指经济实质重于具体表现形式,它要求企业应当按照交易或事项的经济实质进行会计确认、计量和报告,而不应当仅仅以交易或者事项的法律形式为依据。在实际工作中,交易或事项的外在法律形式或人为形式并不总能完全反映其实质内容,会计必须根据交易或事项的实质和经济现实,而不能仅仅根据它们的法律形式进行核算和反映。例如,以融资租赁方式租入的资产,虽然从法律形式来讲承租企业并不拥有其所有权,但是由于租赁合同中规定的租赁期相当长,接近于该资产的使用寿命,租赁期结束时承租企业有优先购买该资产的选择权,在租赁期内承租企业有权支配资产并从中受益,所以,从其经济实质来看,企业能够控制其创造的未来经济利益,在会计核算上将把融资租赁方式租入的资产视为承租企业的资产进行账务处理。

(3) 会计确认和计量的基本要求。① 会计确认的基本要求。会计确认,指对经济业务是否作为会计要素正式加以记录和报告所做的认定,包括会计记录的确认和编制会计报表的确认。会计确认的基础是权责发生制。① 权责发生制是指凡是当期已经实现的收入和已经发生的或应当负担的费用,不论款项是否收付,都应作为当期的收入和费用处理,凡是不属于当期的收入和费用,即使款项已在当期收付,都不应作为当期的收入和费用处理。也就是说,它以权利和责任的发生与转移作为收入和费用发生的标志,而不以款项是否收付作为收入与费用发生登记入账的依据。我国《企业会计准则——基本准则》第九条规定:"企业应当以权责发生制为基础进行会计确认、计量和报告。"采用权责发生制有助于正确计算企业的经营成果。与权责发生制相对称的概念是收付实现制。收付实现制是以款项的实际收到和付出作为收入和费用发生的标志,并据以入账,而不论权利和责任是否发生与转移。我国企业采用权责发生制记账,采用收付实现制编制现金流量表;行政单位会计目前采用收付实现制记账;事业单位会计除经营业务可以采用权责发生制外,其他大部分业务采用收付实现制。② 会计计量的基本要求。会计计量是指对经济业务的数量关系进行计算和衡量,其实质是以数量(主要是以货币表示的价值量)关系揭示经济事项之间的内在联系。会计计量包括计量单位的应用和计量属性的选择两个基本要素。计量单位包括名义货币量度单位(如美元、人民币元等)和不变购买力货币单位(如不变美元等)。计量属性"是指被计量客体的特性或外在表现形式"②。我国《企业会计准则——基本准则》第四十一条规定,会计计量属性主要包括"历史成本"、"重置成本"、"可变现净值"、"现值"和"公允价值"。"企业在对会计要素进行计量时,一般应当采用历史成本,采用重置成本、可变现净值、现值、公允价值计量的,应当保证所确定的会计要素金额能够取得并可靠计量。"可见,历史成本是会计主要的计量属性。

---

① 中国财政经济出版社2002年出版的冯淑萍主编的《简明会计辞典》第25页指出:"权责发生制从时间上确定了会计确认的基础"。

② 葛家澍等主编:《会计大典(第一卷)——会计理论》,中国财政经济出版社1998年版,第251页。

(4) 会计要素准则。即会计核算中对会计对象各类具体内容(会计要素)进行确认、计量、记录和报告时应当遵循的基本要求。例如,对什么叫资产,它包括哪些内容,各项内容按什么价值列账,又怎样在会计报表中列示等,会计基本准则中均作出了明确规定。

(5) 会计报表的基本内容。例如,《企业会计准则——基本准则》第四十四条规定:"会计报表至少应当包括资产负债表、利润表、现金流量表等报表。"

2. 具体会计准则

具体会计准则简称具体准则。它是在基本准则基础上进一步作出具体规定的准则,包括各行业共同经济业务准则、特殊经济业务准则和会计报表准则三大类。具体准则的特点是针对性强和便于操作,又可称为应用性准则。我国企业具体会计准则的项目目前有 39 项(1—39 号),它们分别是:存货、长期股权投资、投资性房地产、固定资产、生物资产、无形资产、非货币性资产交换、资产减值、职工薪酬、企业年金基金、股利支付、债务重组、或有事项、收入、建造合同、政府补助、借款费用、所得税、外币折算、企业合并、租赁、金融工具确认和计量、金融资产转移、套期保值、原保险合同、再保险合同、石油天然气开采、会计政策会计估计变更和差错更正、资产负债表日后事项、财务报表列报、现金流量表、中期财务报告、合并财务报表、每股收益、分部报告、关联方披露、金融工具列报、首次执行企业会计准则、公允价值计量。

3. 企业会计准则应用指南

企业会计准则应用指南对企业会计准则的具体应用作出了指导性和示范性的规定,主要包括对会计准则作出解释、规定会计核算所设置的会计科目、规定主要账务处理等。2006 年 10 月 30 日,财政部发布了《企业会计准则——应用指南》,自 2007 年 1 月 1 日起施行。

4. 企业会计准则解释

企业会计准则解释是企业会计准则在实施过程中对遇到的具体问题或深度问题所作的解释。它和国际财务报告准则体系中的"解释公告"相互对应。截至 2012 年年底,财政部已发布企业会计准则解释第 1—5 号。

(三) 财务通则

财务通则是开展财务活动、进行财务管理必须遵循的基本原则和规范,是财务制度体系中的基本法规,是制定企业内部财务管理制度的纲领性文件。我国的财务通则分别从企业、事业单位、金融企业的角度进行了规范。1992 年 11 月 30 日,财政部令第 4 号发布了《企业财务通则》,自 1993 年 7 月 1 日起施行。2006 年 12 月 4 日,财政部又对《企业财务通则》进行了修订,自 2007 年 1 月 1 日起施行。1996 年 10 月 22 日,财政部令第 8 号发布了《事业单位财务规则》,自 1997 年 1 月 1 日起施行。2006 年 12 月 7 日,财政部令第 42 号发布了《金融企业财务规则》,自 2007 年 1 月 1 日起实施。

财务通则不同于规范会计核算行为的会计准则,它是加强财务管理、规范财务行为、保护企事业单位及其相关方的合法权益的规范。财务通则主要从资金筹集、资产营运、成本控制、收益分配、信息管理、财务监督等财务要素方面规范企业财务行为,促使企事业单位的财务管理走向规范化、科学化、法制化、信息化和效益化。

二、会计信息

会计是以货币计量为基本形式,采用专门方法,对经济活动进行核算和监督的一种管理活动。会计的主要目的是为各个信息使用者提供经济和财务决策的有用信息。会计信息是会计分析的直接依据。

（一）会计信息的内容

会计信息包括能用货币表现的历史信息（或称财务信息）和用非货币表现的未来信息（或称非财务信息）。其中，财务信息是会计的主要信息，它分为财务状况信息和经营成果信息两部分。

1. 财务状况信息

财务状况信息是反映财务状况要素的信息。财务状况要素是会计对象要素（简称会计要素）的首要内容，它由以下三大要素组成：

（1）资产。资产是指过去的交易或事项形成的、由企业拥有或者控制的、预期会给企业带来经济利益的资源，包括各种财产、债权（对债务人所欠债务有收回的权利称为债权）和其他权利。所谓经济利益，是指直接或间接流入企业的现金或现金等价物。资产按流动性质分为流动资产和非流动资产两部分。流动资产是指可以在一年或超过一年的一个营业周期内变现或耗用的资产，包括货币资金、银行存款、交易性金融资产、应收及应付款项、存货等；不符合上述条件的均为非流动资产，包括可供出售金融资产、持有至到期投资、长期股权投资、投资性房地产、固定资产、无形资产及其他资产等。资产的分类如图1-2所示。

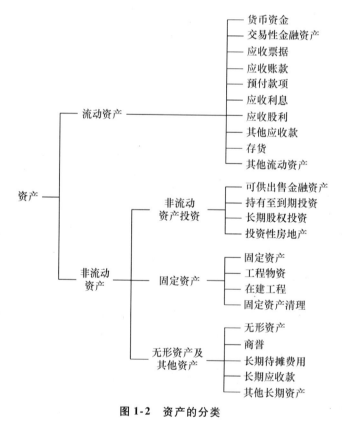

图1-2 资产的分类

（2）负债。负债是指企业过去的交易或者事项形成的、预期会导致经济利益流出企业的现时义务。负债分为流动负债和长期负债两类。流动负债是指将在一年（含一年）或者超过一年的一个营业周期内偿还的债务，包括短期借款、交易性金融负债、应付票据、应付账款、预收款项、应付职工薪酬、应交税费、应付利息、应付股利、其他应付款、其他流动负债等；长期负债，亦称"非流动负债"，是指偿还期在一年或者超过一年的一个营业周期以上的债务，包括长期借款、应付债券、长期应付款、专项应付款、预计负债、其他长期负债等。负债的分类如图1-3所示。

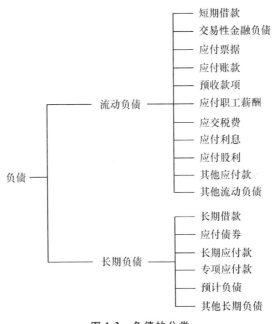

图1-3 负债的分类

（3）所有者权益。所有者权益是指企业资产扣除负债后由所有者享有的剩余权益。股份公司的所有者权益又称为股东权益。所有者权益的来源包括所有者投入的资本、直接计入所有者权益的利得和损失、留存收益等。直接计入所有者权益的利得和损失，是指不应计入当期损益、会导致所有者权益发生增减变动的、与所有者投入资本或者向所有者分配利润无关的利得或者损失。利得是指由企业非日常活动所形成的、会导致所有者权益增加的、与所有者投入资本无关的经济利益的流入。损失是指由企业非日常活动所发生的、会导致所有者权益减少的、与向所有者分配利润无关的经济利益的流出。列入资产负债表的所有者权益项目有以下四项：

① 实收资本（或股本）。它是投资者按企业章程或合同、协议的约定，实际投入企业的资本。在股份制企业，实收资本称为股本。实收资本包括国家资本（国家投入企业的资本）、法人资本（具有法人资格的企业、事业单位和社会团体依法将可支配的、允许用于经营的资产投入企业形成的资本）、个人资本（自然人以其个人合法财产投入企业的资本）和外商资本（外商投入企业的资本）四部分。投资者向企业投入资本，必须在工商行政管理部门进行登记注册。投资者投入的资本全部到位后就和注册资本一致。

② 资本公积。是投资者或者他人投入到企业、所有权归属于投资者、并且金额超过法

定资本部分的资本或者资产。资本公积包括资本溢价(或股本溢价)、其他资本公积等。

③ 盈余公积。是企业从盈利中提取的各种公积金,包括法定盈余公积、任意盈余公积两部分。

④ 未分配利润。是企业实现的净利润经过弥补亏损、提取盈余公积和向投资者分配利润后留存在企业的、历年结存的利润。未分配利润通常用于留待以后年度向投资者进行分配。

以上盈余公积和未分配利润统称为留存收益。所有者权益分类如图1-4所示。

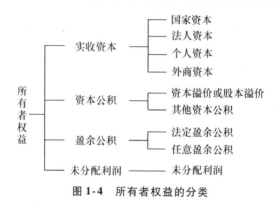

图 1-4 所有者权益的分类

2. 经营成果信息

经营成果信息是反映经营成果要素的信息。经营成果要素同财务状况要素构成了会计对象要素。经营成果要素由以下三大要素组成。

(1) 收入。收入是指企业在日常活动中形成的、会导致所有者权益增加的、与所有者投入资本无关的经济利益的总流入,包括主营业务收入和其他业务收入两部分,统称为营业收入。

(2) 费用。我国《企业会计准则——基本准则》定义的费用概念是:"费用是指企业在日常活动中发生的、会导致所有者权益减少的、与向所有者分配利润无关的经济利益的总流出。"费用的处理可以对象化,也可以期间化。对象化的费用(包括产品生产或提供劳务时发生的直接材料、直接人工、制造费用等)形成产品成本或劳务成本,在确认其收入时将已销产品或已提供劳务的成本计入当期损益。费用不能归属产品、劳务等核算对象的,应该直接计入当期损益。直接计入期间损益的费用有销售费用、管理费用、财务费用、营业税金及附加、资产减值损失、所得税费用等。

国际会计准则定义费用概念时指出:费用是指会计期间经济利益的减少,包括企业正常(日常)活动中发生的费用和损失,其形式表现为现金、现金等价物、存货和固定资产的流出或折耗。在西方,费用大体分为三类:第一类是与营业收入有直接因果关系的销货成本;第二类是与营业收入之间存在间接因果关系的销售费用和管理费用;第三类是和某笔特定的营业收入不一定有任何直接关系的其他费用,如所得税费用、慈善性捐款等。

从以上中西方对费用概念的定义看,西方定义的费用概念比较广泛和明确,即企业从收入到净利润的全部扣除项目都是费用的内容,是一种广义的费用概念。

(3) 利润。利润是指企业在一定会计期间的经营成果。利润包括收入减去费用后的净额、直接计入当期利润的利得和损失等。直接计入当期利润的利得和损失,是指应当计入当期损益、会导致所有者权益发生增减变动的、与所有者投入资本或者向所有者分配利润无关的利得或者损失。直接计入当期利润的利得有公允价值变动收益、投资收益、营业外收入等;直接计入当期利润的损失有公允价值变动损失、投资损失、营业外支出等。公允价值变动收益和公允价值变动损失统称为公允价值变动损益;投资收益和投资损失统称为投资损益,投资收益减去投资损失后的余额为投资净损益;营业外收入和营业外支出统称为营业外收支净额。企业利润表上利润的主要形式有:

① 营业利润。它由利润净额、公允价值变动损益和投资净收益三部分组成。利润净额是收入减去各项费用后的净额。公允价值变动损益是指企业按公允价值模式计量的已入账的资产、负债及其他有关业务的账面价值与现时公允价值不同而产生的计入当期损益的利得或损失;投资净收益是企业对外投资所取得的收益扣除投资损失后的净额。

② 利润总额。它由营业利润和营业外收支净额两部分组成。营业外收支净额是指与企业日常活动没有直接关系的各项收入减去各项支出后的余额。

③ 净利润。它是利润总额扣除所得税费用后的余额,也称税后利润或净收益。

企业利润表最终要反映"综合收益总额",它由"净利润"和"其他综合收益"构成。其中,其他综合收益反映企业根据企业会计准则规定未在损益中确认的各项利得和损失扣除所得税影响后的净额。我国确定的利润表,在西方又称收益表。2009年1月1日起实施的、新修订的《国际会计准则第1号——财务报表的列报》已将"收益表"改名为"综合收益表"(还将"资产负债表"改名为"财务状况表")。

以上三项经营成果要素如图1-5所示。

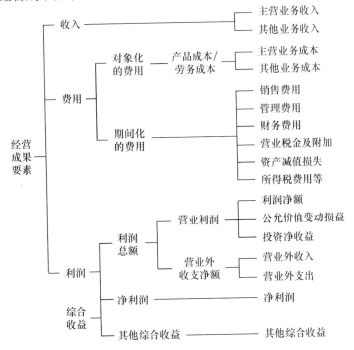

图1-5 经营成果要素

资产、负债、所有者权益、收入、费用、利润是会计对象的六要素(简称六大会计要素),各要素内容通过货币计量和报告,就成为财务分析的基本资料(依据)。其中,资产、负债、所有者权益各项内容提供的信息是企业财务状况的静态信息,即从某一时点上反映了企业资金的分布状况,是进行静态分析的基本依据;收入、费用、利润各项内容提供的信息从动态方面反映了企业的经营成果,即揭示了某一期间企业使用资金的结果,是资金投入企业后进行循环周转(见前述图1-1)的具体体现,是进行动态分析的基本依据。

(二)会计要素信息之间的数量等式

会计要素之间有一定的联系。反映会计要素之间在数量上的平衡关系的等式称为会计等式、会计恒等式或会计方程式。

1. 财务状况要素等式

$$资产 = 负债 + 所有者权益$$

企业要从事生产经营活动,必须具备一定的资产,而这些资产均有其来源。企业资产的来源有两条途径:一是投资者投入;二是向债主借入。投资者投入资产后,拥有所有者权益;债主以"债"的方式把资产借给企业使用后,拥有债权人权益,对企业来说,表现为负债。所有者权益和债主权益统称为权益,均反映资产的来源,均对资产有提出要求的权利。因此,资产和权益是一个事物的两个方面:一方面,从资产本身考察,它是企业的经济资源,反映了企业存在的物质形式;另一方面,从资产来源考察,它反映了资产主体对资产所拥有的权利。例如,投资者向企业投入货币资金20万元,企业从银行取得短期借款10万元。这时,企业资产(货币资金)金额为30万元,相对应的两个来源是:所有者权益(实收资本)20万元,负债(短期借款)10万元。投资者要求企业对其投入的资本实行保值和增值;债权人要求企业到期还本付息。短期借款到期时企业用货币资金偿还借款10万元,资产减少了10万元,负债也减少了10万元。这时,企业的资产(货币资金)为20万元,所有者权益(实收资本)也为20万元。此期间,如果企业未经营创利,则偿还借款利息就会使企业亏损。将亏损额冲减所有者权益,则企业的资产就不能得到保值。因此,资产和权益相互联系、互相依存:有一定资产必然有一定的来源(权益);资产增加,权益也增加;资产丧失,权益也丧失,两者相互对应,彼此永远相等。

2. 经营成果要素等式

$$收入 - 费用 = 利润$$

3. 会计要素综合等式

$$资产 = 负债 + 所有者权益 + (收入 - 费用)$$

或为:
$$资产 = 负债 + 所有者权益 + 利润$$

以上财务状况要素等式是从某个会计期间的开始或结束时进行反映的,经营成果要素等式和会计要素综合等式是从会计期间结算前的任一时刻反映的。企业实现的利润要进行分配:提取积累,形成盈余公积;向投资者分利;保留一定利润以后年度分配,形成未分配利润。企业利润经过分配,除投资者从企业获取利润外,其余都转化为所有者权益,即会计期末结算后,会计等式仍然是:

$$资产 = 负债 + 所有者权益$$

这一等式,就是会计的基本等式。

会计的基本等式最终体现在资产负债表上。现用一张简略的资产负债表来反映,如表 1-1 所示。

表 1-1　资产负债表

编制单位:甲企业　　　　　　　　　20××年 1 月 31 日　　　　　　　　　　单位:元

资产	金额	负债及所有者权益	金额
银行存款	300 000	短期借款	100 000
		实收资本	200 000
资产合计	300 000	权益合计	300 000

(三) 产生会计信息的过程

会计信息是在会计核算过程中按照一定程序、手续和规则逐渐生成的。它涉及会计的确认和计量、会计核算的方法、会计核算的形式等。

1. 发生经济业务,取得原始凭证

经济业务是引起会计要素金额增减变化的事项,也称为会计事项。它来自企业外部(如向银行借款、向供货单位购货等)和企业内部(如生产产品耗用材料、完工产品验收入库等)两个方面。会计信息起源于经济业务,经济业务的发生,使会计核算工作有了起点。

(1) 经济业务的类型。企业有各种各样的经济业务,但从会计基本等式的角度考察,不外乎以下四种类型。

① 资金投入企业,资产和权益项目等额增加。

例 1　甲企业 2 月 5 日获得国家追加的货币投资 45 000 元已存入银行。

这笔经济业务使企业资产类的银行存款项目增加了 45 000 元,同时所有者权益类的实收资本项目也增加了 45 000 元。

例 2　甲企业 2 月 10 日从供应单位购入甲种原材料 8 000 元,货款暂欠。

这笔经济业务使企业资产类的原材料存货增加了 8 000 元,同时负债类的应付账款项目也增加了 8 000 元。

② 资金退出企业,资产和权益项目等额减少。

例 3　甲企业 2 月 15 日用银行存款 60 000 元偿还短期借款。

这笔经济业务使企业资产类的银行存款项目减少了 60 000 元,同时负债类的短期借款项目也减少了 60 000 元。

③ 资金在资产类项目之间有增有减。

例 4　甲企业 2 月 21 日从银行提取现金 460 元。

这笔经济业务使企业资产类下银行存款项目减少了 460 元,库存现金项目增加了 460 元。

④ 资金在权益类项目之间有增有减。

例 5　甲企业 2 月 25 日从银行取得 5 300 元短期借款直接偿还前欠供货单位材料款。

这笔经济业务使企业负债类下短期借款项目增加 5 300 元,应付账款项目减少 5 300 元。

通过以上经济业务变动,甲企业 2 月 28 日资产负债表如表 1-2 所示。

表 1-2 资产负债表

编制单位:甲企业　　　　　　　　　　20××年 2 月 28 日　　　　　　　　　　　单位:元

资产	金额	负债及所有者权益	金额
银行存款(+45 000-60 000-460)	284 540	短期借款(-60 000+5 300)	45 300
库存现金(+460)	460	应付账款(+8 000-5 300)	2 700
原材料(+8 000)	8 000	实收资本(+45 000)	245 000
资产合计	293 000	权益合计	293 000

(2)原始凭证的种类。在会计实际工作中,企业的经济业务基本上是通过取得原始凭证反映的。原始凭证是在经济业务发生时取得的或填制的用以记录和证明经济业务发生或完成情况的原始证据。按其来源方向,分为外来原始凭证(如从销货单位取得的发票、从行政事业单位取得的收据等)和自制原始凭证(如企业自制的收料单、领料单、差旅费报销单等)。依上述例 1 至例 5,甲企业应以国家投资拨款单、购料发票和收料单、贷款偿还书、现金支票存根、借款凭证和银行结算凭证等作为记账的原始依据,但记账前要对原始凭证的合法性、合理性、完整性和正确性进行审核。

2. 处理经济业务填制记账凭证

由于原始凭证的格式千差万别,它主要是证明经济业务已经发生和已经完成,一般还不具备直接登记账簿的要素,因此有必要将各种原始凭证按记账的特定要求加以归类整理,编制记账凭证。记账凭证是会计人员根据审核后的原始凭证或原始凭证汇总表编制的作为登记账簿的直接依据。记账凭证的内容、格式以及填制方法都有特定的要求。

(1)确定会计科目。会计科目是对会计对象具体内容即会计要素进行分类核算的项目。通过设置会计科目,可以把各项经济业务分门别类地记录下来,清楚地对内、对外提供一系列具体的、分类的数量指标。会计科目按其反映的经济内容的基本性质分为资产类(含成本费用或支出类)和权益类(含负债类、所有者权益类、收入或收益类)。现列示财政部 2006 年 10 月 30 日颁布的《企业会计准则——应用指南》附录中规定的会计科目表,见表 1-3(原表分为资产类、负债类、共同类、所有者权益类、成本类、损益类共六类,这里为了初学者便于运用,作者改为两类,其中不包括金融、保险、证券、建造承包等企业的会计科目)。

表 1-3 会计科目表

序号	编号	资产类	序号	编号	权益类
1	1001	库存现金	65	2001	短期借款
2	1002	银行存款	66	2101	交易性金融负债
3	1015	其他货币资金	67	2201	应付票据
4	1101	交易性金融资产	68	2202	应付账款
5	1121	应收票据	69	2205	预收账款
6	1122	应收账款	70	2211	应付职工薪酬

(续表)

序号	编号	资产类	序号	编号	权益类
7	1123	预付账款	71	2221	应交税费
8	1131	应收股利	72	2231	应付利息
9	1132	应收利息	73	2232	应付股利
10	1231	其他应收款	74	2241	其他应付款
11	1241	坏账准备*	75	2401	递延收益
12	1401	材料采购	76	2501	长期借款
13	1402	在途物资	77	2502	应付债券
14	1403	原材料	78	2701	长期应付款
15	1404	材料成本差异	79	2702	未确认融资费用*
16	1406	库存商品	80	2711	专项应付款
17	1407	发出商品	81	2801	预计负债
18	1410	商品进销差价*	82	2901	递延所得税负债
19	1411	委托加工物资	83	4001	实收资本
20	1421	消耗性生物资产	84	4002	资本公积
21	1431	周转材料	85	4101	盈余公积
22	1461	存货跌价准备*	86	4103	本年利润
23	1471	融资租赁资产	87	4104	利润分配*
24	1501	持有至到期投资	88	4201	库存股
25	1502	持有至到期投资减值准备*	89	6001	主营业务收入
26	1503	可供出售金融资产	90	6051	其他业务收入
27	1511	长期股权投资	91	6101	公允价值变动损益
28	1512	长期股权投资减值准备*	92	6111	投资收益
29	1521	投资性房地产	93	6301	营业外收入
30	1531	长期应收款	94	6901	以前年度损益调整
31	1541	未实现融资收益*			
32	1601	固定资产			
33	1602	累计折旧*			
34	1603	固定资产减值准备*			
35	1604	在建工程			
36	1605	工程物资			
37	1606	固定资产清理			
38	1611	未担保余值			
39	1621	生产性生物资产			
40	1622	生产性生物资产累计折旧*			
41	1623	公益性生物资产			
42	1631	油气资产			
43	1632	累计折耗*			

(续表)

序号	编号	资产类	序号	编号	权益类
44	1701	无形资产			
45	1702	累计摊销*			
46	1703	无形资产减值准备*			
47	1711	商誉			
48	1801	长期待摊费用			
49	1811	递延所得税资产			
50	1901	待处理财产损溢			
51	5001	生产成本			
52	5101	制造费用			
53	5201	劳务成本			
54	5301	研发支出			
55	6401	主营业务成本			
56	6402	其他业务支出			
57	6403	营业税金及附加			
58	6601	销售费用			
59	6602	管理费用			
60	6603	财务费用			
61	6604	勘探费用			
62	6701	资产减值损失			
63	6711	营业外支出			
64	6801	所得税费用			

注:1001—1901为资产类,2001—2901为负债类,3001—3202为共同类,4001—4201为所有者权益类,5001—5403为成本类,6001—6901为损益类。*其内容属于资产类(用于编制会计报表),其性质属于权益类(用于确定记账符号);※其内容属于权益类(用于编制会计报表),其性质属于资产类(用于确定记账符号)。

为了适应企业内部经营管理的需要,会计人员应将会计科目适当分级,以便提供尽可能详细、具体的资料。会计科目的分级体系是:一级科目(或称总分类科目)、二级科目和明细科目。总分类科目是对会计对象具体内容进行总括分类的科目,它提供总括核算指标,表1-3均是总分类科目。明细分类科目(包括二级科目和明细科目)是对总分类科目进一步分类的科目,它提供明细核算资料。举例如下:

一级科目 (总账科目)	二级科目 (子目)	明细科目 (细目)
原材料 ——	原料及主要材料 ——	元钢
		—— 工具钢
	—— 辅助材料 ——	润滑油
		—— 油漆
	……	

一级科目、二级科目一般由财政部规定,明细科目由企业自行规定。《企业会计准则——应用指南》附录导言中规定:"企业在不违反会计准则中确认、计量和报告规定的

前提下,可以根据本单位的实际情况自行增设、分拆、合并会计科目。"

会计人员应根据经济业务的内容确定相应的会计科目填在记账凭证上。

（2）运用复式记账原理。复式记账是对每项经济业务要求同时在两个或两个以上对应科目中进行等额登记的一种记账方法。简言之,就是对每项经济业务要求同时做双重平衡记录。复式记账的理论依据是会计等式,其作用是能够清楚地反映经济业务的来龙去脉,检查会计记录正确与否。例如,国家投入20万元货币资金存入银行。这是一项经济业务,它涉及"银行存款"和"实收资本"两个相对应的会计科目。处理这项经济业务时就是要在这两个会计科目中都登记20万元。同一项经济业务同时做了双重记录后,就能清楚地反映银行存款增加了20万元的原因（来源）是国家投入了资本。其后进行检查时,如果资产等于权益,说明会计记录没有错误,反之就要查错更正。这种复式记账比单式记账（一项业务只运用一个会计科目登记）显得更科学,作用更大,是填制记账凭证必须考虑的基本原理。

（3）确定记账符号。复式记账原理体现在各种复式记账法中。我国应用的复式记账法有借贷记账法、增减记账法和收付记账法等几种。国际上通行的是借贷记账法。我国《企业会计准则》规定各类企业均使用借贷记账法。

借贷记账法是用"借"、"贷"作为记账符号来反映资产和权益增减变动情况及结果的一种复式记账法。它大约产生于13世纪的意大利。"借"、"贷"二字最初被用来表示借贷资本家的债权债务变动,吸收存款称为"贷",表示欠人（债务）,把吸收的款项放出去称为"借",表示人欠（债权）。但随着经济的发展,记账对象的扩大以及借贷记账法的广泛应用,"借"、"贷"逐渐失去了原来的含义,而纯粹成为一种记账符号。

① "借"、"贷"记账符号的基本含义。记账符号的含义是和会计科目的应用结合在一起的。对于经济业务涉及资产类的会计科目,如果金额增加,用"借"表示,如果金额减少,用"贷"表示;对于经济业务涉及权益类的会计科目,如果金额增加,用"贷"表示,如果金额减少,用"借"表示。

例如,国家投入货币资金20万元存入银行。它使企业的银行存款增加,实收资本增加。"银行存款"是资产类的会计科目,其增加额用"借"表示;"实收资本"是权益类（所有者权益类）的会计科目,其增加额用"贷"表示。又如,企业购入原材料8 000元,货款暂欠。它使企业的原材料增加,应付账款增加。"原材料"是资产类的会计科目,其增加额用"借"表示;"应付账款"是权益类（负债类）的会计科目,其增加额用"贷"表示。

"借""贷"记账符号基本含义如表1-4所示。

表1-4 "借""贷"记账符号含义表

资产类科目	权益类科目	借方	贷方
金额增加 用"借"表示	金额增加 用"贷"表示	记录资产增加	记录负债增加
		记录成本费用增加	记录所有者权益增加
		记录负债减少	记录收入（益）增加
金额减少 用"贷"表示	金额减少 用"借"表示	记录所有者权益减少	记录资产减少
		记录收入（益）减少	记录成本费用减少

各单位的记账凭证和账簿账页上一般都列明了"借方"和"贷方",处理经济业务时,应将会计科目和金额"对号入座"。

②借贷记账法的记账规则。由于每一项经济业务至少要涉及两个会计科目,又要在其借方贷方等额记录,其结果必然是:"有借必有贷,借贷必相等",这就是借贷记账法的记账规则。

(4)确定会计分录。会计分录是确定每项经济业务应借、应贷的会计科目及其金额的记录,简称分录。分录具有能够清晰地反映经济业务内容、便于记账和日后查考等作用。现对前述例题的五项经济业务编制分录如下:

例1　借:银行存款　　　　　　　　　　　　　　　　　45 000
　　　　贷:实收资本　　　　　　　　　　　　　　　　　　　45 000

例2　借:原材料　　　　　　　　　　　　　　　　　　8 000
　　　　贷:应付账款　　　　　　　　　　　　　　　　　　　8 000

例3　借:短期借款　　　　　　　　　　　　　　　　　60 000
　　　　贷:银行存款　　　　　　　　　　　　　　　　　　　60 000

例4　借:库存现金　　　　　　　　　　　　　　　　　460
　　　　贷:银行存款　　　　　　　　　　　　　　　　　　　460

例5　借:应付账款　　　　　　　　　　　　　　　　　5 300
　　　　贷:短期借款　　　　　　　　　　　　　　　　　　　5 300

在会计分录中,凡涉及一借一贷的分录称为简单会计分录,如例1至例5;凡涉及一借多贷或一贷多借或多借多贷的分录称为复合会计分录,如下述例6。

例6　甲企业2月26日购入乙种原材料24 000元,其中20 000元用银行存款支付,其余货款暂欠。会计分录如下:

　　借:原材料　　　　　　　　　　　　　　　　　　　24 000
　　　贷:银行存款　　　　　　　　　　　　　　　　　　　20 000
　　　　　应付账款　　　　　　　　　　　　　　　　　　　4 000

复合分录是由若干简单分录合并组成的。如例6的复合分录就由下列两个简单分录组成:

　　借:原材料　　　　　　　　　　　　　　　　　　　20 000
　　　贷:银行存款　　　　　　　　　　　　　　　　　　　20 000
　　借:原材料　　　　　　　　　　　　　　　　　　　4 000
　　　贷:应付账款　　　　　　　　　　　　　　　　　　　4 000

在会计实际工作中,会计分录是填列在记账凭证上的,因而记账凭证又称分录凭证。

(5)正式填制记账凭证。记账凭证按其反映的经济业务内容可分为收款凭证、付款凭证和转账凭证三种(格式见表1-5至表1-7)。凡涉及库存现金和银行存款增加的经济业务,填列收款凭证;凡涉及库存现金和银行存款减少的经济业务,填列付款凭证;凡是与库存现金和银行存款无关的经济业务,填列转账凭证。为了避免重复记账,对于库存现金和银行存款之间相互划转的业务,例如,从银行提取现金,或将现金存入银行,一般只填制付款凭证。结合上述例题,例1填收款凭证(收字1号),例2填转账凭证(转字1

号),例3填付款凭证(付字1号),例4填付款凭证(付字2号),例5填转账凭证(转字2号),例6填付款凭证(付字3号)和转账凭证(转字3号)。现以例1至例3为例,填列的记账凭证见表1-5至表1-7。

表1-5 收款凭证

收款凭证

20××年2月5日

总字 1 号
收字 1 号

借方科目		记账
一级科目	二级科目	
银行存款		

摘要	贷方科目		记账	金额									
	一级科目	二级或明细科目		千	百	十	万	千	百	十	元	角	分
国家投入资本	实收资本	国家资本					4	5	0	0	0	0	0
合计(大写)	肆万伍仟元整			¥			4	5	0	0	0	0	0

附件1张

主管　　　　　审核　　　　　记账　　　　　填制

表1-6 转账凭证

转账凭证

20××年1月10日

总字 2 号
转字 1 号

摘要	借方科目		贷方科目		记账	金额								
	一级科目	二级科目	一级科目	二级科目		千	百	十	万	千	百	十	元	角	分
购进甲材料	原材料	甲材料	应付账款	振华厂						8	0	0	0	0	0
合计										¥8	0	0	0	0	0

附件2张

主管　　　　　审核　　　　　记账　　　　　填制

表1-7 付款凭证

付款凭证

20××年2月15日

总字 3 号
付字 1 号

贷方科目		记账
一级科目	二级科目	
银行存款		

摘要	借方科目		记账	金额									
	一级科目	二级或明细科目		千	百	十	万	千	百	十	元	角	分
偿还银行借款	短期借款	流动资金借款					6	0	0	0	0	0	0
合计(大写)	陆万元整			¥			6	0	0	0	0	0	0

附件1张

主管　　　　　审核　　　　　记账　　　　　填制

表 1-5 中附件 1 张,是指该收款凭证后面附着 1 张国家投资拨款单;同理,转字 1 号凭证后面附着发票和收料单 2 张原始凭证,付字 1 号凭证附着 1 张贷款偿还书。

对于经济业务量少的单位不必设置收、付、转三种凭证,只需设置一种格式的记账凭证。其格式与上述"转账凭证"类似,只需将"转"字改为"记"字,同时删掉编号前的"转字＿＿＿号"即可。

3. 根据会计凭证登记会计账簿

原始凭证和记账凭证统称为会计凭证。由于会计凭证的数量多、很分散,提供的资料虽然详细、具体,但缺乏系统性;为了全面、连续、系统、分门别类地反映企业一定期内的全部经济活动,有必要将会计凭证提供的大量而分散的核算资料登记到相应的账簿中去。

(1) 账簿的种类。账簿按其用途分为序时账簿、分类账簿和备查账簿三种。序时账簿是按照经济业务发生时间的先后顺序进行登记的账簿,也称为日记账,主要有库存现金日记账和银行存款日记账两种。分类账簿分为总分类账簿和明细分类账簿两种。总分类账簿(也称总分类账,简称总账)是根据一级会计科目设置的提供全部经济业务总括核算资料的账簿。明细分类账簿(也称明细分类账,简称明细账)是根据二级或明细科目设置的提供某类经济业务较详细核算资料的账簿。例如,"原材料"科目应按材料类别(原料及主要材料、辅助材料等)、品种规格(元钢、工具钢等)设置明细账。又如"应付账款"科目应按供货单位设置明细账。备查账簿是对某些在序时账簿和分类账簿中未能记载的经济事项进行补充登记的账簿。例如,临时租入的固定资产,由于所有权不属于本企业,不作为本企业资产入账,而是设置"租入固定资产备查簿"进行记录。

(2) 账户。账簿是由具有一定格式、相互联结的账页组成的。会计账簿中账页的户头称为账户。账户是根据会计科目开设的。账页上角(左上角或右上角)填写一级会计科目的账户称为总分类账户或一级账户;填写二级会计科目的账户称为二级账户;填写明细科目的账户称为明细账户或三级账户。二级账户和明细账户统称为明细分类账户。

(3) 账簿的登记。账簿一般根据会计凭证登记,具体而言,库存现金日记账和银行存款日记账根据收款凭证和付款凭证登记;总账可以直接根据各种记账凭证逐笔登记,也可以通过一定的汇总方法,把各种记账凭证进行汇总,编制出汇总记账凭证或科目汇总表,再据以登记;明细账根据原始凭证或原始凭证汇总表、记账凭证登记。其中,总账和明细账要实行平行登记,即对于每项经济业务一方面要登入有关的总分类账户,另一方面要登入各总分类账户所属的明细分类账户,其记账方向(记入借方或贷方)也要一致,并且记入总分类账户的金额必须与记入所属几个明细分类账户金额之和相等。

① 库存现金日记账和银行存款日记账的登记。这两种日记账一般采用收、付、余三栏式(收付业务多而复杂的单位也可采用多栏式),由出纳人员(会计部门负责货币等收付保管工作的人员)根据审核无误的收付款凭证逐日逐笔顺序登记。现以前述六项经济业务为例说明其登记方法,见表 1-8、表 1-9。

表 1-8　库存现金日记账

第 1 页

××年		凭证		摘要	对方科目	收入	付出	结余
月	日	字	号					
2	21	付	2	提取现金	银行存款	460		460
2	28			2月份发生额及月末余额		460		460

表 1-9　银行存款日记账

第 1 页

××年		凭证		摘要	结算凭证		对方科目	收入	付出	结余
月	日	字	号		种类	号数				
2	1			月初余额						300 000
2	5	收	1	国家投资	略		实收资本	45 000		345 000
2	15	付	1	偿还借款			短期借款		60 000	285 000
2	21	付	2	提取现金			库存现金		460	284 540
2	26	付	3	购料付款			原材料		20 000	264 540
2	28			2月份发生额及月末余额				45 000	80 460	264 540

② 总分类账的登记。总分类账一般采用借、贷、余三栏式的订本账,登记举例见表 1-10 至表 1-15。必须指出,由于这种账户的基本结构分为借方和贷方,在会计教学和理论研究中常用"T"形账户代替,如下所示:

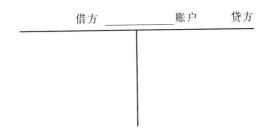

③ 明细分类账的登记。明细分类账有借、贷、余三栏式的(见表 1-16 至表 1-19),有数量金额式的(见表 1-20 至表 1-21),还有多栏式的。

表 1-10　总分类账

会计科目:银行存款

第 1 页

××年		凭证		摘要	借方	贷方	借或贷	结余
月	日	字	号					
2	1			月初余额			借	300 000
2	5	总	1	国家投资	45 000			
2	15	总	3	偿还借款		60 000		
2	21	总	4	提取现金		460		
2	26	总	6	购料付款		20 000		
2	28			2月份发生额及月末余额	45 000	80 460	借	264 540①

注:① 月初借方余额 300 000 + 借方本期发生额 45 000 - 贷方本期发生额 80 460,这是资产类账户的余额计算公式。

表 1-11　总分类账

会计科目:原材料　　　　　　　　　　　　　　　　　　　　　　　　　　　　第 2 页

××年		凭证		摘要	借方	贷方	借或贷	结余
月	日	字	号					
2	10	总	2	购料欠款	8 000			
2	26	总	6	购料付款	20 000			
2	26	总	7	购料欠款	4 000			
2	28			2 月份月结	32 000		借	32 000

表 1-12　总分类账

会计科目:库存现金　　　　　　　　　　　　　　　　　　　　　　　　　　　　第 3 页

××年		凭证		摘要	借方	贷方	借或贷	结余
月	日	字	号					
2	21	总	4	提取现金	460			
2	28			2 月份月结	460		借	460

表 1-13　总分类账

会计科目:实收资本　　　　　　　　　　　　　　　　　　　　　　　　　　　　第 4 页

××年		凭证		摘要	借方	贷方	借或贷	结余
月	日	字	号					
2	1			月初余额			贷	200 000
2	5	总	1	国家追加投资		45 000		
2	28			2 月份月结		45 000	贷	245 000①

注:① 月初贷方余额 200 000 + 贷方本期发生额 45 000 - 借方本期发生额 0,这是权益类账户的余额计算公式。

表 1-14　总分类账

会计科目:应付账款　　　　　　　　　　　　　　　　　　　　　　　　　　　　第 5 页

××年		凭证		摘要	借方	贷方	借或贷	结余
月	日	字	号					
2	10	总	2	购入原材料欠款		8 000		
2	25	总	5	取得借款还欠款	5 300			
2	26	总	7	购入原材料欠款		4 000		
2	28			2 月份月结	5 300	12 000	贷	6 700

表 1-15　总分类账

会计科目:短期借款　　　　　　　　　　　　　　　　　　　　　　　　　　　　第 6 页

××年		凭证		摘要	借方	贷方	借或贷	结余
月	日	字	号					
2	1			月初余额			贷	100 000
2	15	总	3	偿还流动资金借款	60 000			
2	25	总	5	取得流动资金借款		5 300		
2	28			2 月份月结	60 000	5 300	贷	45 300

表 1-16　实收资本明细账

二级或明细科目:国家资本　　　　　　　　　　　　　　　　　　　　　　　　　　分第 1 页

××年		凭证		摘要	借方	贷方	借或贷	结余
月	日	字	号					
2	1			月初余额			贷	200 000
2	5	收	1	国家追加投资		45 000		
2	28			2月份月结		45 000	贷	245 000

表 1-17　短期借款明细账

二级或明细科目:流动资金借款　　　　　　　　　　　　　　　　　　　　　　　　分第 1 页

××年		凭证		摘要	借方	贷方	借或贷	结余
月	日	字	号					
2	1			月初余额			贷	100 000
2	15	付	1	偿还流动资金借款	60 000			
2	25	转	2	取得流动资金借款		5 300		
2	28			2月份月结	60 000	5 300	贷	45 300

表 1-18　应付账款明细账

二级或明细科目:振华厂　　　　　　　　　　　　　　　　　　　　　　　　　　　分第 1 页

××年		凭证		摘要	借方	贷方	借或贷	结余
月	日	字	号					
2	10	转	1	购入甲材料欠款		8 000		
2	25	转	2	取得借款还欠款	5 300			
2	28			2月份月结	5 300	8 000	贷	2 700

表 1-19　应付账款明细账

二级或明细科目:前进厂　　　　　　　　　　　　　　　　　　　　　　　　　　　分第 2 页

××年		凭证		摘要	借方	贷方	借或贷	结余
月	日	字	号					
2	26	转	3	购入乙材料欠款		4 000		
2	28			2月份月结		4 000	贷	4 000

表 1-20　原材料明细账

类别:原料及主要材料　　　　　　　品种规格:甲材料　　　　　　　计量单位:千克

××年		凭证		摘要	收入			发出			结存		
月	日	字	号		数量	单价	金额	数量	单价	金额	数量	单价	金额
2	10	收[①]	1	购入	500	16	8 000						
2	28			2月份月结	500	16	8 000				500	16	8 000

注:① 指收料单的"收"字。

表 1-21　原材料明细账

类别：原料及主要材料　　　　　　　品种规格：乙材料　　　　　　　计量单位：吨

××年		凭证		摘要	收入			发出			结存		
月	日	字	号		数量	单价	金额	数量	单价	金额	数量	单价	金额
2	10	收①	2	购入	200	120	24 000						
2	28			2月份月结	200	120	24 000				200	120	24 000

注：① 指收料单的"收"字。

（4）账簿的核对。账簿的核对主要包括：① 总账各账户月末借方余额的合计同贷方余额的合计核对相符。例如，表 1-10 至表 1-15 中余额 264 540 + 32 000 + 460 = 245 000 + 6 700 + 45 300 = 297 000 元。② 库存现金日记账、银行存款日记账月末余额和总账中各该账户月末余额核对相符。例如，表 1-8 库存现金日记账结余 460 元和表 1-12 库存现金总账账户余额 460 元相等；表 1-9 银行存款日记账结余 264 540 元和表 1-10 银行存款总账账户余额 264 540 元相等。③ 总账有关账户月末余额同所属明细账月末余额之和核对相符。例如，表 1-11 原材料总账账户月末余额 32 000 元和表 1-20、表 1-21 原材料明细账甲材料 8 000 元和乙材料 24 000 元之和相等；又如，表 1-14 应付账款总账账户月末贷方余额 6 700 元和表 1-18、表 1-19 应付账款明细账振华厂 2 700 元和前进厂 4 000 元之和相等。④ 会计部门有关财产物资的明细账余额和财产物资保管部门或使用部门的明细账的余额按月或定期核对相符。

4．根据会计账簿编制会计报表

会计账簿提供的核算资料虽然比会计凭证序时、连续、系统，但还不能集中概括、一目了然，因此，有必要将会计账簿资料进一步加工整理，汇总编制出会计报表，以满足企业管理者、投资者、债权人及其他有关单位经济管理和决策的需要。

企业会计报表分为对外会计报表和对内会计报表两部分。前者是对企业外部有关方面提供的报表，包括资产负债表、利润表和现金流量表等；后者是指仅为企业内部服务、向企业管理者提供的会计报表，包括产品生产成本表、主要产品单位成本表等。一般说来，对外会计报表同时也为企业内部经营管理服务。

以上产生会计信息的程序如图 1-6 所示。

5．从会计核算资料中取得会计信息

会计信息是由会计在不同环节、不同阶段加工处理数据过程中生成的。会计信息使用者从会计核算资料中可取得以下三种信息：

（1）会计账簿信息。它是由会计账簿直接提供的信息。结合上述账簿资料，通过银行存款日记账，可以随时得到企业存款的信息；通过应付账款总账账户，可以得到月末欠款 6 700 元的信息，并通过进一步检查应付账款明细账，知道欠振华厂料款 2 700 元、欠前进厂料款 4 000 元；通过原材料总账和明细账，可以得到材料存货资金占用以及哪些材料超储、哪些材料急需求购等信息；等等。

（2）会计报表信息。它是由会计报表直接提供的信息。通过会计报表可以获得财务状况、经营成果及其变动情况等方面的信息。

（3）分析预测信息。它是对会计核算资料进行加工计算的反映有关指标之间关系

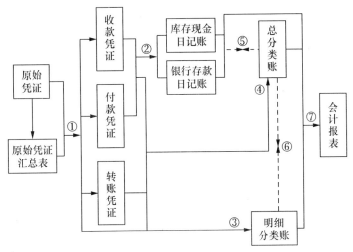

图1-6 记账凭证核算形式程序图

注:图中程序⑦一般是根据总分类账和明细分类账编制会计报表,但编制现金流量表采用直接法要利用库存现金日记账和银行存款日记账的记录确定。程序④是根据记账凭证登记总账,由此称为记账凭证核算形式。生产经营规模较大、业务较多的单位可根据记账凭证编制出汇总记账凭证或科目汇总表,再据以登记总账,这种程序称为汇总记账凭证核算形式或科目汇总表核算形式,它简化了总账的登记工作。

及变动趋势的信息。这种信息主要供使用者分析和预测之用。

(四)提供会计信息的部门

会计信息是由会计机构提供的。会计机构是由专职会计人员组成的、负责组织领导和从事会计工作的职能单位。中央和地方各级企业管理机关一般设财务(会)司(局)或财务(会)处(科);大中型企业或公司设财务(会)处(科)或财务部;小型企业设财务(会)科(组);不设会计机构的小型企业必须指定专人负责会计工作。在大中型企业财务科内部应设出纳组、材料组、薪酬组、成本组、销售组、资金证券组、综合组等小组从事会计专门业务工作,以便提供综合会计信息和专门会计信息。

三、财务计划

财务计划是运用科学的技术手段和数学方法对经营目标进行综合平衡后确定的计划期内有关资金筹集和使用、收入和分配等方面的预算额度,也称财务预算。企业财务计划主要包括资金筹集计划、资本支出计划、流动资金计划、成本计划、利润计划、对外投资计划等。财务计划是企业经营目标的系统化、具体化,不仅是控制财务收支活动的依据,也是检查、分析和评价财务状况和经营成果的依据。

第四节 财务分析的种类和方法

一、财务分析的种类

财务分析可按不同依据划分为不同种类。

(1) 按照分析在经济活动发生的前后,分为事前分析、事中分析、事后分析。

(2) 按照分析的时间是否固定,分为定期分析和不定期分析。

(3) 按照分析的人员,分为内部分析(从经营者的角度出发由企业内部经营管理人员对企业的生产经营和财务活动所作的分析,也称"诊断分析")和外部分析(企业外部与企业有利害关系的集团或人员根据各自的目的对企业财务状况和经营成果所作的分析)。

(4) 按照所要分析的是企业的一个时点的状况还是一个时期的状况,分为静态分析和动态分析。

(5) 按照分析的范围,分为会计要素内容专题分析和会计报表(告)综合分析。

(6) 按分析的内容,分为资金结构分析、风险程度分析、成本效益分析和经营绩效分析等。

(7) 按分析的主要目标,分为流动性分析(或称偿债能力分析)、盈利能力分析、营运能力分析、发展(成长)能力分析等。

二、财务分析的方法

(一) 比较分析法

比较分析法(简称比较法),亦称对比分析法(简称对比法),是将两个或两个以上有内在联系的、可比的指标进行比较而揭示数量差异的一种方法。一般说来,数量上的差异反映了经营管理工作中存在着差距。比较法的重要作用在于揭示客观存在的差距以及形成这种差距的原因,帮助人们发现问题,挖掘潜力,改进工作。比较分析法是各种分析方法的基础,不仅各种绝对数可以比较,而且各种比率或百分数也可以比较,因而它是最基本的分析方法。

运用比较分析法时,通常是将分析期实际数据同计划数据(或预算数据)进行对比,同前期或上年同期或若干连续时期的实际数据进行对比,同行业平均指标或先进企业指标进行对比。采用比较法应注意指标的可比性,对财务政策、会计方法以及计算方法发生变化的指标要调整换算,排除不可比因素,以便准确合理地揭示问题。

(二) 比率分析法

比率分析法是将两个或两个以上具有内在联系的项目指标进行对比求出比率来进行分析的一种方法。它是比较分析法的发展形式。按不同的分析目的,比率分析法有以下三种用法:

(1) 趋势比率分析。它是将几个时期的同类指标进行对比,借以揭示增减变动趋势的一种分析方法。反映趋势的指标通常有发展速度和增长速度两种。发展速度由报告期指标数值除以基期指标数值得出。发展速度按不同要求有定基发展速度(基期固定的速度)和环比发展速度(以上期指标数值为基数的速度)。增长速度由增长量(报告期指标数值减去基期指标数值后的余额)除以基期指标数值得出,或由发展速度减去100%得出。现举例予以说明。某企业四年销售收入及其发展速度计算如表1-22所示。

表1-22 某企业销售收入动态表

年份	20×1	20×2	20×3	20×4
销售收入(万元)	100	110	118	124
定基发展速度	—	110%	118%	124%
环比发展速度	—	110%	107.27%	105.08%

表1-22中指标计算过程如下:

① 20×4年销售收入定期发展速度 = 124÷100 = 124%

② 20×4年销售收入环比发展速度 = 124÷118 = 105.08%

③ 20×4年相对于20×1年销售收入增长率 = (124 - 100)÷100 = 24% 或 = 124% - 100% = 24%

④ 20×1年至20×4年销售收入平均发展速度(%) = $\sqrt[3]{124 \div 100}$ = 107.43% 或 = $\sqrt[3]{110\% \times 107.27 \times 105.08}$ = 107.43%

⑤ 20×1年至20×4年销售收入平均增长速度(%) = 107.43% - 100% = 7.43% (也称平均递增速度)

(2) 结构比率分析。它是计算一个经济指标各个组成部分占总体的比重,借以分析指标的内部结构及其变化,从而掌握经济活动特点和变化趋势的分析方法。例如,企业资产总额40万元,其中流动资产18万元,则流动资产的结构比率(比重)为45%(18÷40×100%)。

(3) 相关比率分析。它是将两个不同项目或不同类别但又相关的数据进行对比求出比率进行分析的一种方法。这些比率涉及企业经营管理各个方面,大致分为以下几类:流动资产状况和短期偿债能力指标、长期偿债能力指标、盈利能力指标、营运能力指标、发展能力指标等。从狭义的角度看,比率分析法一般指相关比率分析法。

(三) 因素替换法

因素替换法,亦称"连锁(环)替代法"、"顺序换算法"、"因素分析法",是将某综合指标分解为相互联系的若干因素,然后顺序地替换各项因素从而测定出各因素差异对综合指标影响程度的方法。这种方法的计算程序是:先确定分析对象,计算出总的差异;然后,按组成因素建立关系式;再以计划数或上期数为基础,用实际数逐个替代,计算出各个因素的影响额度;最后汇总各个因素变动差异,检查是否和总差异(分析对象)一致。现举例予以说明。

某企业生产某产品的直接材料费见表1-23。

表 1-23 某产品材料耗用情况表

项目	计划	实际	差异
(1) 产品产量(件)	20	22	+2
(2) 每件产品消耗材料(千克)	59	55	-4
(3) 每公斤材料单价(元)	120	130	+10
(4) 产品材料费(元)=(1)×(2)×(3)	141 600	157 300	15 700

(1) 分析对象(总差异) = 157 300 - 141 600 = 15 700(元)(超支)
(2) 建立关系式
$$产品材料费 = 产品产量 × 产品单位材料消耗量 × 材料单价$$
(3) 逐个替代
① 材料计划费 = 20 × 59 × 120 = 141 600(元)
② 第一次替代后材料费 = 22 × 59 × 120 = 155 760(元)
③ 第二次替代后材料费 = 22 × 55 × 120 = 145 200(元)
④ 第三次替代后材料费 = 22 × 55 × 130 = 157 300(元)
(4) 确定各因素变动影响额度
产量变动影响材料费 = ② - ① = 155 760 - 141 600 = 14 160(元)
单耗变动影响材料费 = ③ - ② = 145 200 - 155 760 = -10 560(元)
单价变动影响材料费 = ④ - ③ = 157 300 - 145 200 = 12 100(元)
综合各因素影响总额 = ① + ② + ③ = 15 700(元)

为了简化计算,可以将以上(3)、(4)步合起来,产生另一种计算方法——差额计算法。计算过程如下:
① 产量变动影响材料费 = (22 - 20) × 59 × 120 = 14 160(元)
② 单耗变动影响材料费 = 22 × (55 - 59) × 120 = -10 560(元)
③ 单价变动影响材料费 = 22 × 55 × (130 - 120) = 12 100(元)
④ 综合各因素影响总额 = ① + ② + ③ = 15 700(元)

从以上分析中可见,由于产量增加使产品材料费增加 14 160 元,这是正常性增加;由于产品单位材料消耗量降低,使产品材料费减少 10 560 元,这是生产部门的成绩;由于材料单价提高,使产品材料费增加 12 100 元,这种不利差异应由材料采购供应部门负责,需进一步查找具体原因。

采用因素替代法,可以衡量各项因素影响程度的大小,分清原因和责任,但这种分析方法存在着一定的假定性——假设替代顺序(一般把最重要的因素排在前面先替代),一旦顺序变换,将得出不同的结果;同时,在逐个因素替代时,是假定一个因素变动,其他因素不变。事实上往往多种因素同时起作用。因此,在实际运用这种方法时,还要深入实际进一步调查研究,才能得出客观的分析结论。

◆ 习题一

目的：区分资产与权益。

要求：根据下列资料判断哪一项属于资产类，哪一些属于权益类，在相应栏内打上"√"。

资金内容	资产类	权益类
1. 库存现金		
2. 存在银行的款项		
3. 存在仓库的材料		
4. 国家投入资本		
5. 向银行借入资金		
6. 生产用的厂房、设备		
7. 办公大楼		
8. 应付某单位的购料款		
9. 应收某单位的销售款		
10. 正在加工中的产品		
11. 采购人员外出借给的差旅费		
12. 应付尚未支付给职工的工资		
13. 应交尚未交纳的所得税		
14. 提取的盈余公积		
15. 未分配的利润		

◆ 习题二

目的：练习会计核算过程。

资料一：启新工厂20××年4月30日各总账账户余额如下（单位：元）。

资产类	金额	权益类	金额
1. 银行存款	100 000	10. 短期借款	78 000
2. 库存现金	192	11. 应付账款	2 162
3. 应收账款	1 800	12. 应付职工薪酬	0
4. 原材料	28 650	13. 实收资本	655 780
5. 生产成本	3 200	14. 本年利润	0
6. 制造费用	0		
7. 库存商品	3 900		
8. 固定资产	598 200		
9. 管理费用	0		
合计	735 942	合计	735 942

资料二:启新工厂20××年4月30日有关明细账户金额如下(单位:元)。

1. 原材料——钢材	21 000(10.5 吨)	5. 短期借款——流动资金借款	78 000
——水泥	7 650(153 吨)	6. 应付账款——上海钢厂	2 000
2. 库存商品——甲产品	3 900(39 台)	——兰方水泥厂	162
3. 应收账款——大丰厂	1 000	7. 实收资本——国家资本	500 000
——华光厂	800	——法人资本	0
4. 生产成本——甲产品	3 200	——外商资本	0
		——个人资本	155 780

资料三:启新工厂20××年5月份发生下列经济业务。

(1) 1日,购入钢材9.1吨,计18 200元已验收入库,货款从银行支付。

(2) 2日,从银行取得半年期流动资金借款35 000元存入银行。

(3) 5日,购入钢材11吨,计22 000元已验收入库,货款从银行支付。

(4) 7日,生产甲产品领用5吨钢材计10 000元。

(5) 10日,用银行存款归还流动资金借款37 800元。

(6) 12日,收到国家投入的载重汽车一辆12 000元。

(7) 13日,接银行通知,上月售给大丰厂甲产品货款1 000元今日收到,已存入银行。

(8) 15日,从银行提取现金2 320元,准备发放工资。

(9) 16日,从上海钢厂购入钢材2.5吨,计5 000元已验收入库,货款未付。

(10) 17日,发放工资2 320元,用现金支付。

(11) 20日,振华公司投入固定资产,计价320 000元。

(12) 22日,从兰方水泥厂购入水泥一批734吨,计30 700元,水泥已验收入库,货款未付。

(13) 25日,外商投入生产用机床2台,计价9 600元。

(14) 27日,用银行存款购入卡车一辆,计12 000元。

(15) 28日,用银行存款偿还应付账款20 000元,其中上海钢厂2 000元,兰方水泥厂18 000元。

(16) 29日,用银行存款支付本月电费共计3 285元,其中:甲产品生产耗用2 130元,车间照明耗用832元,厂部管理部门耗用323元。

(17) 30日,分配本月工资费用2 320元,其中:生产工人工资1 975元,车间管理人员工资168元,厂部管理人员工资177元。

(18) 31日,把本月制造费用的发生额转入"生产成本——甲产品"账户;把管理费用发生额转入"本年利润"账户。

(19) 31日,完工甲产品一批110台,计成本11 000元,已验收入库。

(20) 31日,上月售给华光厂甲产品,货款800元,今日收回500元存入银行。

要求:

(1) 根据上述经济业务做会计分录(用纸格式附后)。

(2) 根据上列经济业务和已编制的会计分录填制记账凭证(到财会实验室购置记账凭证)。

（3）根据资料一和收款凭证、付款凭证开设、登记库存现金日记账、银行存款日记账（用纸格式附后）。

（4）根据资料一和编制的记账凭证开设、登记总分类账户（到财会实验室购置账页）。

（5）根据资料二和编制的记账凭证开设、登记明细分类账户（到财会实验室购置账页）并同有关总账账户核对。

（6）根据总账账户余额编制资产负债表（简表）（用格式附后）。

作业用纸格式：

（1）会计分录表（要求写出明细科目）

题号	会计分录	凭证字号
1		
2		
3		
4		
5		
6		
7		
8		
9		
10		
11		
12		
13		
14		
15		
16		
17		
18		
19		
20		

（2）填制记账凭证（另购置）

（3）登日记账

库存现金日记账　　　　第　页

年		凭证		摘要	结算凭证	对方科目	收入	付出	结余
月	日	字	号						

银行存款日记账　　　　　　　　　　第　页

年		凭证		摘要	结算凭证	对方科目	收入	付出	结余
月	日	字	号						

（4）（5）登总账、明细账（另购置）

（6）编资产负债表（简表）

资产类	金额	权益类	金额
1. 货币资金		5. 短期借款	
2. 应收账款		6. 应付账款	
3. 存货		7. 实收资本	
4. 固定资产		8. 本年利润	
资产合计		权益合计	

第二章　流动资产

第一节　货币资金

一、货币资金的种类

货币资金是指企业暂时停留在货币形态的资金,按其存放地点的不同,分为库存现金、银行存款和其他货币资金。库存现金是存放在企业可随时动用的货币资金。银行存款是企业存放在开户银行的货币资金。其他货币资金是除库存现金和银行存款以外的有特定用途的各项货币资金,包括外埠存款、银行汇票存款、银行本票存款、信用证保证存款、信用卡存款和存出投资款等。外埠存款是指企业到外地进行临时或零星采购时,汇往采购地银行开立采购账户的款项。银行汇款存款是汇款人将款项交存银行,由银行签发在银行汇票上据以异地结算的款项。银行本票存款是付款单位或个人将款项交存银行,由银行签发在银行本票上据以同城结算的款项。信用证保证存款是指购货企业在购货之前向开户银行申请把款项开在信用证上作为商品交易结算保证金的存款。信用卡存款是指企业将款项存在商业银行发行的信用卡上,凭以向特约单位购物、消费和向银行存取现金,且具有消费信用特征的存款。存出投资款是指企业已存入证券公司但尚未进行短期性证券投资的现金。

企业设置"库存现金"、"银行存款"和"其他货币资金"三个总账科目及相应的日记账或明细账核算货币资金业务。货币资金在企业流动资产中的流动性最强,搞好货币资金的结算、核算和管理意义十分重大。

二、货币资金的结算与核算

企业的货币收付行为称为结算。凡是直接用现金收付的叫现金结算;凡是通过银行转账收付的,叫转账结算,也称非现金结算。

(一) 现金管理制度

1988年9月8日,国务院发布了《现金管理暂行条例》,其主要内容包括以下几个方面:

(1) 规定了现金的使用范围。① 职工工资、津贴;② 个人劳务报酬;③ 根据国家规定颁发给个人的科学技术、文化艺术、体育等各种奖金;④ 各种劳保、福利费用以及国家规定的对个人的其他支出;⑤ 向个人收购农副产品和其他物资的价款;⑥ 出差人员必须随身携带的差旅费;⑦ 结算起点(1 000元)以下的零星支出;⑧ 中国人民银行确定需要支付现金的其他支出。企业在现金使用范围以外的款项支付,一般通过银行转账结算。

(2) 规定了库存现金的限额。为了满足企业日常零星开支的需要,企业应保留一定数额的库存现金。库存现金保留数额,一般应能应付3—5日的零星开支,具体限额由银行核定。企业平时需要现金时可签发现金支票从银行提取;企业库存现金超过限额时,应及时送存银行。

(3) 一般不准坐支现金。所谓坐支现金,是指企业从现金收入中直接支付自己的支出。企业因小额销售等活动收入现金时,应填写缴(送)款单注明来源及时送存银行;企业从银行支取现金时,应填写现金支票,注明款项用途,这样有利于银行监督。如果企业坐支现金,就逃避了银行监督,扰乱了现金收支的正常渠道。

(4) 建立现金账目。会计总账上要设置"库存现金"账户核算现金的增减变动;同时,还要设置库存现金日记账由出纳人员逐笔记载现金的收付,做到日清月结,账款相符。

为了更有效地执行国家《现金管理暂行条例》,企业应实行钱账分管。所谓钱账分管,即管钱的出纳人员除登记库存现金日记账、银行存款日记账外,不得登记其他任何账目;管账的会计人员不得管钱。实行钱账分管有利于内部牵制,防止弊端。

(二) 银行转账结算与核算

企业凡是不属于现金结算范围的支出,都得通过银行办理转账结算手续。同一城市的转账结算使用转账支票、银行本票等银行结算凭证。非同一城市的异地结算使用银行信汇凭证(或银行电汇凭证)、托收承付结算凭证、银行汇票等;商业汇票和委托收款结算凭证既可以用于同城结算,又可以用于异地结算。转账支票一般在同城结算中用得较广泛,但从2006年12月18日起,企事业单位和居民个人签发的支票可以在北京、天津、上海、广东、河北、深圳六地互相通用结算,2007年7月起在全国通用。

销货企业要想做现款交易,除了可通过现金(或现金支票)结算随时得到现金外,还可采取其他两种方式:一是收票给货,即收到转账支票、银行本票、银行汇票时提交货物;二是收款发货,即让购货企业先汇款,待收到银行信汇凭证(或电汇凭证)后再发货。如果销货企业(或收款单位)先发货或先提供劳务,然后再填写托收承付结算凭证或委托收款结算凭证通过银行向购货企业(或付款单位)收款,则待对方付款后,收到从银行返回的"收账通知"时才算收到款,这称为临时赊销或结算性赊销。如果销货企业采用约期赊销,则采用商业汇票结算,商业汇票上应列明兑现票款的日期。

企业除了总账上设置"银行存款"、"其他货币资金"账户核算转账结算业务外,还要设置银行存款日记账和其他货币资金明细账逐日逐笔登记货币款项的增减变动。其中,银行存款日记账要做到日清月结,并定期同银行提供的对账单核对,编制"银行存款余额调节表",将企业银行存款日记账余额同银行对账单余额调整相符。

月终,将企业"库存现金"、"银行存款"和"其他货币资金"账户余额之和填入资产负债表中"货币资金"项目。该项目相当于西方会计中的"现金"。如果我国"库存现金"称为狭义的现金,则"货币资金"可称为广义的现金。

(三) 外币业务的处理

有外币业务的企业,在发生外币银行存款业务时,应将有关外币金额折合为人民币记账。外币银行存款日记账上要登记外币金额、汇率和人民币金额。汇率是一国货币兑换为另一国货币的比率或比价,有买入价、卖出价和中间价。不同的外汇银行每天都有不同的汇率。中国人民银行每天都对不同的市场汇率进行汇总,平均计算、公布统一的市场汇率。会计则采用统一的市场汇率的中间价记账。

对于平时外币业务增减处理所选择的市场汇率,既可以是交易发生日的即期汇率,也可以是与交易发生日即期汇率近似的汇率(当前平均汇率或加权平均汇率)。但选择哪种汇率记账一经确定一般不得随意改变。会计记录外币业务时,要同时反映外币金额、汇率和记账本位币金额。会计期末要将所有外币货币性项目的外币余额按期末汇率折算为记账本位币金额加以反映,折算后的记账本位币金额与按此汇率折算前账面记账本位币余额之间的差额即为汇兑差额(或称汇兑损益),一般计入当期损益(财务费用)。

例1 光明厂3月31日美元存款日记账上结余3 000美元,市场汇率为1:6.4(即1美元折算人民币6.4元)。4月5日,光明厂销售商品收到2 000美元,当日市场汇率是1:6.7。4月20日,光明厂购买货物付出1 000美元,当日市场汇率1:6.6。4月30日,国家公布的市场汇率为1:6.8。该厂采用业务发生时的即期汇率记账。要求一:确定该厂美元存款日记账上4月30日美元余额、人民币余额及当月列入财务费用的汇兑损益,并编制处理汇总损益的会计分录。要求二:如果光明厂不是采用业务发生时的即期汇率记账,而是采用即期汇率的近似汇率1:6.38记账,试确定光明厂4月份的汇总损益。

(1) 4月30日美元金额 = 3 000 + 2 000 - 1 000 = 4 000(美元)

(2) 4月30日美元户人民币余额 = 4 000 × 6.8 = 27 200(元)

(3) 4月30日汇率折算前账面人民币余额 = 3 000 × 6.4 + 2 000 × 6.7 - 1 000 × 6.6 = 26 000(元)

(4) 4月份美元户汇兑损益 = 27 200 - 26 000 = 1 200(元)

计算表明,该厂4月份美元户产生汇兑收益1 200元。如果计算所得的汇兑损益为负数,则为汇兑损失。

(5) 光明厂4月30日编制处理美元户汇总损益的会计分录如下:

借:银行存款——美元户　　　　　　　　　　　　　　　　1 200
　　贷:财务费用　　　　　　　　　　　　　　　　　　　　　　1 200

(6) 光明厂4月份业务全部采用即期汇率的近似汇率——至4月1日止的周平均汇率1:6.38记账,则4月份的汇总损益 = (4 000 × 6.8) - (3 000 × 6.4 + 2 000 × 6.38 - 1 000 × 6.38) = 27 200 - 25 580 = 1 620(元)

三、货币资金的分析

货币资金是企业全部资产中流动性最强的资产。企业可随时用它来购买商品、清偿债务等。企业持有货币资金量的多少,直接影响着企业的支付能力和货币使用效率。因此,对货币资金的分析,包括对企业货币资金存量合理性的分析和货币资金使用效率的分析两方面。

(一)对货币资金存量的分析

货币资金存量过多,会使企业失去利用货币获取更大利润的机会,而存量过少,又会导致企业出现货币资金短缺,影响企业的生产经营。因此有必要确定货币资金的最佳存量。常用的方法有以下几种:

1. 存货模式

货币资金管理的存货模式是利用存货管理的经济批量公式确认最佳货币资金存量的模式。它由威廉·鲍莫尔(William J. Baumol)在1952年提出,又称鲍莫尔现金模型(有的译成鲍摩尔模型)。在这一模式中,假设货币资金的收入是相隔一段时间发生的,而支出则是在一定时期内均匀发生的。收入的货币置存在银行或企业财务部门等待支付,失去了将这些货币投放到可得到更多利息的项目的机会,如购买股票、债券等有价证券,这种获息机会的丧失,是企业的一种机会成本,称为保持货币存量的置存成本;同时,企业一旦货币发生短缺,就必须变卖手头上的有价证券,变卖证券要发生经纪人费用、支付手续费等,这称为交易成本。置存成本和交易成本同货币资金存量的关系是:存量越大,置存成本越大,交易成本越小。因此,确定货币资金最佳存量,就是确定货币资金总成本最小的货币资金存量。借鉴存货管理的经济批量模式,用公式表示如下:

$$货币资金总成本 = 货币资金置存成本 + 货币资金交易成本$$
$$= \frac{N}{2}i + \frac{T}{N}b \tag{2-1}$$

式中:b——有价证券每次交易的成本;T——一定时期内企业货币资金交易所需的货币总量;N——该期间内货币资金的最高余额;$\frac{N}{2}$——该期间货币资金的平均余额;i——持有货币资金的机会成本(短期有价证券的利率)。

总成本、置存成本和交易成本的关系如图2-1所示。

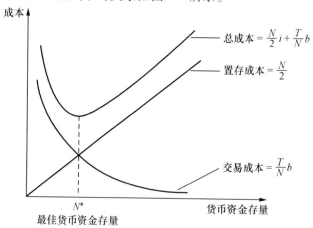

图2-1 最佳货币资金存量图

对上述公式用导数方法求最小值可得：

$$N^* = \sqrt{\frac{2Tb}{i}} \tag{2-2}$$

根据公式(2-2)即可求出最佳货币资金存量。

例2 某企业预计全年需要货币资金100 000元，货币资金与有价证券的每次交易成本为200元，有价证券的利息率为15%，由公式(2-2)可求得最佳货币资金存量：

$$N^* = \sqrt{\frac{2 \times 100\,000 \times 200}{15\%}} \approx 16\,330(元)$$

$$\text{最佳点上货币资金总成本} = \frac{N}{2}i + \frac{T}{N}b$$

$$= \frac{16\,330}{2} \times 15\% + \frac{100\,000}{16\,330} \times 200 = 2\,450(元)$$

全年有价证券转换为货币资金的变现次数 = 100 000 ÷ 16 330 ≈ 6(次)

2. 随机模式

随机模式是在假定货币资金收支的波动是偶然的，而不是均匀的或确定不变的情况下来确定定额现金余额的模型，由美国金融专家米勒(Miller)和奥尔(Orr)1966年提出，又称"米勒-奥尔模型"。他们假设每日现金净流量分布接近于正态分布，每日现金净流量可能低于或高于期望值，是一种随机的数值。企业可确定一个期望值，当企业现金富余时，就购买有价证券，当企业货币资金不足时，就变卖有价证券，由此来调节现金的余缺。由此，他们建立的模型如下：

$$Z = \sqrt[3]{\frac{3b\delta^2}{4(i \div 360)}} + L \tag{2-3}$$

式中：Z——目标货币资金存量；b——有价证券与货币资金每次交易的成本；i——有价证券利息率；δ——每天货币资金存量变化的标准离差；L——最低的货币资金余额（货币资金下限）。

最高货币资金余额

$$M = 3Z - 2L \tag{2-4}$$

平均货币资金余额

$$\overline{M} = \frac{4Z - L}{3} \tag{2-5}$$

随机模式的图形如图2-2所示。

例3 某企业货币资金存量的标准离差为4 000元，企业每次买卖有价证券的交易成本为600元，有价证券的年利率为10%，企业确定的最低货币资金余额为0，则：

$$Z = \sqrt[3]{\frac{3 \times 600 \times 4\,000^2}{4(10\% \div 360)}} + 0 \approx 29\,595(元)$$

最高货币资金余额 = 3 × 29 595 − 2 × 0 = 88 785(元)

平均货币资金余额 = (4 × 29 595 − 0) ÷ 3 = 39 460(元)

上述计算中平均货币资金余额39 460元为该企业最佳货币资金存量。

随机模式的意义在于：当企业货币资金达到最高限额A点88 785元时，企业可将多

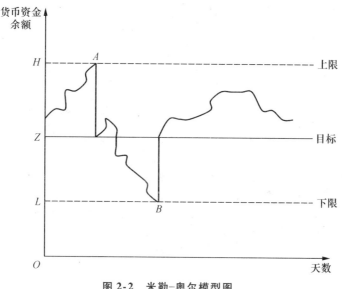

图 2-2 米勒-奥尔模型图

于目标货币资金存量的货币 59 190 元(88 785 - 29 595)用于购买有价证券;当企业的货币资金余额低于最低限额 B 点时(此题为 0,一般应考虑保险储备、补偿性余额等需要而大于 0),应变卖证券补充货币资金达到目标量 29 595 元。这样,一定时期平均货币资金余额 39 460 元为最理想的货币资金存量。

3. 因素分析法

因素分析法是以上年合理的货币资金存量为基础,考虑本年销售收入变动等因素来估算货币资金存量的方法。公式如下:

$$\text{货币资金存量} = \left(\text{上年货币资金平均余额} - \text{不合理占用额}\right) \times \left(1 + \text{预计本年销售收入变动的比率}\right)$$

例 4 某企业上年货币资金平均余额为 123 000 元,其中,不合理占用额 2 000 元,预计本年销售收入比上年增 5%,则:

本年货币资金存量 = (123 000 - 2 000) × (1 + 5%) = 127 050(元)

企业货币资金的期末余额与理想存量有差额时,需要进一步分析和处理。如果前者大于后者过多,可考虑用货币资金进行投资或归还债务等。如果前者小于后者过多,应尽快采取措施弥补:一是增加货币资金收入,可通过组织销售、出售有价证券、借入资金及尽快收回应收账款等方法来实现;二是减少各种非必要的支出。

(二)对货币资金使用效率的分析

对货币资金使用效率的分析可用货币资金周转率指标反映,其计算公式如下:

$$\text{货币资金周转率} = \frac{\text{计算期实际收到的销售额}}{\text{货币资金平均余额}}$$

上述公式中"计算期实际收到的销售额"通常用现金流量表中经营活动现金流量项目中"销售商品、提供劳务收到的现金"数额,不包括投资活动、筹资活动产生的现金流量;公式分母用资产负债表中年初货币资金与年末货币资金之和的平均数额。这个指标表示企业一定时期内货币资金平均占用额收回了几次。次数越多,货币资金的使用效率就越高。

第二节 交易性金融资产

一、金融资产的概念

金融资产是指企业或其他经济组织中持有的以价值形态存在的资产。① 与"实物资产"相对,代表持有者对资产的索取权②,即对有形资产所创造的一部分收入流量的索取权,这种索取权能够为持有者带来货币收入流量③。

我国《企业会计准则第22号——金融工具确认和计量》规定金融资产在初始确认时划分为下列四类:

(1) 以公允价值计量且其变动计入当期损益的金融资产,包括交易性金融资产和指定为以公允价值计量且其变动计入当期损益的金融资产。

(2) 持有至到期投资。是指到期日固定、回收金额固定或可确定且企业有明确意图和能力持有至到期的非衍生金融资产。如企业购买的、期限在一年以上的并持有至到期兑现的国库券、企业债券等。衍生金融资产是指在票据、债券、股票等传统金融资产的基础上为了方便筹资和融资,防范汇率和利率频繁波动风险,降低筹资和融资成本,稳定投资收益,进行货币保值而产生的具有标的、名义数额条款,不要求初始净投资,在未来某一日期实现净额结算的创新金融工具。它主要包括远期合同,期货合同,互换和期权,以及具有远期合同、期货合同、互换和期权中一种或一种以上特征的工具。而持有至到期投资是一种非衍生金融资产。

(3) 贷款和应收款项。是指在活跃市场中没有报价、回收金额固定或可确定的非衍生金融资产。贷款是金融企业(银行)按规定向客户发放的各种贷款,包括质押贷款、抵押贷款、保证贷款、信用贷款。应收款项包括应收账款、应收票据、预付账款、其他应收款等。

(4) 可供出售金融资产。是指初始确认时即被指定为可供出售的,除以公允价值计量且其变动计入当期损益的金融资产、持有至到期投资、贷款和应收款项以外的非衍生金融资产。

上述第一类金融资产,为交易性金融资产,属于流动资产范畴,会计设置"交易性金融资产"科目进行核算;第二、第四类金融资产,持有时间一般在一年以上,属于非流动资产范畴,会计设置"持有至到期投资"、"可供出售金融资产"科目进行核算;第三类金融资产,属于企业的债权,其中,应收款项一般在一年内(含一年)收回,归属企业流动资产范畴,会计分别设置"应收账款"、"应收票据"、"预付账款"、"其他应收款"等科目进行核算。

---

① 王世定主编:《西方会计实用手册》,中国社会科学出版社1993年第1版,第411页。
② 冯淑萍主编:《简明会计辞典》,中国财政经济出版社2002年第1版,第110页。
③ 李扬、王国刚主编:《资本市场导论》,经济管理出版社1998年版。

二、交易性金融资产的概念和种类

交易性金融资产是指为交易而持有的、准备近期出售的金融资产。交易性金融资产分为交易性股票投资、交易性债券投资、交易性基金投资和交易性权证投资四类。交易性股票投资是指企业购买准备近期出售的股票所进行的投资;交易性债券投资是指企业购买准备近期出售的债券所进行的投资;交易性基金投资是指企业购买准备近期出售的基金所进行的投资;交易性权证投资是指企业购买准备近期出售的认股权证所进行的投资。认股权证是公司在发行公司债券或优先股股票或进行股权分置改革时发出的给予购买其债券或优先股股票的人或流通股股东享有购买普通股股票权利的一种证券。

认股权证,又称"认股证"或"权证"或"认沽权证"("沽"是"售"的意思),其英文名称为 Warrant,故在香港又俗译"窝轮"。它是由发行人发行的、能够按照约定价格在特定的时间内购买或沽出"相关资产"(如股份、指数、商品、货币等)的选择权凭证,实质上它类似于普通股票的看涨期权。认股权证的应用范围包括股票配股、增发、基金扩募、股份减持等。

由于交易性基金投资和交易性权证投资的会计处理同交易性股票投资相近,下面仅阐述交易性股票投资和交易性债券投资的业务处理。

三、交易性股票投资业务

(一) 购入股票

企业从证券交易所购买股票,一般要支付三部分款项:(1) 股票的买价,包括股票票面价格(面值)和溢价两部分;(2) 交易费用,包括支付给代理机构(如证券交易所等)、咨询公司、券商等的手续费和佣金,缴纳的税金(印花税、交易税)及其他必要支出,但不包括融资费用、内部管理成本及其他与交易不直接相关的费用;(3) 支付给股票持有人应获取的已宣告分红但尚未支付的现金股利。

《企业会计准则》规定,企业取得交易性金融资产,按其公允价值入账,即按公允价值计入"交易性金融资产"科目。所谓公允价值,是指在公平交易中,熟悉情况的交易双方自愿进行资产交换或者债务清偿的金额。例如,在活跃的证券交易市场中(如在证券交易所),股票持有人的股票报价能被购买人接受而成交,则股票报价(包括面值和溢价)应作为股票的公允价值计量。企业在购买股票过程中发生的交易费用,在以公允价值计量且其变动损益计入当期损益的计价模式下,直接计入"投资收益"科目,视为当期损益的减少。企业在购买股票时支付的已宣告发放但尚未发放的现金股利,是一种暂付性债权,计入"应收股利"科目,待股份公司实际发放股利时再收回暂付性款项,转销已入账的债权。

(二) 入账股票的价格变动

企业购入的股票入账价格发生变动,企业应设置"公允价值变动损益"科目进行反映。与此相对应,"交易性金融资产"科目除了设置"成本"明细科目外,还应设置"公允价值变动"明细科目。其中,"成本"明细科目,在以公允价值计量且其变动损益计入当期损益的计价模式下反映投资的买价,在其他计价模式下反映投资的买价和交易费用。

(三) 分进现金股利

企业分进现金股利,是企业股票投资取得的收益,计入"投资收益"科目,但不包括上述垫付股利的收回。

(四) 卖出股票

企业进行交易性金融投资的目的,一是保持资金的流动性,即为调节货币资金余缺而买卖;二是获取一定的投资收益。当企业资金紧张或股票价格上涨时,企业可随时卖出股票。卖出股票取得的收入扣除支付的佣金、手续费等之后为股票的净收入。企业将股票净收入与"交易性金融资产"账户余额进行对比,净收入大于账户余额,则增加企业的"投资收益",反之,为投资损失,则减少企业的"投资收益"。同时,还要将从购入股票至出售股票期间股票价格的变动损益进行转销:其间上涨额从"公允价值变动损益"科目转出计入"投资收益"科目贷方,即增加"投资收益";反之,减少"投资收益"。

例 5 某企业购入普通股票 3 000 股,每股付款 20 元,另付手续费 300 元,还支付已宣告发放尚未支付的股利 2 100 元。20 天后,该企业分到现金股利 2 100 元。半年后,该企业每股分到现金股利 2 元。年终,该股票每股买价升为 20.05 元。1 个月后,该企业将 3 000 股普通股票全部售出,每股售价 18.02 元,付手续费 210 元。要求确定该企业计入"交易性金融资产"账户的金额、计入"公允价值变动损益"账户的金额、取得的投资净收益和该项股票投资的收益率。

(1) 购入股票时计入"交易性金融资产——成本"账户的金额 = $3\,000 \times 20 = 60\,000$ (元)

(2) 股价变动时计入"交易性金融资产——公允价值变动"账户的金额 = $3\,000 \times (20.05 - 20) = 150$ (元)

(3) 股价变动时计入"公允价值变动损益"账户的金额 = 150(元)

(4) 取得的投资净收益 = $(3\,000 \times 18.02 - 210) - (60\,000 + 150) - 300 + (3\,000 \times 2) + 150 = -450$ (元)

计算结果表明,该项股票投资交易发生投资净损失 450 元。

(5) 股票投资收益率 = 股票投资净收益 ÷ 股票投资额 × 100% = $-450 \div (60\,000 + 300) \times 100\% = -0.75\%$

股票投资收益率中的"股票投资额"有三种计算方法:一是按初始投资额计算。初始投资额不仅包括股票买价,还包括购买股票时支付的交易费用。因为这两者是企业初始投资的付出,是企业在持有该股票期间的资金占用。需要说明的是,企业购买股票时还支付了已宣告发放但尚未支付的股利,这是企业暂付性债权,随着股利的实际发放,企业即可收回债权,因而它不属于企业整个股票投资期间的资金占用,即不作为"股票投资额"对待。二是按股票投资的平均额计算。三是按股票投资的精确占用额计算。后两者将在"财务分析中级教程"中阐述。

四、交易性债券投资业务

交易性债券投资业务同交易性股票投资业务核算有三点不同:一是购入债券实付款

中含有已到付息期尚未领取的利息计入"应收利息"科目;二是购入的债券能按期收到固定利息;三是债券到期时能收回本金。

例6 某企业10月1日购入海洋债券,付款50 640元,其中,面值48 000元,溢价570元,利息1 920元(按年利率8%计算6个月的利息),佣金150元。10月2日,该企业收到债券利息1 920元。12月31日,该企业计算海洋债券10月1日至12月31日的利息960元(48 000×8%×3/12);12月31日,该企业持有的海洋公司债券公允价值变为47 570元。次年2月1日,该企业将海洋债券全部售出,售价49 890元,另付手续费140元。要求确定该企业计入"交易性金融资产"账户的金额、计入"公允价值变动损益"账户的金额、取得的投资净收益。

(1)10月1日购入债券时计入"交易性金融资产——成本"账户的金额 = 48 000 + 570 = 48 570(元)

(2)12月31日债券价格变动时计入"交易性金融资产——公允价值变动"账户的金额 = 47 570 - 48 570 = -1 000(元)

(3)债券价格变动时计入"公允价值变动损益"账户的金额 = -1 000(元)

(4)取得的投资净收益 = (49 890 - 140) - (48 570 - 1 000) - 150 - 1 000 = 1 030(元)

计算结果表明,该项债券投资交易取得投资净收益1 030元。

五、交易性金融资产价值在资产负债表中的列示

会计期末,企业"交易性金融资产"账户的余额直接填入资产负债表中"交易性金融资产"项目。由于"交易性金融资产"按公允价值计价,期末,报表反映的是该金融资产的市场价值情况,因此这种方法称为市价法。同时,对于交易性金融资产"公允价值变动损益"也应在利润表"公允价值变动损益"项目中反映,构成企业的利润总额,但它仅仅是企业的"未得利润"。① 只有当该交易性金融资产进行处置时,"未得利润"才转化为"实得利润"。

六、交易性金融资产的分析

交易性金融资产是企业货币资金的一种转换形式。对交易性金融资产进行分析,主要是分析它的流动性和收益性。

(一)交易性金融资产的流动性分析

交易性金融资产作为货币资金的替代品,具有较高的流动性。当企业货币资金有富余时,通常是将货币资金兑换成有价证券;当企业货币资金不足时,企业则立即出售有价证券获得货币资金。在对交易性金融资产的流动性进行分析时,应结合货币资金存量进行。一方面,看其是否保证了理想的货币资金需要;另一方面,看其存量是否合适。此外,应结合市场行情,对流动性较差的有价证券看其是否根据其经营状况及时进行了处理。

---

① 李涵、朱学义:《短期投资的重新划分及会计处理的演变》,《财务与会计》(综合版),2007年第9期。

（二）交易性金融资产的收益性分析

交易性金融资产的收益性是指纳税后股息、利息和资本增值（或贬值）数额的大小。在各种有价证券中，企业债券、国库券的收益固定，但其价格会随市场利率波动而变化。当市场利率上升时，企业债券、国库券的价格便会下跌。普通股股票的收益不确定，完全随发行股票的企业的经营状况、获利能力和股市状况而定。对交易性金融资产的收益性进行分析时，首先要确认某项交易性金融资产乃至全部交易性金融资产是取得了净收益，还是发生了净损失。如果取得了净收益，一般应高于把这部分投资资金存在银行所获得的利息。若经计算或测算，某项投资的收益低于同期可获得的银行利息，则一般应立即出售该项有价证券。

第三节 应收款项

一、应收款项的概念及种类

应收款项是企业拥有的将来收取货币资金或得到商品和劳务的各种权利。它由企业经营或非经营活动所形成。应收款项按内容分为以下六类：

（1）应收账款。是指企业因销售商品或提供劳务等经营活动而形成的债权。

（2）应收票据。是指企业因销售商品或提供劳务等而收到票据所形成的债权。

（3）预付款项。是指企业按照合同规定预付的款项，包括预付给供货单位的货款和预付给施工单位的工程价款。

（4）应收股利。是指企业因股权投资而应收取的现金股利或因其他投资而应收其他单位的利润。

（5）应收利息。是指企业因债权投资而应收取的利息。

（6）其他应收款。是指除应收账款、应收票据、预付款项、应收股利和应收利息等以外的各种应收、暂付款项，包括应收各种赔款和罚款、存出保证金、备用金、应收出租包装物租金、应向职工收取的各种垫付款项等。

二、应收账款

（一）应收账款的形成

企业采用赊销方式（临时赊销和约期赊销）销售商品、提供劳务等形成应收账款。记入"应收账款"的内容有货款、应向客户收取的增值税、应由客户承担的本企业代垫的运杂费等。

增值税是对商品价值中的增值额部分进行征税的一种流转税。增值额是商品价值扣除相应的外购材料等价值的差额。我国规定，增值税是价外税，即在商品或劳（服）务价格之外按一定税率征税：工业、商品流通业增值税税率为17%或13%；交通运输业，包括陆路运输服务、水路运输服务、航空运输服务——湿租业务、管道运输服务增值税税率为11%；部分现代服务业，包括研发和技术服务、信息技术服务、文化创意服务、物流辅助服务、有形动产租赁服务、验证咨询服务增值税税率为6%。一个工厂从其他单位购入材料、固定资产,除支付材料、固定资产价款及有关费用外,还要向供货单位支付增值税。当这个工厂生产出产品向外销售或出售已用固定资产时,它除向客户收取产品、固定资产货款及有关费用外,还要向客户收取增值税。该工厂售货中收取的增值税扣除购货中支付的增值税后的差额为当期应向国家交纳的增值税。例如,甲厂(一般纳税人,下同)本月购入材料价款1 000元,增值税170元(价款1 000×税率17%),共支付1 170元。甲厂本月将材料制成产品全部售出,向客户收取价款1 500元和增值税255元(1 500×17%)。该厂本月应交增值税85元(255-170)。企业购销过程中涉及增值税的要有增值税专用发票。企业购货时,要向供货单位索取专用发票的发票联(作会计记账依据)和抵扣联(在向国家交税时作抵扣销项税额的依据);企业销货时,要向客户提供专用发票的发票联和抵扣联。

例7 某企业向A公司发出商品一批,价款20 000元,增值税3 400元,用银行存款代垫运杂费400元,当即到银行办妥了委托收款手续。该企业增加了"应收账款"23 800元(20 000+3 400+400),同时增加了"主营业务收入"20 000元,增加了"应交税费——应交增值税(销项税额)"3 400元,垫付运杂费减少"银行存款"400元。

(二)销售折扣的处理

销售折扣是指销售活动中卖方给买方价格上的优惠,包括商业折扣和现金折扣两种。

1. 商业折扣

商业折扣是出售商品时从售价中扣除一定比例的数额。例如,某商品价格100元,按5%的商业折扣出售,应收账款记95元。

2. 现金折扣

现金折扣是销货企业对购货方或接受劳务方在赊销期内提前偿付款项所给的优惠。现金折扣的一种表示方式是:"2/10,1/20,n/30"。其含义是:赊销期限为30天,客户10天内付款,可少付2%的款;20天内付款,可少付1%的款;30天内付款,按全价付清。现金折扣的另一种表示方式是:"2/10,EOM"[EOM是英语"月底"(end of month)的缩写],其含义是:月底前付款;如果10天内付款,可享受2%的折扣。我国《企业会计准则》隐含着现金折扣的核算方法——总价法核算,即应收账款和销售收入按扣除现金折扣前的实际发生额入账。

例8 某企业赊销商品一批,增值税专用发票上价款20 000元,增值税3 400元,现金折扣条件为"2/10,n/30"。客户在10天内偿付了全部款项。要求确定该企业记入"应收账款"的金额、应交增值税的销项税额、取得的主营业务收入额、实际收款的金额和主营业务收入净额。

(1)应收账款金额=20 000+3 400=23 400(元)

(2)应交增值税销项税额=20 000×17%=3 400(元)

(3)主营业务收入额=20 000(元)

(4)实际收款额=20 000×98%+3 400=23 000(元)

(5)主营业务收入净额=主营业务收入-商业折扣-销售折让-销售退回=20 000-0-0-0=20 000(元)

公式中"销售折让",是指企业售出的商品由于品种或质量不符规定而降价结算所减让的价格;"销售退回"是指企业已售出的商品因品种或质量不符规定而被购买单位退回的事项,这种退回一律冲减当月营业收入。需要说明的是,企业商品销售过程中给客户提供的现金折扣,对销售方来说,作企业的"财务费用"处理,不直接冲减"主营业务收入"。

3. 折扣的处理

折扣的处理有两种方法:一是企业设置"销售折扣与折让"科目,专门核算企业发生的各种商业折扣和销售折让。会计期末,企业将"销售折扣与折让"的发生额转入"主营业务收入"科目,冲减当期的主营业务收入。二是企业不设置"销售折扣与折让"科目,发生商业折扣,按扣除商业折扣后的净额入账;发生销售折让直接冲减当月收入。会计期末,企业将主营业务收入净额填入利润表"营业收入"项目,即利润表中的"营业收入"实际反映的是营业收入净额。

(三)应收账款净额的确认

应收账款净额是应收账款扣除坏账损失或坏账准备后的余额。坏账是指无法收回的应收账款。由此发生的损失称为坏账损失。

坏账损失和坏账准备不是一个概念。坏账损失是一个确定性的事实。确认坏账损失应符合下列条件之一:(1)债务人破产或者死亡,以其破产财产或者遗产清偿后仍无法收回的应收账款;(2)债务人逾期未履行其偿债义务且具有明显特征表明无法收回的应收账款。坏账准备是一个事先估计的数额,即指会计人员按期估计坏账损失而形成坏账准备金数额。

坏账损失的处理方法有两种:一是直接转销法。它是在实际发生坏账损失时直接将该损失计入当期损益(营业外支出)同时转销应收款项的处理方法。二是备抵法。它是事先估计坏账损失计入各期损益,形成坏账准备金,待实际发生坏账时再冲减坏账准备金的会计处理方法。我国《小企业会计准则》规定采用直接转销法,大中型《企业会计准则》规定采用备抵法核算坏账损失,并在以下估计坏账损失的方法中作出选择。

(1)应收账款余额百分比法。它是期末按应收账款余额一定百分比估计坏账损失的一种方法。该方法认为,坏账与未收回的应收款项有关。估计坏账损失率应根据企业以往的经验、债务单位的实际财务状况和现金流量的情况,以及其他相关信息合理确定。企业期末计提坏账准备的公式如下:

$$\text{期末计提的坏账准备} = \text{期末应收账款余额} \times \text{坏账准备提取率} - \text{计提前"坏账准备"账户余额}$$

公式中"计提前'坏账准备'账户余额",如为贷方余额用正数表示,如为借方金额用负数表示。

例9 甲厂20×4年末应收账款账面余额为90万,按5‰计提坏账准备。计提前"坏账准备"账户余额4 000元。

甲厂20×4年年末计提的坏账准备金额 = 900 000 × 5‰ − 4 000 = 500(元)

借:资产减值损失　　　　　　　　　　　　　　500
　　贷:坏账准备　　　　　　　　　　　　　　　　　500

(2) 账龄分析法。它是根据应收账款账龄的长短来估计坏账准备的一种办法。该方法认为,客户欠账的时间——账龄越长,收不回款项的可能性越大,产生坏账的风险越大。这种方法的应用举例如下。

例10 乙厂某年年末根据会计账簿记录整理编制的估计坏账损失表见表2-1。按账龄分析法计提坏账准备。计提前"坏账准备"账户借方余额385元。

表2-1 估计坏账损失表

20××年12月31日　　　　　　　　　　　　　　单位:元

账龄	应收账款余额	估计坏账损失率	估计坏账损失金额
1年以内	17 000	1%	170
1—2年	13 900	5%	695
2—3年	9 500	10%	950
3—4年	7 000	20%	1 400
4—5年	5 000	40%	2 000
5年以上	3 000	60%	1 800
合计	55 400		7 015

甲厂20××年年末计提的坏账准备金额 = 7 015 + 385 = 7 400(元)

借:资产减值损失　　　　　　　　　　　　7 400

　　贷:坏账准备　　　　　　　　　　　　　　　　7 400

(3) 个别认定法。如果债务方已有确凿证据(如债务单位撤销、破产、资不抵债、现金流量严重不足、发生严重的自然灾害等)表明没有偿债能力,则债权方应对该项应收款项全额计提(计提率100%)坏账准备。这种对债务方陷入财务困境而单独进行分析确认计提坏账准备的方法,称为个别认定法。

采用备抵法计提坏账准备后,如果实际发生了坏账损失,则冲减"坏账准备";如果坏账准备不足以冲减,仍挂账处理,即用全额冲减坏账准备,使"坏账准备"账户出现借方余额(负数);如果已转销的坏账又收回,则再转作坏账准备。

企业期末资产负债表上列示"应收账款净额",即将"应收账款"账户余额扣除"坏账准备"账户贷方余额(或加上"坏账准备"账户借方余额)后的净额填入资产负债表"应收账款"项目。

例11 甲厂20×4年年末应收账款账面余额90万元,按5‰计提坏账准备(计提前"坏账准备"账户贷方余额4 000元)。20×5年5月,林达公司前欠甲厂货款5 300元已超过三年未能收回,甲厂报经批准同意作坏账转销;20×5年10月,甲厂经过催收,又收到林达公司原欠货款5 300元;20×5年度,甲厂"应收账款"账户借方共增加50万元,贷方共减少56万元(即当年收回上年和当年的应收账款共56万元)。试确定甲厂20×4年年末、20×5年年末计提的坏账准备及其资产负债表上列示的应收账款数额。

(1) 20×4年年末甲厂计提的坏账准备 = 900 000 × 5‰ − 4 000 = 500(元)

(2) 20×5年年末甲厂应收账款余额 = 900 000 + 500 000 − 560 000 = 840 000(元)

(3) 20×5年年末甲厂计提坏账准备前"坏账准备"账户余额 = 4 000 + 500 − 5 300 + 5 300 = 4 500(元)

(4) 20×5 年年末甲厂计提的坏账准备 = 840 000 × 5‰ - 4 500 = -300(元),即应冲销账上多提的坏账准备 300 元。

(5) 20×4 年年末、20×5 年年末甲厂资产负债表"应收账款"项目分别列示 895 500 元(900 000 - 4 500)、835 800 元(840 000 - 4 200)。

三、应收票据

(一) 应收票据的类型

目前,我国作为应收票据核算的是商业汇票。商业汇票是由收款人或付款人签发,由承兑人承兑并于到期日向收款人或执票人支付款项的票据。承兑是在票据上签署并写明"承兑"字样及日期,承认票据到期时见票付款的行为。承兑期由双方商定,最长不超过 6 个月。承兑人是到期兑现票款的人。如果票据到期由企业兑现票款,这种票据称为商业承兑汇票;如果票据到期由企业事先委托其开户行兑现票款,这种票据称为银行承兑汇票。商业承兑汇票到期时,如果付款单位无款支付,则收款单位就收不到款,仍需派人催收;银行承兑汇票到期时,承兑银行从付款单位银行户头上扣款兑现,因而这种汇票对收款单位来讲没有风险。我国目前采用的票据是不带息票据,即票据上不标明利率,到期也不计算利息。随着市场经济的发展,我国也会采用西方普遍采用的带息票据。

(二) 应收票据的形成与兑现

企业销售商品时如果收到商业汇票,则记入"应收票据"账户。票据到期时,如果收到票款,转为"银行存款";如果收不到票款,转为"应收账款"。举例如下。

例 12 甲厂向东升厂销售一批商品,价款 10 万元,增值税 1.7 万元,当即收到一张面值为 11.7 万元、承兑期为 4 个月的无息商业承兑汇票一张。4 个月后,甲厂如数收到了票款。

甲厂销售商品收到票据时,"应收票据"账户增加 11.7 万元,"主营业务收入"增加 10 万元,应交增值税销项税额增加 1.7 万元;

汇票到期甲厂收到票款时,"应收票据"账户减少 11.7 万元,"银行存款"增加 11.7 万元。

如果汇票到期,东升厂无力偿付票款,则甲厂减少"应收票据"11.7 万元,增加"应收账款"11.7 万元,并派人催收欠款。

例 13 依例 12,如果甲厂收到的是带息票据,票面利率为 9%(这是年利率,用百分号"%"表示;如果是月利率,用千分号"‰"表示;如果是日息,用万分号"‱"表示),其他情况不变。

甲厂销售收到票据时,会计记录和例 12 相同;

汇票到期甲厂收到票款时,"应收票据"减少 11.7 万元,收到利息 0.351 万元(11.7 × 9% × 4/12)冲减"财务费用",增加"银行存款"12.051 万元。

(三) 应收票据的贴现

1. 贴现的概念

贴现是以贴付利息为代价而将未到期票据兑换成现款。当企业资金紧张迫切需要支付现款时,企业可将未到期的商业汇票拿到银行办理贴现。贴现银行要向企业收取自贴现日起至汇票到期前一日止的贴现利息,企业实际得到的贴现款是汇票到期值扣除贴现利息后的余额。

2. 无息应收票据的贴现

例14 依例12,面值11.7万元的无息票据开出日期是2月14日,票据到期日是6月14日。如果甲厂5月15日将该票据拿到银行贴现,银行贴现利率为8‰,则:

贴现天数 = 5月份17天 + 6月份13天 = 30(天)

贴现利息 = 票据到期值 × 日贴现率 × 贴现天数

= 11.7 ×（8‰ ÷ 30）× 30 = 0.0936（万元）

实得贴现款 = 11.7 - 0.0936 = 11.6064（万元）

3. 带息应收票据的贴现

带息应收票据的贴现和无息应收票据的贴现的不同之处是计算贴现利息的票据到期值不仅包括票据面值,还包括票据到期的利息。

例15 依例12,如果面值11.7万元的票据为带息票据,票面利率9%,开出日期为2月14日,到期日为6月14日,甲厂5月15日办理贴现,银行贴现率为8‰,贴现天数为30天,则:

票据到期应收利息 = 117 000 × 9% × 4/12 = 3 510（元）

票据到期值 = 117 000 + 3 510 = 120 510（元）

贴现利息 = 120 510 ×（8‰ ÷ 30）× 30 = 964.08（元）

实得贴现款 = 120 510 - 964.08 = 119 545.92（元）

4. 已贴现票据的或有负债

已贴现的商业汇票未到期前留在贴现银行,待到期时由贴现银行收取票款。如果已贴现的汇票是商业承兑汇票,汇票到期时付款单位无力支付,则贴现银行收不到票款,仍要向贴现企业讨回贴现款。因此,贴现企业在将未到期商业承兑汇票"卖给"贴现银行时,存在着潜在的可能发生的债务,这种债务称为或有负债。一旦票据到期不能兑现,贴现企业的或有负债就成了实际负债。

5. 票据贴现的账务处理

（1）无息应收票据贴现的账务处理。

例16 依例14,甲厂将未到期的商业汇票向银行办理贴现后

借:银行存款　　　　　　　　　　　　　　　　　　　　116 064

　　财务费用　　　　　　　　　　　　　　　　　　　　　　936

　贷:应收票据　　　　　　　　　　　　　　　　　　　117 000

（2）带息应收票据贴现的账务处理。

例17 依例15,甲厂将未到期的商业汇票向银行办理贴现后

借:银行存款　　　　　　　　　　　　　　　　　　　119 545.92

　贷:应收票据　　　　　　　　　　　　　　　　　　　117 000

　　　财务费用(3 510 - 964.08)　　　　　　　　　　　2 545.92

6. 贴现票据的到期处理

已贴现票据到期时,付款单位兑现了票款,贴现企业不需要做任何账务处理。如果

付款单位无力偿付,贴现银行从贴现企业扣回了已贴现款,则贴现企业做如下会计分录（以例 16 为例）：

  借：应收账款   117 000
   贷：银行存款   117 000

如果贴现企业银行存款户头上无款可扣,则贴现银行将其转为逾期贷款时,贴现企业做如下会计分录：

  借：应收账款   117 000
   贷：短期借款   117 000

（四）应收票据坏账准备的计提

期末,企业未到期的应收票据,如确有证据不能收回或收回的可能性不大,则应该计提减值准备。会计分录如下：

  借：资产减值损失
   贷：坏账准备

期末,"应收票据"账户余额扣除其"坏账准备"账户余额后的净额列入资产负债表"应收票据"项目。

四、其他应收款

其他应收款包括应收的各种赔款、罚款,应收出租包装物租金,应向职工收取的各种垫付款项,备用金,应收已宣布发放的股利等。

企业应设置"其他应收款"科目,按不同债务人设置明细账。以备用金为例,职工因公出差临时预借差旅费 400 元,企业付给现金,增加"其他应收款"；职工出差归来报销差旅费 380 元,记入"管理费用",交回现金 20 元,同时注销（减少）"其他应收款"400 元。

期末,企业"其他应收款"应比照"应收账款"的核算方法计提减值准备。会计分录如下：

  借：资产减值损失
   贷：坏账准备

期末,"其他应收款"账户余额扣除其"坏账准备"账户余额后的净额列入资产负债表"其他应收款"项目。

五、应收股利、应收利息

企业设置"应收股利"科目,核算企业应收取的现金股利和应收取其他单位分配的利润。企业设置"应收利息"科目,核算企业购买债券已到付息期但尚未领取的利息和分期付息、一次还本债券投资期末按票面利率计算确定的应收未收利息。

企业的应收股利、应收利息一般不会出现坏账损失,但因出现特殊情况有确凿证据表明不能收回股利和利息,或收回的可能性不大的,企业期末应对应收股利、应收利息计提坏账准备（分录同其他应收款）。期末,将"应收股利"、"应收利息"账户余额扣除各自计提的"坏账准备"账户余额后的净额列入资产负债表"应收股利"、"应收利息"项目。

六、应收账款的分析

(一) 应收账款构成及发展趋势分析

分析应收账款的构成,主要是看正常的应收账款和不正常的应收账款各占应收账款总额的比重。应收账款正常与否的划分标准主要有二:一是看应收账款的发生是否符合国家结算制度的规定,凡违反规定的赊销款项为不正常的应收账项;二是看应收账款是否超过了结算期限,凡超过银行转账结算凭证传递的正常期限或企业约定的赊销期限的应收账款为不正常的应收账款。对于不正常的应收账款尤其是长期应收未收的账款,应采取切实有力的措施催收,防止坏账损失的发生。

例 18 某企业连续五年的应收账款及其构成见表 2-2。

表 2-2 应收账款及其构成表

项目	20×1 年	20×2 年	20×3 年	20×4 年	20×5 年	年递增率
(1) 应收账款总额(元)	112 000	155 000	207 000	280 000	330 000	31%
(2) 其中:不正常应收账款(元)	11 200	17 670	33 120	47 600	82 500	64.7%
(3) 不正常应收账款比例(%) = (2) ÷ (1)	10	11.4	16	17	25	—

由表 2-2 可见,该企业应收账款数额逐年上升,其中不正常的应收账款也逐年上升,其比例由 20×1 年的 10% 上升到 20×5 年的 25%。

在分析应收账款的基础上,可从两个方面分析其发展趋势:首先,考察应收账款本身的变动趋势。根据表 2-2,该企业应收账款总额 20×1 年至 20×5 年平均每年递增 31% ($\sqrt[4]{330\,000 \div 112\,000} - 1$),不正常的应收账款平均每年递增 64.7% ($\sqrt[4]{82\,500 \div 11\,200} - 1$),不正常应收账款的比例平均每年上升 3.75 个百分点 [(25 - 10) ÷ 4],说明该企业的商业信用规模在不断扩大,不正常的应收账款越来越严重。其次,考察应收账款占流动资产比重的变动趋势。如果比重逐渐加大,则进一步验证了企业的商业信用规模越来越大的论断。

(二) 应收账款账龄和实际坏账率分析

应收账款账龄分析是将应收账款按欠款时间长短(如拖欠一个月、三个月、半年、一年、二年、三年等)归类排队并列表反映,使人一目了然。应收账款账龄分析表可分为总表(见前述表 2-1)和附表两类。附表可以按欠款单位列示,也可以按推销人员及其欠款单位列示,以考核推销人员业绩,组织催收工作。

实际坏账率是实际坏账损失占平均应收账款的比率,它是考察账龄同实际坏账关系,决定信用规模和期限以及计提坏账准备的一个依据。企业可计算全部应收账款实际坏账率和各信用期限实际坏账率。

(三) 应收账款回收速度分析

应收账款回收速度分析主要是计算应收账款周转率或应收账款周转天数。

1. 应收账款周转率的计算

根据《企业财务通则》规定的计算口径,应收账款周转率的计算公式如下:

$$\frac{应收账款}{周转率} = \frac{主营业务收入净额}{应收账款平均余额}$$

应收账款平均余额等于期初应收账款余额与期末应收账款余额之和除以2。

2. 应收账款周转天数的计算

应收账款周转天数的计算公式如下:

$$\frac{应收账款}{周转天数} = \frac{应收账款平均余额 \times 计算期天数}{主营业务收入}$$

或

$$= \frac{计算期天数}{应收账款周转率}$$

公式中"计算期天数"是指从年初累计到当期期末的天数。一个月选用30天,一季选用90天,一年选用360天。公式中分子涉及的"主营业务收入",从理论上讲,是指计算期赊销收入净额(赊销收入净额=全部销售收入－现销收入－商业折扣－销售折让－销货退回),企业会计人员能把握该指标,但由于赊销收入是商业秘密,企业外部人员无法获得,则非企业会计人员计算该指标时,"赊销收入净额"就用"营业收入净额"代替。营业收入净额有两种选择:一是直接用利润表上的"营业收入",它由主营业务收入和其他业务收入加总得出;二是用"主营业务收入净额"代替,该数据由企业"营业收入附表"中"主营业务收入"项目提供。企业对外提供财务报告时要按财政部发布的《企业财务通则》规定的计算口径计算。

应收账款周转天数也称应收账款回收期或应收账款平均收账期,收账期越短越好。

3. 应收账款回收速度分析举例

例19 我国规模以上工业企业应收账款周转率计算见表2-3("规模以上工业企业"在2007—2010年指年主营业务收入在500万元以上的工业企业,2011年为主营业务收入在2 000万元以上的工业企业)。

表2-3 我国规模以上工业企业应收账款周转率计算表

项目	2007年	2008年	2009年	2010年	2011年	五年累计	年递增率
(1) 年末应收账款净额(亿元)①	39 712	45 006	52 556	64 619	69 874	271 767	15%④
(2) 主营业务收入(亿元)	386 746	479 415	517 755	681 219	843 315	2 908 451	21%
(3) 应收账款周转率=(2)÷(1)	13.3②	11.3	10.6	11.6	12.5	10.7③	
(4) 应收账款周转天数=360÷(3)	27.2	31.8	33.9	31.0	28.7	33.6	

注:① 2006年年末应收账款净额为31 699亿元;② =386 746÷[(39 712+31 699)÷2]=13.34(次);③ =2 908 451÷271 767=10.7(次);④ =$\sqrt[4]{69\,874 \div 39\,712} - 1 = 15\%$。

资料来源:2008—2012年各年《中国统计摘要》,2007—2011年应收账款净额为11月末数据,2007—2011年收入据各年1—11月累计数除以11乘以12推算。

从表2-3计算可见,我国规模以上工业企业应收账款周转速度较为平稳。就应收账款周转天数分析,2007年应收账款周转天数为27.2天,2011年28.7天,五年累计平均为33.6天(不包括2006年数据)。国务院国资委统计评价局制定的《企业绩效评价标准值》中国有工业企业应收账款周转率平均值2007—2011年五年简单平均为5.6次(56.8天)(见本书表9-10)。2000—2002年,我国1 304家上市公司应收账款周转率三年累计平均为7.33次(49.1天)(数据取自中国矿业大学朱学义教授上市公司数据库),2011年2 342家上市公司应收账款周转率(仅当年数据)为12.2次(29.54天)(数据取自CCER经济金融研究数据库)。

(四)应收账款合理性分析

1. 应收账款占用率

应收账款占用率是应收账款净额占流动资产的比例。其计算公式如下:

$$应收账款占用率 = \frac{应收账款}{流动资产} \times 100\%$$

上述公式中分子、分母通常是期末数。应收账款占用率反映的是每100元流动资产被客户占用的应收账款净额是多少。

例20 我国规模以上工业企业应收账款占用率计算见表2-4。

表2-4 我国规模以上工业企业应收账款占用率计算表

项目	2007年	2008年	2009年	2010年	2011年	五年累计	年递增率
(1)年末应收账款净额(亿元)	39 712	45 006	52 556	64 619	69 874	271 767	15%
(2)年末流动资产(亿元)	152 125	183 525	210 243	278 191	323 398	1 147 482	21%
(3)应收账款占用率=(1)÷(2)	26.1%	24.5%	25.0%	23.2%	21.6%	23.7%	

资料来源:2008—2012年各年《中国统计摘要》,其中,2007—2011年数据为1—11月数据。

从表2-4计算可见,我国规模以上工业企业应收账款占用率2007—2011年五年累计平均为23.7%,即每100元流动资产被客户占用的应收账款净额是23.70元。2000—2002年,我国1 304家上市公司应收账款占用率三年累计平均为19.7%(数据取自中国矿业大学朱学义教授上市公司数据库),2011年2 342家上市公司应收账款占用率为13.6%(数据取自CCER经济金融研究数据库)。

2. 应收账款占主营业务收入的比率

应收账款占主营业务收入的比率称为主营业务收入应收账款率。它反映了企业每100元营业收入常年被客户占用的应收账款净额是多少。其计算公式如下:

$$营业收入应收账款率 = \frac{应收账款}{主营业务收入} \times 100\%$$

上述公式中"应收账款"由期初应收账款净额与期末应收账款净额之和除以2得出。

例21 我国规模以上工业企业主营业务收入应收账款率计算见表2-5。

表2-5 我国规模以上工业企业主营业务收入应收账款率计算表

项目	2007年	2008年	2009年	2010年	2011年	五年累计	年递增率
(1)应收账款净额(亿元)	39 712	45 006	52 556	64 619	69 874	271 767	15%
(2)主营业务收入(亿元)	386 746	479 415	517 755	681 219	843 315	2 908 450	22%
(3)应收账款占主营业务收入的比例=(1)÷(2)	9.2%	8.8%	9.4%	8.6%	8.0%	9.3%	

注:2006年年末应收账款净额为31 699亿元。

资料来源:2008—2012年各年《中国统计摘要》,2007—2011年应收账款为11月末数据,2007—2010年收入据1—11月累计数除以11乘以12推算。

从表 2-5 计算可见,我国规模以上工业企业应收账款占主营业务收入的比例逐年下降,其比例由 2007 年的 9.2% 下降到 2011 年的 8.0%,五年累计平均为 9.3%(不包括 2006 年数据),即每 100 元主营业务收入被客户占用的应收账款净额为 9.30 元。2000—2002 年,我国 1 304 家上市公司应收账款占主营业务收入的比例三年累计平均为 16.2%(数据取自中国矿业大学朱学义教授上市公司数据库),2011 年 2 342 家上市公司应收账款占营业收入的比例为 8.2%(数据取自 CCER 经济金融研究数据库)。

3. 应收账款技术分析法

企业赊销虽然可以扩大销售,增加利润,但却被客户占用了资金。企业为了保证生产经营的正常进行不得不筹措资金,包括取得借款等。这就是说企业被其他单位占用资金是要花费代价的(筹资利息),而且企业随着应收账款的增加,会增加收账费用,增加坏账损失。应收账款占用资金的利息、收账费用以及资金被客户占用所失去的其他获利机会,都是应收账款的成本。企业如果减少赊销款,就降低了市场占有率,减少了获利机会,同样会给企业带来损失。因此,对应收账款合理额度进行分析,首先要检查增加应收账款带来的利润是否超过应收账款的成本,是否带来预期的收益净额;其次,应计算企业应收账款成本最低、利润最大点的应收账款占用额度,这个额度是应收账款的合理额度。企业采用一定的技术方法确定赊销收益最大化,同时应收账款总成本最低的应收账款合理额度,分析应收账款实际占用水平的方法称为应收账款技术分析法。

(1) 应收账款持有成本。企业为了促销而采用赊销政策,意味着企业不能随时收回货款,而相应地,要为客户垫付一笔相当数量的资金。由于这笔垫付的资金丧失了其他投资盈利的机会,便形成了应收账款的机会成本,称为应收账款持有成本。

企业的资金被客户占用后必须另外筹集资金,如向银行取得借款等,故应收账款的持有成本一般可以用银行借款利率计算。应收账款的持有成本与应收账款的持有额度呈正比例关系。设应收账款平均余额为 X,银行借款利率为 I,应收账款持有成本为 Y_1,则应收账款持有成本的数学模型如下:

$$Y_1 = X \times I$$

例 22 甲企业应收账款平均余额见表 2-6,如果银行借款年利率为 10%,则不同的应收账款余额产生了不同的应收账款持有成本。

表 2-6 甲企业应收账款持有成本计算表

单位:元

企业应收账款平均余额 X	100 000	300 000	500 000	700 000	900 000	1 100 000
应收账款持有成本 $Y_1 = 0.1X$	10 000	30 000	50 000	70 000	90 000	110 000

根据表 2-6 所画的"应收账款持有成本图"见图 2-3。

(2) 应收账款管理成本。应收账款管理成本是指企业管理应收账款所花费的代价。它包括以下三部分:

① 收款成本。收款成本包括推销人员和财务人员的工资、簿记费用、办公费、通信费、文具用品费、收集信用资料费等。这些费用比较固定,与应收账款的多少不呈比例

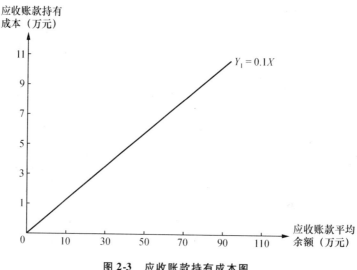

图 2-3　应收账款持有成本图

关系。

② 延付成本。延付成本是指客户拖欠货款时为了催讨货款而发生的各种费用,如电话费、电报费、出差费、诉讼费等。它一般与应收账款额度呈正比例关系。

③ 拒付成本。拒付成本是指欠款客户因拒付货款而给企业带来的拒付损失。它一般与应收账款额度呈正比例关系。

设应收账款平均余额为 X,收款成本为 F,延付成本为 P_1X,拒付成本为 P_2X,应收账款管理成本为 Y_2,则应收账款管理成本的数学模型如下:

$$Y_2 = F + (P_1 + P_2)X$$

例 23　甲企业应收账款平均余额、收款成本、延付成本($P_1 = 0.008$)、拒付成本($P_2 = 0.005$)分别见表 2-7,则不同的应收账款余额产生了不同的应收账款管理成本,见表 2-7。

表 2-7　甲企业应收账款管理成本计算表

单位:元

(1) 应收账款平均余额 X	100 000	300 000	500 000	700 000	900 000	1 100 000
(2) 收账成本 F	30 000	30 000	30 000	30 000	30 000	30 000
(3) 延付成本 P_1X	800	2 400	4 000	5 600	7 200	8 800
(4) 拒付成本 P_2X	500	1 500	2 500	3 500	4 500	5 500
(5) 应收账款管理成本 = (2)+(3)+(4)	31 300	33 900	36 500	39 100	41 700	44 300

根据表 2-7 所画的"应收账款管理成本图"见图 2-4。

(3) 应收账款短缺成本[①]。应收账款的短缺成本是指企业少做或不做赊销交易而使

---

① 朱学义、吴欣:《企业应收账款短缺成本确定方法》,《四川会计》,2001 年第 2 期。

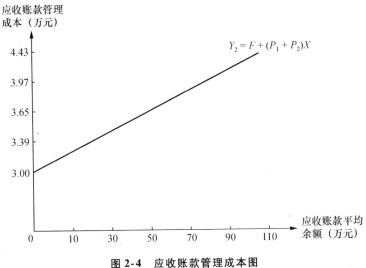

图 2-4 应收账款管理成本图

原有客户转向竞争对手,从而使企业蒙受的销售损失。短缺成本随着应收账款的增加而减少,即它与应收账款额度呈反比例关系。

应收账款短缺成本的计量,在中外教科书上很少涉及。笔者经过研究分析,认为确定该计量模型必须考虑下列因素:

① 企业赊销额、赊销收益和应收账款余额。企业缩小赊销规模,必然要失去一些客户使企业蒙受损失。企业赊销额既反映收入实现额,又反映应收账款发生额。降低赊销额必然影响应收账款余额。应收账款余额越少,企业失去的赊销收益越大,两者成反比例关系。设 X 代表应收账款余额, T 代表赊销额, r 代表赊销收入净利率, Y_3 代表应收账款短缺损失,则应收账款短缺损失的数学模型如下:

$$Y_3 = (T \times r)/X$$

该公式的含义是:每一元应收账款余额提供多少赊销收益。

② 市场占有率。市场占有率是企业销售收入占全行业销售收入的比率。在一定时期内,市场对企业某种产(商)品的需求量总是一定的,则该产(商)品的社会平均净利润也总是一定的。在这种条件下,某企业降低赊销额,该企业的市场占有率必然降低,其分得的社会平均净利润也相应减少。设企业原有市场占有率为 M_1,降低赊销额后的市场占有率为 M_2,社会平均净利润 R,则市场占有率降低引起的应收账款短缺损失的数学模型如下:

$$Y_3 = (M_1 - M_2) \times R$$

综合上述两个因素,抵消其中相同的净利润因素,应收账款短缺成本的综合数学模型如下:

$$Y_3 = T/X \times (M_1 - M_2) \times R$$

例24 甲企业目前应收账款全年发生额为 120 万元($T=120$ 万元)。由于回款极度困难,致使应收账款全年账面平均余额为 110 万元,而同行业应收账款全年账面平均余额为 1 375 万元。社会平均净利润率为 10%。如果将该企业应收账款平均余额(X)分别缩减为90万元、70万元、50万元、30万元、10万元五种情况,则应收账款的短缺成本有关计算如表2-8所示。

表2-8 甲企业应收账款短缺成本计算表

(1) 应收账款平均余额 X(元)	100 000	300 000	500 000	700 000	900 000	1 100 000
(2) 同行业应收账款余额(元)	13 750 000	13 750 000	13 750 000	13 750 000	13 750 000	13 750 000
(3) 企业市场占有率% =(1)/(2)	0.727	2.182	3.636	5.091	6.545	8.000
(4) 企业分享行业净利润*(元)	110 000	110 000	110 000	110 000	110 000	110 000
(5) 应收账款短缺成本(元)	96 000①	25 600②	11 520③	5 486④	2 133⑤	0⑥

注:* 行业应收账款余额13 750 000 ×赊销净利率10% ×甲企业目前市场占有率8% =110 000(元)。

① 1 200 000/100 000 ×(8% -0.727%)×110 000 =96 000(元)
② 1 200 000/300 000 ×(8% -2.182%)×110 000 =25 600(元)
③ 1 200 000/500 000 ×(8% -3.636%)×110 000 =11 520(元)
④ 1 200 000/700 000 ×(8% -5.091%)×110 000 =5 486(元)
⑤ 1 200 000/900 000 ×(8% -6.545%)×110 000 =2 133(元)
⑥ 1 200 000/100 000 ×(8% -8%)×110 000 =0(元)

根据表2-8所画的"应收账款短缺成本图"见图2-5。

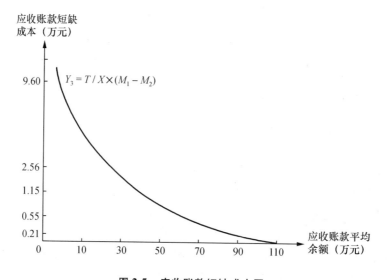

图2-5 应收账款短缺成本图

综上所述,应收账款总成本由应收账款持有成本 Y_1、应收账款管理成本 Y_2 和应收账款短缺成本 Y_3 三部分组成,其综合数学模型如下:

$$Y = (X \times I) + [F + (P_1 + P_2) \times X] + [T/X \times (M_1 - M_2) \times R]$$

例25 依例22、例23、例24,甲企业应收账款总成本的计算有以下六种方案可供选择,见表2-9。

表 2-9　甲企业应收账款现状及其合理额度确定方案

单位:元

（1）应收账款平均余额	100 000	300 000	500 000	700 000	900 000	1 100 000
（2）应收账款持有成本	10 000	30 000	50 000	70 000	90 000	110 000
（3）应收账款管理成本	31 300	33 900	36 500	39 100	41 700	44 300
（4）应收账款短缺成本	96 000	25 600	11 520	5 486	2 133	0
（5）应收账款总成本＝（2）＋（3）＋（4）	137 300	89 500	98 020	114 586	133 833	154 300

根据表 2-9 所画的"应收账款总成本图"见图 2-6。

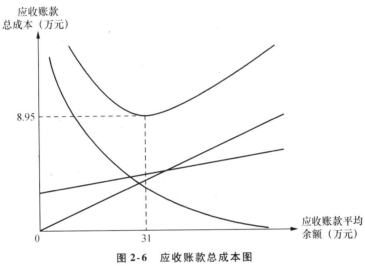

图 2-6　应收账款总成本图

据表 2-9 和图 2-6 可知,甲企业应收账款合理额度在 300 000 元至 500 000 元之间,经过进一步计算为 310 000 元,此时,应收账款总成本最低,为 89 498 元,和 300 000 元应收账款的成本 89 500 元相近,则甲企业赊销收益最大、成本最低的应收账款合理额度为 310 000 元。

企业应收账款最佳额度确定后,应根据销售客户的信誉决定相应的信用政策。对销售客户进行信誉排队的方法有多种,如直接调查法、五 C［分析客户的 Capital(资本)、Character(特点)、Condition(条件)、Capacity(能力)、Collateral(抵押品)］评估法、信用评分法和回款期评价法等。结合我国情况,采用回款期评价法(即根据销售客户以往回款的期限来确定信用政策)较恰当。

第四节　存货

一、存货的种类和计价

存货是指企业在日常活动中持有以备出售的产成品或商品、处在生产过程中的在产品、在生产过程或提供劳务过程中耗用的材料和物料等,分为以下几类:

（1）材料存货。它包括原材料（原料及主要材料、辅助材料、外购半成品、修理用备件、包装材料、燃料）、包装物（包装产品的桶、箱、瓶、坛、袋等）、低值易耗品（价值低且容易损耗的工具、玻璃器皿、管理用具、劳动保护用品等）和委托加工材料。

（2）在制品存货。它包括正在车间加工的在产品和已经完成一个或几个生产步骤但还需继续加工的自制半成品。

（3）商品产品存货。它包括企业自行制造完工验收入库的产成品、从企业外部购入的库存商品（或外购配套商品）以及发出商品等。

存货可采用实际成本、计划成本或定额成本、售价等方法计价，企业应根据各类存货的实际情况选择适当的计价方法。

二、材料存货

（一）材料采购成本的内容

外购材料的实际成本包括买价，运杂费（运输费、装卸费、保险费），途中合理损耗，入库前加工、整理、挑选费用，相关税费（如进口关税等），其他可归属于存货采购成本的费用。其中，买价不包括商业折扣，但包括现金折扣；税金不包括支付的增值税（但购料单位是小规模纳税人的包括在内）。

企业材料采购核算科目的设置有两种方法：（1）采用实际成本（或进价）进行材料日常核算的企业，设置"在途物资"科目核算外购材料的实际采购成本。（2）采用计划成本进行材料日常核算的企业，设置"材料采购"科目核算外购材料的采购成本。对于计划成本偏离实际成本产生的差异，设置"材料成本差异"科目进行核算。

（二）材料按实际成本计价核算

材料按实际成本计价核算是指材料的收发凭证（收料单、领料单等）和材料账收入、发出和结存都记录实际成本。

1. 收入材料

企业材料仓库收入材料的来源有外购材料、自制材料、投资者投入材料、接受捐赠的材料、委托外单位加工收回的材料。其中，主要而经常发生的业务是外购材料，核算举例如下。

例26 某企业购入原材料一批，价款10万元，增值税进项税1.7万元，对方代垫运杂费0.2万元（其中，铁路运费0.15万元可抵扣7%的增值税），共付款11.9万元。材料已验收入库。

（1）收料单上填列的实际成本为10.1895万元［10＋0.2－(0.15×7%)］；

（2）"原材料"账户增加10.1895万元；

（3）"应交税费——应交增值税——进项税额"账户借方登记1.7105万元(1.7＋0.15×7%)，待向国家交税时作"销项税额"的抵扣项目；

（4）企业"银行存款"减少11.9万元。

该项业务的会计分录如下：

借：原材料　　　　　　　　　　　　　　　　　　　　101 895
　　应交税费——应交增值税——进项税额　　　　　　 17 105
　　贷：银行存款　　　　　　　　　　　　　　　　　 119 000

企业外购材料时,如果不都像上述例子中那样"钱货两清"又该如何进行账务处理呢？(1) 企业先付款后收料,则付款时记入"在途物资"科目借方,待收料入库时再从该账户贷方转入"原材料"账户借方;(2) 如果企业先收料后付款,则收料时暂不记材料总账,而是在材料收料单、材料明细账上登记收料数量,待付款时进行账务处理,既登记材料总账,又在材料收料单和明细账上补记金额;(3) 对月终未付款的收料要按估价借记"原材料"账户,贷记"应付账款"或"应付票据"账户。

企业如果一次购进几种材料发生共同运杂费,则按各种材料的买价或重量等比例分配共同运杂费,以便算出各种材料的实际成本记入材料明细账。

企业在外购材料的过程中,碰到供货单位提供的折扣优惠时,按存货相关会计准则规定,商业折扣不计入材料成本,现金折扣计入材料成本。现以现金折扣为例说明如下。

例 27 某厂 4 月 20 日赊购低值易耗品(工具)一批,价款 50 000 元,增值税 8 500 元,付款条件为"$2/10, n/30$"。该厂 4 月 29 日偿付了全部货款。

4 月 20 日,该厂会计处理是:
(1) 收料单上填列的实际成本为 50 000 元;
(2) "周转材料——低值易耗品"账户增加 50 000 元;
(3) "应交税费——应交增值税——进项税额"账户借方登记 8 500 元;
(4) "应付账款"登记欠款 58 500 元。

4 月 29 日,该厂付款后的会计处理是:
(1) "应付账款"注销(减少)58 500 元;
(2) "银行存款"减少 57 500 元[(50 000 × 98%) + 8 500];
(3) 享受现金折扣 1 000 元(50 000 × 2%)冲减"财务费用"。

2. 发出材料

企业材料仓库发出材料的去向有生产经营领用、对外销售、委托外单位加工、捐出材料等。在实际成本计价方式下,发出材料应按实际成本计价。在某一会计期间,材料仓库发出的材料可能是上期结余的材料,也可能是本期入库的材料,或是两种情况都有。材料库每次收进的材料由于买价、采购费用等情况不同而单位成本往往不一样。发出材料怎样计算实际成本呢？常用的方法有以下几种:

(1) 先进先出法。它是假定先入库的材料先发出,按此顺序确定发出材料和结存材料实际成本的一种方法。举例如下。

例 28 某企业 10 月份某种原材料的收入、发出和结存资料见表 2-10。
10 月 14 日发出 600 件材料的成本 = 500 × 4 + 100 × 3.80 = 2 380(元)
10 月 25 日发出 200 件材料的成本 = 100 × 3.80 + 100 × 4.10 = 790(元)
10 月 31 日结存 510 件材料的成本 = 2 000 + 3 240 − (2 380 + 790) = 2 070(元)

计算表明,该企业 10 月份发出该材料的实际成本共计 3 170 元(2 380 + 790)。如果该材料被生产领用,则 10 月 14 日、10 月 25 日两张领料单上分别填列 600 件 2 380 元、200 件 790 元。

表 2-10 某项材料收发存情况表

日期	摘要	入库			发出			结存		
		数量（件）	单价（元）	金额（元）	数量（件）	单价（元）	金额（元）	数量（件）	单价（元）	金额（元）
10/1	期初结存							500	4.00	2 000
10/4	购入	200	3.80	760				700		
10/14	发出				600			100		
10/20	购入	400	4.10	1 640				500		
10/25	发出				200			300		
10/30	购入	210	4.00	840				510		
10/31	合计	810		3 240	800			510		

（2）后进先出法。它是假定后入库的材料先发出，按此顺序确定发出材料和结存材料实际成本的一种方法。根据例 28：

10 月 14 日发出 600 件材料的实际成本 = $200 \times 3.80 + 400 \times 4.00 = 2 360$（元）

10 月 25 日发出 200 件材料的实际成本 = $200 \times 4.10 = 820$（元）

10 月 31 日结存 510 件材料的实际成本 = $2 000 + 3 240 - (2 360 + 820) = 2 060$（元）

（3）加权平均法。它是在期末将本期收入数和期初结存数平均计算单位成本，进而确定本期发出材料和期末结存材料实际成本的计价方法。根据例 28：

$$\text{材料加权平均单位成本} = \frac{2 000 + 3 240}{500 + 810} = 4.00（\text{元／件}）$$

本月发料成本 = $800 \times 4.00 = 3 200$（元）

月末结存材料成本 = $2 000 + 3 240 - 3 200 = 2 040$（元）

（4）移动平均法。它是每收入一批材料就重新计算一次平均单位成本，进而对每次发料按当时的平均单位成本计算发出材料实际成本的一种方法。计算公式如下：

$$\text{移动平均单位成本} = \frac{\text{本批收料前结存材料成本} + \text{本批收入材料成本}}{\text{本批收料前结存材料数量} + \text{本批收入材料数量}}$$

$$\text{本批发出材料成本} = \text{本批发出材料数量} \times \text{当时移动平均单位成本}$$

根据例 28，该材料明细账登记情况见表 2-11。

（5）个别计价法。它是以某批材料收入时的实际单位成本作为该批材料发出时的实际成本的一种计价方法，也称分批实际法。

根据例 28，经确认，10 月 14 日发出 600 件材料，有 450 件是期初结存的，有 150 件是 10 月 4 日购进的；10 月 25 日发出 200 件材料全是 10 月 20 日购进的。则：

本月发出材料成本 = $450 \times 4.00 + 150 \times 3.80 + 200 \times 4.10 = 3 190$（元）

月末结存材料成本 = $2 000 + 3 240 - 3 190 = 2 050$（元）

财政部 2006 年颁布的《企业会计准则第 1 号——存货》规定："企业应当采用先进先出法、加权平均法或者个别计价法确定发出存货的实际成本。"因此，企业要根据实际情况选择存货计价方法，计价方法一经确定，不得随意变更。

表 2-11 某项原材料明细账（移动平均法）

年		凭证号数	摘要	收入			发出			结存		
月	日			数量（件）	单价（元）	金额（元）	数量（件）	单价（元）	金额（元）	数量（件）	单价（元）	金额（元）
10	1	略	月初结存							500	4.00	2 000
10	4		购入	200	3.80	760				700	3.94①	2 760
10	14		发出				600	3.94	2 364	100	3.96③	396②
10	20		购入	400	4.10	1 640				500	4.07④	2 036
10	25		发出				200	4.07	814	300	4.07	1 222
10	30		购入	210	4.00	840				510	4.04	2 062
10	31		月结	810		3 240	800		3 178	510	4.04	2 062

注：① （2 000+760)÷(500+200)=3.9428≈3.94。② 2 760-2 364=396。③ 396÷100=3.96。
④ (396+1 640)÷500=4.072≈4.07。

企业发出材料要按材料用途分别记入"生产成本"（产品直接耗用）、"制造费用"（车间一般耗用）、"管理费用"（行政管理部门耗用）等账户。举例如下。

例29 依例28，假定该企业本月仅发出800件材料，确定采用加权平均法，共计实际成本3 200元。其中，产品耗用2 800元，车间一般耗用340元，厂部行政部门耗用60元。则该企业记入"生产成本"、"制造费用"、"管理费用"账户的材料费用分别为2 800元、340元、60元。

（三）材料按计划成本计价核算

材料按计划成本计价核算的主要要点如下：

（1）材料仓库里的每种材料事先都确定计划单价，编制出"材料计划价格目录"。材料计划单价一般以上年实际采购成本（买价、采购费用等）为依据考虑当年各项变动因素而确定。

（2）材料收发凭证上都填列计划成本。

（3）材料总账"原材料"、"周转材料——包装物"、"周转材料——低值易耗品"账户①及其相应的明细账都登记计划成本，即仓库收入材料时按收入数量乘以计划单价记入材料账户借方；发出材料时，按发出数量乘以计划单价记入材料账户贷方，会计期末材料账户结余额反映库存材料的计划成本。

（4）企业购买材料按实际成本付款，企业入库材料按计划成本入账，两种成本的不同通过设置"材料采购"账户反映。该账户借方反映材料的实际成本，贷方反映材料的计划成本，两者差额在月终从该账户借方或贷方转入"材料成本差异"账户。"材料采购"账户月终如果有借方余额，反映已经付款但尚未入库的在途材料实际成本。

（5）外购材料的实际成本大于其计划成本的差额，称为材料超支价差或材料超支差异或正差，记入"材料成本差异"账户的借方；外购材料的实际成本小于其计划成本的差额，称

---

① 包装物、低值易耗品业务频繁的企业，按《企业会计准则——应用指南2006》的规定，可单独设置"包装物"、"低值易耗品"两个一级科目进行核算。

为材料节约价差或材料节约差异或负差,记入"材料成本差异"账户的贷方。材料成本差异占仓库材料计划成本的比率称为材料成本差异率,计算公式如下(以原材料为例):

$$\frac{\text{本月原材料}}{\text{成本差异率}} = \frac{\text{月初结存材料成本差异} + \text{本月收入材料成本差异}}{\text{月初结存材料计划成本} + \text{本月收入材料计划成本}} \times 100\%$$

企业利用材料成本差异率可将仓库发出材料的计划成本调整为实际成本,计算公式如下:

$$\frac{\text{发出材料分摊}}{\text{的材料价差}} = \frac{\text{发出材料}}{\text{计划成本}} \times \frac{\text{材料成本}}{\text{差异率}}$$

$$\frac{\text{发出材料的}}{\text{实际成本}} = \frac{\text{发出材料}}{\text{计划成本}} \pm \frac{\text{发出材料分摊}}{\text{的材料价差}}$$

材料成本差异率为正数称为超支价差率,发出材料分摊的材料价差为正数;反之,称为节约价差率,发出材料分摊的材料价差为负数。

(6)月末,仓库材料存货的实际成本通过材料账户和"材料成本差异"账户的余额计算,公式如下:

$$\frac{\text{月末库存材料}}{\text{实际成本}} = \frac{\text{"原材料"、"周转材料"}}{\text{账户月末余额}} \pm \frac{\text{"材料成本差异"}}{\text{账户月末余额}}$$

"材料成本差异"账户期末借方余额,上述公式中用加号,贷方余额用减号。

(7)月末,全部材料存货实际成本计算公式如下:

$$\frac{\text{全部材料存货}}{\text{月末实际成本}} = \frac{\text{"材料采购"账}}{\text{户月末余额}} + \frac{\text{月末库存材}}{\text{料实际成本}} \pm \frac{\text{"委托加工材料"成}}{\text{本账户月末余额}}$$

例30 某企业本月购入原材料付款 11.9 万元,其中,价款 10 万元、增值税 1.7 万元、对方代垫运杂费 0.2 万元(其中,铁路运费 0.16 万元可抵扣 7% 的增值税);该原材料验收入库的计划成本为 12 万元;本月产品生产领用该原材料计划成本 9 万元。该原材料月初结存 8 万元,其超支价差 2.2112 万元。则:

(1)购入材料实际成本 = $10 + (0.2 - 0.16 \times 7\%) = 10.1888$(万元)

(2)购入材料进项税额 = $10 \times 17\% + 0.16 \times 7\% = 1.7112$(万元)

(3)入库材料计划成本 = 入库存材料数量 × 该材料计划单价 = 12(万元)

(4)该批材料成本差异 = $10.1888 - 12 = -1.8112$(万元)(节约价差)

(5)$\dfrac{\text{本月原材料}}{\text{成本差异率}} = \dfrac{+2.2112 + (-1.8112)}{8 + 12} \times 100\% = 2\%$

(6)本月生产领料分摊材料价差 = $9 \times 2\% = 0.18$(万元)

(7)本月产品生产领料的实际成本 = $9 + 0.18 = 9.18$(万元)

(8)月末"原材料"账户余额 = $8 + 12 - 9 = 11$(万元)

(9)月末"材料成本差异"账户余额 = $2.2112 - 1.8112 - 0.18 = 0.22$(万元)

(10)月末结存原材料实际成本 = $11 + 0.22 = 11.22$(万元)

三、在制品存货

企业设置"生产成本"账户,核算产品生产消耗的直接材料费(如例30中的9.18万元),发生的生产工人工资,以及发生的水电、固定资产折旧等制造费用。月末,如果生产的产品未完工,或部分完工部分未完工,则"生产成本"账户期末余额反映未完工的在产品实际成本。

企业生产过程中如有多个生产步骤,如机械厂的铸造、加工、装配等步骤,对已完成一个或几个生产步骤尚未制成商品产品而送交半成品仓库收发的中间产品(如毛坯、零件或部件),企业应设置"自制半成品"账户核算。该账户月末余额反映半成品库结存的自制半成品的实际成本。

"生产成本"账户和"自制半成品"账户月末余额之和反映在制品存货(也称广义的在产品存货)的实际成本。

四、商品产品存货

(一) 库存商品存货

工业企业制造完工的产品验收入库(产成品仓库)后,会计应计算入库产成品的实际成本,从"生产成本"账户贷方转入"库存商品"账户借方。当产品销售出去后应将已销产品的生产成本从"库存商品"账户贷方转入"主营业务成本"账户借方。商品流通企业外购商品的核算,通过设置"库存商品"科目进行。其中,零售商店等单位采用售价核算"库存商品"的,还要设置"商品进销差价"科目,期末,零售商店等单位"库存商品"账户以售价反映的余额加或减"商品进销差价"账户的余额为库存商品的进价成本。

(二) 发出商品存货

企业销售商品时,其价款能否有把握收回,是收入确认的一个重要条件。如果预计有把握收回,则作收入实现处理;如果预计价款收回的可能性不大,即使收入确认的其他条件均已满足,也不应当确认收入实现。例如,企业销售商品时得知买方在另一项交易中发生了巨额亏损,资金周转十分困难,预计近期不能收到货款,则企业销售商品时不能作收入实现的业务处理。又如,企业销售的商品需要进行安装和检验的,企业在安装和检验完毕前一般不应确认收入。再如,企业销售商品时按购销合同或协议规定允许退货的,则预计退回的商品不能确认收入的实现。一句话,企业销售商品时不满足收入确认条件的,其发出商品的成本应设置"发出商品"科目进行核算。该科目借方登记未满足收入确认条件的发出商品的实际成本或进价或计划成本或售价(从"库存商品"账户贷方转入"发出商品"账户借方),贷方反映满足收入确认条件时结转的销售成本(从"发出商品"账户贷方转入"主营业务成本"账户借方),期末借方余额反映企业尚未确认收入的发出商品存货的实际成本或进价或计划成本或售价。

(三) 外购商品存货

工业企业有时从外部购入的无须进行任何加工就与自制产品配套出售的商品,称为外购配套商品,企业可设置"外购商品"科目对其进行单独核算。

五、存货的分析

(一) 存货占用率分析

存货占用率是指存货占流动资产的比率。生产经营特点相近的企业或行业,存货占

用率的水平一般应相差不大,可以建立存货占用率的较优评价标准。存货占用率计算公式如下:

$$存货占用率 = \frac{存货}{流动资产} \times 100\%$$

上述公式中分子、分母通常是期末数。存货占用率反映每 100 元流动资产有多少是存货占用的资金。

例 31 我国规模以上工业企业存货占用率计算见表 2-12。

表 2-12 我国规模以上工业企业存货占用率计算表

项目	2007 年	2008 年	2009 年	2010 年	2011 年	五年累计	年递增率
(1) 存货(亿元)③④	39 248	60 634	62 006	67 248	78 504	307 640	19%
(2) 流动资产(亿元)①	152 125	183 525	210 243	278 191	323 398	1 147 482	21%
(3) 存货占用率=(1)÷(2)	25.8%②	29.5%	29.5%	24.2%	24.3%	26.8%	—

注:① 表中"流动资产"数据引用 2008—2012 年各年《中国统计摘要》中"流动资产平均余额"或"流动资产合计";② 表中 2007 年"存货占用率"25.8%引自朱学义《论我国工业企业速动比率的合适标准》一文,见《会计之友》2012 年第 10 期(下)第 8 页,并由此推算出 2007 年存货为 39 248 亿元(152 125 × 25.8%);③ 表中 2010—2011 年"存货"数据直接来自 2011—2012 年各年《中国统计摘要》;④ 表中 2008 年、2009 年"存货"数据根据 2008 年、2011—2012 年各年《中国统计摘要》中"产成品"数据推算(推算系数 2.623 33 = 表 2-12 中 2007 年、2010 年、2011 年三年累计"存货"185 001 亿元÷2008 年、2011 年、2012 年《中国统计年鉴》中相应三年累计"产成品"70 521 亿元),即:2008 年存货 = 2008 年产成品 23 113.5 亿元×2.623 33 = 60 634 亿元;2009 年存货 = 2009 年产成品 236 36.3 亿元×2.623 33 = 62 006 亿元。

从表 2-12 计算可见,我国规模以上工业企业存货占用率 2007—2011 年五年累计平均为 26.8%,即每 100 元流动资产中有 26.80 元是存货占用的资金。再据国务院国资委统计评价局制定的《企业绩效评价标准值》中国有工业企业相关平均值推算,存货占用率 2007—2011 年五年累计简单平均为 19.9%(见表 9-7)。而我国规模以上工业企业实际存货占用率 1997—1998 年两年累计平均为 35%,2010—2011 年两年累计平均为 24.2%,13 年下降了 10.8 个百分点,每年下降 0.83 个百分点。2000—2002 年,我国 1 304 家上市公司存货占用率三年累计平均为 20.0%(数据取自中国矿业大学朱学义教授上市公司数据库),2011 年 2 342 家上市公司存货占用率为 37.6%(数据取自 CCER 经济金融研究数据库)。因此,我国工业企业存货占用率平均水平在 20%至 38%之间。

(二)存货占主营业务收入的比率分析

存货占主营业务收入的比率称为主营业务收入存货率。它反映企业每创造 100 元营业收入需要占用多少存货资金。其计算公式如下:

$$主营业务收入存货率 = \frac{存货}{主营业务收入} \times 100\%$$

上述公式中"存货"由年初存货与年末存货之和除以 2 得出。主营业务收入是全年主营业务收入,年度中间计算该指标要换算成"主营业务收入"计算。

例 32 我国规模以上工业企业营业收入存货率计算见表 2-13。

表2-13 我国规模以上工业企业主营业务收入存货率计算表

项目	2007年	2008年	2009年	2010年	2011年	五年累计	年递增率
(1) 存货(亿元)	39 248	60 634	62 006	67 248	78 504	307 640	19%
(2) 主营业务收入(亿元)	386 746	479 415	517 755	681 219	843 315	2 065 135	22%
(3) 存货占主营业务收入的百分比=(1)÷(2)	9.9%	10.4%	11.8%	9.5%	8.6%	14.9%	—

注:2006年存货=2006年产成品14 523.8亿元×2.623 33=37 101亿元;2007—2011年收入据各该年度1—11月累计数除以11乘以12得出。

从表2-13计算可见,我国规模以上工业企业存货占主营业务收入的比例有一定的下降状况,其比例由2007年的9.9%下降到2011年的8.6%,五年累计平均为14.9%,即每100元主营业务收入需要占用14.90元的存货资金。国务院国资委统计评价局制定的《企业绩效评价标准值》中国有工业企业存货占主营业务收入的比率(以平均值为评价标准)2007—2011年五年简单平均为12.0%(见表9-7)。2000—2002年,我国1 304家上市公司存货占主营业务收入的比率三年累计平均为13.8%(数据取自中国矿业大学朱学义教授上市公司数据库),2011年2 342家上市公司存货占主营业务收入的比率为22.5%(数据取自CCER经济金融研究数据库)。

(三) 存货结构及其变动分析

存货结构是指各类存货占全部存货的比重。对存货结构进行分析就是分析材料存货比重(也称储备资金比重)、在制品存货比重(和生产资金比重相类似)和商品产品存货比重(也称成品资金比重)的合理性。其方法主要是将期末各类存货比重同其计划或定额比重、期初存货比重进行对比,观察结构的变化情况,重点是检查存货有无超储积压的现象。现举例予以说明。

例33 甲企业某年度存货资料见表2-14。

表2-14 甲企业某年度存货结构分析表

项目	年初实际		年末实际		年末比年初	
	金额(万元)	比重(%)	金额(万元)	比重(%)	增加额(万元)	增长(%)
材料存货	466.22	57.71	754.72	64.72	288.50	61.88
在制品存货	102.70	12.71	110.60	9.48	7.90	7.69
库存商品存货	238.90	29.57	300.77	25.79	61.87	25.90
存货合计	807.82	100.00	1 166.09	100.00	358.27	44.35

从表2-14可知,该企业年末材料存货比重比年初升高7.01个百分点(64.72-57.71),是否存在着超储积压现象有待进一步调查。年末库存商品存货比重比年初降低了3.78个百分点(29.57-25.79);而年末在制品存货比重比年初降低了3.23个百分点(12.71-9.48),是投产不足还是缩短了生产周期有待进一步调查。

从表2-14可知,甲企业年末存货比年初增加了358.27万元,增长率为44.35%。其中,材料存货增加最多,比年初增长61.88%,应进一步调查超储现象是否合理。一般来说,凡因企业生产经营的季节性原因、市场供求变化原因以及非企业本身责任原因(如供货方提前发货等)造成的超储,是合理的;凡计划失误或管理失调或盲目采购等原因造成的超储,是不合理的。同时还要具体检查哪些材料超储,哪些材料储备不足;检查材料买价、采购资金的升降情况。

(四)存货周转速度分析

存货周转速度描述的是存货资金流动的时间或效率,常用存货周转率和存货周转天数表示。存货周转率是存货周转额与存货平均占用额之间的比率;存货周转天数是存货资金周转一次所需要的天数。

存货周转额,从整体看是存货总周转额。存货总周转额是指一定时期内存货资金在川流不息的周转过程中所完成的累积数额。它可以用一定时期内的主营业务收入或主营业务成本来反映。表2-15中反映了存货总周转额的形成情况。

表2-15 甲企业存货周转额表

单位:万元

项目	年初结存	本年增加	本年减少	年末结存
存货合计	807.82	12 719.52	12 361.25	1 166.09
其中,库存商品存货	238.90	3 947.49	3 885.62	300.77

从表2-15可知,甲企业全年存货总周转额就是库存商品存货"本年减少"栏数额,它是本年销售阶段库存商品资金向货币资金转化的数额,也就是转入"主营业务成本"的数额3 885.62万元。这是存货总周转额最恰当的数额。有时,我们用"主营业务收入"来反映存货总周转额,虽然也能说明问题,但它由于包括商品盈利额在内,因此是一个近似数。

1. 存货总周转天数的计算和评价

存货(总)周转天数计算公式如下:

$$\frac{存货(总)}{周转天数} = \frac{平均存货 \times 计算期天数}{计算期主营业务成本总额}$$

$$平均存货 = (期初存货余额 + 期末存货余额) \div 2$$

根据表2-15存货周转额资料,甲企业存货(总)周转天数计算如下:

$$平均存货 = (807.82 + 1 166.09) \div 2 = 986.955(万元)$$

$$\frac{存货(总)}{周转天数} = \frac{986.955 \times 360}{3 885.624} = 91.4(天)$$

计算结果表明,该企业存货周转天数为91.4天,即该企业从购买材料入库开始,经过生产,再到售出产品为止共持续了91.4天,存货周转率为3.9次(360÷91.4)。

可通过同全国工业企业平均水平比较来评价存货周转速度。我国规模以上工业企业存货周转天数和存货周转率计算见表2-16。

表 2-16 我国规模以上工业企业存货周转速度计算表

项目	2007 年	2008 年	2009 年	2010 年	2011 年	五年累计	年递增率
(1) 存货(亿元)	39 248	60 634	62 006	67 248	78 504	307 640	18.9%
(2) 主营业务成本(亿元)	328 196	411 430	440 527	577 358	779 342	2 536 853	24.1%
(3) 存货周转天数=平均存货×360÷(2)	41.9	43.7	50.1	40.3	33.7	43.7	—
(4) 存货周转率(次)=360/(3)	8.6	8.2	7.2	8.9	10.7	8.2	—

注:2006 年存货=2006 年产成品 14 523.8 亿元×2.623 33=37 101 亿元;2007—2011 年成本据各该年度 1—11 月累计数除以 11 乘以 12 得出。

从表 2-16 计算可见,我国规模以上工业企业存货周转天数有一定的下降状况,由 2007 年的 41.9 天减少到 2011 年的 33.7 天,五年累计平均为 43.7 天(不包括 2006 年数据),五年累计平均周转了 8.2 次。从国务院国资委统计评价局制定的《企业绩效评价标准值》中国有工业企业平均数据看,存货周转率 2007—2011 年五年简单平均为 5.6 次(64.7 天)(见表 9-10)。2000—2002 年,我国 1 304 家上市公司存货周转率三年累计平均为 5.73 次(62.8 天)(数据取自中国矿业大学朱学义教授上市公司数据库),2011 年 2 342 家上市公司存货周转率为 4.17 次(86.3 天)(数据取自 CCER 经济金融研究数据库)。

结合甲企业进行评价:甲企业存货周转天数 91.4 天,超过了 2007—2011 年全国国有工业企业平均水平 64.7 天。说明该企业在加速存货资金周转速度方面还要继续努力。

存货周转天数越少,周转速度越快,企业资金利用的效率越高。企业分析存货周转速度时,不仅要将本期实际周转天数同上期实际周转天数进行比较,还要同计划、同行业先进水平对比,以便作出正确的评价。

2. 存货资金节约额的计算

企业为了进一步分析存货周转速度加快给企业带来的效益,还需要计算存货资金相对节约额。公式如下:

$$\text{存货资金节约额} = \left[\text{实际(或计划)周转天数} - \text{实际周转天数} \right] \times \frac{\text{计算期主营业务成本}}{\text{计算期天数}}$$

例 34 甲企业上年存货(总)周转天数为 95 天,本年存货(总)周转天数为 91.4 天,全年存货实际周转额(主营业务成本)为 3 885.624 万元。计算加速存货周转所带来的存货资金节约额。

$$\text{存货资金节约额} = (95 - 91.4) \times \frac{3\,885.624}{360} = 38.856(\text{万元})$$

计算结果表明,甲企业实际周转天数比上年加快 3.6 天(95-91.4),使企业全年存货占用的资金相对节约了 38.856 万元。如果计算结果为负数,则表示由于周转天数增加,企业相对多占用(浪费)的资金。

◆ 习题三

目的:练习外币业务和货币资金管理模式。

1. 广宇公司 4 月 1 日美元存款日记账上结余 15 000 美元,市场汇率 1:6.24。4 月 10

日从国外购货付款6 000美元,当日市场汇率1∶6.30。4月15日,偿付美国W公司欠款5 400美元,当日市场汇率1∶6.28。4月25日,上月售给美国A公司的商品款5 000美元今日收到,当日市场汇率1∶6.32。4月30日,国家公布的市场汇率为1∶6.31。要求:

(1) 广宇公司按当日市场汇率记账,请计算:

① 4月30日美元存款日记账上美元余额 =

② 4月30日美元存款日记账上人民币金额 =

③ 4月份美元户汇兑损益 =

(2) 广宇公司按月初市场汇率(1∶6.24)记账,请计算:

4月份美元户汇兑损益 =

2. 某企业预计全年需要货币资金50万元,每次售出有价证券的交易成本150元,有价证券的利息率为14%。采用存货模式完成下列要求:

(1) 最佳货币资金存量 =

(2) 用Excel绘图(图中要有原始数据和图形;图贴于下面框内)

3. 分析上市公司——"用友软件"(600588)货币资金占用水平和使用效率(用"证券之星"公布的近三年上市公司三大报表数据进行分析;完成下列表中数据的填列和计算)。

"用友软件"近三年财务报表有关数据及其有关指标计算表

指标	年	年	年	三年合计
年末货币资金(元)				
年末交易性金融资产(元)				
年末流动资产(元)				
年末货币资金占用率				
年末现金占用率				
全年销售商品提供劳务收取的现金(元)	—			
货币资金周转率(次)	—			

习题四

目的:练习交易性金融资产业务处理。

1. 甲企业 20×7 年 3 月 10 日购入华洋股票 5 000 股(准备随时变现),每股付款 20 元,另付手续费 300 元;20×7 年 6 月 30 日,甲企业从华洋公司分进股利 10 000 元;20×7 年 8 月 18 日,甲企业以每股 20.5 元的价格将华洋股票全部售出,售出股票时支付手续费 310 元。要求:

(1) 甲企业变卖股票前"交易性金融资产"账户的余额 =

(2) 甲企业买卖华洋股票最终取得的投资净收益或投资净损失 =

2. 甲企业 20×7 年 12 月 25 日购入龙化股票 4 000 股(准备随时变现),每股付款 20 元(其中,含龙化公司 20×7 年 12 月 20 日宣布发放但仍未发放的股利每股 1 元),购买股票时另付手续费 250 元。20×8 年 1 月 5 日,甲企业收到龙化公司发放的股利每股 1 元。20×8 年 7 月 5 日,甲企业又收到龙化公司发放的股利每股 1.5 元。20×8 年 7 月 20 日,甲企业以每股 24 元的价格将龙化股票全部售出,另付手续费 200 元。要求:

(1) 甲企业变卖龙化股票前"交易性金融资产"账户的余额 =

(2) 取得的投资净收益 =

习题五

目的:练习应收款项业务处理。

1. 某企业赊销商品一批,开出的增值税专用发票上货款 50 000 元,增值税 8 500 元,同时提供的付款条件是"2/10,n/30"。客户在折扣期内偿付了全部款项。要求计算:

(1) 实际收款额 =

(2) 主营业务收入净额 =

2. A 企业某年年末应收账款账面余额 800 万元,按 5‰ 的比例计提坏账准备(计提前,该企业"坏账准备"账户已结余 1.5 万元未动用,即贷方余额 1.5 万元)。第二年 5 月,实际发生坏账 5 万元经批准同意转销。第二年发生应收账款 7 400 万元,收回应收账款 7 390 万元(不含已转销的坏账)。要求:

(1) 第一年年末计提的坏账准备 =

(2) 第二年年末应收账款余额 =

(3) 第二年年末计提坏账准备前"坏账准备"账户余额 =

(4) 第二年年末计提的坏账准备 =

(5) 第一年年末资产负债表中"应收账款"(填列净额) =

(6) 第二年年末资产负债表中"应收账款"(填列净额) =

3. B 企业 6 月 4 日向四方公司销售产品一批,当天收到四方公司开出的面值为 5 万元,承兑期为 4 个月的商业承兑汇票一张。8 月 25 日,B 企业因资金紧张将该汇票向银行申请贴现,按贴现率 9‰ 付息。

(1) 贴现天数 =

(2) 支付的贴现利息 =

(3) 实得贴现款 =

4. 上述第 2 题 A 公司第二年全年销售收入 17 000 万元,其中:现销收入 9 600 万元,现金折扣 50 万元,销售折让 27.5 万元,销售退回 100 万元。要求:

(1) 全年赊销收入净额 =

(2) 应收账款平均余额 =

(3) 应收账款回收期 =

■ 案例一

目的:上市公司兖州煤业应收账款管理问题评价。

要求:登陆"证券之星"等网站,收集上市公司兖州煤业(代码:600188)下列情况:

1. 公司概况;

2. 股票发行情况;

3. 股份构成;

4. 公司主要股东;

5. 近三年每股收益及分红配股方案;

6. 近三年主要财务指标;

7. 应收账款及坏账准备情况(本案例重点,越详细越好);

8. 下载最近一年的资产负债表;

9. 下载最近一年的利润表;

10. 下载最近一年的现金流量表;

11. 对兖州煤业应收账款相关指标进行分析和评价(要与全国平均水平、国内外先进水平比较),并结合分析结果写出应收账款管理问题评价报告。

◆ 习题六

目的:练习存货业务处理。

1. 某企业甲种原材料 12 月 1 日结存 2 000 千克,单价 1.00 元,12 月 8 日购入 3 000 千克,单价 1.10 元;12 月 10 日发出 4 000 千克;12 月 15 日购入 4 000 千克,单价 1.15 元;12 月 20 日发出 3 000 千克;12 月 28 日购入 1 000 千克,单价 1.20 元。要求:

(1) 先进先出法下发出甲材料成本 =

(2) 后进先出法下发出甲材料成本 =

(3) 加权平均单价 =

(4) 加权平均法下发出甲材料成本 =

2. 某企业本月购入原材料付款 142 000 元(其中货价 120 000 元,增值税 20 400 元,对方代垫运杂费 1 600 元),该材料入库计划成本 112 000 元。本月生产领用 80 000 元。

该原材料月初结存 88 000 元,节约价差 600 元。要求:

(1) 本月购入材料价差 =

(2) 本月原材料成本差异率 =

(3) 本月生产领用原材料实际成本 =

(4) 本月原材料存货平均余额 =

(5) 原材料存货周转天数 =

第三章 非流动资产

第一节 非流动资产投资

一、非流动资产投资的概念和种类

企业在其生产经营本身业务之外,可以利用富余的资金向其他单位进行投资。投资不仅包括对内投资,如企业自身购买固定资产等,还包括对外投资,如对外投出流动资产、固定资产等。对外投资如果按投资目的及变现能力分,可分为短期投资和长期投资两类;如果按其性质分,可分为权益性投资、债权性投资和混合性投资三类;如果按资产负债表归类属性分,可分为"归作流动资产类的投资项目"(交易性金融资产)和"归作非流动资产类的投资项目"两类。

"归作非流动资产类的投资项目",简称"非流动资产投资"。它是指企业对外进行的、不准备在一年内或长于一年的一个营业周期内变现的投资。投资目的是实现长期战略目标(如获取新的货源,开拓新的市场,扩大企业影响提高声誉等),谋求长期经济利益,影响和控制其他企业的重大经营决策,获取较高的投资收益。它同调节企业现金流量、借以提高资金使用效益的短期投资行为截然不同,具有投资金额大、回收期限长、投资报酬率高等特点。进行非流动资产投资时,要以不影响本企业正常资金周转和本企业信誉为基本原则。

非流动资产投资按会计核算项目分类,分为可供出售金融资产、持有至到期投资、长期股权投资、投资性房地产、拨付所属资金等。

二、可供出售金融资产

《企业会计准则第22号——金融工具确认和计量》应用指南规定:"可供出售金融资

产通常是指企业没有划分为以公允价值计量且其变动计入当期损益的金融资产、持有至到期投资、贷款和应收款项的金融资产。比如,企业购入的在活跃市场上有报价的股票、债券和基金等,没有划分为以公允价值计量且其变动计入当期损益的金融资产或持有至到期投资等金融资产的,可归为此类。"此概念采用"外延排除法"进行定义,即它是在排除"金融资产"三项内容后所进行的定义:(1)可供出售金融资产不是"交易性金融资产";(2)可供出售金融资产不是"持有至到期投资";(3)可供出售金融资产不是"贷款和应收款项"。可供出售金融资产是企业购入的不准备近期出售也不准备持有至到期的金融资产,包括购入的股票、债券、基金和权证等。可供出售金融资产与交易性金融资产最根本的区别是:前者因较长时间观望持有而归属非流动资产,后者因短期持有而归属流动资产。

例1 红星厂10月1日购入海洋公司当年4月1日发行的三年期、票面利率8%、面值48 000元的债券。该债券10月1日证券市场上显示的实际利率为6%。红星厂共付款50 640元,其中,债券买价48 570元(本金48 000元,溢价570元)、债券半年期利息1 920元(48 000×8%×6/12)、经纪人佣金150元。该债券每年9月30日和3月31日付息,到期一次还本。红星厂将其列为"可供出售金融资产"处理。

(1)红星厂10月1日购入海洋债券时的会计分录见表3-1。

表3-1 红星厂10月1日购入海洋债券时的入账分析表

经济业务内容		账务处理(会计分录)	
(1)债券买价 48 570元	债券本金48 000元	借:可供出售金融资产——海洋债券(成本)	48 000元
	债券溢价570元		
(2)付给经纪人佣金150元		借:可供出售金融资产——海洋债券(利息调整)	720元
(3)债券半年期利息1 920元		借:应收利息	1 920元
红星厂购买海洋债券共付款50 640元		贷:银行存款	50 640元

说明三点:① 表3-1中借记"可供出售金融资产——海洋债券(成本)"仅仅登记债券本金48 000元,和列作"交易性金融资产——海洋债券(成本)"(见第二章第二节交易性金融资产例6)的金额48 570元(48 000元+570元)不同。其原因是为了计息方便。因为记入"可供出售金融资产"的债券持有时间一般都在一年以上,其间要计息多次,即每次计息不仅要按债券面值和票面利率计算应收(计)利息,还要按债券实际利率计算"投资收益",计息基数是债券的"成本"。而企业购买债券作为交易性金融资产列账,往往在短期内变现,较少涉及计息,则按"买价"(面值+溢价)列作"成本",这也是简化核算的需要。②"可供出售金融资产"设置"利息调整"明细科目,核算购买债券发生的溢价和交易费用;而"交易性金融资产"不设置"利息调整"明细科目,将溢价记入"交易性金融资产——海洋债券(成本)"明细科目,将交易费用冲减"投资收益"科目。③ 购入债券支付的债券中含有已到付息期但尚未领取的利息1 920元,记入"应收利息"科目借方。如果该利息是到期一次还本付息,则记入"可供出售金融资产——海洋债券(利息调整)"明细科目借方。

(2)10月5日,红星厂收到海洋公司第一期利息1 920元存入银行做如下会计分录:

借:银行存款   1 920

贷：应收利息   1 920

(3) 当年 12 月 31 日，红星厂对上述债券在资产负债表日进行计息：

① 票面利息的计算（10 月 1 日至 12 月 31 日，票面利率 8%）

   应收利息 = 48 000 × 8% × 3/12 = 960（元）

② 实际利息的计算（10 月 1 日至 12 月 31 日，实际利率 6%）

   实际利息 =（48 000 + 720）× 6% × 3/12 = 730.80（元）

③ 红星厂 12 月 31 日做如下会计分录：

   借：应收利息   960
      贷：投资收益   730.80
         可供出售金融资产——海洋债券（利息调整）   229.20

注意，如果以上债券不是分期付息，而是到期一次还本付息，则上述会计分录借记"应收利息"科目改为"可供出售金融资产——应计利息"科目。

(4) 当年 12 月 31 日，红星厂持有的海洋公司债券公允价值变为 47 490.80 元，确认公允价值变动损益（损失）1 000 元 [（48 000 + 720 − 229.20）− 47 490.80]，做如下会计分录：

   借：资本公积——其他资本公积   1 000
      贷：可供出售金融资产——海洋债券（公允价值变动）   1 000

如果公允价值上升，会计分录与此相反。需要说明的是，在资产负债表日，如果红星厂对海洋公司债券进行减值测试，发现债券公允价值已持续下跌，短期内无望上升，预计可收回金额小于债券账面价值，其差额确认为减值损失时应做如下会计分录：

   借：资产减值损失
      贷：可供出售金融资产——海洋债券（公允价值变动）

按会计准则规定，企业也可单独设置"可供出售金融资产减值准备"科目核算可供出售金融资产减值损失，则上述分录中贷记"可供出售金融资产——海洋债券（公允价值变动）"科目改为贷记"可供出售金融资产减值准备"科目。

三、持有至到期投资

持有至到期投资是指企业持有的、具有固定到期日的、回收金额固定或可确定的、企业有明确意图和能力持有至到期的非衍生金融资产。它包括持有至到期债券投资、委托银行贷款等。企业应设置"持有至到期投资"一级会计科目，在该科目下按投资的类别和品种区别"成本"、"利息调整"、"应计利息"等进行明细核算。

持有至到期债券投资是指企业购买政府债券、金融债券和企业债券准备在债券到期时变现所进行的投资。政府债券包括中央政府债券和地方政府债券两类。其中，中央政府的债券有国库券、财政券、保值公债、国家建设债券、国家重点建设债券、特种国债、投资债券和基本建设债券等。金融债券是由金融机构发行的债券。企业债券是由企业（包括股份公司、企业性金融机构）发行的债券。企业购买债券的核算，应根据购买债券的目的、资金安排计划和实际财务能力分别列入"交易性金融资产"、"可供出售金融资产"和"持有至到期投资"科目进行核算。如果所购债券准备近期变现的，属于交易性债券投资,记入"交易性金融资产"科目;如果所购债券准备持有至到期变现的,属于持有至到期债券投资,记入"持有至到期投资"科目;如果所购债券既不准备近期变现,也不准备持有至到期变现的,属于可供出售债券投资,记入"可供出售金融资产"科目。

企业购入的债券,由于票面利率和实际利率的区别,分别有三种价格:(1)按债券票面价值购入,即等价购入;(2)按高于债券票面价值购入,即溢价购入;(3)按低于债券票面价值购入,即折价购入。这三种价格对债券发行公司来说,分别表述为等价发行(或称面值发行)、溢价发行和折价发行三种形式。企业不论以哪种价格购入,均称为"买价"。会计对持有至到期投资的债券进行计价时,将买价中的"面值"确认为"持有至到期投资——成本",将买价中的溢价或折价及其交易费用列入"持有至到期投资——利息调整"明细科目进行核算。

企业购入的债券,如果为分期付息、一次还本的债券,所支付价款中含有的已到付息期但尚未领取的债券利息,应记入"应收利息"科目借方;企业购入的债券,如果为一次还本付息的债券,所支付的价款中含有的尚未到期的利息,应记入"持有至到期投资——利息调整"科目借方。

企业设置"持有至到期投资——应计利息"明细科目,只核算企业在取得一次还本付息债券后的持有期间于资产负债表日计算确认的利息。

会计对初始确认记入"持有至到期投资——利息调整"明细科目的金额,应在债券到期前采用实际利率法分期摊销,摊销期次一般与计息期次一致。

(一)购入债券的核算

例2 丙企业20×2年1月1日购入去年1月1日发行的五年期债券,买价10.3万元(面值10万元+溢价0.3万元),应计利息1万元,实际付款11.3万元。债券票面利率10%(每年年末计单利一次),实际利率9.0725%,再过4年到期还本付息。

1月1日,丙企业购入债券时做如下会计分录:

借:持有至到期投资——债券投资(成本)   100 000
           ——债券投资(利息调整)   13 000
  贷:银行存款   113 000

如果上例是"分期付息,一次还本"的债券,对付款额中已到付息期尚未领取的利息1万元,应借记"应收利息"科目。

(二)债券投资初始利息调整额的实际利率法摊销

《企业会计准则——2006》规定,企业应采用实际利率法摊销初始利息调整额。初始利息调整额的摊销按下列公式计算:

$$每期债券投资应收利息 = 债券面值 \times 票面利率$$
$$每期债券投资实际收益 = 债券摊余成本 \times 实际利率$$

其中,债券摊余成本 = 债券初始确认金额 - 已偿还本金 ± 债券累计摊销额 - 已发生的减值损失

每期摊销初始利息调整额 = 每期债券投资应收利息 - 每期债券投资实际收益

当年年末(及以后各年年末),丙企业计算债券应收利息并摊销"利息调整"明细科目金额见表3-2。

表 3-2　持有至到期债券投资初始利息调整额摊销表（实际利率法）

单位：元

计息日期	债券投资应收利息	债券投资实际收益	初始利息调整额摊销	未摊销金额	债券摊余成本
	(1) = 面值 × 票面利率10%	(2) = 上期(5) × 实际利率9.0725%	(3) = (1) - (2)	(4) = 上期(4) - (3)	(5) = 上期(5) - (3)
20×1.01.01					发行价 100 000.00
20×2.01.01				13 000.00	103 000.00
20×2.12.31	10 000.00	9 344.68	655.32	12 344.68	102 344.68
20×3.12.31	10 000.00	9 285.22	714.78	11 629.90	101 629.90
20×4.12.31	10 000.00	9 220.37	779.63	10 850.27	100 850.27
20×5.12.31	10 000.00	9 149.73①	850.27	10 000.00	100 000.00
合计	40 000.00	37 000.00	3 000.00		

注：① 含小数误差 0.09 元。

表 3-2 中 20×2 年 12 月 31 日丙企业计息并摊销利息调整额的计算过程如下：

债券投资应收利息 = 债券面值 × 债券票面利率
　　　　　　　　= 100 000 × 10% = 10 000(元)

债券投资实际收益 = 债券摊余成本 × 债券实际利率
　　　　　　　　= 103 000 × 9.0725% = 9 344.68(元)

利息调整摊销额 = 债券投资应收利息 - 债券投资实际收益
　　　　　　　= 10 000 - 9 344.68 = 655.32(元)

20×2 年 12 月 31 日，丙企业根据表 3-2 编制计息并摊销利息调整额的会计分录如下：

借：持有至到期投资——债券投资（应计利息）　　　10 000
　　贷：持有至到期投资——债券投资（利息调整）　　　655.32
　　　　投资收益　　　　　　　　　　　　　　　　9 344.68

其余各年年末的会计分录同上。

（三）债券投资的收回

企业购买的债券，一般按债券规定的期限收回本金和利息，其中，归属丙企业的应收利息为 40 000 元（"持有至到期投资——债券投资"账户借方余额）。由于债券投资初始"利息调整"额中的溢价、折价在持券期间已分期摊完，则债券到期时只剩"利息调整"额中不属于丙企业拥有的债券利息 10 000 元和债券面值（成本）100 000 元。当债券到期收回时，"持有至到期投资"三个明细账户的余额都应该予以注销。

20×6 年 1 月 1 日，丙企业收回债券本息时编制如下会计分录：

借：银行存款　　　　　　　　　　　　　　　　　150 000
　　贷：持有至到期投资——债券投资（成本）　　　　100 000
　　　　　　　　　　　——债券投资（应计利息）　　40 000
　　　　　　　　　　　——债券投资（利息调整）　　10 000

(四)持有至到期投资的报表列示

会计期末,企业编制资产负债表时,对于"持有至到期投资"账户余额中一年内到期的债券投资余额填入该表流动资产类下"一年内到期的非流动资产"项目,其他债券投资余额填入表中"持有至到期投资"项目。

四、长期股权投资

(一)长期股权投资的概念

长期股权投资是指企业投出的、期限在一年以上(不含一年)的各种股权性质的投资,分为长期股票投资和其他股权投资两部分。

长期股票投资,是以购买股票的方式所进行的长期投资。企业购买股票如果准备近期变现的,属于交易性股票投资,记入"交易性金融资产"科目;如果准备长期持有,用以达到长期目标的,属于长期股票投资,记入"长期股权投资"科目;如果所购股票既不准备近期变现,也不准备长期持有的,属于可供出售股票投资,记入"可供出售金融资产"科目。

其他股权投资,是指除长期股票投资以外的长期投资,如对外投出货币资金、材料物资、固定资产、无形资产等。

(二)长期股权投资的方式

长期股权投资的方式分为企业合并取得长期股权投资和其他方式取得长期股权投资两种情况。

1. 企业合并形成的长期股权投资

企业合并形成的长期股权投资,应当区分"同一控制下的企业合并"和"非同一控制下的企业合并"两种情况分别确定其初始投资成本。所谓"同一控制下的企业合并",是指参与合并的企业在合并前后均受同一方或相同的多方最终控制,且该控制并非暂时性的控制。例如,同一企业集团下的两个企业合并要受到企业集团的控制。又如,总公司下的两个分公司合并要受到总公司的控制。两个企业之间的合并如果受到同一方控制,表明这两个企业不具有进行市场经济交易行为的独立地位,即双方不能自主地、平等地"讨价还价",形成符合市场运作规则的"交换价值",则会计不能按"公允价值"计量,只能按合并日取得被合并方所有者权益账面价值的份额作为长期股权投资的初始投资成本。所谓"非同一控制下的企业合并"是指参与合并的各方在合并前后不属于同一方或相同的多方最终控制所进行的合并。其长期股权投资的初始投资成本一般按公允价值计量。

例3 甲公司和A企业均为淮都集团的下属单位。在淮都集团组织下,甲公司同A企业合并。甲公司向A企业投资货币资金150万元,拥有A企业60%的权益(甲和A均为淮都集团控制)。合并日A企业所有者权益账面价值为280万元。甲企业合并A企业时确认初始投资成本为168万元(280×60%)。甲企业投出货币时做如下会计分录:

借:长期股权投资——其他股权投资　　　　　　　　　1 680 000
　　贷:银行存款　　　　　　　　　　　　　　　　　　1 500 000
　　　　资本公积——资本溢价　　　　　　　　　　　　　180 000

说明:若甲公司向A企业投出货币,A企业所有者权益账面价值仅为240万元,甲公司确认的投资"份额"144万元(240×60%)小于所付出的150万元货币,应借记"资本公积——资本溢价"科目6万元(150-144)。若"资本公积——资本溢价"余额不足冲减6万元的,则依次借记"盈余公积"、"利润分配——未分配利润"科目。

2. 采用其他方式对外投资形成的长期股权投资

采用其他方式对外投资形成的长期股权投资的情况有:以支付现金的方式取得长期股权投资;以购买股票等权益性证券方式取得长期股权投资;通过非货币性资产交换取得长期股权投资;通过债务重组取得长期股权投资;等等。

例4 甲企业购入乙公司普通股60 000股,持股比例10%,每股售价5元,另付手续费等费用7 700元。

借:长期股权投资——股票投资(60 000×5+7 700)　　　307 700
　　贷:银行存款　　　　　　　　　　　　　　　　　　　　307 700

如果上例每股售价5元中含有已宣告发放的股利0.4元,甲企业借记"长期股权投资——股票投资"科目的金额为283 700元[60 000×(5-0.4)+7 700],借记"应收股利"科目的金额为24 000元(60 000×0.4)。

(三) 长期股权投资的核算方法

企业对外进行长期投资取得股权后,应视持股比例大小分别采用"成本法"、"权益法"对其后续计量进行核算。

1. 长期股权投资的成本法

成本法,指长期股权投资按投资成本计价的方法。在成本法下,企业对外投资确认初始投资成本计价后,除了投资单位追加或收回投资等情形需要调整投资成本外,长期股权投资的账面价值一般保持不变。投资企业从被投资企业分得红利确认为投资收益。

长期股权投资的成本法适用于两种情况:一是投资企业对被投资单位能够实施控制(持股比例>50%)的长期股权投资。这种投资是母公司对子公司的投资——控股投资,采用成本法核算,但编制合并财务报表时按照权益法进行调整。二是投资企业对被投资单位不具有共同控制或重大影响(一般而言,持股比例<20%),并且在活跃市场中没有报价,公允价值不能可靠计量的长期股权投资。

例5 依例4,第二年甲企业从乙公司分进现金股利24 000元存入银行(分进现金股利未超过累积净利润额度)。甲企业做如下会计分录:

借:银行存款　　　　　　　　　　　　　　　　　　　　　24 000
　　贷:投资收益　　　　　　　　　　　　　　　　　　　　24 000

2. 长期股权投资的权益法

所谓权益法,是指长期股权投资最初按初始投资成本确认的方法计价,以后根据投资企业享有被投资单位所有者权益份额的变动对投资的账面价值进行调整的方法。在权益法下,长期股权投资的账面价值随着被投资单位所有者权益的变动而变动,包括随被投资单位实现的净利润而变动、随被投资单位发生的净亏损而变动以及随被投资单位其他所有者权益项目金额增减而变动三种情况。

权益法的适用范围是:投资企业对被投资单位具有共同控制或重大影响(持股比例不小于20%而不大于50%)时,长期股权投资采用权益法核算。其中,投资企业与其他方对被投资单位实施共同控制的,被投资单位为其合营企业;投资企业能够对被投资单位施加重大影响的(如在被投资单位的董事会或类似的权力机构中派有代表,参与被投资单位的政策制定过程,向被投资单位派出管理人员,依赖投资企业的技术资料等),被投资单位为其联营企业。

采用权益法核算的企业,应在"长期股权投资"科目下分别设置"成本"、"损益调整"、"其他权益变动"三个明细科目,对因权益法核算所产生的影响长期股权投资账面余额增减变动的因素分别核算和反映。

例6 A企业购买B公司发行的普通股付款700万元,持股比例为45%。B公司当年获得净利润40万元,分配现金股利24万元。B公司第二年亏损20万元。A企业第三年初售出全部B公司股票,收款701万元。A企业有关账务处理如下:

(1) A企业购入B公司发行的普通股时

借:长期股权投资——股票投资　　　　　　　　　　7 000 000
　　贷:银行存款　　　　　　　　　　　　　　　　　　　　7 000 000

(2) 当年年末,B公司获得净利润40万元,A企业应相应调整股权投资"份额"

借:长期股权投资——股票投资(400 000×45%)　　　180 000
　　贷:投资收益　　　　　　　　　　　　　　　　　　　　　180 000

(3) 当年年末,A企业从B公司分进现金股利10.8万元(24×45%),应作为长期股权投资的收回

借:银行存款　　　　　　　　　　　　　　　　　　　108 000
　　贷:长期股权投资——股票投资　　　　　　　　　　　　108 000

(4) 第二年年末,B公司亏损20万元,A企业应相应调整股权投资"份额"

借:投资收益(200 000×45%)　　　　　　　　　　　　90 000
　　贷:长期股权投资——股票投资　　　　　　　　　　　　　90 000

(5) 第三年年初,A企业将B公司股票全部售出,收款701万元。A企业做如下会计分录:

借:银行存款　　　　　　　　　　　　　　　　　　7 010 000
　　贷:长期股权投资——股票投资
　　　　(700 000+180 000−108 000−90 000)　　　　6 982 000
　　　　投资收益　　　　　　　　　　　　　　　　　　　　28 000

例7 A公司向某联营企业投资设备一台,账面原值40万元,已提折旧10万元。投资合同按设备公允价值确定的投资额为32万元,持股比例10%(采用成本法核算),投资期5年。第二年A公司从联营企业分进利润4.5万元(分进现金股利未超过累积净利润额度,其余年度略)。第五年投资期满时,A公司收回原设备,其公允价值为28万元。

(1) A公司投出设备时,既反映双方确认的投资额,又注销设备账面有关价值,应做如下记录:

借:固定资产清理　　　　　　　　　　　　　　　　300 000
　　累计折旧　　　　　　　　　　　　　　　　　　100 000
　　贷:固定资产　　　　　　　　　　　　　　　　　　　400 000

```
借:长期股权投资——其他股权投资         320 000
    贷:固定资产清理                      300 000
       营业外收入                         20 000
```

上述分录中贷记"营业外收入"2万元是处置固定资产产生的净收益,即设备公允价值32万元大于设备账面价值30万元所产生的净收益2万元。如果设备公允价值小于设备账面价值,则借记"营业外支出"科目。

(2) 第二年,A公司从联营企业分进利润4.5万元(分进现金股利未超过累积净利润额度),在成本法下做如下会计分录:

```
借:银行存款                              45 000
    贷:投资收益                          45 000
```

(3) 第五年投资期满时,A公司收回原设备,其公允价值为28万元,A公司做如下会计分录:

```
借:固定资产                             280 000
    投资收益                              40 000
    贷:长期股权投资——其他股权投资       320 000
```

五、投资性房地产

投资性房地产是指为赚取租金或资本增值,或两者兼有而持有的房地产,包括已出租的土地使用权、持有并准备增值后转让的土地使用权、已出租的建筑物,但不包括自用房地产(即为生产商品、提供劳务或者经营管理而持有的房地产)和作为存货的房地产。投资性房地产应当按照成本进行初始计量。其后续支出,如果满足初始确认条件的(与该投资性房地产有关的经济利益很可能流入企业;该投资性房地产的成本能够可靠地计量),应当计入投资性房地产成本;不满足初始确认条件的,应当在发生时计入当期损益。

投资性房地产后续计量模式有两种:一是采用成本计量模式;二是采用公允价值计量模式。如有确凿证据(如有活跃的房地产交易市场,且交易价格容易取得)表明投资性房地产的公允价值能够持续可靠取得的,则应对投资性房地产采用公允价值模式进行后续计量;反之,采用成本模式计量。

企业采用公允价值模式计量的,不对投资性房地产计提折旧或进行摊销,应当以资产负债表日投资性房地产的公允价值为基础调整其账面价值,公允价值与原账面价值之间的差额计入当期损益(公允价值变动损益)。在公允价值计量模式下,企业应在"投资性房地产"一级会计科目下区别"成本"和"公允价值变动"进行明细核算。企业采用成本模式计量的,投资性房地产要计提折旧或摊销,通过设置"投资性房地产累计折旧"或"投资性房地产累计摊销"科目进行核算;采用成本模式计量的投资性房地产发生减值的,还要单独设置"投资性房地产减值准备"科目进行核算。

例8 乙公司20×4年年初付款1 200万元购买一栋楼列作"投资性房地产"。20×4年年末,该"投资性房地产——大楼"公允价值升为1 350万元。20×5年2月乙公司售出该大楼,销售净额1 450万元。该项销售业务适用的营业税税率为5%、城建税税率为

7%、教育费附加率为3%。乙公司有关账务处理如下:

(1) 20×4年年初,乙公司购入大楼时

借:投资性房地产——大楼(成本)　　　　　　　　　　　12 000 000
　　贷:银行存款　　　　　　　　　　　　　　　　　　　　　12 000 000

(2) 20×4年年末,乙公司购入大楼升值150万元时

借:投资性房地产——大楼(公允价值变动)　　　　　　　　1 500 000
　　贷:公允价值变动损益　　　　　　　　　　　　　　　　　1 500 000

若大楼跌价,会计分录与此相反。

(3) 20×5年2月,乙公司售出该大楼时

借:银行存款　　　　　　　　　　　　　　　　　　　　　14 500 000
　　贷:其他业务收入　　　　　　　　　　　　　　　　　　　14 500 000
借:其他业务成本　　　　　　　　　　　　　　　　　　　　12 000 000
　　公允价值变动损益　　　　　　　　　　　　　　　　　　 1 500 000
　　贷:投资性房地产——大楼(成本)　　　　　　　　　　　12 000 000
　　　　　　　　　　——大楼(公允价值变动)　　　　　　　 1 500 000

(4) 20×5年2月,乙公司计算应缴相关税费时

借:营业税金及附加　　　　　　　　　　　　　　　　　　　　797 500
　　贷:应缴税费——应缴营业税(14 500 000×5%)　　　　　　725 000
　　　　　　　　——应缴城建税(725 000×7%)　　　　　　　　50 750
　　　　　　　　——应缴教育费附加(725 000×3%)　　　　　　21 750

(5) 20×4年年末、20×5年2月末,乙公司计算大楼价格上涨及其销售产生的营业利润(假如不考虑其他费用、损失、投资收益)

该业务营业利润 = 营业收入 − 营业成本 − 营业税金及附加 ± 公允价值变动损益

20×4年年末营业利润 = 0 − 0 − 0 + 150 = 150(万元)

20×5年2月末营业利润 = 1 450 − 1 200 − 79.75 − 150 = 20.25(万元)

六、非流动资产投资的分析

非流动资产投资分析的基本内容有二:一是分析企业对外进行非流动资产投资后的资金实力,以是否影响本企业生产经营活动和资金周转的正常进行为评价标准;二是分析投资收益率,以是否高于对内投资收益率为评价标准。

投资收益率是一定时期内投资净利润与投资额的比率,也称投资报酬率。投资净利润是投资净收益扣除其所得税后的余额。投资净利润有两种核算方法:(1) 企业设置"投资收益"账户核算企业对外投资取得的投资收益扣除投资损失后的投资净收益。投资净收益由投资回报(债息、股利、利润)和资本损益(投资收回或转让时产生的损益)构成,分为可供出售金融资产净收益、长期股权投资净收益、持有至到期投资净收益三部分。其中,长期股权投资净收益就是长期股权投资净利润,因为被投资企业在缴纳所得税后分出股利或利润,因而投资企业一般不再缴纳所得税(除分进股利或利息的单位所得税率高于分红企业的要补交差额外);持有至到期投资净收益是被投资企业在缴纳所

得税之前支付的债息,投资企业收到债券利息要缴纳所得税,其投资净收益扣除所得税后的余额为投资净利润。可供出售金融资产净收益具有双重性质:如果是股权投资产生的净收益则不缴纳所得税;如果是债权投资产生的净收益则要缴纳所得税。(2)企业通过收支账户核算产生的投资净利润。投资性房地产净利润由两部分组成:一是投资性房地产公允价值变动(房地产价值升值或贬值)产生的公允价值变动损益;二是投资性房地产出租、转让产生的净利润(收入扣除成本、税金及附加和所得税后的余额)。鉴于以上分析,非流动资产投资收益率应分投资种类分别计算。

(一)个别投资收益率的计算

1. 长期股权投资收益率

长期股权投资收益率的计算公式如下:

$$\text{长期股权投资收益率} = \frac{\text{全年长期股权投资净收益}}{\text{全年长期股权投资平均余额}} \times 100\%$$

2. 持有至到期投资收益率

持有至到期投资收益率的计算公式如下:

$$\text{持有至到期投资收益率} = \frac{\text{全年持有至到期投资净收益} \times (1 - \text{所得税税率})}{\text{全年持有至到期投资平均余额}} \times 100\%$$

3. 可供出售金融资产收益率

可供出售金融资产收益率的计算公式如下:

$$\text{可供出售金融资产收益率} = \frac{\text{全年股权性可供出售金融资产净收益} + \text{全年债权性可供出售金融资产净收益} \times (1 - \text{所得税税率})}{\text{全年可供出售金融资产平均余额}} \times 100\%$$

4. 投资性房地产收益率

投资性房地产收益率的计算公式如下:

$$\text{投资性房地产收益率} = \frac{\text{全年房地产公允价值变动损益} + \text{全年房地产经营利润} \times (1 - \text{所得税税率})}{\text{全年投资性房地产平均余额}} \times 100\%$$

(二)对外投资总收益率的计算

对外投资总收益率以个别投资收益率为基础,考虑个别投资比重而确定。计算公式如下:

$$\text{对外投资总收益率} = \sum (\text{个别投资收益率} \times \text{个别投资比重})$$

(三)对内投资总收益率的计算

$$\text{对内投资总收益率} = \frac{\text{全年净利润} - \text{对外投资净利润}}{\text{全年资产平均余额} - \text{对外投资年平均余额}} \times 100\%$$

对外投资年平均余额 = 交易性金融资产年平均余额 + 可供出售金融资产年平均余额 + 持有至到期投资年平均余额 + 长期股权投资年平均余额 + 投资性房地产年平均余额

公式中"对外投资净利润"应该与"对外投资年平均余额"计算公式中的各项目对应。

（四）投资收益率计算举例

例9 B公司某年度非流动资产投资有关资料见表3-3（所得税税率25%）。

表3-3 B公司某年度非流动资产投资情况表

单位：元

对外投资种类及比重	"可供出售金融资产"年平均余额	"持有至到期投资"年平均余额	"投资性房地产"年平均余额	"长期股权投资"年平均余额	非流动资产年平均余额合计
股票投资	38 500			85 000	123 500
债券投资	21 500	70 000			91 500
其他投资				75 000	75 000
房地产投资			140 000		140 000
合计	60 000	70 000	140 000	160 000	430 000
投资比重	13.95%	16.28%	32.56%	37.21%	100.00%
投资净收益	4 200	5 600	28 000①	19 900	57 700
其中：债券收益	1 720	5 600			

注：① 公允价值变动损益22 000 + 利润净额6 000 = 28 000（元）。

根据表3-3，B公司非流动资产投资有关指标计算如下：

（1）长期股权投资收益率 = 19 900 ÷ 160 000 × 100% = 12.44%

（2）持有至到期投资收益率 = 5 600 × (1 - 25%) ÷ 70 000 × 100% = 6%

（3）可供出售金融资产收益率 = [(4 200 - 1 720) + 1 720 × (1 - 25%)] ÷ 60 000 × 100% = 6.28%

（4）投资性房地产收益率 = [22 000 + 6 000 × (1 - 25%)] ÷ 140 000 × 100% = 18.93%

（5）对外投资总收益率 = (12.44% × 37.21%) + (6% × 16.28%) + (6.28% × 13.95%) + (18.93% × 32.56%) = 12.65%

例10 依例9，B公司全年净利润282 200元，其中，对外投资净利润为54 370元 [19 900 + 5 600 × (1 - 25%) + (4 200 - 1 720) + 1 720 × (1 - 25%) + 22 000 + 6 000 × (1 - 25%)]；全年平均资产总额2 297 000元，其中，非流动资产年平均余额430 000元，该公司未进行"交易性金融资产"投资。则：

对内投资总收益率 = (282 200 - 54 370) ÷ (2 297 000 - 430 000) = 227 830 ÷ 1 867 000 = 12.20%

（五）投资收益率的评价

评价对外投资总收益率要将其同对内投资总收益率进行比较。B公司对外投资总收益率12.65%比对内投资总收益率12.20%高0.45个百分点，证明对外投资方案总体上是可行的。

评价对外投资收益率要逐个进行分析。B公司对外投资收益率中最好的指标是投资性房地产收益率，为18.93%，它主要是由于房地产市场价格上升；其次是长期股权投资收益率，为12.44%，处于较好水平。持有至到期投资收益率为6%，可供出售金融资产收益率为6.28%，这两个指标虽然低些，但均高于银行长期借款利率。此外，企业还可将持有至到期投资收益率同企业发行长期债券的利率(排除所得税因素)进行比较,将长期股权投资收益率同本企业股权(票)分红率进行比较,以便作出正确评价。

第二节　固定资产

一、固定资产的概念和计价

固定资产是指为生产商品、提供劳务、出租或经营管理而持有的,使用寿命超过一个会计年度,并在使用过程中保持原有物质形态的资产。使用寿命,是指企业使用固定资产的预计期间,或者该固定资产所能生产产品或提供劳务的数量。

固定资产的计价方法主要有四种:

(1) 原始价值。简称原价或原值,是指企业在购置、建造某项固定资产时所发生的一切支出。会计设置"固定资产"账户反映固定资产的原价。

(2) 重置完全价值。简称重置价值,是指在当前生产条件和市场条件下,重新购建该项固定资产所需的全部支出。企业重新评估固定资产时,往往要用到固定资产重置价值。企业对报表固定资产项目进行补充、附注说明时也采用重置价值。

(3) 折余价值。它是指固定资产原值减去已提折旧后的余额,也称固定资产净值。固定资产盘盈盘亏、报废、毁损、对外投资、债务重组、进行非货币性资产交换时要用到固定资产净值。

(4) 固定资产净额。它是指固定资产净值扣除固定资产减值准备后的余额。企业反映资产总额时要使用固定资产净额。

二、固定资产的形成

(一) 投资者投入固定资产

我国《企业会计准则第4号——固定资产》规定:"投资者投入固定资产的成本,应当按照投资合同或协议约定的价值确定,但合同或协议约定价值不公允的除外。"这一规定有四层含义:一是投资者投入固定资产要有合同或协议;二是投资合同或协议约定的价值是公允价值;三是投入方按约定的公允价值作初始投资成本入账;四是投资合同或协议约定的价值不公允的,不能将其作为入账的依据,而是按投资方账面价值或投入方确认的价值作为初始投资成本入账。现举例说明如下。

例11　某企业接受一台旧设备投资,投出单位账面原值为65 000元,已提折旧8 000元。双方签订的投资合同确认的公允价值为60 000元。该企业做如下记录:

"固定资产"增加60 000元;"实收资本"增加60 000元。

(二) 购入固定资产

购入的固定资产按支付的购价、增值税①、运输费、包装费、装卸费、保险费、安装费等

---

① 从2009年1月1日起,企业购买的固定资产进项税额可以抵扣。

作固定资产原价入账。

例 12 某企业购入不需安装的设备一台,付款 12 100 元,其中,价款 10 000 元,增值税 1 700 元,包装运杂费 400 元。该企业做如下记录:

"固定资产"增加 12 100 元,"银行存款"减少 12 100 元。

如果购入固定资产需要安装,通过"在建工程"账户核算包括安装费在内的全部支出,待安装完工达到预定可使用状态交付生产使用时,再从"在建工程"账户转入"固定资产"账户。如果购入的固定资产属于国家征收耕地占用税范围,则应将这一税额也列入固定资产原价。

还要说明的是,购入固定资产预计未来报废时要对其进行弃置处理的,如含有放射元素的仪器在报废时的处置等,在固定资产入账时,要预计未来发生的弃置费用,按一定折现率将其折算为现值计入固定资产成本,同时确认为相应的预计负债。

(三) 自行建造完成的固定资产

企业自行建造固定资产时,动用银行存款购进工程物资、支付工程款以及在工程建造期间为筹集工程资金向银行借款而支付的由固定资产承担的资本化利息等,记入"在建工程"账户,工程完工,固定资产交付使用时,再转入"固定资产"账户。企业对原有固定资产进行扩改建,其追加支出符合资本化条件的,也通过"在建工程"账户核算,最终将其转入固定资产价值。

(四) 融资租入固定资产

融资租入固定资产是企业以融资租赁方式取得的固定资产。融资租赁是由出租方(租赁公司等)融通资金购买承租方所需固定资产,租给承租方使用而分期收取租赁费(包括设备价值、资金利息和融资手续费在内),在固定资产到期时一般将固定资产所有权转归承租方所有的一种租赁方式。如果租赁期届满时,租赁的固定资产返还给出租人,出租人为了促使承租人谨慎使用租赁资产,避免因承租人过度使用而蒙受损失,往往在签订融资租赁合同或协议时,要求承租人对租赁资产租赁期届满时的余值进行担保。担保的资产余值(简称"担保余值")是指在租赁开始日估计的租赁期届满时租赁资产的公允价值。一旦租赁期届满时租赁资产的实际价值小于公允价值,则承租人要赔偿其损失,即对担保资产承担保值责任。

融资租赁和临时租赁(或称经营租赁)的最大区别在于:它的租赁期限长(规定要不低于固定资产预计使用年限的75%),构成企业固定资产价值(企业设置"固定资产——融资租入固定资产"科目核算融资租赁资产的入账价值及其变化),不像临时租入固定资产那样属于短期使用,不入正式会计账簿,仅在备查簿上登记。

(五) 以补偿贸易方式从国外引进固定资产

补偿贸易是指从国外引进设备、技术、专利等,不立即支付现款,而是等到该项目投产后用所产产品或双方议定的其他内容清偿的贸易方式。企业引进设备时通过"在建工程"账户核算有关费用(形成固定资产),同时增加"长期应付款",待产品返销时抵付"长期应付款"。

(六) 接受捐赠的固定资产

企业接受捐赠的固定资产,按取得的发票账单金额(无发票账单的,按同类固定资产市价)加上由企业负担的运输费、保险费、安装调试费等作固定资产原价入账;同时,记入"递延收益"账户贷方,分期转入"营业外收入"账户。这样处理的依据是:接受固定资产捐赠的单位由于以后计提折旧会导致各期利润减少,国家少收所得税。国家税务总局国税发[2003]45号文规定,从2003年1月1日起,企业接受捐赠的非货币性资产,须按接受捐赠时资产的入账价值确认捐赠收入,并入当期应纳税所得,依法计算缴纳企业所得税。企业取得的捐赠收入金额较大,并入一个纳税年度缴税确有困难的,经主管税务机关审核确认,可以在不超过5年的期间内均匀计入各年度的应纳税所得。因此,企业接受捐赠时,一方面增加了"固定资产"价值,另一方面,增加了"递延收益"价值,待税务机关确定纳税的期限时,再分期转入各期"营业外收入",构成纳税所得计交所得税。

例13 东方工厂接受某公司赠送的新设备一套,按捐赠固定资产的发票、支付的相关税费等资料确定该设备入账价值12万元。税务机关核定,该受赠设备分3年平均确认纳税所得,计算缴纳所得税。

东方工厂接受捐赠的设备时,增加"固定资产"12万元,增加"递延收益"12万元;企业各年年末结转捐赠收入4万元(12÷3)时,减少"递延收益"4万元,增加"营业外收入——捐赠利得"4万元,同时,再减少"营业外收入"4万元,增加"本年利润"4万元。这4万元就可以和其他利润一起计算缴纳所得税了。

三、固定资产折旧

固定资产折旧,简称折旧,是固定资产在使用过程中因磨损而逐渐转移到成本费用中去的那部分损耗价值。企业每月计提折旧,一方面反映转入成本费用的折旧费,另一方面将其从每月营业收入中扣除,以便逐渐收回投资,积累未来重新购置该项固定资产的资金实力。

(一)固定资产折旧方法

折旧方法通常分为平均法和加速折旧法两类。平均法包括直线法、工作量法等;加速折旧法包括双倍余额递减法、年数总和法等。

1. 直线法

直线法,又称平均年限法,是指固定资产原价减去预计净残值现值后按预计使用年限平均分摊的折旧方法。预计净残值是指假定固定资产预计使用寿命已满并处于使用寿命终了时的预期状态,企业目前从该项资产处置中获得的扣除预计处置费用后的金额。此概念有三层含义:(1)预计固定资产使用寿命期满时的残值收入,按一定折现率折算成现值,就是目前的预计处置收入;(2)预计固定资产使用寿命期满时的清理费用,按一定折现率折算成现值,就是目前的预计处置费用;(3)预计净残值就是预计残值收入现值扣除预计清理费用现值后的余额,或者是预计现时处置收入减去预计现时处置费用后的余额。

预计净残值占原值的比例,称为预计净残值率。它由企业据固定资产的性质和消耗方式确定,一般在3%—5%之间。

直线法下固定资产折旧计算公式如下:

(1) $\dfrac{\text{固定资产}}{\text{年折旧额}} = \dfrac{\text{固定资产应提折旧总额}}{\text{固定资产预计使用年限}}$

$$= \frac{\text{固定资产原价} - (\text{预计残值收入现值} - \text{预计清理费用现值})}{\text{固定资产预计使用年限}}$$

(2) $\text{固定资产折旧率} = \frac{\text{固定资产年折旧额}}{\text{固定资产原价}} \times 100\%$

或 $= \frac{1 - \text{预计净残值率}}{\text{预计使用年限}} \times 100\%$

在固定资产预计残值收入和预计清理费用相差不大的情况下,固定资产年折旧率可以简化为:

$$\text{固定资产年折旧率} = \frac{1}{\text{预计使用年限}}$$

(3) 固定资产月折旧率 = 固定资产年折旧率 ÷ 12

(4) 固定资月折旧额 = 固定资产原价 × 固定资产月折旧率

在上述公式中,预计净残值突出的是"现值",即将未来固定资产使用寿命结束时的价值按一定折现率折算成现在的价值。其公式如下:

$$\text{预计净残值} = (\text{预计残值收入} - \text{预计清理费用}) \times (1 + \text{折现率})^{-n}$$
$$= (\text{预计现时处置收入} - \text{预计现时处置费用})$$

公式中 n 为固定资产预计使用年限,亦称固定资产使用寿命。

例 14 某固定资产原值 10 000 元,预计净残值率 4%,预计使用年限 6 年。则:

$$\text{年折旧率} = \frac{1 - \text{预计净残值率}}{\text{预计使用年限}} \times 100\%$$

$$= \frac{1 - 4\%}{6} \times 100\% = 16\%$$

月折旧率 = 16% ÷ 12 = 1.33%

月折旧额 = 10 000 × 1.33% = 133(元)

以上是按某项固定资产计算的个别折旧率。在实际工作中,企业一般是计算分类折旧率(由个别折旧额汇总计算得出),按类计算月折旧额。

直线法的主要特点是各期折旧额相等,累计折旧直线上升。

2. 工作量法

工作量法是按固定资产的工作量(如汽车总行驶里程、机器总工作小时等)事先确定单位工作量的折旧额,然后再根据各月实际工作量确定其折旧额的折旧方法。

3. 双倍余额递减法

双倍余额递减法是用不考虑残值的直线法折旧率的双倍去乘以固定资产在每一会计期初的折余价值(净值)而确定折旧额的折旧方法。计算公式如下:

$$\text{年折旧率} = 2 \times \left(\frac{1}{\text{预计使用年限}} \times 100\% \right)$$

年折旧额 = 固定资产账面净值 × 年折旧率

为了简化计算和平账需要,采用双倍余额递减法计提固定资产折旧到预计使用年限到期前两年,应将固定资产净值扣除预计净残值后的余值平均摊销。

例 15 某设备原值 50 000 元,预计使用 5 年,预计净残值 2 500 元,年折旧率为

40%[2×(1÷5)×100%],按双倍余额递减法计算的折旧额见表3-4。

表3-4 固定资产折旧计算表(双倍余额递减法)

单位:元

年份	当年计提的折旧额	累计折旧额	折余价值
0			原值 50 000
1	50 000×40% = 20 000	20 000	30 000
2	30 000×40% = 12 000	32 000	18 000
3	18 000×40% = 7 200	39 200	10 800
4	(10 800 − 2 500)×50% = 4 150	43 350	6 650
5	(10 800 − 2 500)×50% = 4 150	47 500	2 500

注:各月折旧额 = 年折旧额÷12。

表3-4中,第四、第五年改用了直线法,每年折旧额均为4 150,致使第五年末账面折余价值正好等于预计净残值2 500元。

4. 年数总和法

年数总和法,亦称使用年限积数法或年限总额法或合计年限法,它是以固定资产应计提的折旧总额为基数,乘以一个逐年递减的折旧率来计算各年折旧额的一种方法。计算公式如下:

$$\text{年折旧额} = \left(\text{固定资产原值} - \text{预计净残值}\right) \times \frac{\text{尚可使用年数}}{\text{年数总和}}$$

$$= \text{应计提折旧总额} \times \text{固定资产当年折旧率}$$

依例15,年数总和 = 1+2+3+4+5 = 15;五年的年折旧率分别为5/15、4/15、3/15、2/15、1/15,计算结果见表3-5。

表3-5 固定资产折旧计算表(年数总和法)

单位:元

年份	应提折旧总额	尚可使用年数	年折旧率	年折旧额	折余价值
1	50 000 − 2 500 = 47 500	5	5/15	15 833①	15 833
2	47 500	4	4/15	12 667	28 500
3	47 500	3	3/15	9 500	38 000
4	47 500	2	2/15	6 333	44 333
5	47 500	1	1/15	3 167	47 500

注:① 47 500×5/15 = 15 833,月折旧额 = 年折旧额÷12。

在上述四种方法中,双倍余额递减法和年数总和法是加速折旧法,其总特征是,固定资产折旧前期提得多,后期提得少,从而加快了折旧的速度,有利于跟费用配比,促进固定资产的技术更新。

(二)固定资产折旧规定

关于企业固定资产是否计提折旧的范围规定如下:

(1)企业应以月初应提折旧固定资产的账面原值为依据按月计提折旧。折旧的范围包括:房屋和建筑物、在用的机器设备、仪器仪表、运输工具、工具器具、季节性停用、大修理停用的固定资产,以经营租赁方式租出的和以融资租赁方式租入的固定资产。当月增加的固定资产,当月不提折旧,从次月起计提折旧;当月减少的固定资产,当月照提折旧,从次月起停止计提折旧。

(2) 企业提足折旧的固定资产继续使用时,不再提取折旧;提前报废的固定资产不补提折旧。所谓提足折旧,是指提足该项固定资产的应计提折旧额。应计提折旧额,是指应当计提折旧的固定资产的原价扣除其预计净残值后的金额。已计提减值准备的固定资产,还应当扣除已计提的固定资产减值准备累计金额。

(3) 下列固定资产不提折旧:① 已提足折旧仍继续使用的固定资产;② 按规定单独计价作为固定资产入账的土地。

(三) 固定资产折旧的账务处理

企业应按月计提固定资产折旧。生产车间固定资产计提的折旧借记"制造费用"账户,行政管理部门、福利部门固定资产折旧借记"管理费用"账户,销售机构固定资产折旧借记"销售费用"账户,经营性租出和附属营业部门固定资产折旧借记"其他业务成本"账户,全部折旧费用合计贷记"累计折旧"账户。

四、固定资产减值

企业应当在资产负债表日对固定资产进行全面检查,判断其是否存在可能发生减值的迹象。如果固定资产的市价当期大幅度下跌,其跌幅明显高于因时间的推移或者正常使用而预计的下跌幅度,固定资产已经陈旧过时或者其实体已经损坏,固定资产已经或者将被闲置、终止使用或者计划提前处置,企业经营所处的经济、技术或者法律等环境以及资产所处的市场在当期或者将在近期发生重大变化,从而对企业产生不利影响,企业内部报告的证据表明资产的经济绩效已经低于或者将低于预期等,表明企业固定资产已经发生减值现象,就应该计提资产减值准备。计提固定资产减值准备的金额等于固定资产预计可收回金额低于固定资产账面价值的差额。固定资产预计可收回金额应当根据固定资产公允价值减去处置费用后的净额与固定资产预计未来现金流量的现值两者之间较高者确定。处置费用包括与资产处置有关的法律费用、相关税费、搬运费以及为使资产达到可销售状态所发生的直接费用等。固定资产预计未来现金流量的现值,应当按照资产在持续使用过程中和最终处置时所产生的预计未来现金流量,选择恰当的折现率对其进行折现后的金额加以确定。有迹象表明一项资产可能发生减值的,企业应当以单项资产为基础估计其可收回金额。企业难以对单项资产的可收回金额进行估计的,应当以该资产所属的资产组为基础确定资产组的可收回金额。

例16 甲企业在资产负债表日对一台生产用设备进行减值测试。该设备原值30万元,预计使用10年,预计净残值率5%,已使用3年整。现测试表明:如果出售该设备,处置净额为16万元;如果继续使用,尚可使用5年,未来5年现金流量及第五年设备使用期满处置现金流量分别为3.1万元、3.5万元、4.0万元、4.5万元、5.8万元,采用的折现率为5%。计算可收回金额,确定是否计提减值准备。如果计提减值准备,在重新调整预计净残值率为4%的情况下继续计提折旧。

(1) 计算固定资产的账面价值：

该设备年折旧率 =（1 - 5%）÷ 10 = 9.5%

该设备三年已提折旧 = 30 × 9.5% × 3 = 8.55（万元）（如果已提折旧不是三年整，则按实际计提折旧的月数计算）

该设备账面价值 = 原值 - 已提折旧 = 30 - 8.55 = 21.45（万元）

(2) 计算固定资产可收回金额：

该设备减值测试时处置净额 = 处置收入 - 处置费用 = 16（万元）

该设备预计未来现金流量现值 = $3.1 \times (1 + 5\%)^{-1} + 3.5 \times (1 + 5\%)^{-2} + 4.0 \times (1 + 5\%)^{-3} + 4.5 \times (1 + 5\%)^{-4} + 5.8 \times (1 + 5\%)^{-5}$ = 18（万元）

计算结果表明，该设备预计可收回金额18万元大于处置净额16万元，故选择18万元作为可收回金额。

(3) 确定计提的固定资产减值准备：

该设备计提的减值准备 = 21.45 - 18 = 3.45（万元）

(4) 编制计提固定资产减值准备的会计分录：

借：资产减值损失　　　　　　　　　　　　　　　　　　　　　34 500
　　贷：固定资产减值准备　　　　　　　　　　　　　　　　　　34 500

计提减值准备后的固定资产以后价值回升的，其减值准备不得转回。

(5) 甲企业在计提固定资产减值准备的同时，确定资产负债表上"固定资产"填列的金额（假定就该固定资产而言）：

资产负债表上"固定资产"填列的金额 = 固定资产原值 - 累计折旧 - 固定资产减值准备 = 30 - 8.55 - 3.45 = 18（万元）。

固定资产计提减值准备后，要按计提固定资产减值后的固定资产账面价值考虑预计净残值率重新确定新的折旧率和折旧额。计算如下：

该设备新的年折旧率 =（1 - 4%）÷ 5 = 19.2%

该设备以后五年中每年计提的折旧 = 18 × 19.2% = 3.456（万元）

五、固定资产修理

固定资产修理分为经常性修理和大修理两种。前者是对固定资产个别部分进行调整和拆换；后者是对固定资产的局部进行更新（更换主要部件、配件，对房屋等建筑物进行翻修等），修理范围广，支出费用多，时间间隔长。固定资产修理是固定资产的后续支出，是对固定资产使用功能的恢复，发生的修理费用一般是"费用性支出"，不计入固定资产价值。《企业会计准则》应用指南附录中规定："企业生产车间（部门）和行政管理部门发生的固定资产修理费用等后续支出"，均在"管理费用"科目核算。但是，财政部财会函[2008]60号规定，固定资产大修理费用等后续支出，符合资本化条件的，可以计入固定资产成本。

例 17 A企业20×4年8月对一车间某设备进行大修，用银行存款支付大修理费用3.16万元；10月对厂部办公楼进行大修，用银行存款支付大修理费用1万元。该企业8月份"管理费用"增加3.16万元，"银行存款"减少3.16万元，10份"管理费用"增加1万元,"银行存款"减少1万元。

六、固定资产的清理和清查

（一）固定资产清理

企业处置固定资产时,包括出售、报废、毁损、抵债、投资转让、非货币性资产交换等,要将固定资产账面价值、发生的清理费用及其应缴纳的相关税费转入"固定资产清理"账户的借方;固定资产出售收入、固定资产残值收入、毁损固定资产应收保险公司赔款及其应收责任人赔款等应记入"固定资产清理"账户的贷方;"固定资产清理"账户借贷方差额,记入"营业外收入"或"营业外支出"账户的贷方或借方。

例18 某企业有一台设备报废。该设备原值10万元,已提折旧9.6万元。报废时用银行存款支付清理费用0.4万元,残料变卖收入0.5万元。确定处理该项固定资产的净损益及其结转的对应账户。

报废设备转入清理的账面价值和费用 =（10 - 9.6）+ 0.4 = 0.8（万元）

固定资产清理收入 = 0.5（万元）

处置固定资产净损益 = 0.5 - 0.8 = - 0.3（万元）。这是处置固定资产发生的净损失,列入"营业外支出"账户。

（二）固定资产清查

固定资产清查是对固定资产进行盘点和检查。企业盘点时,对盘盈的固定资产,应确认现时价值借记"固定资产"科目,贷记"以前年度损益调整"科目。之所以通过"以前年度损益调整"科目核算,是因为像固定资产这类财产物资一般不会发生盘盈现象,如果出现固定资产盘盈现象,那基本上是前期搞错,所以会计应按"前期差错"调整方式处理,通过"以前年度损益调整"科目核算。企业盘点时,对盘亏的固定资产,应按账面价值转入"待处理财产损益"账户,待报批或处理后从该账户转入"营业外支出"账户借方。

例19 企业盘亏设备一台,原值12 000元,已提折旧9 000元,已提固定资产减值准备1 000元。企业根据盘亏报告表做如下记录:

"累计折旧"减少9 000元;

"固定资产减值准备"减少1 000元;

"待处理财产损溢"增加2 000元（12 000 - 9 000 - 1 000）;

"固定资产"减少12 000元。

上列盘亏固定资产,报批后同意转销,会计人员做如下记录:

"营业外支出——盘亏损失"增加2 000元;

"待处理财产损溢"减少2 000元。

需要说明,盘亏和毁损的固定资产"报批处理",是指报经股东大会或董事会,或经理（厂长）会议或类似机构批准处理。一般来说,报批处理要在会计期末结账前处理完毕。如果期末结账前尚未批准的,应在对外提供财务会计报告时由会计人员先进行处理,并在会计报表附注中作出说明;如果以后批准处理的金额与已处理的金额不一致,应按其差额调整会计报表相关项目的年初数。

会计期末,资产负债表上有关固定资产项目设置及其金额填列方法如下:

固定资产	（固定资产原值－累计折旧－固定资产减值准备）
在建工程	（"在建工程"期末余额－在建工程减值准备）
工程物资	（"工程物资"期末余额－工程物资减值准备）
固定资产清理	（"固定资产清理"期末余额）

七、固定资产的分析

（一）固定资产总量变动分析

例20 某企业近五年固定资产原值变动情况如表3-6所示，计算固定资产年递增率。

表3-6　固定资产原值总量变动情况表

项目	20×1年	20×2年	20×3年	20×4年	20×5年	年递增率
固定资产原值（万元）	100	120	134	150	168	13.85%
固定资产年增长率	—	20.00%	11.67%	11.94%	12.00%	13.85%

在表3-6中，固定资产年递增率的计算有以下两种方法：

（1）定基法下20×1年至20×5年固定资产年递增率 $= \sqrt[4]{\dfrac{168}{100}} - 100\% = 13.85\%$

（2）环比法下20×1年至20×5年固定资产年递增率

$= \sqrt[4]{(1+20.00\%) \times (1+11.67\%) \times (1+11.94\%) \times (1+12.00\%)} - 100\%$

$= 13.85\%$

（二）固定资产利用效果分析

1. 固定资产有用系数

固定资产有用系数，亦称固定资产老化程度或固定资产新旧程度指标，是指固定资产账面净值与固定资产总值的比例。计算公式如下：

$$\text{固定资产有用系数} = \dfrac{\text{报告期期末固定资产净值}}{\text{报告期期末固定资产总值}} \times 100\%$$

例21 某企业某年度末固定资产账面原值2 000万元，累计折旧600万元。则：

$$\text{固定资产有用系数} = \dfrac{2\,000 - 600}{2\,000} \times 100\% = 70\%$$

计算结果表明，该企业固定资产账面价值七成新。

2. 固定资产产值率

固定资产产值率是企业一定时期（年度或季度）工业总产值与固定资产原值平均余额的比例。计算公式如下：

$$\text{固定资产产值率} = \dfrac{\text{年度（季度）工业总产值}}{\text{固定资产原值年（季）平均余额}} \times 100\%$$

例22 我国规模以上工业企业固定资产利用效果情况见表3-7。要求计算2007—2011年度我国工业企业固定资产产值率。

表 3-7 我国规模以上工业企业固定资产利用效果情况表

项目	2007 年	2008 年	2009 年	2010 年	2011 年	五年累计	年递增率
（1）固定资产净值（亿元）	129 124	158 293	179 646	211 293	228 774	907 130	15.4%
（2）固定资产原值（亿元）	198 739	245 353	278 541	334 839	386 087	1 443 559	18.1%
（3）工业总产值（亿元）	405 177	507 285	548 311	698 591	844 269	3 003 633	20.1%
（4）利润总额（亿元）	27 155	30 562	34 542	53 050	61 396	206 706	22.6%
（5）营业税金及附加（亿元）	4 772	6 277	8 996	11 183	12 670	43 898	27.6%
（6）应交增值税（亿元）	13 650	17 691	17 490	22 473	26 303	97 607	17.8%
（7）税收总额=（5）+（6）	18 422	23 968	26 486	33 656	38 972	141 505	20.6%

资料来源：《中国统计年鉴（2012）》，第 508—510 页。

根据表 3-7，2007—2011 年度我国工业企业固定资产产值率计算如下：

$$\text{固定资产产值率} = \frac{3\,003\,633}{1\,443\,559} \times 100\% = 208.07\%$$

计算表明，2007—2011 年度我国规模以上工业企业每 100 元固定资产原值提供 208.07 元工业总产值。

固定资产产值率的倒数为固定资产占用率。依例 21，固定资产占用率为 48.06%（1 443 559÷3 003 633×100%）。它表明我国工业企业每 100 元工业总产值占用固定资产原值 48.06 元。

3. 固定资产利润率

固定资产利润率是企业一定时期（年度或季度）利润总额与固定资产原值平均余额的比例。计算公式如下：

$$\text{固定资产产值率} = \frac{\text{年度（季度）利润总额}}{\text{固定资产原值年（季）平均余额}} \times 100\%$$

依例 22，据表 3-7 计算我国工业企业 2007—2011 年度固定资产利润率如下：

$$\text{固定资产利润率} = \frac{206\,706}{1\,443\,559} \times 100\% = 14.32\%$$

计算表明，2007—2011 年度我国规模以上工业企业每 100 元固定资产原值提供 14.32 元的利润。

4. 固定资产利税率

固定资产利税率是企业一定时期（年度或季度）利税总额与固定资产原值平均余额的比例。其中，"利"指利润总额；"税"指税收总额，由"营业税金及附加"和"应交增值税"组成。其计算公式如下：

$$\text{固定资产利税率} = \frac{\text{利润总额} + \text{税收总额}}{\text{固定资产原值平均余额}} \times 100\%$$

依例 22，据表 3-7 计算我国工业企业 2007—2011 年度固定资产利税率如下：

$$\text{固定资产利税率} = \frac{206\,706 + 43\,898}{1\,443\,559} \times 100\% = 17.36\%$$

计算表明，2007—2011 年度我国规模以上工业企业每 100 元固定资产原值提供 17.36 元的利润和税收。

第三节　其他长期资产

其他长期资产是指除流动资产、非流动资产投资、固定资产（含在建工程、工程物资、固定资产清理）以外的非流动资产，包括无形资产、开发支出、商誉、长期待摊费用、长期应收款、油气资产、生产性生物资产、递延所得税资产、特准储备物资等。

一、无形资产

（一）无形资产的种类

无形资产是指企业拥有或者控制的没有实物形态的可辨认非货币性资产，具体包括以下几种：

1. 专利权

专利权是指国家专利主管机关依法授予发明创造者在法定期限内所享有的专有权利，包括发明专利权、实用新型专利权和外观设计专利权。它有三个特征：一是具有独占性，即它是一种排他性的财产权，企业依法享有后，就受到法律的保护，任何人想要实施专利，除法律另有规定的以外，必须事先取得专利人的许可，并支付一定的费用，否则即构成侵权行为，要负法律责任，赔偿经济损失。二是具有地域性，即只在注册的国家和地区有效，在非注册的国家和地区无效。三是具有时间性，即在一定时间内有效，期满即不复存在，成为社会的共同财富。专利权可由创造发明人依法定程序申请取得，也可以向别人购买取得。

2. 专有技术

专有技术，又叫"技术秘密"或"技术诀窍"，是指不为外界所知、在生产经营活动中已采用了的、不享有法律保护的各种技术和经验，它一般包括工业专有技术、商业贸易专有技术、管理专有技术等。由于专有技术的创造发明者不愿意或来不及申请专利，或专有技术本身不具备申请专利的条件，使专有技术不能转化为专利，因此，它又叫"非专利技术"。非专利技术具有经济性、机密性和动态性等特点。

3. 商标权

商标权，是商标专用权的简称，是指商标权人专门在某类指定的商品或产品上使用特定的名称或图案的权利。其特点有：一是具有独占性；二是具有禁止性（指商标权享有人排除和禁止他人对其商标独占使用权进行侵犯的权利）；三是具有时间性。商标权可以外购，也可以自创。企业自行设计的商标一经登记注册就取得了专用权，即形成了自创商标权。

4. 著作权

著作权是著作权人对其作品依法享有的出版、发行等专有权利。企业作为著作权人，其作品包括工程设计图、产品设计图等图形作品和模型、计算机软件等作品。我国《著作权法》所称的著作权又称为版权。著作物一经获得版权后，在法律规定的有效期限内，其他单位或个人即不得翻印或复制。著作权（版权）包括人身权和财产权。著作人身权主要有署名权、发表权、保护作品完整权以及修改和回收作品权等;著作财产权主要有复制权、出版权、表演权、演述权、播送权、异种复制权、展览权、实施权、编辑权、改编权、翻译权等。著作权属于作者,其中的财产权可以继承或转让。著作权属于法人或其他组织的,法人或者其他组织变更、终止后,如规定的权利仍在法定保护期内,由承受其权利义务的法人或者其他组织享有;没有承受其权利义务的法人或者其他组织的,由国家享有。

5. 土地使用权

土地使用权是指国家准许某一企业或个人在一定时期内对国有土地享有开发、利用、经营的权利。我国的土地所有权属于国家所有,企事业单位或个人只能获得土地使用权。企业取得土地使用权的方式大致有行政划拨取得、外购取得、投资者投入取得等。

行政划拨取得土地使用权分为两种情况:一是现有存量土地无偿取得。企业已经获得国家无偿划拨土地予以使用的,企业没有花费任何代价,会计账上没有土地使用权的价值。但是,如果企业要转(出)让这种划拨土地使用权,不仅要补办土地使用权出让手续,进行登记,还要补缴出让金。企业支付土地使用权出让金和相关支出,记入"无形资产"科目借方;取得出让收入,在扣除该项无形资产成本及其应缴纳的各种税费后,记入"营业外收入"科目的贷方(若亏损,记入"营业外支出"科目的借方)。二是企业今后再获得国家行政划拨的增量土地使用权时,应借记"无形资产——土地使用权"科目,贷记"递延收益"科目,分期转作营业外收入时,借记"递延收益"科目,贷记"营业外收入"科目。

外购取得土地使用权有两种情况要区别对待:一是和建造房屋有关的土地使用权如何入账的问题。《企业会计准则第6号——无形资产》应用指南规定:"自行开发建造厂房等建筑物,相关的土地使用权与建筑物应当分别进行处理。外购土地及建筑物支付的价款应当在建筑物与土地使用权之间进行分配;难以合理分配的,应当全部作为固定资产。"但是,《企业会计准则》对房地产开发公司用地作了不同的规定:"企业(房地产开发)取得土地用于建造对外出售的房屋建筑物,相关的土地使用权账面价值应当计入所建造的房屋建筑物成本",即房地产开发公司将购入的土地使用权用于商品房开发时,应借记"开发成本"科目。二是取得土地使用权的目的在于增值获益时如何入账的问题。企业购入土地使用权准备增值后转让的,购买时直接借记"投资性房地产"科目,不作为"无形资产"处理。

投资者投入土地使用权如何作价入账呢?作为投资入账的土地使用权,要按双方确认的公允价值入账。土地使用权的公允价值以土地的实际占用面积、需要使用的年限和同类场所规定的使用费标准为依据计算确认。其中,改组或新设股份制企业,国有土地使用权作价入账的价格由县级以上人民政府土地管理部门组织评估,并报县级以上人民政府审核批准后,作为核定的土地资产金额。在国家建立开发区,收取出让土地费用的情况下,外商投资企业以实际购入场地使用权所支付的款项作为土地使用权的入账价格。

有两点需要说明:(1)有的企业会计账面上已有"固定资产——土地"的价值,这仅是指1951年清产核资时和1956年私营工商业社会主义改造时估价入账的土地价值,而后与土地有关的费用,如征用土地支付的补偿费等,计入与土地有关的房屋、建筑物的价值之内。(2) 土地使用权不同于土地使用费。土地使用费是企业使用土地而支付的费用。也就是说,土地使用费是企业租用场地而支付的租金,属于收益性支出,计入当期费用,从当期利润中补偿;而土地使用权是企业的一项无形资产,属于资本性支出,分期摊入各个受益期,如果作为企业的投资项目,还能获得投资收益。所以,两者除了概念不同外,账务处理也不同。

6. 特许权

特许权,或称专营权,是经营特许权的简称,是政府(或企业)准许某一企业(或另一其他企业)在一定地区内享有的经营某种业务或销售某种特定商标产品的专有权利,如政府特许的公用事业经营权、企业获准的连锁商店等。不花费代价获得的专营权,不作无形资产入账,花费较大代价获得的专营权,才作无形资产入账。

(二) 无形资产的取得

企业无形资产的取得主要有三个渠道:一是投资者投入。投资者投入无形资产应当按照投资合同或协议约定的价值作为无形资产成本入账,但合同或协议约定价值不公允的除外。入账时,增加"无形资产",增加"实收资本"。二是购入。按实际支付的价款作无形资产成本入账,包括购买价款、相关税费以及直接归属于使该项资产达到预定用途所发生的其他支出。入账时,增加"无形资产",减少"银行存款"等。三是企业自创。企业自行开发的无形资产,其支出应区分为两部分:一是研究阶段支出,是指为获取并理解新的科学或技术知识而进行的具有独创性的有计划的调查所发生的支出。研究支出采用"费用化"的方式处理,即研究费用发生时借记"研发支出——费用化支出"科目,当期期末再转入"管理费用"科目。二是开发阶段支出,是指在进行商业性生产或使用前,将研究成果或其他知识应用于某项计划或设计,以生产出新的或具有实质性改进的材料、装置、产品等所发生的支出。开发支出,采用"资本化"(不符合资本化条件的计入"管理费用")的方式处理,即开发费用发生时借记"研发支出——资本化支出"科目,当期期末不结转,而是挂账,将其余额列入资产负债表"开发支出"项目,待开发成功(如获得专利等)后,再从"研发支出——资本化支出"科目的贷方转入"无形资产"科目的借方。

(三) 无形资产的摊销

无形资产摊销是将无形资产的价值在其使用寿命内分期摊入各受益期间的过程。无形资产使用寿命有确定和不确定之分。使用寿命确定的(有限的)无形资产,其摊销金额应当在使用寿命内系统合理摊销;使用寿命不确定的无形资产(即无法预见无形资产未来经济利益),其价值不予摊销,只计减值(即在期末确认该无形资产可收回金额,将其低于账面价值的差额作为无形资产减值准备计提)。

无形资产的摊销金额一般应当计入当期损益(管理费用)。某项无形资产包含的经济利益通过所生产的产品或其他资产实现的,其摊销金额应当计入相关资产的成本(其他业务成本等)。无形资产(专利权)直接用于产品生产的,其摊销价值计入"制造费用——专利权摊销"科目。

无形资产摊销方法,应当反映与该项无形资产有关的经济利益的预期实现方式。无法可靠地确定预期实现方式的,应当采用直线法摊销。直线法是将无形资产价值在其取

得的当月至预计使用年限内分期平均摊销的一种方法。计算公式如下:

$$某项无形资产的月摊销额 = \frac{该项无形资产成本 - 预计残值 - 已提减值准备}{使用寿命年限 \times 12}$$

使用寿命有限的无形资产,一般没有残值。但有两种情况存在着残值:(1)如果有第三方承诺在无形资产使用寿命结束时购买该无形资产;(2)可以根据活跃市场得到预计残值信息,并且该市场在无形资产使用寿命结束时很可能存在。

无形资产价值摊销,专门设置"累计摊销"账户核算,期末作为"无形资产"备抵账户,同"无形资产减值准备"账户一起,抵减无形资产价值后进入资产负债表。

(四)无形资产的转让

无形资产转让有两种情况:一是转让所有权(出售所有权);二是转让使用权(出租使用权)。这两种转让取得的收入(出售价款和收取的租金)应当作企业的"其他业务收入"处理,但转让所有权要注销无形资产账面价值,转让使用权不注销无形资产账面价值,只将履行转让合同条款过程中发生的自己承担的费用(如派技术服务队发生的费用等)当做其他业务成本处理。

现以专利权为例说明无形资产的核算。

例23 某企业购入一项专利,付款60万元,预计使用寿命10年。该项专利购入后使用3年之后又出售给其他单位,取得收入45万元,按规定要缴纳5%的营业税、7%的城市维护建设税和3%的教育费附加。试确定该专利入账、摊销、出售等价值及出售转让所获得的利润。

(1)购入专利时增加"无形资产"价值60万元

(2)使用专利3年摊销无形资产价值 = 60 ÷ 10 × 3 = 18(万元)

(3)出售专利时"无形资产"账面余值 = 60 - 18 = 42(万元)

(4)出售专利记入企业"其他业务收入"账户的金额 = 45(万元)

(5)应缴营业税 = 45 × 5% = 2.25(万元)

(6)应缴城建税 = 2.25 × 7% = 0.1575(万元)

(7)应缴教育费附加 = 2.25 × 3% = 0.0675(万元)

(8)出售专利获得的利润 = (4) - (3) - (5) - (6) - (7) = 45 - 42 - 2.25 - 0.1575 - 0.0675 = 0.525(万元)

二、商誉

商誉是指企业因主客观因素形成的优越地位(如地理位置优越、历史悠久、信誉好、技术先进、组织得当、有生产诀窍等)而获得超过同行业一般利润水平从而形成的一种价值。通常所说的品牌价值,就是商誉的一种典型体现形式。商誉有理论概念和法定概念之分。商誉的理论概念,是从商誉本质属性上界定的概念。商誉是获取超额利润的一种能力,是不可辨认的无形资产。[1] 商誉的法定概念,是从法律规章制度上定义的商誉概念。我国《企业会计准则第6号——无形资产》应用指南规定:"商誉的存在无法与企业

---

[1] 有观点称商誉是无形资产中最"无形"的资产,参见葛家澍等主编:《会计大典第三卷·财务会计》,中国财政经济出版社1999年版,第144页。

自身分离,不具有可辨认性","本准则不规范商誉的处理"。正确理解商誉的法定概念,应把握其五点含义:(1)商誉是在企业合并时产生的。(2)商誉的确认是指"正商誉",不包括"负商誉",即"企业合并成本大于合并取得被购买方各项可辨认资产、负债公允价值份额的差额"作为商誉(正商誉)处理。(3)商誉的确认以"公允价值"为基础。(4)商誉与企业自身不可分离,不具有可辨认性。(5)商誉不属于《企业会计准则第6号——无形资产》规范的内容。① 商誉按《企业会计准则第20号——企业合并》和《企业会计准则第33号——合并财务报表》的规定进行处理。

鉴于以上分析,下述内容仅指"法定商誉"的会计核算。

企业合并产生商誉,特指企业对外投资产生商誉的情况,分为确认"合并报表商誉"和"入账核算商誉"两种情况:企业控股合并或新设合并,在合并日当控股方合并成本大于股权投资"份额"时,控股方在合并日编制合并报表有可能产生"合并报表商誉";企业吸收合并,被合并方独立法人资格注销,其各项资产、负债纳入合并方账簿体系中,在合并日当合并方合并成本大于被合并方可辨认净资产公允价值时,合并方要确认所产生的商誉,记入"商誉"账户进行详细核算,这就是"入账核算商誉"。

三、长期待摊费用

长期待摊费用是指企业已经支出,但摊销期超过一年的各项费用。它同待摊费用有相似之处,即两者都是已经发生而由以后各期负担的费用;两者的区别界限主要是摊销的时间,摊销期在一年内(含一年)的费用,列作待摊费用,摊销期超过一年的费用,列作长期待摊费用。例如,租入固定资产改良支出,其摊销期一般在一年以上,故列作长期待摊费用核算。

固定资产改良支出是指企业以经营租赁方式租入固定资产,为使其增加效用或延长使用寿命而进行改装、翻修、改建所发生的支出。这种支出应于发生时确认为长期待摊费用,并在租赁尚可使用期限或改良工程耐用期限两者中较短者内分期平均摊销,计入各期损益。以经营租赁方式租入的固定资产,由于其所有权不归本企业所有,不记入本企业"固定资产"账户,其固定资产原有价值在承租方仅设备查簿登记,其固定资产改良支出通过"长期待摊费用"核算。

四、其他资产

其他资产包括长期应收款(指超过一个会计期间的应收款项)、油气资产、生产性生物资产、递延所得税资产、特准储备物资、冻结银行存款、冻结物资、涉及诉讼中的财产等。其中,油气资产是核算石油天然气开采企业持有的矿区权益和油气井及相关设施的原价。生产性生物资产核算农业企业为产出农产品、提供劳务或出租等目的而持有的,包括经济林、薪炭林、产畜和役畜等类别的,具有生物性的动物和植物的原价。特准储备物资是指具有专门用途(如应付战争、自然灾害等特殊需要),但不参加生产经营的经国家批准储备的特种物资。

---

① 2006年及以前的"商誉",按《企业会计准则》和《企业会计制度》的规定属于"无形资产"核算范畴,2007年1月1日起实行新的《企业会计准则》后"商誉"不再作为无形资产核算,而是单独设置"商誉"一级会计科目进行核算。

◆ 习题七

目的:练习长期股权投资业务的处理。

1. 甲企业购买下列两种股票进行长期股权投资:① 购买全盘股份公司发行的 10 万股普通股的 20%,每股价格 5 元。购买时另付费用 2 500 元;② 购买晶园股份公司股票 10 000 股,占晶园公司全部股份的 5%,每股价格 10.5 元,其中含已宣告发放的股利每股 0.5 元。另付交易费用 1 000 元。全盘股份公司当年净利润 20 万元,从中拿出 5 万元发放股利。甲企业分别收到晶园股份公司和全盘股份公司的股利存入银行。计算甲公司:

(1) 取得的投资收益 =

(2) "长期股权投资"账户账面余额 =

2. 乙企业购入安友股票付款 60 万元,占安友公司股份比重的 45%。安友公司当年获得净收益 40 万元,从中拿出 10 万元用于发放现金股利。乙企业分得相应股利存入银行。第二年安友公司发生亏损 10 万元,为了维护股票声誉,仍发放 12 万元的股利,乙企业分得相应股利存入银行。根据所述业务内容计算乙企业:

(1) 取得的投资收益 =

(2) "长期股权投资"账户账面余额 =

3. 丙企业购入虹桥公司 1 月 1 日发行的五年期债券作为持有至到期投资。该债券面值 10 万元,购买价 12 万元,票面利率 10%,实际利率 5.38%。每年 7 月 1 日和 1 月 1 日付息。要求计算丙企业:

(1) 1 月 1 日购入债券记入"持有至到期投资"账户的金额 =

(2) 当年 7 月 1 日获取的"投资收益" =

(3) 当年持有至到期投资收益率(所得税税率 25%,精确到 0.01%) =

4. 丁公司 20×4 年年初付款 1 200 万元购买一栋楼作"投资性房地产"。20×4 年 6 月末,该"投资性房地产——大楼"公允价值升为 1 350 万元。20×4 年 12 月丁公司售出该大楼,销售净额 1 400 万元,按 5%、7% 和 3% 计算应缴纳的营业税、城建税和教育费附加。要求计算:

(1) 6 月 30 日取得的"公允价值变动损益"金额 =

(2) 12 月 31 日利润表上填列的"营业利润"金额 =

(3) 该项投资性房地产收益率 =

◆ 习题八

目的:练习固定资产业务的处理。

1. 某设备原值 8 万元,预计使用 5 年,预计净残值率 3%,请分别采用直线法、双倍余额递减法和年数总和法确定每年的年折旧率和年折旧额。

(1) 直线法下年折旧率 =

   直线法下年折旧额 =

（2）双倍余额递减法下年折旧率 =

双倍余额递减法折旧计算表

单位：元

年份	当年计提的折旧	累计折旧	折余价值
0			80 000（原值）
1			
2			
3			
4			
5			

（3）年数总和法下年折旧率 =

年数总和法折旧计算表

单位：元

年份	应提折旧总额	年折旧率	年折旧额	累计折旧
1				
2				
3				
4				
5				

2．某企业出售固定资产一台，收入 4 万元，该固定资产原值 5 万元，已提折旧 1.5 万元；同时因自然灾害毁损厂房一栋，原值 50 万元，已提折旧 20 万元，清理设备时支付清理费用 1 万元，回收残料 1.5 万元，收到保险公司赔款 24 万元。计算：

（1）该企业记入"营业外收入"账户的数额 =

（2）该企业记入"营业外支出"账户的数额 =

其中，属于"非常净损失"的数额 =

3．分析上市公司"徐工科技"（000425）固定资产资产利用效果（用"证券之星"公布的近三年上市公司三大报表数据进行分析；完成下列表中数据的填列和计算），并对固定资产的利用效果作简要评价。

"徐工科技"近三年财务报表有关数据及其有关指标计算表

指标	年	年	年	三年合计	年递增率%
年末固定资产原值（元）					
全年销售收入（元）					
全年利润总额（元）					
全年营业税金及附加（元）					
固定资产利润率				—	
固定资产利税率*				—	

注：* 根据该企业以往经验数据，"应交增值税"为"营业税金及附加"的 10%；为了简化，各年指标计算只用年末固定资产原值。

习题九

目的：练习无形资产和其他资产业务的处理。

某企业 20×8 年 4 月 1 日购入一项专利权，付款 12 万元，法定有效期 5 年，20×8 年 6 月 1 日将其售出，收款 14 万元，按 5%、7% 和 3% 计算应缴纳的营业税、城建税和教育费附加。要求：

(1) 专利已摊销额 =

(2) 专利账面余值 =

(3) 应交营业税 =

(4) 应交城建税 =

(5) 应交教育费附加 =

(6) 出售该专利获取的其他业务利润 =

第四章 负债

第一节 流动负债

流动负债是指企业过去的交易或者事项形成的、预期会在一年(含一年)或者超过一年的一个营业周期内导致经济利益流出企业的现时义务。现时义务是指企业在现行条件下已承担的义务。流动负债分为短期借款、应付款项、应交税费、长期债务中一年内到期的债务等。企业举借流动负债的主要目的是为了满足生产周转的需要。

一、短期借款

（一）短期借款业务

企业为了补充生产周转资金可向银行或其他金融机构(如保险公司、信托投资公司、财务公司、信用合作社等)取得短期借款。

企业从银行取得短期借款后,要按期支付利息。短期借款利息一般于季末支付,也有到期付息的。利息的处理有两种方法:一是年内付息,企业在付息的当期记入"财务费用"科目;二是跨年度付息,企业应于年末计算应付利息,记入年末月份"财务费用"科目。

例1 企业8月1日向银行取得半年期借款40 000元,年利率5.58%,季末付息。

(1) 企业8月1日取得借款时,"银行存款"增加40 000元,"短期借款"增加40 000元;

(2) 企业9月20日支付利息303.80元(40 000×5.58%÷360×49)时,增加"财务费用",减少"银行存款";

(3) 企业12月20日支付利息558元(40 000×5.58%÷360×90)时,增加"财务费

用",减少"银行存款";

（4）企业 12 月 31 日计算应付利息 68.20 元（40 000×5.58%÷360×11）时，增加"财务费用",增加"应付利息"（为了简化,此账务处理也可以不做,待次年借款到期还本付息时做）；

（5）企业次年 1 月 31 日还本付息 40 254.20 元［（40 000×5.58%÷360×41）+40 000］时,做如下会计分录：

借：短期借款　　　　　　　　　　　　　　　　40 000
　　应付利息　　　　　　　　　　　　　　　　　68.20
　　财务费用　　　　　　　　　　　　　　　　　186
　贷：银行存款　　　　　　　　　　　　　　　　40 254.20

（二）银行短期信用的分析

银行信用是指银行或其他信用机构以货币形式向借款人提供的信用。银行提供的贷款偿还期限如果在一年以内,则称为银行短期信用,它主要分为无担保贷款和担保贷款两种。

1. 无担保贷款

无担保贷款是指没有任何担保品作担保的贷款。银行一般只对信誉好、规模大的企业提供这种贷款。

2. 担保贷款

担保贷款是指必须要有担保品或担保人作还款保证的贷款。银行对信用不好、财务状况较差的单位采用这种贷款形式。担保品有股票、债券等证券,房地产,机器设备,流动资产,无形资产和其他资产等。担保人贷款,也叫信用担保贷款,是债权人要求债务人寻找第三方以其信用作为还款保证的贷款。担保人在贷款书上背书担保后,一旦借款人不能按期偿还贷款,则由担保人偿还贷款。在美国,按银行贷款额计,一半以上的贷款是财产担保贷款,而按银行贷款次数计,三分之二的贷款是担保人背书担保贷款。

西方企业用流动资产作担保的贷款主要有应收账款担保贷款和存货担保贷款。应收账款担保贷款的利率一般比最优惠利率高 2%—5%,另外,银行还要收取 1%—3% 的手续费,其贷款额度一般为应收账款账面额的 50%—80%。存货担保贷款的利率一般比最优惠利率高 3%—5%,另外,银行还要收取 1%—3% 的管理费,其贷款额度取决于存货质量的高低,对于易变现、易保管的存货,贷款额占存货额的比例高达 90%。

对银行短期信用进行分析,首先是分析银行信用的风险：一是分析银行浮动利率变动对企业带来的影响,尤其是考察这种利率有没有超过长期借款的固定利率；二是检查企业是否按期偿还短期借款,偿还后,企业生产经营是否受到影响,造成多大的损失。其次是分析银行短期信用的成本（利率等）,计算银行短期借款成本率并加以评价。详细计算在第八章第四节"筹资分析"中阐述。

二、应付款项

应付款项包括应付账款、应付票据、预收账款、应付职工薪酬、其他应付款、应付股利等。

（一）应付账款

企业购入材料物资、商品或接受劳务供应当时未付款的，记入"应付账款"账户。通过"应付账款"账户核算的内容按收到发票账单等凭证上记载的应付账款金额记账，它不包括对方提供的商业折扣，但包括现金折扣。也就是说，赊购商品时，企业记入"应付账款"账户的金额不考虑以后能否取得现金折扣，一旦取得现金折扣，说明理财有方，冲减当月"财务费用"。

（二）应付票据

应付票据是企业开出承兑票据而形成的债务。短期应付票据分为应付商业票据和应付银行借款票据两种。

1．商品交易中的应付票据

企业购入货物时给销货方商业汇票的（商业承兑汇票和银行承兑汇票），记入"应付票据"账户，然后按票据约定日期兑现票款。这种在商品交易活动中开具的、承诺在一定期内交付票款的票据，称为应付商业票据。应付票据按面值入账。对带息的应付票据，其利息金额不大的，于票据到期日兑付本金时一次记入"财务费用"账户；如果利息较大，应期末计算应付利息，记入"财务费用"账户，同时增加"应付票据"账面金额。票据到期时，如果企业没有能力支付票款，属于商业承兑汇票的，企业将面值和应计未付利息之和一并转入"应付账款"账户；属于银行承兑汇票的，因银行无条件承兑票款，同时转为企业的逾期贷款，企业记入"短期借款"账户。

例2 某企业2月1日购入材料一批，价款34 000元，增值税进项税5 780元，对方代垫运杂费220元。该企业当即提交商业承兑汇票一张，面值40 000元。票面利率8%，承兑期6个月。

（1）企业购入材料提交票据时：

"材料采购"增加34 220元，"应交税费——应交增值税（进项税额）"抵扣额为5 780元，"应付票据"增加40 000元。

（2）票据到期兑现票款时：

"应付票据"减少40 000元，利息费用1 600元（40 000×8%÷2）记入"财务费用"账户，"银行存款"减少41 600元。

若票据到期，企业无力偿付票款，则"应付票据"减少40 000元，"财务费用"增加1 600元，"应付账款"增加41 600元。

2．借贷活动中的应付票据

它是指由企业开具的用以向银行借款的一种票据，称为应付银行借款票据（西方常用的一种不附息借款票据）。借款利息通常由银行预先扣除，也可由借款人到期还款时偿付。如借款利息在企业出具票据时由银行预先扣除，则企业实际收到的金额与应付票据面值之间会有差额，该差额实质上是借款人预付的利息，核算时记入"应付票据贴现"科目（西方设置使用的会计科目）。会计期末，"应付票据贴现"科目的余额抵减"应付票据"科目的余额进入资产负债表"应付票据"项目。

例3 某企业9月1日向银行签发面值10 000元、为期6个月的无息应付票据，按

9%的贴现率向银行贴现,利息由银行预先扣除,由借款人到期还款时偿付。

(1)向银行提交票据取得现款时:

"银行存款"增加9 550元(10 000 - 10 000 × 9% ÷ 2);

"应付票据贴现"增加450元(10 000 × 9% ÷ 2);

"应付票据"增加10 000元。

(2)当年12月31日确认利息费用时:

"财务费用"增加300元(10 000 × 9% × 4/12);

"应付票据贴现"减少300元。

(3)第二年3月1日还款时:

"应付票据"减少10 000元,"银行存款"减少10 000元。

同时,"财务费用"增加150元(10 000 × 9% × 2/12),"应付票据贴现"减少150元。

(4)该业务在资产负债表中列示:9月30日、10月31日、11月30日"应付票据"项目均填列9 550元(10 000 - 450);12月31日、1月31日、2月28日均填列9 850元[10 000 - (450 - 300)]。

(三)预收账款

预收账款是企业按合同规定向购货单位或个人预先收取的货款或定金。由于企业收款时未向对方发出商品或提供劳务,占用了购买单位或个人的资金,因而形成了企业的流动负债。企业设置"预收账款"账户核算货款的预收、补收等业务。

例4 某企业2月份向某客户预收货款5万元存入银行。3月份向该客户发出商品一批,价款12万元、增值税销项税2.04万元、代垫运杂费0.26万元,共计款项14.3万元;4月份该企业收到剩余款项9.3万元(14.3 - 5)。

(1)2月份预收货款时:

"银行存款"增加5万元,"预收账款"增加5万元。

(2)3月份发货时:

"主营业务收入"增加12万元,"应交税费——应交增值税(销项税额)"增加2.04万元,垫付的运杂费减少"银行存款"0.26万元,"预收账款"减少14.3万元。

(3)4月份收到剩余欠款时:

"银行存款"增加9.3万元,"预收账款"增加9.3万元。

(四)应付职工薪酬

企业设置"应付职工薪酬"一级会计科目核算企业根据有关规定应付给职工的各种薪酬。企业在"应付职工薪酬"科目下设置的明细科目有:"工资"(包括职工工资、奖金、津贴和补贴)"职工福利"(职工福利费)"社会保险费"(包括医疗保险费、养老保险费、失业保险费、工伤保险费和生育保险费等)、"住房公积金"、"工会经费"、"职工教育经费"、"非货币性福利"、"辞退福利"(因解除与职工的劳动关系给予的补偿)、"股份支付"等。

1. 工资的核算

在职工薪酬中,工资是职工薪酬的主体,是企业职工的"工资总额"。具体包括:(1)工资,包括计时工资、计件工资、加班加点工资、特殊情况下支付的工资(如工伤、产假、婚丧假、探亲假、病假、公假等支付的工资);(2)奖金,包括生产奖、节约奖、劳动竞赛奖、其他奖金;(3)津贴和补贴,包括保健津贴、技术津贴、年功津贴、其他津贴和物价补贴。

例5 甲企业某年7月份按职工考勤、产品产量等记录计算应付职工工资总额14 700元。8月5日发放工资时代扣职工个人承担的养老保险等费用1 200元,实发工资(库存现金)13 500元。该企业8月份分配工资费用14 700元,其中,基本生产车间工人工资4 800元,辅助生产车间工人工资3 600元,车间管理人员工资900元;企业行政管理人员工资2 900元;销售部门人员工资700元;医务福利部门人员工资1 800元。

(1)企业8月5日按实发工资13 500元从银行提取现金时:

增加"库存现金"13 500元,减少"银行存款"13 500元。

(2)企业8月5日发放工资13 500元时:

"库存现金"减少13 500元,"应付职工薪酬——工资"减少13 500元。

(3)企业8月5日代扣职工养老保险等费用(职工个人承担部分)时:

"应付职工薪酬——工资"减少1 200元,"应付职工薪酬——社会保险费"增加1 200元(注:企业从职工工资里代扣职工个人应交纳的个人所得税时,借记"应付职工薪酬——工资"科目,贷记"应交税费——应交个人所得税"科目;企业从职工工资里代扣其他有关款项或扣还垫款时,借记"应付职工薪酬——工资"科目,贷记"其他应付款"科目或贷记"其他应收款"科目)。

(4)企业8月31日分配工资费用时:

"生产成本"增加8 400元(4 800 + 3 600);

"制造费用"增加900元;

"管理费用"增加2 900元;

"销售费用"增加700元;

"应付职工薪酬——职工福利"减少1 800元;

"应付职工薪酬——工资"增加14 700元。

2. 职工福利性薪酬的核算

职工福利性薪酬核算包括职工福利费核算、非货币性福利核算和辞退福利核算三大内容。

(1)职工福利费核算。职工福利费的核算有两种方法:一是先提后支。即企业根据历史经验数据和实际情况,合理预计当期应开支的职工福利费,将其计入成本费用账户,形成专项资金,实际支出时,再从该专项资金中列支。会计期末(一般是年末),当实际发生金额大于预计金额的,应当补提职工福利费;当实际发生金额小于预计金额的,应当冲回多提的职工福利费。二是直接列支。即实际发生职工福利费时,直接计入当期成本费用。在"先提后支"的方式下,企业从成本费用中计提的职工福利费,在未用于职工福利支出之前,是对企业职工的负债,通过设置"应付职工薪酬——职工福利"明细科目核算这种负债的形成和转销。下面举例说明"先提后支"的核算方法。

依例5,甲企业8月份共计提职工福利费2 058元,具体列入下列账户:

"生产成本"增加1 176元(8 400 × 14%);

"制造费用"增加126元(900 × 14%);

"管理费用"增加 658 元[(2 900 + 1 800)×14%];

"销售费用"增加 98 元(700×14%);

"应付职工薪酬——职工福利"增加 2 058 元(14 700×14%)。

企业按月计提的职工福利费,专门用于职工生活困难补助、医务和福利部门人员的薪酬及经费支出等。企业实际开支职工福利费时,减少"应付职工薪酬——职工福利",不再进入成本费用账户。

(2)非货币性福利核算。非货币性福利,是企业以非货币形式提供给职工的福利,包括企业以自产产品发放给职工作为福利、将企业拥有的资产无偿提供给职工使用、为职工无偿提供医疗保健服务等。企业向职工分发自产产品或外购商品或提供其他非货币性福利时,通过设置"应付职工薪酬——非货币性福利"明细科目进行核算。

(3)辞退福利核算。辞退福利,是企业辞退职工而解除与职工劳动关系时所给予的补偿。辞退福利包括:职工劳动合同到期前,不论职工本人是否愿意,企业决定解除与职工的劳动关系而给予的补偿;职工劳动合同到期前,为鼓励职工自愿接受裁减而给予的补偿,职工有权选择继续在职或接受补偿离职。辞退福利通常采取在解除劳动关系时一次性支付补偿的方式,也有采用提高退休后养老金或其他离职后福利的标准,或者将职工工资支付至辞退后未来某一时期的方式的。辞退福利的实质是货币性福利。企业通过设置"应付职工薪酬——辞退福利"明细科目进行核算。

3. 工资附加费的核算

工资附加费是根据国家规定按职工工资总额的一定比例计提,并按规定的用途使用的费用。由于它依附于工资总额计提,所以称为"工资附加费"。

(1)"五险一金"的核算。"五险一金"是企业每月按全部职工工资总额的一定比例计提的职工医疗保险费、养老保险费、失业保险费、工伤保险费、生育保险费等社会保险费和住房公积金。其中,除了工伤保险费、生育保险费全由企业交纳外,其余均由企业和职工共同交纳。对于由企业交纳部分,对应于企业有关部门人员工资总额和提取率计算应交纳的"五险一金",做如下会计分录:

借:生产成本　　　　　　　　　　　　　×××
　　制造费用　　　　　　　　　　　　　×××
　　劳务成本　　　　　　　　　　　　　×××
　　销售费用　　　　　　　　　　　　　×××
　　在建工程　　　　　　　　　　　　　×××
　　研发支出　　　　　　　　　　　　　×××
　　管理费用　　　　　　　　　　　　　×××
　　贷:应付职工薪酬——社会保险费　　　　×××
　　　　　　　　　　——住房公积金　　　　×××

职工个人负担的"三险一金"是从职工工资里予以扣除,会计分录如下:

借:应付职工薪酬——工资　　　　　　　×××
　　贷:应付职工薪酬——社会保险费　　　　×××
　　　　　　　　　　——住房公积金　　　　×××

企业实际向有关部门支付"五险一金"时：

借：应付职工薪酬——社会保险费　　　　　　　×××
　　　　　　　　——住房公积金　　　　　　　×××
　贷：银行存款　　　　　　　　　　　　　　　　　　×××

（2）工会经费和职工教育经费的核算。企业每月按工资总额的一定比例计提工会经费（提取率2%）、职工教育经费（提取率不超过2.5%）时做如下会计分录：

借：生产成本　　　　　　　　　　　　　　　　×××
　　制造费用　　　　　　　　　　　　　　　　×××
　　劳务成本　　　　　　　　　　　　　　　　×××
　　销售费用　　　　　　　　　　　　　　　　×××
　　在建工程　　　　　　　　　　　　　　　　×××
　　研发支出　　　　　　　　　　　　　　　　×××
　　管理费用　　　　　　　　　　　　　　　　×××
　贷：应付职工薪酬——工会经费　　　　　　　×××
　　　　　　　　——职工教育经费　　　　　　×××

企业实际向工会支付工会经费时：

借：应付职工薪酬——工会经费　　　　　　　　×××
　贷：银行存款　　　　　　　　　　　　　　　　×××

企业职工教育经费实际用于职工教育时：

借：应付职工薪酬——职工教育经费　　　　　　×××
　贷：银行存款或库存现金　　　　　　　　　　　×××

4. 其他薪酬的核算

其他薪酬的核算包括以现金与职工结算的股份支付核算（如给企业高级管理人员给予股票期权激励，在授予股票期权至到期行权期间，企业设置"应付职工薪酬——股份支付"科目予以核算）、累积带薪缺勤核算（通过设置"应付职工薪酬——累积带薪缺勤"科目进行核算）和非累积带薪缺勤核算（职工在缺勤期间同其工资一并进行核算）等。

（五）应付股利

当企业确定应分配给投资者的红利或利润时，记入"应付股利"账户，实际向投资者（或股东）支付投资红利或利润时，再减少"应付股利"。

（六）其他各项应付、暂收款项

企业代扣的房租水电费、煤气费，暂收的包装物押金，应付的租入固定资产和包装物的租金等，一般都通过"其他应付款"账户核算。

（七）商业信用分析

商业信用是指商品交易过程中以延期支付货款或预先交付货款所提供的信用。如购货企业赊购商品产生的应付账款，以签发商业汇票等形成的应付票据，以及预收货款等。商业信用分析的基本内容如下：

1. 商业信用获得的短期资金来源分析

企业购货欠账，使企业占用了其他单位或个人的资金，形成了企业短期资金的来源。

企业欠账的时间越长,短期资金的来源越多。例如,企业平均每天购进 2 000 元材料,如果供货单位同意延期 30 天付款,则该企业 30 天共欠款 60 000 元,即获得 60 000 元的资金。如果信用条件从 30 天变为 40 天,则应付账款将由 60 000 元增加到 80 000 元(60 000 ÷ 30 × 40)。因此,企业可根据资产负债表"应付账款"、"应付票据"、"预收账款"项目计算商业信用获得的短期资金总额。

2. 净信用的计算

净信用是指企业赊销商品提供的商业信用(应收账款、应收票据、预付账款)与企业赊购商品获得的商业信用(应付账款、应付票据、预收账款)的差额。前者大于后者,为商业信用的净提供额;前者小于后者,为商业信用的净使用额。企业应该计算净信用提供率作为控制净信用的依据。净信用提供率是应收账款扣除应付账款后的净数占平均信用[(应收账款余额 + 应付账款余额) ÷ 2]的比率。朱学义教授提出的净信用提供率的控制标准[①]见表 4-1。

表 4-1 净信用提供率控制标准

债权大于债务的类型	数额较少	数额一般	数额过大
净信用提供率控制标准	小于等于 20%	21%—40%	41%—50%

例 6 某企业平均每天销售 3 000 元商品,平均收账期为 30 天;同时,该企业平均每天购买 2 500 元材料,平均付款期为 20 天。

(1)该企业商业信用净提供额 = 3 000 × 30 − 2 500 × 20 = 40 000(元)

计算结果表明,该企业商业信用净提供额为 40 000 元,说明该企业给别人占用的资金多于占用别人的资金,多提供了净信用 40 000 元。

(2)该企业商业信用净提供率 = (3 000 × 30 − 2 500 × 20) ÷ [(3 000 × 30 + 2 500 × 20) ÷ 2] = 40 000 ÷ 70 000 = 57%

计算结果表明,该企业商业信用净提供率为 57%,超过了最高控制线 50%,应重点控制应收账款,减少让其他企业过多地占用本企业资金的额度。

3. 应付账款周转天数的计算

其计算公式如下:

$$应付账款周转天数 = \frac{应付账款平均余额}{年销售成本 \div 360}$$

4. 商业信用成本的计算

商业信用成本是指企业获得商业信用资金所花费的代价。本来购货欠账占用别人的资金的购货企业没有发生成本,然而,如果对方提供了现金折扣,但购货企业没有利用而延长了付款天数多占用了别人的资金,那么购货企业就失去了获得折扣的好处,从而产生了机会成本。这种机会成本与多获得的商业信用资金的比率就是商业信用成本率。具体计算举例见第八章第四节"筹资分析"中"商业信用成本率"的计算。

---

① 朱学义:《控制应收账款的几种方法》,《中国乡镇企业会计》,1999 年第 10 期。

三、应交税费

(一) 应交税金

国家向企业征收的税种分为三大类:一是对流通和交换领域中商品和劳务征收的流转税,包括增值税、消费税、营业税、关税等;二是对收益额征收的收益税,包括企业所得税、资源税、土地增值税等;三是对某些财产和特定行为征收的财产及行为税,包括房产税、车船税、耕地占用税、土地使用税、城市维护建设税(简称城建税)、印花税等。

以上绝大部分的税金的计算期限和上缴日期往往不在同一会计期间,因此,企业应设置"应缴税费"账户,核算各种有关税金的计算和上缴情况。只有企业缴纳的耕地占用税和印花税无须与税务部门清算或结算,因而不通过"应缴税费"账户核算。

企业计算缴纳的各种税金,都有规定的内容和开支范围。具体如下:

1. 计入资产价值的税金

企业征用耕地建造厂房等,改变了耕地用途,国家为了保护耕地,对改变耕地用途的行为征收耕地占用税。企业支付的耕地占用税计入固定资产价值。

我国海关对进口的货物和物品征收进口关税。企业支付的进口关税视进口的货品名称分别计入材料物资、固定资产价值。

2. 计入"管理费用"的税金("四小税")

计入"管理费用"的税金有:

(1) 房产税。它是按房产评估价值和规定的税率(1%—5%)按年计征、分期缴纳的一种税。

(2) 车船税。它是对在我国境内依法应当到公安、交通、农业、渔业、军事等车船管理部门办理登记手续的车辆、船舶,根据其种类,按照规定的计税单位和年税额标准计算征收的一种财产税。应缴纳车船税的车辆、船舶包括载客汽车、载货汽车、摩托车、三轮汽车、低速货车、专项作业车、轮式专用机械车以及机动船。

车船税的纳税义务发生时间为车船管理部门核发的车船登记证书或者行驶证书所记载日期的当月。纳税人未按照规定到车船管理部门办理应税车船登记手续的,以车船购置发票所载开具时间的当月作为车船税的纳税义务的发生时间。对未办理车船登记手续且无法提供车船购置发票的,由主管地方税务机关核定纳税义务发生时间。

购置的新车船,购置当年的应纳税额自纳税义务发生的当月起按月计算。计算公式如下:

$$应纳税额 = (年应纳税额/12) \times 应纳税月份数$$

例7 某企业某年8月购入小客车一辆。小客车每年缴纳车船税480元。确定该企业购车当年应交车船税额。

$$企业购车当年应交车船税 = (480/12) \times 5 = 200(元)$$

车船税实行幅度税额,载客汽车的年税额为每辆60—660元,载货汽车的年税额为按自重每吨16—120元,三轮汽车、低速货车的年税额为按自重每吨24—120元,摩托车的年税额为每辆36—180元,船舶的年税额为每净吨3—6元。

(3) 土地使用税。它是按实际占用的土地面积和规定的税额按年计征、分期缴纳的一种税。

（4）印花税。它是对经济活动和经济交往中书立、领受的凭证,如合同性凭证、产权转移书据、营业账簿、权利许可证照等按金额或件和规定的税率或税额征收的一种税。例如,对于购销合同,立合同人应按购销金额的3‰购买印花税票（即缴纳印花税）；对于商标权等转移书据,立据人按所载金额的5‰购买印花税票；对于记载资金的账簿,立账簿人按固定资产原值与自有流动资产总额的5‰购买印花税票,其他账簿每件购买5元的印花税票；对于政府部门发给的工商营业执照、商标注册证、专利证等,证照领受人每件购买5元印花税票；等等。

3. 从收入中扣除的税金

从收入中扣除的税金有消费税、资源税、营业税、城建税和土地增值税。其中,土地增值税是对转让国有土地使用权、地上建筑物及其附着物的单位和个人按其增值额（转让收入扣除法定扣除项目金额后的余额）和规定的税率征收的一种税。

4. 增值税

增值税的纳税义务人是我国境内销售货物或提供加工、修理修配劳务及进口货物的单位和个人。增值税的纳税人分为一般纳税人和小规模纳税人两种。纳税人不同,会计处理也不同。

（1）一般纳税人的会计处理。一般纳税人销售货物或提供应税劳务,有四档税率计税。① 工业和商业,增值税税率为17%。② 农业等涉及人们生活的行业,包括粮食、食用植物油、自来水、暖气、冷气、热水、煤气、石油液化气、天然气、沼气、居民用煤炭制品,图书、报纸、杂志；饲料、化肥、农药、农机、农膜和国务院规定的其他货物,增值税税率为13%。③ 交通运输业,包括陆路运输服务、水路运输服务、航空运输服务——湿租业务、管道运输服务,增值税税率为11%。④ 部分现代服务业,包括研发和技术服务、信息技术服务、文化创意服务、物流辅助服务、有形动产租赁服务、验证咨询服务,增值税税率为6%。各单位按规定的税率计收增值税形成"销项税额",购进货物或固定资产或接受应税劳务支付的增值税,形成"进项税额",两者差额为本期应交增值税额。

企业支付的增值税进项税额并不是都能够从销项税额中抵扣的。不能抵扣的情形有：① 用于非增值税应税项目、免征增值税项目、集体福利或者个人消费的购进货物或者应税劳务；② 非正常损失的购进货物及相关的应税劳务；③ 非正常损失的在产品、产成品所耗用的购进货物或者应税劳务；④ 国务院财政、税务主管部门规定的纳税人自用消费品；⑤ 第①项至第④项规定的货物的运输费用和销售免税货物的运输费用；⑥ 未取得增值税专用发票的。

（2）小规模纳税人的会计处理。小规模纳税人按不含税销售额3%的征收率计算应交增值税。其购入货物或固定资产或接受应税劳务所缴付的增值税,不作进项税额抵扣,而是直接记入"材料采购"、"固定资产"等涉及货物、固定资产或劳务成本的账户。

5. 从利润总额中扣除的税金

企业实现的利润总额要按税法规定调整为纳税所得,计算缴纳25%的所得税。所得税从利润总额中扣除,其后得出税后利润,也称净利润。具体举例在第六章第二节中阐述。

（二）应交费用

1. 应交教育费附加

企业每月计算出应交消费税、应交增值税和应交营业税后，应按这"三税"的3%计算应交教育费附加，并同这"三税"一起缴纳。

2. 应交矿产资源补偿费

矿产资源补偿费是国家为了发展矿业，加强矿产资源的勘查、开发利用和保护工作，维护国家对矿产资源的财产权益而向开采矿产资源的采矿权人征收的一项费用。计算公式如下：

征收矿产资源补偿费金额 = 矿产品销售收入 × 补偿费率 × 开采回采率系数

开采回采率系数 = 核定开采回采率 ÷ 实际开采回采率

公式中补偿费率国家规定为1%至4%不等。

第二节 长期负债

长期负债，又称非流动负债，是指企业过去的交易或者事项形成的、预期在一年或者超过一年的一个营业周期以上会导致经济利益流出企业的现时义务。它是企业向债权人筹集的可供长期使用的资金，包括长期借款、应付债券、长期应付款、专项应付款、预计负债、递延所得税负债和其他长期负债。

企业举借长期债务的主要目的是购置大型设备、房地产、增建和扩建厂房等。实现这一目的所需要的资金数额大，负担的固定性的利息费用多，而且在长期负债到期之前企业需要提前准备足额的货币偿债。因此，与流动负债相比，长期负债具有数额较大、偿还期限较长等特点。

企业举借长期债务会发生借款费用。借款费用是指企业因借款而发生的利息及其他相关成本，包括借款利息、折价或者溢价的摊销、辅助费用以及因外币借款而发生的汇兑差额等。辅助费用是指企业在借款过程中发生的诸如手续费、佣金、印刷费、承诺费等费用。借款费用有两种处理方式：一是采用费用化的处理方式，即将借款费用直接计入当期损益；二是采用资本化的处理方式，即将借款费用计入相关资产的成本。符合资本化条件的资产，是指需要经过相当长时间的购建或者生产活动才能达到预定可使用或者可销售状态的固定资产、投资性房地产和存货等资产。建造合同成本、确认为无形资产的开发支出等在符合条件的情况下，也可认定为符合资本化条件的资产。借款费用具体处理时，可考虑以下四种情况：

（1）企业筹建期间发生的借款费用符合资本化条件的，采用资本化的处理方式。即用于购建固定资产而发生的借款费用符合资本化条件的，记入"在建工程"科目，待所建固定资产达到预定可使用状态时再转入"固定资产"科目，筹建期结束后发生的借款费用计入当期管理费用；企业在筹建期间发生的不符合资本化条件的，计入当期管理费用。

（2）企业在生产经营过程中为购建固定资产（也包括委托其他单位建造固定资产）

取得专门借款(是指为购建或者生产符合资本化条件的资产而专门借入的款项)时所发生的借款费用以及其他一般借款用于购建固定资产符合资本化条件的,采用资本化的处理方式,即将借款费用先记入"在建工程"科目,待所建固定资产达到预定可使用状态时再转入"固定资产"科目,以后发生的借款费用计入当期财务费用。

(3) 企业在生产经营过程中某些存货通常需要经过相当长时间(一年及以上)的建造或者生产才能达到预定可销售状态,其借款费用计入该存货成本;其他不属于这一情况的存货的生产以及在生产经营过程中发生的与购建固定资产无关的借款费用,如从银行取得流动资金借款,为筹集流动资金发行债券等发生的借款费用,由当期财务费用负担。

(4) 企业购建房地产发生的借款费用符合资本化条件的,记入"投资性房地产"科目。

一、长期借款

长期借款是指企业向金融机构和其他单位借入的期限在一年以上的各种借款,包括人民币长期借款和外币长期借款。金融机构包括银行(政策性银行、商业银行)和非银行金融机构(如中国人民保险公司、中国国际信托投资公司等)。

长期借款的偿还方式,按借款合同的规定,可到期一次还本付息,也可分期付息一次还本,还可分期还本付息。长期借款的计息方式分为计单利和计复利两种。

(一) 计息方式

(1) 单利。单利就是只按本金计算利息,所生利息不再加入本金再次计息。计算公式如下:

$$单利利息 = 本金 \times 利率 \times 时期$$

$$本利和 = 本金 \times (1 + 利率 \times 期数)$$

例8 某企业年初从银行取得五年期借款20万元,年利率6.48%,到期一次还本付息(计单利)。

$$每年应付利息 = 20 \times 6.48\% = 1.296(万元)$$

$$到期还本付息 = 20 \times (1 + 6.48\% \times 5) = 26.48(万元)$$

(2) 复利。复利是将利息加入本金再次计息,逐期滚算,利上加利的一种计息方式。其计算公式如下:

$$本利和 = 本金 \times (1 + 利率)^{期数}$$

依例8,各年计息情况如下:

第一年应付利息 = 20万 × 6.48% = 1.296(万元)
第二年应付利息 = (20 + 1.296) × 6.48% = 1.380(万元)
第三年应付利息 = (21.296 + 1.380) × 6.48% = 1.469(万元)
第四年应付利息 = (22.676 + 1.469) × 6.48% = 1.565(万元)
第五年应付利息 = (24.145 + 1.565) × 6.48% = 1.666(万元)
五年利息合计   7.376(万元)
五年本利和 = 20 × (1 + 6.48%)^5 = 27.376(万元)

(二) 长期借款业务

例9 某企业20×1年年初向银行取得三年期借款10万元,随即购买一台不需安装的设备(当即交付生产使用)。借款利率6%,每年计复利一次,第二年年末偿还本息总额的40%,第三年年末还清剩余本息。

(1) 第一年年末计算应付利息 = 10 × 6% = 0.6(万元)。将利息支出列入"财务费用"账户(下同),同时增加"长期借款",致使"长期借款"账户年末余额为10.6万元(年初本金10万元 + 年末计息0.6万元)。

(2) 第二年年末计算应付利息 = (10 + 0.6) × 6% = 0.636(万元),使"长期借款"增加到11.236万元(10 + 0.6 + 0.636)。

(3) 第二年年末偿还本息(40%) = (10 + 0.6 + 0.636) × 40% = 4.4944(万元)。

(4) 第二年年末"长期借款"账户余额 = 11.236 − 4.4944 = 6.7416(万元)。

(5) 第三年年末计算应付利息 = 6.7416 × 6% = 0.404496(万元),使"长期借款"增加到7.146096万元。

(6) 第三年年末还清借款本息 = 6.7416 + 0.404496 = 7.146096(万元)。

(三) 长期借款转化为流动负债

企业取得长期借款后,对于一年内偿还的长期借款,其性质已属于流动负债,在资产负债表上列入流动负债类下"一年内到期的非流动负债"项目内,剩余的长期借款在资产负债表长期负债类下"长期借款"项目内反映,而会计账簿记录不作任何调整。根据例9资料,资产负债表和会计账簿记录见表4-2。

表4-2 账簿中的长期借款记录在资产负债表中的列示

账表	有关项目	20×1年	20×2年	20×3年
资产负债表	流动负债(万元)			
	……			
	一年内到期的非流动负债(万元)	3.8584	6.7416	0
	……			
	非流动负债(万元)			
	长期借款(万元)	6.7416	0	0
	……			
账簿	"长期借款"账户余额(万元)	10.6		

注:10.6 × [(1 + 6%) × 40% − 6%] = 3.8584(万元);20×2年1月至11月各月月末账簿记录和报表列示均与表中20×1年数据相同;20×3年1月至11月各月月末账簿记录和报表列示均与表中20×2年数据相同。

(四) 长期借款的分析

1. 长期借款偿还能力分析

企业取得长期借款后要按期还本付息。企业能否按期还本付息,主要取决于两个方面的情况:一是分析长期借款的额度是否合理。可通过计算举债经营比率(也称资产负债率,参见第八章第四节)等指标考察企业是否存在着负债过大,甚至资不抵债的现象;二是分析长期借款的运用是否给企业带来了预定的利润。就企业正常生产经营而言,企业并不能依靠变卖资产来偿还长期债务,只能靠创利来偿债。因此,企业经营所得的利润是企业偿还长期债务的资金源泉。企业应计算取得的收益(包括利润)与利息费用比率(称为已获利息倍数,参见第八章第四节)等指标,据以判断企业有无偿债能力以及偿还长期债务的稳定性如何。如果企业举借外汇贷款,应检查企业是否按国家规定建立偿债基金存入指定外汇银行专户,以便还本付息时专款专用。取得外汇贷款的企业,用贷款项目出口创汇的,可借鉴外债宏观管理的有关指标,计算偿债率进行分析。偿债率是偿还外债本息与当年贸易和非贸易外汇收入之比。企业可计算各年的偿债率和连续几年的累计偿债率,看是否低于国际公认的20%的警戒线水平。

2. 长期借款成本分析

长期借款成本是指企业取得和使用长期借款所花费的代价,包括支付的手续费、利息等。企业应计算长期借款成本率(参见第八章第四节)并同其他各种资金的成本率进行比较,以便作出恰当的评价。对举借外汇贷款的企业,还应分析外汇汇率变动给企业带来的外汇风险。例如,五年前取得10万美元借款,当时汇率为1:7(1美元折算人民币7元),现在还款时,汇率上升为1:7.5,就偿还本金而言,企业多偿还人民币5万元[(7.5−7)×10]。

二、应付债券

应付债券是指企业依照法定程序发行的,约定在一定期限内还本付息的,具有一定价值的证券,又称企业债券或公司债券。企业发行一年期内(含一年期)的债券,属于流动负债范畴,这里作为长期负债的"应付债券"是超过一年期的企业债券,也称为长期债券。

企业发行债券,可以记名发行(票面上登记购买人姓名),也可以无记名发行;发行的债券用财产等抵押品担保的,称为抵押债券;只凭发行企业信用而发行的债券,称为信用债券。按国家规定,企业发行债券的票面利率不得高于银行同期居民储蓄定期存款利率的1.4倍;发行债券的累计总额不得超过企业现有净资产额的40%(国外有的规定以不超过公司资本和公积金总额为限,也有的规定以不超过公司现有财产净额为限)。

(一)企业债券发行价格的确定

企业债券的发行价格与债券的面值、利率、付息方式、发行期限等因素有关。其中票面利率与市场利率不一致,是导致发行价格偏离债券面值的主要因素。当市场利率低于债券票面利率时,企业一般应按超过面值的价格溢价发行,因为企业以后每期按票面利率支付的利息比按市场利率计算的利息多得多;相反,当市场利率高于债券票面利率时,企业一般应按低于面值的价格折价发行;只有当市场利率和票面利率一致时,企业才按债券的面额平价发行。

1. 确定发行价格的几个概念

(1)终值和现值。终值是指若干年后包括本金和利息在内的未来价值;现值是现在付款或收款的价值。

① 单利的终值和现值。企业年初存入银行100元,年利率10%,则:

第一年年末的终值 = 100 × (1 + 10% × 1) = 110(元)
第二年年末的终值 = 100 × (1 + 10% × 2) = 120(元)
第三年年末的终值 = 100 × (1 + 10% × 3) = 130(元)

如果企业想第三年年末(到期)从银行收到100元,按年利率10%贴现,在单利下企业现在应存入银行多少钱呢?

$$\text{第一年年末 100元的现值} = 100 \times \frac{1}{(1+10\% \times 1)} = \frac{100}{1.1} = 90.91(元)$$

$$\text{第二年年末 100元的现值} = 100 \times \frac{1}{(1+10\% \times 2)} = \frac{100}{1.2} = 83.83(元)$$

$$\text{第三年年末 100元的现值} = 100 \times \frac{1}{(1+10\% \times 3)} = \frac{100}{1.3} = 76.92(元)$$

计算表明,企业要想第三年年末从银行收到100元,按年利率10%贴现,则企业现在应存入银行76.92元[验算:76.92×(1+10%×3)=100(元)]。

② 复利的终值和现值。企业年初存入100元,年利率10%,在复利方式下,则:

第一年年末的终值 = 100 × (1+10%) = 110(元)

第二年年末的终值 = 110 × (1+10%) = 100 × (1+10%)² = 121(元)

第三年年末的终值 = 121 × (1+10%) = 100 × (1+10%)³ = 133.10(元)

如果企业想第三年年末(到期)从银行收到100元,按年利率10%计算,企业现在存入银行本金计算如下:

$$\text{第一年年末 100元的现值} = 100 \times \frac{1}{(1+10\%)^1} = 100 \times (1+10\%)^{-1}$$
$$= 100 \times 0.9091 = 90.91(元)$$

$$\text{第二年年末 100元的现值} = 100 \times \frac{1}{(1+10\%)^2} = 100 \times (1+10\%)^{-2}$$
$$= 100 \times 0.8264 = 82.64(元)$$

$$\text{第三年年末 100元的现值} = 100 \times \frac{1}{(1+10\%)^3} = 100 \times (1+10\%)^{-3}$$
$$= 100 \times 0.7513 = 75.13(元)$$

计算表明,企业要想第三年年末从银行收到100元,按年利率10%贴现,在复利下企业现在应存入银行75.13元[验算:75.13×(1+10%)³=100(元)]。

上式中$(1+10\%)^{-n}$,其结果分别为0.9091、0.8264、0.7513、……称为复利现值系数。

(2) 年金现值。年金是指一定期内每期相等金额的收付款项。例如,企业发行面值为100元的债券,年利率10%,每年年末付息一次。持券人每年年末都能收到10元钱利息,发行人每年年末必须支付10元钱利息,这就是年金。年金现值是一定期内每期期末收付款项按复利折算成现值的总和。例如,企业发行三年期债券,面值为100元,年利率10%,每年年末付息一次,则三年中支付利息的复利现值计算如下:

第一年年末付息10元的现值 = 10 × (1+10%)⁻¹ = 10 × 0.9091 = 9.091(元)

第二年年末付息10元的现值 = 10 × (1+10%)⁻² = 10 × 0.8264 = 8.264(元)

第三年年末付息10元的现值 = 10 × (1+10%)⁻³ = 10 × 0.7513 = 7.513(元)

企业三年付息30元的现值合计　　　　　　　　　　　　　　　　24.87(元)

上述计算可用下列公式一次完成:

$$\text{企业三年付息 30 元的现值合计} = 10 \times \frac{1-(1+10\%)^{-3}}{10\%} = 10 \times 2.48685 \approx 24.87(元)$$

上式中 2.48685 称为年金现值系数。

2. 确定发行价格的计算公式

$$\text{企业债券发行价格} = \text{债券面值按市场利率计算的现值} + \text{债券各期利息的现值}$$

$$= \text{债券面值} \times \left(1 + \text{市场利率}\right)^{-n} + \text{每期支付的固定利息} \times \frac{1-(1+\text{市场利率})^{-n}}{\text{市场利率}}$$

公式中"n"表示债券在全部期限内的计息次数。例如,五年期债券每年支付一次利息,则 $n=5$;若每年付息两次,则 $n=10$;若第五年一次付息,但按年计算复利,则 $n=5$,表示五年中计息 5 次。"市场利率"表示计息期限的利率。如市场年利率为 8%,每半年付息一次,则公式中市场利率 $=8\% \div 2 = 4\%$。

3. 债券发行价格计算举例

例 10 甲企业 1 月 1 日发行三年期、票面年利率 6%、面值为 200 元的债券 1 000 张(总面值 20 万元)。每半年付息一次(1 月 1 日、7 月 1 日),五年到期一次还本。现假定发行时市场利率有以下三种情况:

(1) 当市场利率为 5% 时:

$$\text{债券发行价格} = 200\,000 \times (1+2.5\%)^{-6} + 200\,000 \times 3\% \times \frac{1-(1+2.5\%)^{-6}}{2.5\%}$$

$$= 200\,000 \times 0.86230 + 6\,000 \times 5.50813 = 172\,460 + 33\,049$$

$$= 205\,509(元)$$

上式中 $(1+2.5\%)^{-6}$ 的结果可通过查复利现值表得出;上式中 $\frac{1-(1+2.5\%)^{-6}}{2.5\%}$ 为年金现值系数,其结果可通过查年金现值表得出。这两者也可用计算器直接算出,$(1+2.5\%)^{-6}$ 就是 $(1+2.5\%)^{6}$ 的倒数。

计算结果表明,当市场利率 5% 小于票面利率 6% 时,债券应溢价发行,其溢价为 5 509 元(205 509 - 200 000)。

(2) 当市场利率为 7% 时:

$$\text{债券发行价格} = 200\,000 \times (1+3.5\%)^{-6} + 200\,000 \times 3\% \times \frac{1-(1+3.5\%)^{-6}}{3.5\%}$$

$$= 200\,000 \times 0.81350 + 6\,000 \times 5.32855 = 162\,700 + 31\,971$$

$$= 194\,671(元)$$

计算结果表明,当市场利率 7% 大于票面利率 6% 时,债券应折价发行,其折价为 5 329 元(200 000 - 194 671)。

(3) 当市场利率为 6% 时:

$$\text{债券发行价格} = 200\,000 \times (1+3\%)^{-6} + 200\,000 \times 3\% \times \frac{1-(1+3\%)^{-6}}{3\%}$$

$$= 200\,000 \times 0.83748 + 6\,000 \times 5.41719 = 167\,496 + 32\,504$$

$$= 200\,000(元)$$

计算结果表明,当市场利率6%正好等于票面利率6%时,债券发行价格等于面值,即企业应平价发行。

(二) 债券溢价和折价的摊销

1. 债券溢价的摊销

企业发行债券获得成功,按债券实际发行价格收款存入银行,增加了"银行存款",同时形成了长期负债,按面值增加"应付债券——面值",按溢价增加"应付债券——利息调整"。

对债券产生的溢折价,应在债券确定的期限内按计息次数分期摊销。摊销方法有"直线法"和"实际利率法"两种。我国《企业会计准则——应用指南2006》规定采用"实际利率法"。实际利率法是根据每期期初应付债券摊余成本乘上实际利率算出的实际利息与按票面利率计算的名义利息的差异来求得摊销额的一种摊销方法。计算公式如下:

实际利息 = 期初应付债券摊余成本 × 实际利率

名义利息 = 应付债券票面价值 × 票面利率

溢价摊销额 = 实际利息 - 名义利息

实际利息作为当期利息费用处理,名义利息作为当期应支付的利息处理。

例11 甲企业1月1日发行三年期、票面年利率6%、总面值为20万元债券1 000张,发行日市场利率为5%。该债券每年7月1日和1月1日付息两次。债券发行成功,收款205 509元存入银行。

(1) 甲企业1月1日债券发行成功收款存入银行的会计分录如下:

借:银行存款　　　　　　　　　　　　　　　　　　　　　205 509

　　贷:应付债券——面值　　　　　　　　　　　　　　　200 000

　　　　　　　　——利息调整　　　　　　　　　　　　　　5 509

(2) 应付债券溢价的摊销

甲企业当年7月1日按实际利率计算编制的"企业应付债券溢价摊销表"如表4-3所示。

表4-3　企业应付债券溢价摊销表(实际利率法)

单位:元

计息日期	应付利息 (1) = 面值×3%	利息费用 (2) = 上期(5)×2.5%	溢价摊销 (3) = (1) - (2)	未摊销溢价 (4) = 上期(4) - (3)	摊余成本 (5) = 上期(5) - (3)
20×1.01.01				5 509	205 509
20×1.07.01	6 000	5 137.73①	862.28②	4 646.73	204 646.73
20×1.12.31	6 000	5 116.17	883.83	3 762.89	203 762.89
20×2.07.01	6 000	5 094.07	905.93	2 856.97	202 856.97
20×2.12.31	6 000	5 071.42	928.58	1 928.39	201 928.39
20×3.07.01	6 000	5 048.21	951.79	976.60	200 976.60
20×3.12.31	6 000	5 023.40③	976.60	0.00	200 000.00
合计	36 000	30 491.00	5 509.00		

注:① 205 509×2.5% = 5 137.73;② 6 000 - 5 137.73 = 862.28;③ 小数尾数 -1.01 调整计入末期。

甲企业当年7月1日计算应付债券利息和摊销溢价的会计分录如下：
借：财务费用　　　　　　　　　　　　　　　　5 137.73
　　应付债券——利息调整　　　　　　　　　　　862.28
　　贷：应付利息　　　　　　　　　　　　　　　　　　6 000
甲企业当年7月1日支付利息时做如下会计分录：
借：应付利息　　　　　　　　　　　　　　　　　6 000
　　贷：银行存款　　　　　　　　　　　　　　　　　　6 000

若甲企业发行的债券是到期一次还本付息的，则各期计算应付利息通过"应付债券——应计利息"科目核算。

2．债券折价的摊销

企业发行债券发生折价，按面值增加"应付债券——面值"，按折价减少"应付债券——利息调整"，面值减去折价为实收款，增加"银行存款"。

企业各期摊销折价增加"应付债券——利息调整"，各期折价摊销额和各期应计利息相加，构成了各期应负担的利息费用，记入"财务费用"或"在建工程"账户。

例12　甲企业1月1日发行三年期、票面年利率6%、总面值为20万元债券1 000张，发行日市场利率为7%。该债券每年1月1日和7月1日付息两次。债券发行成功，收款194 671元存入银行。

（1）甲企业1月1日债券发行成功收款存入银行的会计分录如下：
借：银行存款　　　　　　　　　　　　　　　　194 671
　　应付债券——利息调整　　　　　　　　　　　5 329
　　贷：应付债券——面值　　　　　　　　　　　　200 000

（2）应付债券折价的摊销

甲企业当年7月1日按实际利率计算编制的"企业应付债券折价摊销表"如表4-4所示。

表4-4　企业应付债券折价摊销表（实际利率法）

单位：元

计息日期	应付利息 (1)＝ 面值×3%	利息费用 (2)＝ 上期(5)×3.5%	折价摊销 (3)＝ (2)－(1)	未摊销折价 (4)＝ 上期(4)－(2)	摊余成本 (5)＝ 面值－(4)
20×1.01.01				5 329	194 671
20×1.07.01	6 000	6 813.49①	813.49②	4 515.52	195 484.49
20×1.12.31	6 000	6 841.96	841.96	3 673.56	196 326.44
20×2.07.01	6 000	6 871.43	871.43	2 802.13	197 197.87
20×2.12.31	6 000	6 901.93	901.93	1 900.21	198 099.79
20×3.07.01	6 000	6 933.49	933.49	966.71	199 033.29
20×3.12.31	6 000	6 966.71③	966.71	0.00	200 000.00
合计	36 000	41 329.00	5 329.00		

注：① 194 671×3.5%＝6 813.49；② 6 813.49－6 000＝813.49；③ 小数尾数0.55调整计入末期。

甲企业当年7月1日计算应付债券利息和摊销折价的会计分录如下：

借：财务费用　　　　　　　　　　　　　　　　　　　6 813.49
　　贷：应付利息　　　　　　　　　　　　　　　　　　　6 000
　　　　应付债券——利息调整　　　　　　　　　　　　　813.49

（三）企业债券的偿还

企业发行债券时，一般规定了偿还的条件。有的到期一次偿还，有的分期偿还，有的提前偿还，有的以发行新债券来赎回旧债券。

1. 一次偿还

企业债券本金于到期日一次偿还时，按债券面值冲减"应付债券——面值"账户，同时减少"银行存款"，表明该笔负债业已清偿。

2. 分期偿还

企业债券在发行时就确定分批偿付的，一般是采用分批抽签的办法确定分期偿还的债券。在分期偿还的情况下，企业事先要根据每期期初发行在外的债券面值确定溢（折）价的摊销额。

3. 提前偿还

提前偿还有两种情况：一是发行债券时规定有提前偿还权，到时通知债权人提前偿还；二是债券发行后发行单位（债务人）视企业资金、市场利率变化等情况在证券市场上提前陆续购回发行在外的债券。企业提前收回债券，一般要以高于面值的价格收回。收回时要相应计算未计利息和未摊销的溢（折）价，并转销收回债券的账面价值。收回债券发生的损益作当期损益处理。

（四）应付债券在资产负债表中的列示

属于长期负债的企业债券，各会计期末资产负债表中"应付债券"项目列示"应付债券"账户的余额包括面值、加（减）溢（折）价和已经计算入账尚未支付的利息。对于一年内到期偿还的应付债券，包括本金、折溢价摊余成本和应计未付利息，应在资产负债表流动负债类下"一年内到期的非流动负债"项目反映。

（五）应付债券的分析

1. 应付债券偿还能力的分析

企业发行债券，必须按期支付利息，到期偿还本金。企业应主要依靠经营获利来偿还长期债务，通过计算长期偿债能力指标（参见第八章第四节）和其他长期负债一起进行分析，以便作出客观评价。

2. 应付债券成本分析

应付债券的成本是指企业发行债券和使用债券资金所花费的代价，包括债券的注册登记费、代办发行费、支付的债券利息等。企业应计算长期债券成本率（参见第八章第四节）进行具体分析和评价。

三、长期应付款

长期应付款是指长期负债中除长期借款、应付债券以外的超过一年以上的其他应付款项，包括采用补偿贸易方式引进国外设备款、应付融资租入固定资产的租赁费、以分期付款方式购入固定资产尚未支付的款项等。

（一）应付引进设备款

采用补偿贸易方式从国外引进设备，合同通常规定由外商提供生产技术、设备和必要的材料，由国内企业进行生产，然后用生产的产品（或双方商定的其他内容）分期归还外商提供的价款本息。引进设备的全部价值包括五部分：（1）国外款项。包括设备价款、国外运保费，会计将此作为"长期应付款"入账时，应将外币按市场汇率折合为人民币反映；（2）向海关支付的进口关税、增值税、消费税（进口应税消费品才缴纳此税）；（3）国内运杂费；（4）设备安装费；（5）固定资产交付使用前引进设备应付的利息以及外币折合人民币的差额（固定资产达到预定可使用状态后的引进设备利息及汇兑损益记入当期"财务费用"）。引进设备的全部价值除可以抵扣的进项税额通过"应交税费"科目核算外，其余通过"在建工程"账户核算，待固定资产交付使用时转入"固定资产"账户。企业按补偿贸易合同引进设备时，往往随设备一起引进工具、零配件等，这属于"材料采购"的内容，其国外款项部分在折合人民币反映时作为"长期应付款"入账，向海关支付的税金、国内运杂费等，除增值税可以抵扣外，其余均作为材料采购成本处理，待工具、零部件入库时转入"周转材料——低值易耗品"、"原材料"等账户。引进的设备投产后，用所产产品返销抵付引进设备款项时，再减少"长期应付款"。

（二）应付融资租赁费

采用融资租赁方式租入固定资产的企业，事先要向出租单位提出申请，经出租单位审查同意后，各方洽谈并签订协议书，明确规定机器设备的名称、种类、规格、价款、数量、租赁期限和租赁费用等条款，然后由出租单位购买所需设备出租给承租企业使用，企业按期缴纳租赁费。租赁费一般高于设备购置费用，包括设备价值、租赁手续费和垫付资金的利息。租赁期满后，设备一般由承租企业作价购入。

融资租入固定资产时，企业作为"长期应付款——应付融资租赁费"入账的价值组成部分包括租赁合同中确定的租赁费总额（未规定总额的，则为企业各期应支付的租赁费之和）、租赁固定资产期满时确定的担保余值。企业作为"固定资产——融资租入固定资产"入账的价值包括最低租赁付款额现值与租赁资产公允价值孰低额、初始直接费用。初始直接费用是租赁固定资产过程中由承租方负担的谈判费、印花税、律师费、差旅费等。企业入账的"固定资产"价值低于"长期应付款"的差额作为"未确认融资费用"入账，并在租赁期内分期摊销记入"财务费用"账户。

（三）分期应付设备款

企业采用分期付款方式购入固定资产时，分期付款的总额（名义金额，比如分三年共付 900 万元）记入"长期应付款——分期应付设备款"账户，固定资产的现时价值（公允价值，比如 800 万元）记入"固定资产"账户。记入"固定资产"账户的价值低于记入"长期应付款"账户的价值的差额[900 − 800 = 100（万元）]作为"未确认融资费用"入账，并在货款延付期内分期摊销记入"财务费用"账户。

四、其他长期负债

其他长期负债包括专项应付款、预计负债、特准储备基金、递延所得税负债等。专项应付款是指政府作为企业所有者投入的具有专项或特殊用途的款项。例如,国家拨给国有企业用于研究开发方面的款项(包括新产品试制、中间试验和重要科学研究等)、科技创新发展方面的款项(包括科技发展基金、技术创新基金等)。企业使用国家专项拨款进行研究和开发活动发生的费用冲减专项拨款。如果动用专项拨款进行资本性支出,如购买固定资产等,应视为国家投入资金,转作资本公积。预计负债指企业预计将来可能承担的各项潜在债务,包括对外提供债务担保、商业承兑汇票贴现、未决诉讼、产品质量保证、执行亏损合同、企业重组义务、固定资产弃置(费)等很可能产生的负债。特准储备基金是相对于特准储备物资而形成的资金来源。

◆ 习题十

目的:练习流动负债业务的处理。

1. A 企业从兰德厂购入材料一批,提交一张面值为 10 万元、票面利率为 8%、承兑期为 4 个月的银行承兑汇票一张。向银行申请承兑时支付手续费 100 元。票据到期,A 企业如数偿付了票据款项。计算 A 企业:

(1) 记入"应付票据"账户的金额 =

(2) 记入"财务费用"账户的金额 =

2. B 企业本月应付工资 20 万元,其中生产工人工资 12 万元,车间管理人员工资 3 万元,行政管理人员工资 4 万元,福利部门人员工资 1 万元。该企业职工福利费、工会经费、职工教育经费的计提比例分别为 14%、2% 和 1.5%,"五险一金"的比例共 26%。要求计算 B 企业:

(1) 本月计提的职工福利费 =

(2) 本月计提的工会经费 =

(3) 本月计提的职工教育经费 =

(4) 本月记入"管理费用"账户的职工薪酬 =

◆ 习题十一

目的:练习长期负债业务的处理。

1. 某企业 20×8 年 1 月 1 日发行面值 50 万元的五年期债券,票面利率 5%,每年 7 月 1 日和 1 月 1 日付息。要求计算(精确到元):

(1) 当债券 1 月 1 日发行时的市场利率为 4% 时,

债券的发行价格 =

(2) 当债券 1 月 1 日发行时的市场利率为 6% 时,

债券的发行价格 =

(3) 若溢价发行债券是为了筹集流动资金,则 20×8 年 7 月 1 日计算应付利息并摊销溢价(按实际利率法)时,

记入"财务费用"账户的利息费用 =

2. 某企业从租赁公司租入一台设备,租赁期 5 年,设备款项 20 万元,按 10% 的利率计息(单利),租赁手续费 2 000 元。设备租入时该企业支付运杂费和途中保险费共 4 000 元,安装时付安装调试费 3 000 元,三天安装完毕交付使用(不考虑三天的利息),试计算:

(1) 应付融资租赁费总额 =

(2) 记入"固定资产"账户的价值 =

第五章 成本和费用

第一节 产品成本与生产费用

一、产品成本的概念

工业企业进行产品生产,必然要发生各种各样的生产耗费。生产中发生的耗费包括劳动对象(如原材料)的耗费、劳动手段(如机器设备)的耗费以及劳动力(如人工)的耗费等。这些物化劳动和活劳动的耗费,归根到底都是社会劳动的耗费。生产某种产品所耗费的社会必要劳动量构成了该产品的价值。产品价值由三部分组成:(1) 已耗费的生产资料转移价值;(2) 劳动者为自己劳动(必要劳动)所创造的价值;(3) 劳动者为社会劳动(剩余劳动)所创造的价值。产品价值用公式表示是 $W = C + V + m$。其中,m 是劳动者为社会劳动所创造的价值,用货币表现就是企业的盈利,它要在国家、企业、投资者之间进行分配。产品价值 W,扣除 m,剩下来的 $C + V$ 用货币形式表示就是产品的理论成本,即成本是产品生产中消耗的生产资料转移价值和劳动者必要劳动所创造的价值的货币表现。

然而,虽然实际应用成本以理论成本为依据,或者说是理论成本的具体化,但它是按国家财务制度规定,按法定内容、程序和方法计算出来的成本,称为法定成本、制度成本、财务成本或账面成本,和理论成本有一定的出入。实际应用成本有广义和狭义之分。广义的产品成本内容不仅包括生产和销售过程中生产资料消耗(C)和劳动报酬(V)方面的正常费用,而且还包括一些损失性的费用(如废品损失、停工损失)和一些分配性支出(如属于 m 范畴的借款利息支出、保险费等),概括起来,它是产品在生产和销售中所耗费的以货币形式表现的生产资料价值、职工工资和其他支出的总和,由产品制造成本和期间费用(或称期间成本)组成,体现了财务制度中成本和费用的内容。狭义的产品成本仅指产品制造成本。

必须指出,产品制造成本是从产品生产的角度提出的。它是产品制造完工验收入库时由会计人员按规定计算的实际生产成本,又称产品生产成本。产品库的产品一旦销售出去,已销产品的制造成本直接转化为产品销售成本——主营业务成本。主营业务成本和其他业务成本组成营业成本。营业成本和期间费用在会计核算中统称为"成本费用"。

按国家财务制度规定,不得列入成本、费用的支出有:为购置和建造固定资产、无形资产和其他资产的支出;对外投资的支出;被没收的财物,支付的滞纳金、罚款、违约金、赔偿金,以及企业赞助、捐赠支出;国家法律、法规规定以外的各种付费;国家规定不得列入成本、费用的其他支出。这些支出不是生产性支出,有的是投资性支出,有的是惩罚性支出,还有的是不合法支出。

二、生产费用的概念

生产费用是指企业在一定时期内发生的全部生产耗费的总和。生产耗费具体包括外购材料、外购动力、工资、职工福利费、固定资产折旧费、税金(指计入管理费用的应交房产税、车船税、土地使用税和印花税)、利息支出、其他支出等。生产费用具体内容又称为生产费用要素,它是国家计算工业净产值、工业增加值的重要依据。

三、产品成本与生产费用的关系

(一) 两者密切联系

产品成本和生产费用的经济内容一致,都是产品价值构成中 $C+V$ 两部分价值的等价物,都是企业生产经营过程中所耗费的用货币形式表现的资金总和;生产费用的发生额是形成产品成本的前提或基础,产品成本是生产费用发生的结果或归宿;生产费用加减有关项目能计算出产品成本(见图 5-1)。

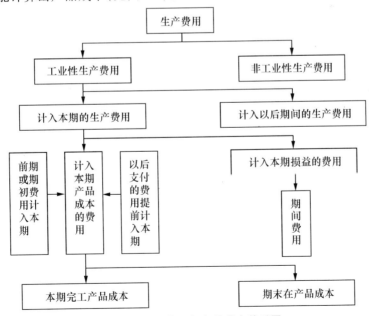

图 5-1 生产费用与产品成本关系图

（二）两者相互区别

生产费用包括用于产品生产和非产品生产的全部费用，前者称为工业（性）生产费用，后者称为非工业（性）生产费用（如生产车间清理固定资产、安装机器设备、进行其他专项工程发生的劳务费用等），产品成本只是生产费用中用于产品生产的部分；生产费用是某一时期内实际发生的费用，即以"期间"为基础归集的资金耗费，与一定的"期间"相联系，而产品成本是某一时期某种产品应负担的费用，即以"产品"为对象归集的资金耗费，与一定的"产品"相联系。

生产费用与产品成本的关系如图5-1所示。

第二节 产品制造成本

一、产品制造成本项目

企业生产过程中实际发生的与产品制造有关的费用计入产品制造成本。产品制造成本分为以下成本项目：

（一）直接材料

直接材料是指直接用于产品生产、构成产品实体或有助于产品形成的材料费，包括生产经营过程中实际消耗的原料及主要材料、辅助材料、备品备件、外购半成品、燃料、动力、包装材料以及其他直接材料。

（二）直接人工

直接人工是指直接参加产品生产的人员的工资、奖金、津贴和补贴，产品生产工人的福利性薪酬，按产品生产工人工资总额和规定比例计提的"五险一金"（医疗保险费、养老保险费、失业保险费、工伤保险费、生育保险费等社会保险费和住房公积金）及"两费"（工会经费和职工教育经费）。

（三）制造费用

制造费用是指企业生产车间（部门）为组织和管理生产而发生的各项间接费用。包括：生产车间（部门）管理人员薪酬，生产车间（部门）房屋建筑物、机器设备等的折旧费、机物料消耗，生产车间（部门）使用的低值易耗品修理费、经营租赁费（临时租入固定资产等支付的租赁费，不包括融资租赁费），生产车间（部门）发生的或消耗的低值易耗品、取暖费、水电费、办公费、差旅费、运输费、保险费、设计制图费、试验检验费、劳动保护费、环境保护费（即排污费、绿化费等）、季节性或修理期间的停工损失，以及其他制造费用（如矿山维简费、油田维护费、原油储量有偿使用费、生产安全费、生产发展费等）。

以上是成本项目的一般规定，各企业可根据自己的特点和管理的要求对其进行适当的调整。如产品生产中直接消耗的燃料和动力费用较大，可从直接材料项目中分离出来单独设置"燃料和动力"成本项目；也可增设"其他直接支出"成本项目专门反映产品生产工人工资以外的薪酬。

二、产品制造成本核算的要求和程序

(一) 产品制造成本核算的基本要求

产品成本核算的内容包括费用的支出核算和产品成本的计算。其基本要求有以下几项:

1. 加强对费用的审核和控制

对费用的审核,主要是审核费用该不该发生,已经发生的费用应不应计入产品成本。审核时要以国家有关方针、政策、法令和制度为依据,坚决制止违反规定的支出。对费用的控制,主要是指在费用发生过程中,对各种耗费进行指导、限制和监督,使支出的费用控制在原先规定的范围内。控制费用时以定额或计划为依据。

2. 正确划分各种费用的界限

(1) 正确划分应计入产品成本和期间费用的支出与不应计入产品成本和期间费用的支出的界限,遵守成本、费用的开支范围方面的规定。

(2) 正确划分各个月份的费用界限。就是对计入产品费用和期间费用的支出,进一步划清哪些应当记入本月份,哪些应当记入其他月份。对本月发生但应由以后月份负担的费用,"在不违反会计准则中确认、计量和报告规定的前提下",企业可以根据本单位实际情况自行增设"待摊费用"科目核算。例如,11月份发生冬季取暖费4万元,要求按四个月的取暖期分摊,则计入11月份成本、费用的取暖费1万元,其余3万元留在"待摊费用"科目以后分三个月平均摊销。对于本月已经受益,但本月并不支付而是以后才支付的费用,企业同样可以增设"预提费用"科目核算。①

(3) 正确划分产品费用和期间费用的界限。为生产产品而直接发生的材料、人工等方面的费用属于产品费用;为生产产品而发生的各项间接费用属于制造费用,需分配计入各种产品成本,因而也属于产品费用。而企业行政管理部门为组织和管理生产经营活动而发生的管理费用、筹资理财发生的财务费用、销售过程中发生的销售费用、产品流转过程中发生的营业税金及附加均属期间费用,应当计入当期损益,不计入产品成本。

(4) 正确划分不同产品成本的界限。在产品生产时,凡能直接分清计入某种产品成本的费用称为直接费用,如某产品的直接材料费、某产品生产工人的薪酬等;如果发生的费用不能一下子分清每种产品各耗用了多少,需要按一定标准(如生产工时等)分配计入各种产品成本,这种费用为间接费用。例如,一条流水生产线同时生产几种产品时,生产工人的薪酬就属于间接费用,需要进行分配。又如,机器设备折旧费等都是间接费用,都要进行分配。只有划清各种产品之间的费用界限,才能区分开盈利产品和亏损产品、可比产品(指以前年度正式生产过并有成本资料可以比较的产品)和不可比产品之间的费用界限,才能防止以盈补亏、掩盖超支的错误发生,促使企业降低产品成本,限制亏损品的生产,扩大盈利产品的生产。

(5) 正确区分产成品成本和在产品成本的界限。上月投产的产品没有完工,所发生

---

① 2006年及以前的会计准则和会计制度规定企业设置"待摊费用"和"预提费用"科目核算摊提费用,从2007年1月1日起实施新的《企业会计准则》,为了防止企业单位人为地通过"摊提方式"调节利润,故取消了"待摊费用"和"预提费用"这两个会计科目。

的费用留在"生产成本"账上转到本月,称为月初在产品费用(或月初在产品成本);该产品本月继续生产,所发生的费用称为本月产品费用;月末,该产品大部分完工入库,少部分未完工,则必须将月初在产品费用和本月产品费用加总求出生产费用合计,在本月完工产品和在产品之间进行分配。其关系式是:

月初在产品费用 + 本月产品费用 = 本月完工产品成本 + 月末在产品费用

用本月完工产品总成本除以完工产品数量就得出了完工产品单位成本。

(二)产品制造成本核算的程序

产品制造成本核算的一般程序如下:首先,审核、控制费用,确定计入产品成本的费用;其次,将计入产品成本的费用直接或分配计入各种产品成本;最后,将计入某种产品的费用在完工产品和在产品之间进行分配。这三个过程称为生产费用的归集和分配。

为了归集产品的生产费用,会计应设置"生产成本"、"制造费用"等科目进行核算。由于企业的生产过程主要包括基本生产和辅助生产两个过程,前者从事基本产品的生产,由基本生产车间(如机械制造厂的铸造车间、锻造车间、机加工车间、装配车间等)来完成,后者是为基本生产服务而进行产品的生产和劳务的供应,由辅助生产车间(如机修车间、动力车间、工具车间、厂部车队等)来完成,因此,在"生产成本"科目下还应分设"基本生产成本"和"辅助生产成本"两个二级科目。在二级科目下再按成本核算对象(如某产品等)设置明细账,账内按成本项目设置专栏(或专行)。

"生产成本"账户体系如下:

总账账户	二级账户	明细账户
生产成本 ——	基本生产成本 ——	甲产品
		—— 乙产品
		……
	—— 辅助生产成本 ——	机修车间
		—— 供电车间
		……

有些企业根据管理要求可取消"生产成本"总账账户,直接设置"基本生产"和"辅助生产"两个总账账户。生产费用在各账户之间进行归集分配,最终就是要进入(直接进入或分配进入)生产成本明细账户,计算出各种产品的成本。产品成本账表核算程序如图5-2所示。

三、产品制造成本计算的方法

成本计算方法是按一定的成本计算对象归集生产费用计算产品成本的方法。成本计算对象指成本的归属者,即计算什么的成本。它要根据生产特点和管理要求来决定。例如,煤矿大量生产单一的煤炭产品,可以按某种产品(原煤)计算成本,称为品种法。如果客户拿来订货单,要求生产一批产品,可以按该批产品计算成本,称为分批法(或订单法)。机械制造厂还可按铸造、机加工、装配等生产步骤计算产品成本,称为分步法。电

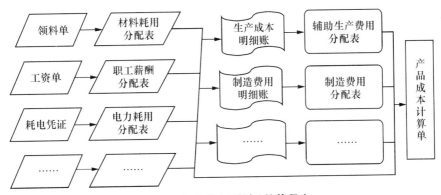

图 5-2 产品成本(账表)核算程序

线厂生产各种电线,洗煤厂生产各种洗煤,可将裸铜线、裸铝线、漆包线、纱包线等作为一类,将洗精煤、洗中煤和煤泥作为一类,按类别计算产品成本(类内各种产品按事先规定的系数分配),称为分类法。定额管理基础较好、产品各项消耗较稳定的单位,也可采用定额法计算产品成本,等等。产品成本计算的品种法、分批法、分步法是产品成本计算的基本方法,分类法、定额法是产品成本计算的辅助方法,后者和生产特点没有直接关系,不能独立使用。现以品种法为例予以说明。

例1 某企业有一个基本生产车间,本月投产甲产品 100 件,投产乙产品 180 台。甲产品本月发生直接材料费 30 000 元,直接人工 20 000 元;乙产品本月发生直接材料费 77 400 元,直接人工 32 000 元。甲乙产品直接费用均已记入甲乙产品成本明细账。该车间本月发生水电费、折旧费等,已记入"制造费用"明细账户借方,合计为 57 200 元,要求按直接人工的比例分配于甲乙两种产品。甲产品本月全部完工验收入库,乙产品本月完工 160 台,月末在产品 20 台。要求采用品种法计算甲乙完工产品总成本和单位成本(乙产品发生的材料费按完工产品数量和在产品数量的比例分配,工资和制造费用全由完工产品承担),并计算"生产成本"账户月末余额,说明其含义,指出进入"库存商品"账户借方的金额。

(1) 将制造费用分配于甲乙产品(分配表略)

制造费用分配率 = 57 200 ÷ (20 000 + 32 000) = 1.1

甲产品分摊制造费用 = 20 000 × 1.1 = 22 000(元)

乙产品分摊制造费用 = 32 000 × 1.1 = 35 200(元)

(2) 计算甲产品成本(成本计算单略)

完工甲产品总成本 = 直接材料 + 直接人工 + 制造费用 = 30 000 + 20 000 + 22 000 = 72 000(元)

甲产品单位成本 = 72 000 ÷ 100 = 720(元/件)

(3) 计算乙产品成本(成本计算单略)

① 将材料费分配于完工产品和在产品:

材料费分配率 = 77 400 ÷ (160 + 20) = 430

完工产品负担材料费 = 160 × 430 = 68 800(元)

在产品负担材料费 = 20 × 430 = 8 600(元)

② 计算完工产品成本：

完工乙产品总成本 = 直接材料 + 直接人工 + 制造费用 = 68 800 + 32 000 + 35 200 = 136 000(元)

乙产品单位成本 = 136 000 ÷ 160 = 850(元/台)

③ 计算在产品：

月末在产品成本 = 月初在产品成本 + 本月生产费用 − 本月完工产品成本 = 0 + (77 400 + 32 000 + 35 200) − 136 000 = 8 600(元)

"生产成本"账户月末借方余额 8 600 元，表示未完工产品(在产品)成本；本月进入"库存商品"账户借方的金额为本月完工入库产成品成本的合计 208 000 元(甲 72 000 元 + 乙 136 000 元)。

第三节 期间费用

一、期间费用的内容

期间费用是指不能直接归属于某种特定产品成本的费用，包括销售费用、管理费用、财务费用和营业税金及附加。[①]

（1）销售费用。是指企业在销售过程中发生的应由企业负担的费用。具体项目内容包括：运输费、装卸费、包装费、保险费、委托代销手续费、广告费、展览费、租赁费(不含融资租赁费)和销售服务费用，专设销售机构的人员薪酬、差旅费、办公费、折旧费、修理费、物料消耗、低值易耗品摊销以及其他经费。

（2）管理费用。是指企业行政管理部门为组织和管理生产经营活动而发生的各种费用。具体项目内容包括：

① 公司经费，是指董事会和行政管理部门在企业经营管理中发生的管理费用，或者应由企业统一负担的公司经费，具体而言有管理人员薪酬、差旅费、办公费、折旧费、修理费、运输费、会议费、物料消耗、财产保险费、低值易耗品摊销及其他公司经费。其中，修理费是指企业生产车间(部门)和行政管理部门使用固定资产发生的修理费。

② 工会经费，是指按照职工工资总额 2% 计提拨交给工会的经费。

③ 职工教育经费，是指企业为职工学习先进技术和提高文化水平而支付的费用，最高可按职工工资总额的 2.5% 计提。

④ 董事会费，是指企业最高权力机构(如董事会)及其成员为履行职能而发生的各项费用，包括董事会成员津贴、差旅费、会议费等。

⑤ 聘请中介机构费，是指企业聘请会计师事务所等中介机构进行查账、验资、资产评估、税务清算、法律调查等发生的费用。

[①] 全国会计专业技术资格考试领导小组办公室 2007 年编的《中级会计专业技术资格考试大纲·财务管理》(经济科学出版社 2007 年版)确定的"成本费用总额"公式是：成本费用总额 = 营业成本 + 营业税金及附加 + 销售费用 + 管理费用 + 财务费用。

⑥ 咨询费,是指企业向有关咨询机构进行科学技术、经营管理咨询所支付的费用,包括聘请经济技术顾问、法律顾问等支付的费用。

⑦ 审计费,是指企业聘请注册会计师进行查账验资以及进行资产评估等发生的各项费用。

⑧ 诉讼费,是指企业因起诉或者应诉而发生的各项费用。

⑨ 排污费,是指企业按规定交纳的排污费用。

⑩ 绿化费,是指企业对厂区、矿区进行绿化而发生的零星绿化费用。

⑪ 税金,是指企业按规定支付的房产税、车船税、土地使用税、印花税。

⑫ 土地使用费(海域使用费),是指企业使用土地(海域)而支付的费用。

⑬ 土地损失补偿费,是指企业在生产经营过程中破坏国家不征用的土地所支付的土地损失补偿费。

⑭ 技术转让费,是指企业使用非专利技术而支付的费用。

⑮ 研究费用,是指企业内部科研机构进行研究开发以及委托外部单位研究开发新产品、新技术、新工艺所发生的新产品设计费,工艺规程制定费,设备调试费,原材料和半成品的试验费,技术图书资料费,未纳入国家计划的中间试验费,研究人员的薪酬,研究设备的折旧费,与新产品试制、技术研究有关的其他经费。由于研究阶段具有计划性和探索性的特点,受益对象不明确,因此研究阶段的支出应当采用费用化的处理方法,计入当期损益(管理费用)。对于开发阶段的支出,应当采用资本化的处理方法,但如果不符合资本化条件的,则应计入当期损益(管理费用)。

⑯ 无形资产摊销,是指专利权、商标权、著作权、土地使用权、非专利技术和专营权等无形资产的摊销。

⑰ 长期待摊费用摊销,是指对过去发生的租入固定资产的改良支出及摊销期限在一年以上的其他长期待摊费用按照规定进行逐月摊销计入成本的费用。

⑱ 开办费,是指企业筹建期间发生的各种开办费。

⑲ 业务招待费,是指企业为了开展生产经营业务所发生的合理的、必要的招待费用支出。

⑳ 存货盘亏、毁损和报废(减盘盈),是指盘点存货报批处理而核销的价值。

㉑ 探亲费,是指管理人员因回家探亲而发生的旅费。

㉒ 书籍资料印刷费,是指管理人员为提高工作技能而购买的各种书籍资料以及为印刷各种业务资料所发生的费用。

㉓ 劳动保护费,是指管理范围内为防署降温、防冻保暖、防矽尘毒等而按规定标准支付的保健费用。

㉔ 仓库经费,是指企业材料和产成品仓库为进行保管、整理等工作所发生的各种费用。

㉕ 警卫消防费,是指企业警卫、消防部门按规定应由管理费用负担的各种费用。

㉖ 出国经费,是指企业职工因出国考察、签订合同、培训等而按规定支付的各种费用。

㉗ 租赁费,是指因企业管理部门租用外单位房屋、设备、用具等经营租赁行为而发生

的租赁费。

㉘ 矿产资源补偿费,是指企业在中华人民共和国领域和其他管辖海域开采矿产资源,按照规定矿产品的销售收入的一定比例计算缴纳的一种费用。

㉙ 其他管理费用。

(3) 财务费用。是指企业在筹集资金等财务活动中而发生的各项费用。具体项目内容包括利息支出(减利息收入)、汇兑损失(减汇兑收益)、金融机构手续费、其他财务费用。

(4) 营业税金及附加。是指企业销售产品、提供劳务应向国家及有关单位缴纳的消费税、资源税、营业税、土地增值税、城建税和教育费附加。

二、期间费用的处理

企业发生的期间费用全部转入当期损益,即全部从当期营业收入中扣除。企业平时发生期间费用时,记入"销售费用"、"管理费用"、"财务费用"和"营业税金及附加"账户的借方,期末分别从这些账户贷方转入"本年利润"账户的借方,结转后,期间费用账户期末无余额。

第四节 成本和费用的分析

一、全部产品成本的分析

全部产品生产成本包括主要产品成本和非主要产品成本两部分。分析时,首先将全部产品的实际成本同计划成本进行比较,确定总成本是否超过计划;其次将主要产品的实际成本同计划成本及上年实际成本进行比较,确定成本超支或节约、升高或降低的额度;最后再分析非主要产品成本计划完成情况。

二、可比产品成本的分析

企业进行产品成本分析时,应将以前年度生产过有成本记录的可比产品单独列出来进行重点分析。除了同历史资料比较外,由于这些产品一般都制订有成本降低计划,还要进行降低任务完成情况的分析。

(一) 可比产品成本实际降低情况的分析

可比产品成本实际降低情况的分析是将本期可比产品实际成本同上期实际成本进行对比从而确定实际降低率的分析,举例如下。

例 2 某企业本年生产甲乙两种可比产品,实际产量分别为 150 台、160 件,实际单位成本分别是 34 元、27.5 元,甲产品上年实际产量 210 台,实际单位成本 40 元;乙产品上年实际产量 180 件,实际单位成本 25 元。

(1) $\dfrac{可比产品}{实际降低额} = \dfrac{本年实}{际产量} \times \dfrac{上年实际}{单位成本} - \dfrac{本年实}{际产量} \times \dfrac{本年实际}{单位成本}$

$$= (150 \times 40 + 160 \times 25) - (150 \times 34 + 160 \times 27.5)$$
$$= 10\,000 - 9\,500 = 500(元)$$

(2) 可比产品实际降低率 $= \dfrac{可比产品实际降低额}{本年实际产量 \times 上年实际单位成本} \times 100\%$

$$= 500 \div 10\,000 \times 100\% = 5\%$$

计算结果表明,该企业可比产品成本比上年实际降低 500 元,降低率为 5%。为了进一步分析,还要计算各产品成本降低率。

甲产品成本降低率 $= \dfrac{上年实际单位成本 - 本年实际单位成本}{上年实际单位成本} \times 100\%$

$$= \dfrac{40 - 34}{40} \times 100\% = 15\%$$

乙产品成本降低率 $= (25 - 27.5) \div 25 \times 100\% = -10\%$

计算结果表明,该企业甲产品成本比上年降低了 15%,乙产品成本比上年升高了 10%。

(二) 可比产品成本计划降低任务完成情况的分析

计划年度确定的可比产品成本降低任务包括计划降低额和计划降低率两部分。计划降低任务是对上年实际成本而言的,因而要以上年实际单位成本为计算基础。例如,上述企业本年度甲产品计划产量 250 台,计划单位成本 36 元,乙产品计划产量 200 件,计划单位成本 24 元,则:

可比产品计划降低额 $=$ 本年计划产量 $\times$ 上年实际单位成本 $-$ 本年计划产量 $\times$ 本年计划单位成本

$$= (250 \times 40 + 200 \times 25) - (250 \times 36 + 200 \times 24)$$
$$= 15\,000 - 13\,800 = 1\,200(元)$$

可比产品计划降低率 $= \dfrac{可比产品计划降低额}{本年计划产量 \times 上年实际单位成本} \times 100\%$

$$= \dfrac{1\,200}{15\,000} \times 100\% = 8\%$$

可比产品成本计划降低任务确定后应努力完成计划,可上述企业执行结果不够理想:

实际降低额 500 元 - 计划降低额 1 200 元 = -700 元(未完成计划)

实际降低率 5% - 计划降低率 8% = -3%(未完成计划)

影响可比产品成本降低任务完成的因素有三:一是产品产量变动;二是品种结构变动;三是单位成本变动。其中,产品产量变动只影响成本降低额,不影响降低率。现仍以上例予以说明。

1. 产品产量变动影响的分析

产品产量变动影响的成本降低额

$$= \left[\sum \left(本年实际产量 \times 上年单位成本\right) - \sum \left(本年计划产量 \times 上年单位成本\right) \right] \times 计划成本降价率$$

$$= [(150 \times 40 + 160 \times 25) - (250 \times 40 + 200 \times 25)] \times 8\%$$
$$= (10\,000 - 15\,000) \times 8\%$$
$$= -400(元)$$

2. 品种结构变动影响的分析

品种结构变动影响是指各种产品成本在总成本中的比重发生变动而对成本降低任务产生的影响。运用的公式如下：

品种结构变动影响的成本降低额

$$= \left[\sum\begin{pmatrix}本年\\实际\\产量\end{pmatrix} \times \begin{pmatrix}上年\\单位\\成本\end{pmatrix} - \sum\begin{pmatrix}本年\\实际\\产量\end{pmatrix} \times \begin{pmatrix}计划\\单位\\成本\end{pmatrix}\right] - \left[\sum\begin{pmatrix}本年\\实际\\产量\end{pmatrix} \times \begin{pmatrix}上年\\单位\\成本\end{pmatrix} \times \begin{pmatrix}计划\\成本\\降低率\end{pmatrix}\right]$$

$$= [(250 \times 40 + 160 \times 25) - (150 \times 36 + 160 \times 24)]$$
$$\quad - [(150 \times 40 + 160 \times 25) \times 8\%]$$
$$= (10\,000 - 9\,240) - 10\,000 \times 8\% = -40(元)$$

$$\text{品种结构变动影响的成本降低率} = \frac{\text{品种结构变动影响的成本降低额}}{\sum(\text{本年实际产量} \times \text{上年单位成本})} \times 100\%$$

$$= -40 \div 10\,000 \times 100\% = -0.4\%$$

3. 单位成本变动影响的分析

单位成本变动影响的成本降低额

$$= \left[\sum\begin{pmatrix}本年实\\际产量\end{pmatrix} \times \begin{pmatrix}计划单\\位成本\end{pmatrix} - \sum\begin{pmatrix}本年实\\际产量\end{pmatrix} \times \begin{pmatrix}本年实际\\单位成本\end{pmatrix}\right]$$

$$= (150 \times 36 + 160 \times 24) - (150 \times 34 + 160 \times 27.5)$$
$$= 9\,240 - 9\,500 = -260(元)$$

$$\text{单位成本变动影响的成本降低率} = \frac{\text{单位成本变动影响的成本降低额}}{\sum(\text{本年实际产量} \times \text{上年单位成本})} \times 100\%$$

$$= -260 \div 10\,000 \times 100\% = -2.6\%$$

将以上计算结果汇总列入表 5-1。

表 5-1 可比产品成本降低任务完成情况分析表

项目	可比产品成本降低额(元)	可比产品成本降低率
(1) 实际降低指标	500	5%
(2) 计划降低指标	1 200	8%
(3) 计划完成情况 = (1) - (2)	-700	-3%
① 产品产量变动影响	-400	0
② 品种结构变动影响	-40	-0.4%
③ 单位成本变动影响	-260	-2.6%
合计(应和(3)一致)	-700	-3%

三、主要产品单位成本的分析

对于主要产品单位成本，除了分析其降低额和降低率外，应着重按成本项目进行分析。现以上述企业甲产品为例列示有关计算资料，见表 5-2。

表 5-2 甲产品成本项目分析资料

项目	实际	计划	差异
甲产品单位成本(元)	40.00	36.00	4.00
1. 直接材料(元)	24.88	21.90	2.98
（1）单位耗用量(公斤/台)	20.00	21.90	-1.90
（2）材料单价(元/台)	1.244	1.00	0.244
2. 直接人工(元)	7.14	7.50	-0.36
（1）单位工时(小时/台)	1.40	1.50	-0.10
（2）小时工资率(元/小时)	5.10	5.00	0.10
3. 直接材料(元)	7.98	6.6	1.38
（1）单位工时(小时/台)	1.40	1.50	-0.10
（2）小时费用率(元/小时)	5.70	4.40	1.30

（1）直接材料项目的分析。

$$\begin{matrix}\text{单位耗用量}\\ \text{变动影响}\end{matrix} = \left(\begin{matrix}\text{实际单位}\\ \text{耗用量}\end{matrix} - \begin{matrix}\text{计划单位}\\ \text{耗用量}\end{matrix}\right) \times \begin{matrix}\text{计划}\\ \text{单价}\end{matrix}$$

$$= (20 - 21.9) \times 1.00 = -1.9(\text{元})$$

$$\begin{matrix}\text{材料单价}\\ \text{变动影响}\end{matrix} = \left(\begin{matrix}\text{实际}\\ \text{单价}\end{matrix} - \begin{matrix}\text{计划}\\ \text{单价}\end{matrix}\right) \times \begin{matrix}\text{实际单位}\\ \text{耗用量}\end{matrix}$$

$$= (1.244 - 1.00) \times 20 = 4.88(\text{元})$$

直接材料变动总差异 = 量差 + 价差 = -1.9 + 4.88 = 2.98(元)

（2）直接人工项目的分析。

工时消耗量变动影响 = (实际单位工时 - 计划单位工时) × 计划小时工资率

$$= (1.4 - 1.5) \times 5.00 = -0.50(\text{元})$$

小时工资率变动影响 = 实际单位小时 × (实际小时工资率 - 计划小时工资率)

$$= 1.4 \times (5.10 - 5.00) = 0.14(\text{元})$$

直接人工变动总差异 = 效率差异 + 工资率差异

$$= -0.50 + 0.14 = -0.36(\text{元})$$

（3）制造费用项目的分析。

工时消耗量变动影响 = (实际单位工时 - 计划单位工时) × 计划小时费用率

$$= (1.4 - 1.5) \times 4.40 = -0.44(\text{元})$$

小时费用率变动影响 = 实际单位小时 × (实际小时费用率 - 计划小时费用率)

$$= 1.4 \times (5.70 - 4.40) = 1.82(\text{元})$$

制造费用变动总差异 = 效率差异 + 费用率差异

$$= -0.44 + 1.82 = 1.38(\text{元})$$

四、期间费用的分析

期间费用的分析一般采用比较分析法进行分析。首先,要将本单位期间费用的实际发生数同期间费用的预算数进行对比,求出各期间费用的差异,并对差异大的项目进行重点分析。其次,要计算期间费用率同全国平均(先进)水平、行业平均(先进)水平以及国外先进水平进行比较,找出差距,以便采取有效措施予以改进。

例3 我国全部国有及规模以上非国有工业企业期间费用发生情况见表5-3。要求计算2007—2011年度我国工业企业各项期间费用率。

表5-3 我国规模以上工业企业期间费用率计算表

单位:亿元

项目	2007年	2008年	2009年	2010年	2011年	五年累计	年递增率
(1) 主营业务收入	354 518	439 464	474 609	624 451	843 315	2 736 357	24.2%
(2) 营业税金及附加	4 043	5 051	7 293	9 366	13 212	38 965	34.5%
(3) 销售费用	9 222	12 355	11 992	15 007	19 354	67 930	20.4%
(4) 管理费用	12 997	15 698	17 581	21 567	28 414	96 257	21.6%
(5) 财务费用	3 927	5 110	5 282	6 269	8 729	29 317	22.1%
(6) 营业税附率=(2)/(1)	1.14%	1.15%	1.54%	1.50%	1.57%	1.42%	
(7) 销售费用率=(3)/(1)	2.60%	2.81%	2.53%	2.40%	2.29%	2.48%	
(8) 管理费用率=(4)/(1)	3.67%	3.57%	3.70%	3.45%	3.37%	3.52%	
(9) 财务费用率=(5)/(3)	1.11%	1.16%	1.11%	1.00%	1.04%	1.07%	

资料来源:2008—2012年各年《中国统计摘要》,其中,"营业税金及附加"仅指"主营业务税金及附加",2007—2010年数据是1—11月累计数据。

从表5-3可见,我国规模以上工业企业期间费用占主营业务收入的比率存在着"一升"、"三降"的情况:营业税金及附加占主营业务收入的比率由2007年的1.14%上升到2011年的2.78%,2007—2011年五年累计平均为1.42%;销售费用占主营业务收入的比率由2007年的2.60%下降到2011年的2.29%,2007—2011年五年累计平均为2.48%;管理费用占主营业务收入的比率由2007年的3.67%下降到2011年的3.37%,2007—2011年五年累计平均为3.52%;财务费用占主营业务收入的比率由2007年的1.11%下降到2011年的1.04%,2007—2011年五年累计平均为1.07%。营业税金及附加上升的原因,主要是国家税收体制改革所致。其他期间费用下降除了国家几次降低存贷款利息外,我国工业企业加强内部管理、提高管理水平也是极其重要的原因。

2007—2011年,我国规模以上工业企业四项期间费用之和占五年累计主营业务收入的比率为8.50%,比2004—2007年累计平均9.51%低1.01个百分点。

2000—2002年,我国1 304家上市公司营业税附率(主营业务税金及附加与主营业务收入的比率)1.67%、销售费用率4.72%、管理费用率6.60%、财务费用率1.72%,四项期间费用之和占三年累计主营业务收入的比率为14.71%(数据取自中国矿业大学朱学义教授上市公司数据库),2011年2 342家上市公司营业税附率(营业税金及附加与营业收入的比率,其余三项指标分母均为营业收入)3.66%、销售费用率3.19%、管理费用率4.25%、财务费用率1.04%,四项期间费用之和占当年营业收入的比率为12.14%(数据取自CCER经济金融研究数据库)。

习题十二

目的:练习产品制造成本的计算和成本的分析。

1. 产品制造成本的计算。

先锋工厂有两个基本生产车间,生产情况和有关费用如下:

一车间本月投产甲产品 50 件,本月全部完工入库,发生直接材料费 50 000 元,直接人工 35 000 元,该车间本月发生制造费用 32 000 元(仅生产甲产品);

二车间本月投产乙产品 100 件、丙产品 80 件。乙产品本月发生直接材料 120 000 元,直接人工 75 000 元;丙产品本月发生直接材料 96 000 元,直接人工 65 000 元。该车间本月发生制造费用 168 000 元(按丙、乙两种产品的直接人工比例分配于丙、乙两种产品)。乙产品本月完工入库 60 件,丙产品本月没有完工。计入乙产品成本的各项费用(料、工、费)均按完工产品数量和在产品数量的比例分配。该厂本月销售甲产品 20 件,乙产品 10 件。要求计算:

(1)完工甲产品总成本 =

完工甲产品单位成本 =

(2)制造费用分配率 =

乙产品分摊制造费用 =

丙产品分摊制造费用 =

(3)乙产品本月生产费用总额 =

乙产品生产费用分配率 =

完工乙产品总成本 =

完工乙产品单位成本 =

(4)该厂月末在产品成本 =

本月进入"库存商品"账户借方金额 =

(5)本月产品销售成本 =

2. 可比产品成本的分析。

假设上述先锋工厂月度成本计算资料为年度计算资料,试对产品成本进行分析(填表)。

产品名称	上年同期		本月计划		本月实际	
	实际产量	实际单位成本	计划产量	计划单位成本	实际产量	实际单位成本
甲	45 件	2 300 元	48 件	2 350 元		
乙	55 件	2 800 元	58 件	2 810 元		

进一步完成可比产品成本降低任务完成情况分析表(降低率精确到 0.01%)。

项目	可比产品成本降低额(元)	可比产品成本降低率(%)
(1) 实际降低指标		
(2) 计划降低指标		
(3) 计划完成情况 = (1) - (2)		
① 产品产量变动影响		
② 品种结构变动影响		
③ 单位成本变动影响		
合计		

第六章 收入和利润

第一节 收入

一、收入的种类

我国《企业会计准则第 14 号——收入》定义的收入,是指企业在日常活动中形成的、会导致所有者权益增加的、与所有者投入资本无关的经济利益的总流入,包括销售商品收入、提供劳务收入和让渡资产使用权收入。其中,"日常活动"是指企业为完成其经营目标所从事的经常性活动以及与之相关的活动,不包括偶发活动,如处置固定资产等。"经济利益"是指直接或间接流入企业的现金或现金等价物。我国企业会计准则定义的收入指的是营业收入,分为"主营业务收入"和"其他业务收入"两类,并设置相应的会计科目进行核算。

(一) 主营业务收入

主营业务收入是指企业在销售商品和提供劳务等主要经营业务中取得的收入。在工业企业,主营业务收入包括销售库存商品、自制半成品和提供工业性劳务等所取得的收入;在商品流通企业,它包括商品销售收入(包括自购自销商品收入、代销商品收入)和代购代销手续费收入;在施工企业,它包括承包工程实现的工程价款结算收入和向发包单位收取的各种索赔款等;在房地产开发企业,它指对外转让土地、销售商品房和代建工程的结算收入以及出租开发产品所取得的收入等;在交通运输企业,它指旅客和货物的运输收入、装卸收入、堆存收入等;在旅游及服务企业,它包括客房收入、餐饮收入、服务收入等。

(二) 其他业务收入

其他业务收入是指除主营业务活动以外的其他经营活动实现的收入,包括出租固定资产、出租无形资产、出租包装物、出租商品、材料销售、材料交换、材料抵债、代购代销、技术转让、提供非工业性劳务等所取得的收入。其特点是，每笔业务金额一般较小，收入不十分稳定，服务对象不太固定，占营业收入的比重较低。

二、收入的确认

（一）收入确认概念及其确认方法

收入确认是指将符合收入定义及收入确认标准的某个项目记入或列入利润表的过程。简言之，收入确认是指什么时间作为营业收入的实现，也就是与收入有关的交易金额什么时间记入"主营业务收入"或"其他业务收入"科目贷方。收入确认的方法有三种：一是销售法，即在销售成立或劳务履行时确认收入实现，如商（产）品在销售时确认收入实现；二是生产法，即在生产过程中或完成生产时确认收入实现，如生产周期较长的大型机器设备、船舶的制造按完成进度法等确认收入实现；三是收现法，即以账款的实际收讫日确认收入实现，如一些零售、批发或服务行业的商贸企业在向顾客销售收现的当日（销售时点和收现时点往往相同或较为接近）确认收入实现。在一般情况下，企业较多采用销售法。

（二）收入确认的条件

1. 销售商品收入确认的条件

销售商品必须同时满足以下五个条件才能确认收入的实现：一是企业已将商品所有权上的主要风险和报酬转移给购货方；二是企业既没有保留通常与所有权相联系的继续管理权，也没有对已售出的商品实施控制；三是收入的金额能够可靠地计量；四是相关的经济利益很可能流入企业；五是相关的已发生或将要发生的成本能够可靠地计量。

销售商品收入确认条件的具体应用分为以下三种情况：

（1）下列商品销售，通常按规定的时点确认为收入，有证据表明不满足收入确认条件的除外：① 销售商品采用托收承付方式的，在办妥托收手续时确认收入。② 销售商品采用预收款方式的，在发出商品时确认收入，预收的货款应确认为负债。③ 销售商品需要安装和检验的，在购买方接受商品以及安装和检验完毕前，不确认收入，待安装和检验完毕时确认收入。如果安装程序比较简单，可在发出商品时确认收入。④ 销售商品采用以旧换新方式的，销售的商品应当按照销售商品收入确认条件确认收入，回收的商品作为购进商品处理。⑤ 销售商品采用支付手续费方式委托代销的，在收到代销清单时确认收入。

（2）采用售后回购方式销售商品的，收到的款项应确认为负债；回购价格大于原售价的，差额应在回购期间按期计提利息，计入财务费用。有确凿证据表明售后回购交易满足销售商品收入确认条件的，销售的商品按售价确认收入，回购的商品作为购进商品处理。

（3）采用售后租回方式销售商品的，收到的款项应确认为负债；售价与资产账面价值之间的差额，应当采用合理的方法进行分摊，作为折旧费用或租金费用的调整。有确凿证据表明认定为经营租赁的售后租回交易是按照公允价值达成的，销售的商品按售价确认收入，并按账面价值结转成本。

2．提供劳务时收入的确认条件

企业对外提供劳务，其收入的确认条件分以下三种情况：

（1）资产负债表日能够可靠估计劳务交易结果的收入的确认。企业在资产负债表日提供劳务交易的结果能够可靠估计的，应当采用完工百分比法确认提供劳务收入。完工百分比法，是指按照提供劳务交易的完工进度确认收入与费用的方法。"提供劳务交易的结果能够可靠估计"，是指同时满足四个条件：一是收入的金额能够可靠地计量；二是相关的经济利益很可能流入企业；三是交易的完工进度能够可靠地确定；四是交易中已发生和将发生的成本能够可靠地计量。企业确定"提供劳务交易的完工进度"，可以选用的方法有已完工作的测量、已经提供的劳务占应提供劳务总量的比例、已经发生的成本占估计总成本的比例。

（2）资产负债表日不能够可靠估计劳务交易结果的收入的确认。企业在资产负债表日提供劳务交易的结果不能够可靠估计的，应当分别下列情况处理：① 已经发生的劳务成本预计能够得到补偿的，按照已经发生的劳务成本金额确认提供劳务的收入，并按相同金额结转劳务成本。② 已经发生的劳务成本预计不能够得到补偿的，应当将已经发生的劳务成本计入当期损益，不确认提供劳务收入。

（3）提供劳务与销售商品混在一起的劳务收入的确认。企业与其他企业签订的合同或协议包括销售商品和提供劳务时，销售商品部分和提供劳务部分能够区分且能够单独计量的，应当将销售商品的部分作为销售商品处理，将提供劳务的部分作为提供劳务处理。销售商品的部分和提供劳务的部分不能够区分，或虽能区分但不能够单独计量的，应当将销售商品部分和提供劳务部分全部作为销售商品处理。

3．让渡资产使用权时收入的确认

让渡资产使用权而发生的收入包括利息收入、使用费收入等。当与交易相关的经济利益很可能流入企业，收入金额能够可靠地计量时确认收入。利息收入金额按照他人使用本企业货币资金的时间和实际利率计算确定；使用费收入金额，按照有关合同或协议约定的收费时间和方法计算确定。

三、收入的处理

（一）收入形成的入账

1．商品销售收入的入账

企业销售商品产品（包括提供加工、修理、修配劳务）一般都要向客户收取增值税，开具增值税专用发票。增值税是价外税，销售收入中不包括增值税。但如果是收现给货，如零售商店的柜台交易，由于零售价包括最终消费者承担的增值税在内，因此平时销售收入暂时混入增值税入账，但企业应定期或月终再计算出增值税税额冲减其销售收入。现以工商企业为例予以说明。

例1 杜晋厂12月5日赊销售商品一批，价款204 820元，增值税34 819元，共计239 639元货款未收。杜晋厂12月5日做如下记录：

（1）记入"主营业务收入"账户贷方金额204 820元；

（2）应向客户收取的增值税34 819元记入"应交税费——应交增值税——销项税

额"账户贷方；

（3）该批商品结算额共计239 639元未收，记入"应收账款"账户借方。

例2 续上例。上例付款条件为"2/10，n/30"，客户在12月14日偿付了全部货款，折扣期间享受现金折扣4 096元（204 820×2%）。杜晋厂12月14日收到货款时做如下记录：

"银行存款"增加235 543元（204 820×98% + 34 819）；

"财务费用"增加4 096元；

"应收账款"减少239 639元。

例3 杜晋厂11月售给C单位的一批商品（11月已收货款24 820元，增值税4 219元）12月全部退回。12月25日，杜晋厂相应退回了已收的款项。杜晋厂12月25日将款项退给C单位时做如下记录：

（1）减少"银行存款"29 039元（24 820 + 4 219）；

（2）冲减12月份"主营业务收入"24 820元；

（3）冲减12月份应交增值税4 219元记入"应交税费——应交增值税——销项税额"账户的借方（由于"应交增值税明细账"在贷方设置了"销项税额"栏目，借方未设置"销项税额"栏目，实际登账时在"应交增值税明细账"贷方"销项税额"栏登红字金额4 219元）。

例4 某零售商店12月1日售出商品收入现金1 000元，以后每天如此，全月共收入30 000元，增值税税率17%。该零售商店12月份做如下记录：

（1）12月1日，该商店"库存现金"增加1 000元，"主营业务收入"增加1 000元（以后每天均这样记录）。

（2）12月31日，该商店计算全月应交增值税4 358.97元（30 000÷1.17×17%），在会计账上减少"主营业务收入"4 358.97元，增加"应交税费——应交增值税——销项税额"4 358.97元。

（3）该商店12月份营业收入总额 = 30 000 - 4 358.97 = 25 641.03（元）。

以上是一般纳税人的销售业务，这些单位或个人按17%或13%的增值税税率向客户收取增值税。如果销售单位是小规模纳税人，则应交增值税按3%的征收率计算，举例如下。

例5 某书店为小规模纳税人，12月份按图书码洋销售收款28 840元，增值税征收率3%，则：

（1）该书店12月份应交增值税 = 28 840÷1.03×3% = 840（元）；

（2）该书店12月份营业收入总额 = 28 840 - 840 = 28 000（元）。

2. 商品销售收入净额的反映

企业在销售过程中，为了扩大销售，有时会给客户一定的销售折扣（商业折扣和现金折扣）；企业有时售出去的商品，因品种、质量不符合规定，需要降价结算，即给客户一定的销售折让；企业有时售出去的商品，因品种规格不符合要求等原因而被退回。对于销售折扣中的商业折扣、销售折让和销售退回，一律抵（冲）减当期营业收入，而给客户提供的现金折扣则作"财务费用"处理，不冲减营业收入。因此，商品销售收入净额按如下公式计算：

商品销售收入净额 = 商品销售收入 - 商业折扣 - 销售折让 - 销售退回

企业期末编制的利润表中"营业收入"项目反映营业收入的净额。以上述杜晋厂 12 月份业务数据为例(见例 1 至例 3),该厂 12 月份利润表中"营业收入"填列的金额(180 000 元)计算如下:

$$\begin{aligned}主营业务收入净额 &= 主营业务收入 - 商业折扣 - 销售折让 - 销售退回\\ &= 例1收入204\,820元 - 0 - 0 - 例3退回24\,820元\\ &= 180\,000(元)\end{aligned}$$

3. 其他业务收入的入账

(1) 材料销售。企业购进的材料如果因多余不用或其他原因向外销售,均要在价外向客户收取增值税,因而入账的材料销售收入不包括向客户收取的增值税。

例 6 甲厂本月销售材料一批,价款为 2 300 元,增值税销项税为 391 元。经查,该批材料当初购入时价款为 2 000 元(实际成本),增值税进项税为 340 元。该企业适用的增值税税率为 17%、城建税税率为 7%、教育费附加率为 3%。计算该材料销售产生的营业利润,并进行相应的账务处理。

① 销售材料增加"其他业务收入"2 300 元;
② 销售材料增加"其他业务成本"2 000 元;
③ 销售材料产生应交增值税 51 元(销项税额 391 元 - 进项税额 340 元);
④ 销售材料增加"应交城建税"3.57 元(应交增值税 51 元 × 7%);
⑤ 销售材料增加"应交教育费附加"1.53 元(应交增值税 51 元 × 3%);
⑥ 销售材料增加"营业税金及附加" = ④ + ⑤ = 3.57 + 1.53 = 5.10(元);
⑦ 销售材料获得的营业利润 = 其他业务收入 - 其他业务成本 - 营业税金及附加
　　　　　　　　　　　　= 2 300 - 2 000 - 5.10 = 294.90(元)。

上述业务,甲厂要做如下五笔会计分录:
一是销售材料收到款项编制以下会计分录:

借:银行存款	2 691
贷:其他业务收入——材料销售	2 300
应交税费——应交增值税——销项税额	391

二是销售材料结转材料成本编制以下会计分录:

借:其他业务成本——材料销售	2 000
贷:原材料	2 000

三是计算营业税金及附加(5.10 元),编制相应会计分录:

借:营业税金及附加——材料销售	5.10
贷:应交税费——应交城建税	3.57
——应交教育费附加	1.53

四是结转"其他业务收入"科目

借:其他业务收入——材料销售	2 300
贷:本年利润	2 300

五是结转"其他业务成本"、"营业税金及附加"科目

借:本年利润	2 005.10

　　　　贷：其他业务成本——材料销售　　　　　　　　　　　2 000
　　　　　　营业税金及附加——材料销售　　　　　　　　　　5.10

　　通过以上会计处理,销售材料取得的营业利润 = "本年利润"贷方 2 300 – "本年利润"借方 2 005.10 = 294.90(元)。

　　(2) 出租包装物。企业销售产品时,有时要耗用包装箱、包装桶等。这些包装物对客户来说一般没有使用价值,而销货单位却能继续使用,因而销货单位领用的包装物在随产品出售时总要按客户占用时间收取一定的租金(有的还另外收取押金)。收取的包装物租金要缴纳增值税,则入账的包装物出租收入不包括向客户收取的增值税。需要说明的是,销货单位收取的押金在包装物到期退还时全部予以退还,不能作收入入账。但是,如果客户到期不能全部退回包装物,发生损坏、丢失等情况,则要没收其相应押金,这部分没收的押金作企业其他业务收入入账,同时应缴纳的增值税作"营业税金及附加"处理。现举例说明。

　　例7　某企业在产品销售时出租包装物一批,当时收取押金 2 100 元,收取租金 600 元。包装物到期,客户仅退还三分之二的包装物。企业相应退回押金 1 400 元,没收押金 700 元,增值税税率 17%。

　　销货单位取得"其他业务收入" 1 111 元[(600÷1.17) + (700÷1.17)];记入"应交税费——应交增值税——销项税额"账户贷方的金额为 189 元[(600÷1.17×17%) + (700÷1.17×17%)]。

　　(3) 出租固定资产。企业固定资产若闲置不用,可临时对外出租,收取租金。固定资产租金收入作其他业务收入入账,按收入的 5% 计算应交的营业税,再按应交营业税的 7%、3% 计算应交城建税和应交教育费附加,对于出租固定资产折旧、修理等耗费作"其他业务成本"处理。

　　例8　杜晋厂出租固定资产,12 月份收到租金 2 200 元。杜晋厂 12 月份对出租固定资产计提折旧 400 元。该企业适用的营业税税率 5%、城建税税率 7%、教育费附加率 3%。计算出租固定资产本月产生的营业利润。

　　① 收到租金增加"其他业务收入" 2 200 元;
　　② 对出租固定资产计提折旧增加"其他业务成本" 400 元;
　　③ 按收入计算应交营业税 110 元(2 200×5%);
　　④ 按营业税计算"应交城建税" 7.7 元(110×7%);
　　⑤ 按营业税计算"应交教育费附加" 3.3 元(110×3%);
　　⑥ 出租固定资产增加"营业税金及附加" = ③ + ④ + ⑤ = 110 + 7.7 + 3.3 = 121(元);
　　⑦ 出租固定资产获得的营业利润 = 其他业务收入 – 其他业务成本 – 营业税金及附加 = 2 200 – 400 – 121 = 1 679(元)。

　　(4) 出租无形资产。企业出租专利权、商标权、土地使用权等无形资产使用权取得的收入作其他业务收入入账,同时要按收入 5% 计算应交营业税,再按应交营业税的 7% 和 3% 计算应交城建税和应交教育费附加。出租无形资产使用权,账面价值的摊销以及本企业派出技术顾问等发生的必要耗费,列作其他业务成本处理。需要说明的是,出售无形资产所有权,比照固定资产处理,即将取得的收入大于其无形资产账面价值及其应交营业税、应交城建税和应交教育费附加的部分,转作"营业外收入"处理,反之转为"营业外支出"处理。

例9 杜晋厂出租专利权一项,12月份收到租金50 000元,12月摊销专利权账面价值34 525元。该企业适用的营业税税率5%、城建税税率7%、教育费附加率3%。计算出租专利权本月产生的营业利润,并进行相应的账务处理。

① 收到租金增加"其他业务收入"50 000元;
② 摊销专利权账面价值增加"其他业务成本"34 525元;
③ 按收入计算应交营业税2 500元(50 000×5%);
④ 按营业税计算"应交城建税"175元(2 500×7%);
⑤ 按营业税计算"应交教育费附加"75元(2 500×3%);
⑥ 出租专利增加"营业税金及附加" = ③ + ④ + ⑤ = 2 500 + 175 + 75 = 2 750(元);
⑦ 出租专利获得的营业利润 = 其他业务收入 - 其他业务成本 - 营业税金及附加
　　　　　　　　　= 50 000 - 34 525 - 2 750 = 12 725(元)。

上述业务,杜晋厂要做如下五笔会计分录:
一是收到租金编制以下会计分录:

借:银行存款	50 000
贷:其他业务收入——出租无形资产	50 000

二是摊销专利权价值编制以下会计分录:

借:其他业务成本——出租无形资产	34 525
贷:累计摊销	34 525

三是计算营业税金及附加(2 750元),编制相应会计分录:

借:营业税金及附加——出租无形资产	2 750
贷:应交税费——应交营业税	2 500
——应交城建税	175
——应交教育费附加	75

四是结转"其他业务收入"科目

借:其他业务收入——出租无形资产	50 000
贷:本年利润	50 000

五是结转"其他业务成本"、"营业税金及附加"科目

借:本年利润	37 275
贷:其他业务成本——出租无形资产	34 525
营业税金及附加——出租无形资产	2 750

通过以上会计处理,出租专利权取得的营业利润 = "本年利润"贷方50 000 - "本年利润"借方37 275 = 12 725(元)。

(5)非工业性劳务。它是指工业企业生产工人从事的非产品生产加工劳务作业,如对外运输、装卸、整理等作业。非工业性劳务收入作"其他业务收入"入账,相应计交的营业税、城建税和教育费附加等作"营业税金及附加"处理。

(6)其他收入。其他收入包括企业将材料同其他单位进行非货币性资产交接取得

的收入(材料交换收入)、用材料清偿债务时所确认的收入、出租商品收入、代购代销收入等。

（二）收入的期末结转

企业"主营业务收入"科目、"其他业务收入"科目平时在贷方登记取得的收入,期末,应将该科目贷方发生额扣除借方的冲销额(如销货退回的冲销额等)后的净额转入"本年利润"科目贷方,结转后,"主营业务收入"科目、"其他业务收入"科目期末无余额。

第二节 利润

一、营业利润

营业利润是指企业经营业务所取得的利润,包括利润净额、公允价值变动损益和投资净收益。公式如下：

$$营业利润 = 利润净额 \pm 公允价值变动损益 \pm 投资净收益$$

$$利润净额 = 营业收入 - 营业成本 - 营业税金及附加 - 销售费用 - 管理费用 - 财务费用 - 资产减值损失$$

（一）营业收入

利润表上设置"营业收入"项目,它由下列公式中两项收入构成：

$$营业收入 = 主营业务收入 + 其他业务收入$$

（二）营业成本

营业成本是指企业在一定会计期间为销售商品、提供劳务或从事其他经营活动而发生的成本。利润表上设置"营业成本"项目,它由下列公式中两项成本构成：

$$营业成本 = 主营业务成本 + 其他业务成本$$

主营业务成本从"库存商品明细账"中计算得出。"库存商品"账户借方反映本期完工入库产品的生产成本,贷方反映已销产品或发出商品的成本,期末借方余额反映结存库存商品的成本。本期已销商品的成本可按先进先出法、加权平均法或个别计价法等方法计算得出。本期已销商品成本计算出来之后,要从"库存商品"科目贷方转入"主营业务成本"科目借方,反映库存商品减少(发出),进入销售的主营业务成本增加;再从"主营业务成本"科目贷方转入"本年利润"科目借方,反映企业用主营业务成本去抵减主营业务收入,求得主营业务毛利润。

例10 杜晋厂12月份销售甲产品1 000件所实现的收入180 000元已经入账(本章前述例1至例3),月末计算出这1 000件已销产品的成本为108 029.40元。杜晋厂12月31日编制如下会计分录：

借：主营业务成本——甲产品　　　　　　　　108 029.40
　　贷：库存商品——甲产品　　　　　　　　　　　　108 029.40
借：本年利润　　　　　　　　　　　　　　　108 029.40
　　贷：主营业务成本——甲产品　　　　　　　　　　108 029.40

借:主营业务收入——甲产品　　　　　　　　　　　　　　180 000
　　贷:本年利润　　　　　　　　　　　　　　　　　　　　　　180 000

通过以上账务处理,杜晋厂12月份主营业务毛利计算如下:

主营业务毛利 = 主营业务收入 − 主营业务成本
　　　　　　 = "本年利润"账户贷方180 000 − "本年利润"账户借方108 029.40
　　　　　　 = 71 970.60(元)

同理,企业期末,要将材料销售等其他业务从"原材料"等科目的贷方转入"其他业务成本"科目借方,进而再从"其他业务成本"科目贷方转入"本年利润"科目借方,反映企业用其他业务成本去抵减其他业务收入,求得其他业务毛利润。

例11 杜晋厂12月份其他业务收入共计52 200元(本章前述例8出租固定资产收入2 200元+本章前述例9出租专利权收入50 000元),其他业务成本共计34 925元(出租固定资产折旧400元+出租专利权账面价值34 525元),则:

其他业务毛利 = 52 200 − 34 925 = 17 275元

通过例10、例11,杜晋厂12月份进入利润表当月的营业收入、营业成本的数额及其营业毛利分别计算如下:

营业收入 = 主营业务收入 + 其他业务收入
　　　　 = 180 000 + 52 200 = 232 200(元)

营业成本 = 主营业务成本 + 其他业务成本
　　　　 = 108 029.40 + 34 925 = 142 954.40(元)

营业毛利 = 营业收入 − 营业成本
　　　　 = 232 200 − 142 954.40 = 89 245.60(元)

企业在会计期末结转营业收入和营业成本后,"主营业务收入"、"主营业务成本"、"其他业务收入"和"其他业务成本"科目期末无余额。

(三) 营业税金及附加

营业税金及附加是指企业因从事生产经营活动而按税法规定缴纳的,应从营业收入中抵扣的税金及附加,包括消费税、营业税、资源税、土地增值税、城建税和教育费附加。

1. 消费税

消费税是指对生产、委托加工和进口应税消费品的单位和个人所征收的一种税。应税消费品(2009年1月1日调整实施的税率)包括:烟(税率有30%、36%、36%加0.003元/支、56%加0.003元/支)、酒及酒精(白酒税率20%加0.5元/500克或500毫克,黄酒每吨240元,啤酒每吨220元、225元,其他酒10%,酒精5%)、化妆品(30%)、贵重首饰及珠宝玉石(5%、10%)、鞭炮焰火(15%)、高尔夫球及球具(10%)、高档手表(20%)、游艇(10%)、木制一次性筷子(5%)、实木地板(5%)、成品油(汽油每升1.00、1.40元、柴油每升0.80元、石脑油每升1.0元、溶剂油每升1.0元、润滑油每升1.0元、燃料油每升0.80元、航空煤油每升0.80元)、汽车轮胎(3%)、摩托车(3%、10%两档)、小汽车(乘用车1%、3%、5%、9%、12%、25%、40%、中轻型商用客车5%)。消费税的计算公式如下:

应交消费税 = 销售额 × 税率

或

　　　　　 = 销售数量 × 单位税额

一般说来,缴纳消费税的消费品还需要缴纳增值税,但两者主要不同点是:消费税是价内税,记入"营业税金及附加"科目,增值税是价外税,不记入"营业税金及附加"科目。征收消费税的目的是调节消费结构,正确引导消费方向。

2. 营业税

营业税是指提供应税劳务、转让无形资产、销售不动产的单位和个人所缴纳的一种税。六大行业和两类业务要缴纳营业税。六大行业及其税率是:建筑业(3%)、金融保险业(5%)、邮电通信业(3%)、文化体育业(3%)、娱乐业(5%—20%)、服务业(不包括交纳增值税的部分现代服务业)(5%);各行业的两类业务及其税率是:转让无形资产(5%)、销售不动产(指销售建筑物及其他土地附着物,税率5%)。营业税计算公式如下:

$$应交营业税 = 营业额 \times 税率$$

企业期末计算出应缴纳的营业税时,借记"营业税金及附加"科目,贷记"应交税费——应交营业税"科目。

3. 资源税

资源税是对在我国境内从事开采矿产品及生产盐的单位和个人所征收的一种税。2011年11月1日起实施的、新修订的《中华人民共和国资源税暂行条例实施细则》规定:矿产品(相应税率)包括原油(按收入5%计税)、天然气(按收入5%计税)、煤炭(每吨焦煤8元,其他煤炭每吨2.00元、2.30元、2.30元、2.80元、3.00元、3.20元、3.60元、4.00元)、黑色金属矿产品(每吨3—25元)、有色金属矿产品(每吨0.4—60元)、其他非金属矿产品(原矿每吨或每平方米0.5—20元);盐(相应税率)包括:北方海盐(每吨25元)、南方海盐、井矿盐、湖盐(每吨12元)、液体盐(每吨3元)。资源税计算公式如下:

$$应交资源税 = 课税数量 \times 单位税额$$
$$= 课税收入 \times 资源税率$$

企业期末计算出应缴纳的资源税时,借记"营业税金及附加"、"生产成本"、"制造费用"等科目,贷记"应交税费——应交资源税"科目。

4. 土地增值税

土地增值税是对转让国有土地使用权、地上建筑物及其附着物并取得收入的单位和个人按其所获增值额所征收的一种税。开征土地增值税是增强国家对房地产开发和房地产市场调控力度的客观需要,是抑制炒买炒卖土地投机获取暴利的行为的需要,也是规范国家参与土地增值收益的分配方式,增加国家财政收入的需要。这里的增值额是指转让房地产所取得的收入减去规定扣除项目金额后的余额。收入包括货币收入、实物收入和其他收入。扣除项目包括:取得土地使用权所支付的金额;开发土地的成本、费用;新建房屋及配套设施的成本、费用,或者旧房及建筑物的评估价格;与转让房地产有关的税金;财政部规定的其他扣除项目。土地增值税实行超率累进税率(见表6-1)计税。

表6-1 土地增值税税率表

级次	土地增值额	税率	速算扣除公式
1	未超过扣除项目金额50%的部分	30%	增值额×30%
2	超过50%,未超过扣除项目金额100%的部分	40%	增值额×40% − 扣除项目金额×5%
3	超过100%,未超过扣除项目金额200%的部分	50%	增值额×50% − 扣除项目金额×15%
4	超过扣除项目金额200%的部分	60%	增值额×60% − 扣除项目金额×35%

企业期末计算出应缴纳的土地增值税时,借记"营业税金及附加"科目,贷记"应交税费——应交土地增值税"科目。

5. 城建税

城建税是国家为了加强城市维护和建设,稳定和扩大城市维护和建设的资金来源而征收的一种地方税。城建税计算公式如下:

应交城建税 =(应交消费税 + 应交增值税 + 应交营业税)× 城建税税率

应交增值税 = 销项税额 −(进项税额 − 进项税额转出)①

国家对城建税税率的规定是:企业所处市区的,城建税税率7%;企业所处县镇的,城建税税率5%;企业所处其他地区的,城建税税率1%。

企业期末计算出应交纳的城建税时,借记"营业税金及附加"科目,贷记"应交税费——应交城建税"科目。企业在上交消费税、增值税和营业税的同时上交城建税。

6. 教育费附加

教育费附加是国家为了加快我国教育事业的发展,扩大地方教育经费资金来源而在现行主要流转税的基础上征收的一种附加费用。计算公式如下:

应交教育费附加 =(应交消费税 + 应交增值税 + 应交营业税)× 教育费附加率

教育费附加率国家规定为3%。一些省市还另外作出规定,如江苏省还规定按"三税"的2%计算缴纳地方教育费附加。

企业期末计算出应缴纳的教育费附加时,借记"营业税金及附加"科目,贷记"应交税费——应交教育费附加"科目。企业在上交消费税、增值税和营业税的同时上交教育费附加。

7. 营业税金及附加核算举例

例12 杜晋厂(一般纳税人)12月份主营业务净收入180 000元,向客户收取增值税30 600元(当月购进生产用材料向供货单位支付增值税27 880元,其中部分材料用于非增值税应税产品消耗,相应转出进项税额5 100元);该厂12月份主营业务收入中有一种产品41 200元收入应缴纳消费税;该厂12月份收到出租固定资产租金2 200元(见本章前述例8,其他业务收入2 200元,其他业务成本400元,营业税金及附加121元),出租专利权收入50 000元(见本章前述例9,其他业务收入50 000元,其他业务成本34 525元,营业税金及附加2 750元)。该企业适用的消费税税率5%、城建税税率7%、教育费附加率3%。试计算该厂12月份营业税金及附加总额和两类业务营业税金及附加金额。

(1)产品业务应交消费税 = 41 200 × 5% = 2 060(元)

(2)产品业务应交增值税 = 30 600 −(27 880 − 5 100)= 7 820(元)

(3)产品业务应交城建税 =(2 060 + 7 820)× 7% = 691.60(元)

(4)产品业务应交教育费附加 =(2 060 + 7 820)× 3% = 296.40(元)

(5)产品业务营业税金及附加 =(1)+(3)+(4)= 2 060 + 691.60 + 296.40 = 3 048(元)

(6)其他业务营业税金及附加 = 121 + 2 750 = 2 871(元)

---

① 对于出口企业,还要考虑出口退税、出口抵减内销产品应纳税额等因素。

(7) 全部业务营业税金及附加 = (5) + (6) = 3 048 + 2 871 = 5 919(元)

通过以上计算,杜晋厂 12 月份进入利润表"营业税金及附加"项目的当月金额填列 5 919 元。

(四)"三费一损"

作者定义的"三费一损"是利润表中销售费用、管理费用、财务费用和资产减值损失的统称。其中,资产减值损失包括两大类:一是《企业会计准则第 8 号——资产减值》规定的资产减值损失(与资产减值损失对应的会计科目是资产减值准备),企业分别设置"固定资产减值准备"、"在建工程减值准备"、"工程物资减值准备"、"无形资产减值准备"、"长期股权投资减值准备"、"商誉减值准备"、"投资性房地产减值准备"(在投资性房地产按成本计价模式下)、"生产性生物资产减值准备"、"油气资产减值准备"科目进行核算。这类资产减值损失一经确认,在以后会计期间不得转回。二是其他特殊会计准则规定的资产减值损失,企业分别设置(除金融、保险企业外)"存货跌价准备"、"坏账准备"、"持有至到期投资减值准备"、"委托贷款损失准备"、"可供出售金融资产减值准备"、"未担保余值减值准备"科目进行核算。这类资产减值损失确认后,价值得以恢复时应该转回。

例 13 杜晋厂 12 月份发生销售费用 4 506.60 元,管理费用 18 900 元,财务费用 4 400 元,其余资料见例 11、例 12。则:

利润净额 = 营业收入 − 营业成本 − 营业税金及附加 − 销售费用 − 管理费用 − 财务费用 − 资产减值损失 = 232 200 − 142 954.40 − 5 919 − 4 506.60 − 18 900 − 4 400 − 0 = 55 520(元)

(五)"两种收益"

作者定义的"两种收益"是利润表中公允价值变动收益和投资收益的统称。利润表中"公允价值变动收益"是指公允价值变动的净收益,即指公允价值变动收益扣除公允价值变动损失后的余额,由交易性金融资产公允价值变动收益、交易性金融负债公允价值变动收益和投资性房地产公允价值变动收益组成(金融企业还应包括衍生工具、套期保值等业务公允价值变动收益)。利润表中"投资收益"是指投资净收益,即指投资收益扣除投资损失后的余额,由交易性金融资投资净收益、可供出售金融资产投资净收益、持有至到期投资净收益、长期股权投资净收益组成,其内容包括从被投资单位分进的股利、债息、利润及投资收回或转让、股权投资调整净资产时产生的损益等。

例 14 杜晋厂 12 月份对外进行长期股权投资取得投资净收益 3 340 元,其余资料见例 13。则:

营业利润 = 利润净额 ± 公允价值变动损益 ± 投资净收益
= 55 520 + 0 + 3 340 = 58 860(元)

二、利润总额

利润总额是指企业在一定会计期间的经营成果。其计算公式如下:

利润总额 = 营业利润 + 营业外收入 − 营业外支出

(一) 营业外收入

营业外收入是指与企业日常营业无直接关系的各项收入,主要包括非流动资产处置利得、非货币性资产交换利得、债务重组利得、政府补助、盘盈利得、捐赠利得等。企业发生营业外收入时,借记"库存现金"、"银行存款"、"长期应收款"、"长期股权投资"、"递延收益"等科目,贷记"营业外收入"科目;期末结转营业外收入时,借记"营业外收入"科目,贷记"本年利润"科目。结转后,"营业外收入"科目期末无余额。

(二) 营业外支出

营业外支出是指与企业日常营业无直接关系的各项支出,包括非流动资产处置损失、非货币性资产交换损失、债务重组损失、公益性捐赠支出、非常损失、盘亏损失等。其中,非常损失是指企业由于自然灾害等不可抗拒的原因而发生的损失扣除回收残值和有关赔偿金后的净额。企业发生营业外支出时,借记"营业外支出"科目,贷记"库存现金"、"银行存款"、"待处理财产损益"、"固定资产清理"等科目;期末结转营业外支出时,借记"本年利润"科目,贷记"营业外支出"科目。结转后,"营业外支出"科目期末无余额。

例15 杜晋厂12月份产生营业利润58 860元(见例14),取得营业外收入7 800元,发生营业外支出5 160元,则:

$$利润总额 = 营业利润 + 营业外收入 - 营业外支出$$
$$= 58\,860 + 7\,800 - 5\,160 = 61\,500(元)$$

三、净利润

$$净利润 = 利润总额 - 所得税$$

所得税是国家对企业和个人的各种所得额征收的一种税。所得额是指企业或个人在取得的全部收入中扣除为取得这些收入所支付的各项成本费用之后的余额,如企业取得的利润,个人从事劳动或提供劳务所取得的工资、薪金和劳务报酬等。下述内容仅指企业所得税。

$$企业应交所得税 = 纳税所得 \times 所得税税率$$

(一) 纳税所得的税法规定

纳税所得是应纳税所得额的简称。按税法的规定,纳税人应纳税所得额是以收入总额减去与取得收入的有关的各项成本、费用和损失计算确定的。其计算公式如下:

$$应纳税所得额 = 收入总额 - 准予扣除项目金额$$

收入总额是指纳税人在纳税年度内取得的应税收入,包括销售货物收入、提供劳务收入、转让财产收入、股息红利等权益性投资收益、利息收入、租金收入、特许权使用费收入、接受捐赠收入和其他收入。准予扣除项目金额是指税法规定在计算应纳税所得额时准予从收入中扣除的项目金额。包括:(1) 成本,指生产、经营成本,即为生产、经营商品和提供劳务等所发生的各项直接费用和各项间接费用。(2) 费用,指为生产、经营商品和提供劳务等所发生的销售费用、管理费用和财务费用等。(3) 税金,指按规定缴纳的消费税、营业税、城建税、资源税、土地增值税(对转让国有土地使用权、地上建筑物及其附着物并取得收入的单位和个人按其所获增值额所征收的一种税)和教育费附加(视同税金)。(4)损失,指生产、经营过程中的各项营业外支出、非常损失、已发生的经营亏损、投资损失以及其他损失。(5)其他支出。

(二)纳税所得的实际计算

在实际工作中,为了简化计算,可按会计确定的利润总额(也称税前会计利润)进行调整,计算出纳税所得。其计算公式如下:

$$应纳税所得额 = 利润总额 \pm 纳税调整项目金额$$

纳税调整项目金额分为以下两类:

(1)永久性差异。它是指会计准则和税法对收入、费用等会计项目的确认范围不同所产生的差异。这种差异在某一时期发生,以后时期还可能发生,并不能在以后的时间内被"转回"或"抵销"。具体内容如下:

① 企业违法经营的罚款和被没收财物的损失。这种罚款和损失,会计记入了"营业外支出"科目,在计算利润总额时已作了扣除,然而税收法规却规定不得从纳税所得中扣除,要将之作为应税收益。因此,计算纳税所得时,应以利润总额为基数,加上这种罚款和损失。

② 各项税收的滞纳金、罚金和罚款。这些支出会计已在"营业外支出"中列支了,计算利润时已作了扣除,然而按税收法规的规定不能扣除,要将之作为应税收益,则应增加纳税调整额。

③ 各种非公益救济性捐赠和赞助支出。税法规定对此不作为扣除项目,而会计处理时已列作"营业外支出",在计算利润时作了扣除,所以要调增纳税所得。

④ 免征或减征所得税的收益(人)或项目。国家对重点扶持和鼓励发展的产业和项目,给予企业所得税优惠。如企业购买国库券和特种国债取得的利息收入,会计已计入利润总额,而税法给予免税,则利润总额应扣除这部分收入后作为纳税所得。又如,企业开发新技术、新产品、新工艺发生的研究开发费用,安置残疾人员及国家鼓励安置的其他就业人员所支付的工资等可以在计算应纳税所得额时加计扣除。再如,创业投资企业从事国家需要重点扶持和鼓励的创业投资,可以按投资额的一定比例抵扣应纳税所得额;企业综合利用资源,生产符合国家产业政策规定的产品所取得的收入,可以在计算应纳税所得额时减计收入;企业购置用于环境保护、节能节水、安全生产等专用设备的投资额,可以按一定比例实行税额抵免。此外,对从事农、林、牧、渔业项目取得的所得,从事国家重点扶持的公共基础设施项目投资经营取得的所得,从事符合条件的环境保护、节能节水项目取得的所得,符合条件的技术转让所得,可以免征、减征企业所得税。

⑤ 已纳税投资收益。企业通过购买股票对外投资分得的股利和企业对外进行其他投资(投出财产物资等)分得的利润是受资企业在缴纳所得税后的利润分配。为了避免重复征税,税法规定,对于"先税后分"的投资收益,除非投资方所得税率高于受资方,要调整补税外,投资方从受资方获得的已纳税投资收益不再交纳所得税。而投资方会计已将这部分收益列作"投资收益"处理,构成了利润总额的组成内容,所以要将其作为纳税调减额处理。

⑥ 超标准的利息支出。税法规定企业从收入中准予扣除的利息支出有两部分:一是流动资产借款利息支出;二是为购建固定资产而取得的专门借款所发生的非资本化利息

支出。从会计看,该利息支出就是记入"财务费用"科目的利息支出。但税法同时规定,企业向非金融机构(即除了银行、保险公司以及经中国人民银行批准从事金融业务的非银行金融机构以外的所有企业、事业单位以及社会团体等组织)借款而支付的利息支出高于金融机构同类、同期贷款利率计算的数额以外的部分不得从收入中扣除。因此,这部分超标准利息支出应作为纳税调增额处理。

⑦ 超标准的工资及附加费。《企业所得税法实施条例》第三十四条规定,企业发生的合理的工资薪金,准予扣除。此款所称工资薪金,是指企业每一纳税年度支付给在本企业任职或者受雇的员工的所有现金或者非现金形式的劳动报酬,包括基本工资、奖金、津贴、补贴、年终加薪、加班工资,以及与任职或者受雇有关的其他支出。不合理的工资薪金,不得在税前扣除。同时第三十五条规定,企业按照国务院有关主管部门或者省级人民政府规定的范围和标准为职工缴纳的基本养老保险费、基本医疗保险费、失业保险费、工伤保险费、生育保险费等基本社会保险费和住房公积金,准予扣除。企业为其投资者或者职工支付的补充养老保险费、补充医疗保险费,在国务院财政、税务主管部门规定的范围和标准内,准予扣除。超过范围或标准的部分,不得在税前扣除。税法还规定,企业发生的职工福利费支出,不超过工资薪金总额14%的部分,准予扣除。企业拨缴的职工工会经费支出,不超过工资薪金总额2%的部分,准予扣除。除国务院财政、税务主管部门另有规定外,企业发生的职工教育经费支出,不超过工资薪金总额2.5%的部分,准予扣除;超过部分,准予在以后纳税年度结转扣除。超标准的职工福利和工会经费、职工教育经费,不得在税前扣除。不合理的工资薪金支出和超标准的附加费用,不允许在税前扣除,应作纳税调增额处理。

⑧ 超标准的公益救济性捐赠支出。公益救济性捐赠是指通过中国境内非营利的社会团体(如中国青少年发展基金会、希望工程基金会等)、国家机关向教育、民政等公益事业和遭受自然灾害地区、贫困地区的捐赠。税法规定:"纳税人直接向受赠人的捐赠不允许扣除","企业发生的公益性捐赠支出,在年度利润总额12%以内的部分,准予在计算应纳税所得额时扣除"。因此,超标准的公益救济性捐赠支出,会计已列作"营业外支出",减少了利润,按规定应作纳税调增额处理。

⑨ 超标准的业务招待费。《企业所得税法实施条例》第四十三条规定,企业发生的与经营活动有关的业务招待费,按照发生额的60%扣除,但最高不能超过当年销售(营业)收入的5‰。超过了上述标准的部分,纳税时不得从收入中扣除,应作纳税调增处理。

⑩ 其他超过国家规定的成本费用列支范围和标准的事项。

(2) 暂时性差异。是指企业资产或负债的账面价值与其计税基础之间的差额。企业会计未作为资产和负债确认的项目,按照税法规定可以确定其计税基础的,该计税基础与其账面价值之间的差额也属于暂时性差异。计税基础是指按税法规定计算应纳所得税时归属于资产或负债的金额,分为资产的计税基础和负债的计税基础两类。资产的计税基础是指企业收回资产账面价值过程中,计算应纳税所得额时按照税法规定可以自应税经济利益中抵扣的金额;负债的计税基础,是指负债的账面价值减去未来期间计算应纳税所得额时按照税法规定可予抵扣的金额。

暂时性差异按照对未来期间应税金额的影响,分为应纳税暂时性差异和可抵扣暂时性差异。应纳税暂时性差异,是指在确定未来收回资产或清偿负债期间的应纳税所得额时,将导致产生应税金额的暂时性差异;可抵扣暂时性差异,是指在确定未来收回资产或清偿负债期间的应纳税所得额时,将导致产生可抵扣金额的暂时性差异。

企业存在的暂时性差异对未来应税金额产生影响的应予递延。即企业应在资产类设置"递延所得税资产"科目核算企业确认的可抵扣暂时性差异产生的递延所得税资产;在负债类设置"递延所得税负债"科目核算企业确认的应纳税暂时性差异产生的所得税负债。暂时性差异的具体内容如下:

① 计提固定资产折旧引起的纳税递延。企业按照会计准则规定可以采用直线法、工作量法、加速折旧法计提固定资产折旧。而税法规定,除经税务机关批准的技术密集型企业和其他特定企业可以采用加速折旧法外,其余一律不准采用加速折旧法计提折旧。这样,按会计准则确认的固定资产账面价值和按税法确定的资产计税基础就不一致了,产生了暂时性差异。例如,企业自行变更折旧年限(如 8 年改为 5 年)计提折旧,而税务机关仍按原定年限折旧,这就产生了暂时性差异。企业改变折旧方法和折旧年限,使企业固定资产有可能头几年计提的折旧多,后几年计提的折旧少,导致企业固定资产账面价值减少,从而影响到应税金额的可递延到后期抵补,即前几年产生的递延所得税资产,在后几年逐渐得到转回。

② 无形资产摊销引起的纳税递延。企业按照会计准则规定,对使用寿命确定的无形资产可以采用直线法摊销其价值,对使用寿命不确定的无形资产价值不予摊销。而税法规定,对使用寿命不确定的无形资产按不短于 10 年的期限进行摊销。这样,按会计准则确认的无形资产账面价值和按税法确定的资产计税基础就不一致了,产生了暂时性差异。例如,丰达企业本年自创一项非专利技术,账面成本为 210 万元。由于使用寿命不确定未进行摊销,期末账面价值仍为 210 万元。可税务部门按不少于 10 年进行摊销,计税基础为 189 万元(210 − 210 ÷ 10)。该计税基础与其账面价值之间的差额 21 万元即为应纳税暂时性差异。如果所得税税率为 25%,则递延所得税负债为 5.25 万元(21 ×25%)。

③ 内部研发确认的资本化价值的纳税递延。企业按照会计准则规定,企业内部研究开发项目的支出,分两种情况处理:研究阶段的支出计入当期损益;开发阶段的支出,符合资本化确认条件的确认为无形资产。而税法规定,企业研发支出在实际发生的当期可从税前扣除。这样,企业已资本化的无形资产账面价值就和税法规定的资产计税基础不一致,产生了暂时性差异。

④ 公允价值变动损益的纳税递延。a. 以交易性金融资产为例,按照会计准则规定,交易性金融资产期末应以公允价值计量,公允价值的变动计入当期损益。但是,税法规定,交易性金融资产在持有期间公允价值变动不计入应纳税所得额,即其计税基础仍为初始确认金额,保持不变,这样就产生了交易性金融资产的账面价值与计税基础之间的差异。例如,丰达企业持有一项交易性金融资产,成本为 800 万元,期末公允价值为 1 000 万元,如计税基础仍维持 800 万元不变,该计税基础与其账面价值之间的差额 200 万元即为应纳税暂时性差异。如果所得税税率为 25%,则递延所得税负债为 50 万元(200 × 25%)。b. 以可供出售金融资产为例。按照会计准则规定,可供出售金融资产期末公允价值变动在调整资产价值的同时记入"资本公积——其他资本公积"科目,企业售出该金

融资产时,再将原记入"资本公积——其他资本公积"科目的金额转入"投资收益"科目。但是,税法规定,可供出售金融资产计税基础保持初始确认金额不变,处置该资产时产生的损益计入应纳税所得额。这样,按会计准则确认的可供出售金融资产账面价值和按税法确定的资产计税基础就不一致,产生了暂时性差异,需要递延处理。

⑤ 长期股权投资计价引起的纳税递延。在采用权益法核算长期股权投资的企业,会计期末,投资方要据被投资企业实现的净利润或调整的净利润及净资产变动调整"长期股权投资"账面价值,并记入"投资收益"科目。而税法仍然保持长期股权投资初始确认成本不变,待被投资企业实际分配利润使投资方得到收益时才确认投资所得的实现。但这部分股利或利润在投资方一般不再纳税,只有当投资方所得税税率高于被投资企业所得税税率时才要调整补交所得税,其补税额需要递延。

⑥ 计提资产减值准备的纳税递延。按照会计准则规定,企业在资产负债表日对各项资产减值要计提资产减值准备。而税法规定,企业计提的资产减值准备不予承认,不得在税前扣除。这样,按会计准则确认的资产账面价值和按税法确定的资产计税基础就不一致,产生了暂时性差异。

⑦ 预计负债等项目的纳税递延。以"预计负债——产品质量保证"为例,会计或有事项准则规定,对售出产品承担保修义务的,应确认预计负债。但税法却以企业实际发生的保修费作税前扣除。这样,会计确认的预计负债账面价值与税法规定的计税基础就不一致,产生了暂时性差异,需要递延。例如,丰达企业本年销售商品实行"三包"(包修、包退、包换),确定预计负债30万元,本年未发生保修费用。该项负债账面价值30万元,计税基础为0,产生可抵扣暂时性差异30万元。如果所得税税率为25%,则递延所得税资产为7.5万元($30 \times 25\%$)。

⑧ 其他项目的暂时性差异。例如,分期收款销售商品,按会计准则规定一次确认收入,并记入"长期应收款"科目,但税务机关以每期约定的销售款作收入,这就产生了暂时性差异。

(三) 所得税税率

我国从2008年1月1日起实施的《企业所得税法》规定,我国企业所得税税率定为25%。符合条件的小型微利企业,减按20%的税率征收企业所得税。国家需要重点扶持的高新技术企业,减按15%的税率征收企业所得税。

(四) 所得税计算举例

1. 永久性差异计算举例

例16 杜营厂全年利润总额80.1万元,从联营企业分进利润2万元,从股份制企业分进股利4.5万元,获得国库券利息收入2.4万元,获得企业债券利息收入3万元;该厂全年发生进入成本费用的薪酬15万元,按税法规定准予扣除的薪酬13.6万元;列入营业外支出的各种捐赠支出2.7万元,其中公益救济性捐赠1.5万元;因违反税收法规被税务部门处以罚款3.6万元。试计算该厂全年应交所得税(所得税税率25%)和净利润。

(1) 纳税调整项目金额 = $-2 - 4.5 - 2.4 + (15 - 13.6) + (2.7 - 1.5) + 3.6 = -2.7$(万元)

(2) 纳税所得 = 利润总额 ± 纳税调整 = $80.1 - 2.7 = 77.4$(万元)

（3）全年应缴所得税 = 77.4 × 25% = 19.35（万元）

（4）全年净利润 = 全年利润总额 − 全年应缴所得税 = 80.1 − 19.35 = 60.75（万元）

2. 暂时性差异计算举例

例 17 杜晋厂年末会计账上"交易性金融资产——成本"借方余额 20 万元，"交易性金融资产——公允价值变动"借方余额 0.3 万元，进入资产负债表"交易性金融资产"项目金额共计 20.3 万元。而税务机关只承认初始入账"成本"20 万元，即计税基础为 20 万元，和会计账面价值 20.3 万元相差 0.3 万元。这 0.3 万元就是应纳税暂时性差异，乘以所得税税率 25%，产生递延所得税负债 0.075 万元。

例 18 杜晋厂年末会计账上固定资产原值 384 万元，扣除累计折旧 120 万元，固定资产净值为 264 万元，扣除固定资产减值准备 10 万元，固定资产净额 254 万元。而税务机关只承认固定资产净值 264 万元，即计税基础为 264 万元，和会计账面价值 254 万元相差 10 万元。这 10 万元就是可抵扣暂时性差异，乘以所得税税率 25%，产生递延所得税资产 2.5 万元。

3. 两种差异综合举例

例 19 杜晋厂全年利润总额 80.1 万元，纳税调减总计 2.7 万元（见例 16），发生暂时性差异（例 17、例 18）如表 6-2 所示。

表 6-2　杜晋厂企业所得税费用确认和计量表

单位：万元

序号	项目	账面价值	计税基础	暂时性差异	
				应纳税暂时性差异	应抵扣暂时性差异
1	交易性金融资产	20.3	20.0	0.3	
2	固定资产	254	264		10
	合计			0.3	10

根据例 19 计算确认的递延所得税负债、递延所得税资产、递延所得税费用、所得税费用、净利润以及相关的会计分录如下：

递延所得税负债 = 0.3 × 25% = 0.075（万元）

递延所得税资产 = 10 × 25% = 2.5（万元）

递延所得税费用 = 0.075 − 2.5 = −2.425（万元）

当期所得税费用 = (80.1 − 2.7) × 25% = 19.35（万元）

所得税费用 = 19.35 − 2.425 = 16.925（万元）

全年净利润 = 80.1 − 16.925 = 63.175（万元）

杜晋厂当年年末做如下会计分录：

(1) 确认所得税费用的会计分录

借：所得税费用——当期所得税费用	193 500
递延所得税资产	25 000
贷：应交税费——应交所得税	193 500
递延所得税负债	750
所得税费用——递延所得税费用	24 250

(2) 结转所得税费用的会计分录
借:本年利润　　　　　　　　　　　　　　　　　　　　169 250
　　所得税费用——递延所得税费用　　　　　　　　　 24 250
　　贷:所得税费用——当期所得税费用　　　　　　　　　　　　193 500
(3) 结转净利润的会计分录
借:本年利润　　　　　　　　　　　　　　　　　　　　631 750
　　贷:利润分配——未分配利润　　　　　　　　　　　　　　　 631 750

(五) 利润核算科目的设置

为了核算企业当期实现的净利润或发生的净亏损,企业应设置"本年利润"科目。各月末,企业损益类科目的金额转入该科目贷方(转入收入、收益)及借方(转入成本、费用、支出、损失等),结转后本科目贷方余额为当期实现的净利润,反之,为当期发生的净亏损。年度终了,企业应将本年收入和支出相抵,结出全年实现的净利润,转入"利润分配"科目的贷方[见例 19 分录(3)],若为净亏损,转入"利润分配"科目的借方,结转后,"本年利润"科目年终无余额。现列示"本年利润"借贷方转入或转出的内容,见图 6-1。

借方	本年利润	贷方
转入主营业务成本		转入主营业务收入
转入其他业务成本		转入其他业务收入
转入公允价值变动损失		转入公允价值变动收益
转入投资损失		转入投资收益
转入营业税金及附加		转入营业外收入
转入销售费用		转出全年亏损总额
转入管理费用		
转入财务费用		
转入营业外支出		
转入资产减值损失		
转入所得税费用		
转出全年利润净额		

图 6-1　"本年利润"科目借贷方核算内容图

四、利润分配

利润分配是对实现的净利润进行分配。利润分配的去向是:提取积累——公积金(法定盈余公积和任意盈余公积),以便扩大再生产,或以丰补歉等;向投资者分配利润;保留一部分利润留在企业不作分配,以便以后年度再分配,或以后年度弥补亏损。因此,利润分配包括可供分配额的计算、利润分配额和未分配额的确定和处理三个方面。

(一) 可供分配的利润

　　　　　　可供分配的利润 = 本年实现的净利润 + 前期未分配利润
　　　　　　　　　　　　　　+ 以前年度损益调整

1. 本年实现的净利润

本年实现的净利润在年终从"本年利润"科目的借方结转到"利润分配——未分配利

润"科目的贷方;本年发生的净亏损在年终从"本年利润"科目的贷方结转到"利润分配——未分配利润"科目的借方。

2. 前期未分配利润

前期未分配利润是"利润分配"科目年初贷方余额。因为"利润分配"科目借方反映利润分配额和净亏损转入额,贷方反映净利润转入额,分配额小于实现额即为结余未分配的利润额,以贷方余额的形式体现。

3. 以前年度损益调整

以前年度损益调整是指以前年度发生的影响损益的事项在本年度进行调整以及本年度发现的重要前期差错更正涉及调整以前年度损益的事项。它分为三个方面:一是本年度发生的调整以前年度损益的事项;二是以前年度重大差错调整,比如被审查出来的上年或以前年度多计或少计的利润需要调整;三是年度资产负债表日后事项调整,是指在年度资产负债表日至财务会计报告批准报出日之间发生的需要调整报告年度损益的事项,比如资产减损需要计提减值准备,销售退回需要调整原有记录及结果,诉讼案件所获赔款或支付赔款需要调整,等等。

企业设置"以前年度损益调整"科目,调增以前年度损益时,记入该科目贷方;调减以前年度损益时,记入该科目借方。期末,企业应将该科目调增的损益扣除调减的损益后的净额扣除应缴所得税后转入"利润分配——未分配利润"科目,结转后,"以前年度损益调整"科目期末无余额。记入"利润分配——未分配利润"科目的净损益还要补提盈余公积(通常是法定盈余公积),或冲销多提的盈余公积。对以前年度损益进行调整,涉及"利润分配——未分配利润"科目借贷方金额的变动,将其填入本年度会计报表相关项目,实质上就是对其年初数进行的调整,属于"可供分配的利润"的计算范畴。

例20 经审计检查发现,杜晋厂上年度有一项医务人员薪酬1 493元,本应从已计提的职工福利费中开支,却列入了生产成本,致使生产成本上升,利润减少,要求调增上年利润;同时检查还发现,杜晋厂上年分配材料成本差异时,进入成本、费用科目的差异少转500元,致使上年成本费用少计,利润多计,要求调减上年利润。

上述调增上年利润1 493元抵消调减上年利润500元后,净额993元应缴纳所得税248元(993×25%),产生净利润745元(993-248)。再按净利润10%提取法定盈余公积75元(745×10%=74.5,为方便计算四舍五入),最终在"利润分配——未分配利润"账户借贷抵销后净增加670元(745-75)。

例21 杜晋厂本年净利润总额为63.175万元(见例19),"利润分配"账户年初贷方余额10.442万元,以前年度损益调整使"未分配利润"净增0.067万元(见例20),则:

可供分配利润 = 63.175 + 10.442 + 0.067 = 73.684(万元)

例22 佳乐公司本年净利润总额50万元,"利润分配"账户年初借方余额8万元(即为年初未弥补的亏损额),则:

可供分配利润 = 50 - 8 = 42(万元)

(二)利润的实际分配

1. 提取盈余公积

提取盈余公积包括提法定盈余公积和任意盈余公积两部分内容。法定盈余公积是指按照法律、法规和规章制度规定的比例从税后利润(即净利润)中提取的公积金。我国《企业财务通则》规定的法定盈余公积的提取率为10%。任意盈余公积是指按照公司章程规定或股东会决议提取的公积金,提取率每年由股东会确定。

例23 杜晋厂本年度税前会计利润80.1万元(见例16),全年所得税费用(包括当期所得税费用和递延所得税费用)16.925万元(见例19),全年净利润63.175万元(80.1 - 16.925)。法定盈余公积提取率为10%,任意盈余公积提取率为6%,则:

$$全年计提法定盈余公积 = 63.175 \times 10\% = 6.3175(万元)$$

2. 提取任意盈余公积

$$全年计提任意盈余公积 = 63.175 \times 6\% = 3.7905(万元)$$

3. 应向投资者分出利润

例24 杜晋厂本年确定向投资者分配利润36万元,其中国家资本、法人资本、个人资本分别占企业实收资本总额的80%、12%、8%,则:

$$分给国家的利润 = 36 \times 80\% = 28.8(万元)$$
$$分给其他单位的利润 = 36 \times 12\% = 4.32(万元)$$
$$分给个人的利润 = 36 \times 8\% = 2.88(万元)$$

(三) 未分配的利润

未分配利润是指企业留待以后会计年度分配的利润,或留待以后会计年度弥补的亏损。

$$年末未分配利润 = 本年可供分配的利润 - 本年实际分配的利润$$

根据以上例21、例23、例24,杜晋厂本年年末未分配利润 = 73.684 - 6.3175 - 3.7905 - 36 = 27.576(万元)。

以上利润分配的内容通过设置"利润分配"科目反映,如图6-2所示。

借方		利润分配	贷方
		年初未分配利润	104 420
对以前年度损益调整补提盈余公积	75	以前年度损益调整转入净利润	745
提取法定盈余公积	63 175	本年净利润转入	631 750
提取任意盈余公积	37 905		
向投资者分出利润	360 000		
本期发生额	461 155	本期发生额	632 495
		年末未分配利润	275 760

图6-2 "利润分配"科目核算内容图(单位:元)

第三节 利润的分析

一、利润总额的分析

企业利润总额由营业利润、营业外收支净额两部分组成。对利润总额的分析,一般可分以下三个步骤进行。

首先,将本期实际利润总额与计划和上年同期相比,考察利润总额的计划完成情况和增长速度。

其次,分析利润结构的变动,即求出利润总额的各个组成部分占利润总额的比重,将其同计划和上年同期情况对比。一般说来,营业利润的比重增加属于正常情况。营业外收支净额的比重加大则属不正常的现象,应查明具体原因,重点检查是否按国家规定的正常途径取得收入,按国家规定的开支范围进行支出。

最后,分析利润总额各个组成部分的变动,即将利润总额的各个组成部分同计划和上年同期相比,确定其计划完成情况和增减变动情况,以便肯定主要成绩,找出主要问题,进一步进行深入分析。

二、营业毛利分析

企业的营业毛利分为主营业务毛利和其他业务毛利两部分。其主营业务毛利源于企业最基本的和最主要的经营活动,应对其进行重点分析。主营业务毛利的计算公式如下:

$$主营业务毛利 = 主营业务收入 - 主营业务成本$$

由上述公式可知,影响主营业务毛利的主要因素有四个:销售数量、销售价格、销售成本和销售产品的品种结构。各因素变动对主营业务(以产品销售为例)毛利的影响分析如下。

(1) 销售数量变动对毛利的影响。

$$\text{销售数量变动对毛利的影响} = \left(\text{销售收入完成率} - 1\right) \times \text{计划产品销售毛利总额}$$

$$\text{销售收入完成率} = \frac{\sum(\text{各种产品实际销量} \times \text{计划单位售价})}{\sum(\text{各种产品计划销量} \times \text{计划单位售价})}$$

(2) 销售价格变动对毛利的影响。

工业企业产品销售价格上涨或下降能直接增加或减少利润。其计算公式如下:

$$\text{销售价格变动对毛利的影响} = \sum \text{各种产品实际销量} \times (\text{实际单位售价} - \text{计划单位售价})$$

(3) 销售成本变动对毛利的影响。

$$\text{销售成本变动对毛利的影响} = \sum \text{各种产品实际销量} \times (\text{实际单位成本} - \text{计划单位成本})$$

(4) 销售产品的品种结构变动对毛利的影响

$$\text{品种结构变动对毛利的影响} = \sum(\text{各种产品实际销量} \times \text{计划单位毛利}) - \left(\text{计划产品销售毛利总额} \times \text{销售收入完成率}\right)$$

下面举例说明主营业务毛利的分析方法。

例25 杜晋厂计划主营业务毛利和实际主营业务毛利的资料分别见表6-3、表6-4,试对实际毛利超过计划毛利3 150元(72 000 - 68 850)进行因素分析。

表 6-3　杜晋厂主营业务毛利计划资料

单位:元

产品	计量单位	销售数量	主营业务收入		主营业务成本		主营业务毛利	
			单价	总额	单位成本	总额	单位毛利	总额
甲	千克	9 000	4.00	36 000	2.30	20 700	1.70	15 300
乙	台	510	185.00	94 350	110.00	56 100	75.00	38 250
丙	件	180	225.00	40 500	140.00	25 200	85.00	15 300
合计				170 850		102 000		68 850

表 6-4　杜晋厂主营业务毛利实际资料

单位:元

产品	计量单位	销售数量	主营业务收入		主营业务成本		主营业务毛利	
			单价	总额	单位成本	总额	单位毛利	总额
甲	千克	10 000	4.12	41 200	2.266	22 660	1.854	18 540
乙	台	500	187.20	93 600	112.32	56 160	74.88	37 440
丙	件	200	226.00	45 200	145.90	29 180	80.10	16 020
合计				180 000		108 000		72 000

(1) 销售数量变动对毛利的影响 $= \left[\dfrac{\sum(\text{各种产品实际销量} \times \text{计划单位售价})}{\sum(\text{各种产品计划销量} \times \text{计划单位售价})} - 1\right] \times$ 计划主营业务毛利总额

$= \left(\dfrac{10\,000 \times 4 + 500 \times 185 + 200 \times 225}{9\,000 \times 4 + 510 \times 185 + 180 \times 225} - 1\right) \times 68\,850$

$= (103.8923\% - 1) \times 68\,850 = 2\,679.85(\text{元})$

(2) 品种结构变动对毛利的影响 $= \sum \left(\begin{array}{c}\text{各种产品}\\ \text{实际销量}\end{array} \times \begin{array}{c}\text{计划单}\\ \text{位毛利}\end{array}\right) - \left(\begin{array}{c}\text{计划产品销售}\\ \text{毛利总额}\end{array} \times \begin{array}{c}\text{销售收入}\\ \text{完成率}\end{array}\right)$

$= (10\,000 \times 1.70 + 500 \times 75.00 + 200 \times 85.00) - (68\,850 \times 103.8923\%)$

$= 71\,500 - 71\,529.85 = -29.85(\text{元})$

(3) 销售价格变动对毛利的影响 $= \sum \begin{array}{c}\text{各种产品}\\ \text{实际销量}\end{array} \times \left(\begin{array}{c}\text{实际单}\\ \text{位售价}\end{array} - \begin{array}{c}\text{计划单}\\ \text{位售价}\end{array}\right)$

$= 10\,000 \times (4.12 - 4) + 500 \times (187.20 - 185)$
$\quad + 200 \times (226 - 225)$
$= 1\,200 + 1\,100 + 200 = 2\,500(\text{元})$

(4) 销售成本变动对毛利的影响 $= \sum \begin{array}{c}\text{各种产品}\\ \text{实际销量}\end{array} \times \left(\begin{array}{c}\text{实际单}\\ \text{位成本}\end{array} - \begin{array}{c}\text{计划单}\\ \text{位成本}\end{array}\right)$

$= 10\,000 \times (2.266 - 2.30) + 500 \times (112.32 - 110)$
$\quad + 200 \times (145.90 - 140)$
$= -340 + 1\,160 + 1\,180 = 2\,000(\text{元})$

(5) 综合各因素影响额 $= (1) + (2) + (3) - (4) = 2\,679.85 + (-29.85) + 2\,500 - 2\,000$
$= 3\,150(\text{元})$

综合上述四项因素影响额 3 150 元和分析对象 3 150 元相同。即:销售数量变动使毛利增加 2 679.85 元,品种结构变动使毛利减少 29.85 元,销售价格变动使毛利增加 2 500

元,销售成本变动使毛利减少2 000元。

三、利润率分析

上述利润总额和主营业务毛利润分析,主要是从绝对数上进行分析、评价的。由于同一企业在不同会计期间或不同企业之间生产经营规模不同,利润额指标往往缺乏可比性,需进一步分析考核利润率指标。利润率指标有多种形式,最常用的有营业收入毛利率、营业收入利润率、营业收入净利率、成本费用利润率和资产利润率五种。

(一)利润率的计算

1. 营业收入毛利率

营业收入毛利率是企业一定期内营业毛利与主营业务收入的比率,又称销售毛利率。计算公式如下:

$$营业收入毛利率 = \frac{营业收入 - 营业成本}{营业收入} \times 100\%$$

为了重点分析企业的主营业务毛利情况,还可以单独计算下列指标:

$$主营业务收入毛利率 = \frac{主营业务收入 - 主营业务成本}{主营业务收入} \times 100\%$$

2. 营业收入利润率

营业收入利润率是企业一定期内利润总额与营业收入的比率,又称销售利润率。计算公式如下:

$$营业收入利润率 = \frac{利润总额}{营业收入} \times 100\%$$

为了重点分析企业利润与主营业务的关系,还可以单独计算下列指标:

$$主营业务收入利润率 = \frac{利润总额}{主营业务收入} \times 100\%$$

国务院国资委统计评价局制定的、经济科学出版社出版的《企业绩效评价标准值》附录还就主营业务实现的营业利润确定了下述公式:

$$主营业务利润率 = \frac{主营业务利润}{主营业务收入} \times 100\%$$

$$主营业务利润 = 主营业务收入 - 主营业务成本 - 主营业务税金及附加$$

3. 营业收入净利率

营业收入净利率是企业一定期内净利润与营业收入的比率,又称销售净利率。计算公式如下:

$$营业收入净利率 = \frac{净利润}{营业收入} \times 100\%$$

为了重点分析企业净利润与主营业务的关系,还可以单独计算下列指标:

$$主营业务收入净利率 = \frac{净利润}{主营业务收入} \times 100\%$$

4. 成本费用利润率

成本费用利润率是一定期内实现的利润总额与成本费用总额的比率。计算公式如下：

成本费用利润率

$$= \frac{\text{利润总额}}{\text{成本费用总额}} \times 100\%$$

$$= \frac{\text{利润总额}}{\text{营业成本} + \text{营业税金及附加} + \text{销售费用} + \text{管理费用} + \text{财务费用}} \times 100\%$$

为了突出分析企业以主营业务为基础的利润实现情况，还可以单独计算下列指标：

$$\text{成本费用利润率} = \frac{\text{利润总额}}{\text{主营业务成本} + \text{主营业务税金及附加} + \text{销售费用} + \text{管理费用} + \text{财务费用}} \times 100\%$$

这一公式引自国务院国资委统计评价局制定的、经济科学出版社出版的《企业绩效评价标准值》附录。

5．资产利润率

资产利润率是企业一定期内已实现的利润总额与平均资产总额的比率。计算公式如下：

$$\text{资产利润率} = \frac{\text{利润总额}}{\text{平均资产总额}} \times 100\%$$

6．利润率指标计算举例

例 26 2007—2011 年规模以上工业企业利润率指标相关资料见表 6-5，试按累计数计算利润率指标。

表 6-5 2007—2011 年规模以上工业企业利润率相关资料

单位：亿元

项目	2007 年	2008 年	2009 年	2010 年	2011 年	五年累计	年递增率
主营业务收入	354 518	439 464	474 609	624 451	843 315	2 736 357	24.2%
主营业务成本	300 846	377 145	403 816	529 245	714 397	2 325 449	24.1%
主营业务税金及附加	4 043	5 051	7 298	9 366	13 212	38 970	34.5%
销售费用	9 222	12 355	11 992	15 007	19 354	67 930	20.4%
管理费用	12 997	15 698	17 581	21 567	28 414	96 257	21.6%
财务费用	3 927	5 110	5 282	6 269	8 729	29 317	22.1%
利润总额	22 951	24 066	25 891	38 828	54 544	166 280	24.2%
资产总计	342 311	403 937	470 701	568 194	657 988	2 443 131	17.7%
全年主营业务收入	399 717	500 020	542 522	697 744	843 315	2 983 318	20.5%
全年利润总额	27 155	30 562	34 542	53 049	54 544	199 852	19.0%
全年净利润	20 366	22 922	25 907	39 787	40 908	149 889	19.0%

注：数据来源于 2008—2012 年各年《中国统计摘要》，并假定：净利润 = 利润总额 ×（1 - 所得税税率 25%）。

（1）2007—2011 年主营业务收入毛利率 =（2 736 357 - 2 325 449）÷ 2 736 357 × 100% = 15.0%

（2）2007—2011 年主营业务收入利润率 = 199 852 ÷ 2 983 318 × 100% = 6.7%

（3）2007—2011 年主营业务收入净利率 = 149 889 ÷ 2 983 318 × 100% = 5.0%

（4）2007—2011 年成本费用利润率 = 166 280 ÷ (2 325 449 + 38 970 + 67 930 + 962 57 + 29 317) × 100% = 6.5%

（5）2007—2011 年资产利润率 = 199 852 ÷ 2 443 131 × 100% = 8.2%

（二）利润率的分析

1. 采用比较分析法

采用比较分析法就是将企业本期实际利润率同计划、同上期、同行业先进（平均）水平、全国先进（平均）水平比较，总括评价企业的利润水平。

2. 采用因素分析法

采用因素分析法就是分析影响利润率变动因素及各种利润率指标间的相互关系，查明利润率指标变动的原因，提出改进措施。比如，营业收入毛利率与销售数量、销售单价、单位销售成本和销售品种结构有关，可采用因素分析法测定各项因素的影响程度。企业还可以将利润率指标同有关指标结合起来分析，可考虑以下几种类型。

（1）营业收入毛利率同有关指标的关系：

$$\frac{营业毛利}{营业收入} = \frac{营业成本}{营业收入} \times \frac{营业毛利}{营业成本}$$

即，营业收入毛利率 = 营业收入成本率 × 营业成本毛利率

（2）资产利润率同有关指标的关系：

$$\frac{利润总额}{资产总额} = \frac{工业总产值}{资产总额} \times \frac{利润总额}{工业总产值}$$

即，资产利润率 = 资产产值率 × 产值利润率

例 27 2007—2011 年规模以上工业企业利润率指标相关资料见表 6-6。以其中 2009 年、2010 年数据为依据对 2011 年资产利润率比 2010 年资产利润率低 0.086 个百分点（9.679% − 9.765%）进行因素分析。

表 6-6 2009—2011 年规模以上工业企业资产利润率资料

单位：亿元

项目	2009 年	2010 年	2011 年	三年累计	年递增率
（1）平均资产总计	462 500	543 288	634 340	1 640 127	17.11%
（2）利润总额	34 542	53 050	61 396	148 988	33.32%
（3）工业总产值	548 311	698 591	844 269	2 091 171	24.09%
（4）资产利润率 =（2）÷（1）	7.469%	9.765%	9.679%	9.08%	13.84%
（5）资产产值率 =（3）÷（1）	118.55%	128.59%	133.09%	127.50%	5.96%
（6）产值利润率 =（2）÷（3）	6.300%	7.594%	7.272%	7.12%	7.44%

注：2008 年资产总计 431 306 亿元。

资料来源：《中国统计年鉴（2012）》，第 508—510 页。

（1）资产产值率变动影响资产利润率 = (2011 年资产产值率 − 2010 年资产产值率) × 2010 年产值利润率

= (133.094 1% − 128.585 8%) × 7.594%

= 0.342 4%

(2) $\begin{aligned}\text{产值利润率变动}\\\text{影响资产利润率}\end{aligned} = \begin{aligned}2011\text{年资}\\\text{产产值率}\end{aligned} \times \left(\begin{aligned}2011\text{年产}\\\text{值利润率}\end{aligned} - \begin{aligned}2010\text{年产}\\\text{值利润率}\end{aligned}\right)$

$= 133.09\% \times (7.272\% - 7.594\%)$

$= -0.4285\%$

(3) 综合影响 = (1) + (2) = 0.3424% - 0.4285% = -0.0861% ≈ -0.086%

分析表明:由于2011年资产产值率高于2010年资产产值率,导致资产利润率升高0.3424%;由于2011年产值利润率低于2010年产值利润率,致使资产利润率降低0.4285%。两因素共同作用,使2011年资产利润率比2010年资产利润率降低0.0861个百分点(0.3424% - 0.4285%),与题目所要求的分析对象0.086个百分点(9.679% - 9.765%)相同(误差0.001%)。

◆ 习题十三

目的:练习收入和利润业务处理。

1. 某企业某月主营业务收入10万元,向客户计收增值税1.7万元,主营业务成本6.5万元,当月购买材料等支付增值税0.7万元,城建税税率7%,教育费附加率3%。试计算:

（1）本月应交增值税 =
（2）本月应交城建税 =
（3）本月应交教育费附加 =
（4）本月营业税金及附加 =

2. 凤洋工厂某年度主营业务收入170万元,主营业务成本103万元,主营业务税金用附加12万元,其他业务收入10万元,其他业务成本6万元,其他业务税金及附加1万元。发生销售费用7万元,管理费用12万元,财务费用6万元。债券投资净收益2万元,营业外收入1万元,营业外支出9万元,所得税费用按利润总额的25%计算。要求计算:

（1）全年取得的营业利润 =
（2）全年利润总额 =
（3）全年净利润 =
（4）计提的法定盈余公积 =
（5）该企业年初未分配利润2万元,本年向投资者分利12.09万元,则年末未分配的利润 =
（6）营业收入毛利率 =
（7）营业收入利润率 =
（8）营业收入净利率
（9）对营业收入毛利率进行因素分析:
① 营业收入成本率变动影响营业收入毛利率 =
② 营业成本毛利率变动影响营业收入毛利率 =

案例二

目的：对上市公司销售获利情况进行分析评价。

要求：登陆"证券之星"等网站，收集上市公司神火股份（代码：000933）下列情况：

1. 公司概况及股票发行情况；
2. 近三年主要财务指标；
3. 下载最近三年利润表；
4. 下载与盈利能力有关的资产负债表近三年数据；
5. 近三年每股收益及分红配股方案；
6. 对神火股份盈利能力相关指标进行分析和评价（要同全国平均水平、国内外先进行水平进行比较），并结合分析结果对未来一年获利情况进行预测，写出神火股份盈利能力分析及预测报告。

第七章 所有者权益

所有者权益是指企业资产扣除负债后由所有者享有的剩余权益。股份公司的所有者权益又称为股东权益。所有者权益和企业的负债(债主权益)都是形成企业资产的来源,都是企业的权益,但两者有许多区别:(1)负债是债权人对企业资产的索偿权;而所有者权益是企业投资人对企业净资产的要求权。(2)债权人与企业只有债权债务关系,无权参与企业管理;而投资人则有法定参与管理企业或委托他人管理企业的权利。(3)负债有规定的偿还期限;而投资人权益在企业经营期间无须偿还,除非终止经营,不得退回资本。(4)债权人不能参与企业利润分配,但可以按约定取得利息,风险小;投资人则可按投入资本金比例享有利润分配权,但不能取得固定利息,风险大。(5)企业清算时,投资者的索偿权位于债权人之后。

所有者权益或股东权益,在西方企业亦称业主权益。所有者权益从其内容看,它分为实收资本、资本公积、盈余公积和未分配利润四部分。

第一节 实收资本

一、实收资本的种类

实收资本是企业实际收到投资者投入的资本额,亦称"投入资本",包括国家资本、法人资本、外商资本和个人资本四部分。

(一)国家资本

国家资本是有权代表国家投资的政府部门或机构以国有资产投入企业形成的资本金。《企业财务通则》第20条规定:"属于国家直接投资、资本注入的,按照国家有关规定增加国家资本或者国有资本公积;属于投资补助的,增加资本公积或者实收资本。"企业

取得国家财政资金要区分以下情况确定归属:

(1) 属于国家直接投资、资本注入的,增加国家资本;超过注册资本的,增加国有资本公积。

(2) 属于投资补助的,增加资本公积或者实收资本,由全体投资者享有;拨款时规定权属的,则按规定执行。

(3) 属于贷款贴息、专项经费补助的,形成资产的,作递延收益;没有形成资产的,作本期收益(营业外收入)。

(4) 属于政府转贷、偿还性资助的,作负债。

(5) 属于弥补亏损、救助损失或者其他用途的,作本期收益或者递延收益。

(二) 法人资本

法人资本是企业接受具有法人资格的企业、事业单位和社会团体的投资而形成的资本。

(三) 外商资本

外商资本是指国外和我国香港、澳门及台湾地区投资者以各种形式的财产对本企业进行投资而形成的资本。

(四) 个人资本

个人资本是社会上自然人以其个人合法财产投入企业而形成的资本。

投资者向企业投入资本,企业设置"实收资本"科目进行核算,如为股份制企业,设置"股本"科目代替"实收资本"科目进行核算。

二、资本金制度

资本金是企业在工商行政管理部门登记的注册资金总额。

(一) 筹集资本金

企业设立时,必须要有最低限额的注册资本。国家规定注册资本的最低限额,称为法定资本金或法定最低资本金。比如,《中华人民共和国公司法》(以下简称《公司法》)规定,有限责任公司注册资本的最低限额为人民币 3 万元,股份有限公司为 500 万元;《企业集团财务公司管理办法》规定财务公司最低注册资本金为 3 亿元人民币或等值的自由兑换货币;《企业法人登记管理条例施行细则》规定其他企业法人的注册资金不得少于 3 万元。但是,2013 年 10 月 25 日,李克强总理主持召开国务院常务会议,部署推进公司注册资本登记制度改革,取消了注册资本最低限额的规定,也不再限制公司设立时股东(发起人)的首次出资比例和缴足出资的期限。公司实收资本不再作为工商登记事项。企业的注册资金是设立企业的法定资本金,是企业的实收资本,它同借入资本的主要不同点就是无须偿还。作为所有者,不能从企业任意抽走资本。企业注册资金应与企业实有资金相一致,若两者相差20%以上,就必须办理变更注册资金的手续。

企业资本金可以一次筹集,也可以分期筹集。《公司法》规定:"公司全体股东的首次出资额不得低于注册资本的百分之二十,也不得低于法定的注册资本最低限额,其余部分由股东自公司成立之日起两年内缴足;其中,投资公司可以在五年内缴足。"投资者投入企业的资本金,企业通过"实收资本"账户核算。一般说来,企业"实收资本"账户反映的资本金应和注册资本一致,但在特定时期内(如资金筹集到位期间),企业实收资本与注册资本可以不一致。企业筹集的资本金,必须经依法设立的验资机构验资并出具验资证明。

(二) 资本金的管理

1. 坚持资本的三原则,保持资本金的安全完整

资本三原则是指资本确定原则、资本不变原则和资本维持原则。

(1) 资本确定原则。资本确定是指设立企业必须明确规定企业的资本总额,如果投资者没有足额认缴资本总额,企业就不能成立。

(2) 资本不变原则。它是指企业的资本金未经严格的法律程序、手续,不得任意增减变动。企业筹集的资本金,在企业生产经营期间内,投资者除依法转让外,不得以任何方式抽走。《公司法》第36条规定:"公司成立后,股东不得抽逃出资。"《企业法人登记管理条例施行细则》第39条规定:"企业法人实有资金比原注册资金数额增加或者减少超过20%时,应持资金信用证明或者验资证明,向原登记主管机关申请变更登记。"

强调"资本不变原则",重在考虑企业生产经营的正常进行,不包括法律另有规定的条款。例如,《公司法》第143条规定:"公司不得收购本公司股份。但是,有下列情形之一的除外:(一)减少公司注册资本;(二)与持有本公司股份的其他公司合并;(三)将股份奖励给本公司职工;(四)股东因对股东大会作出的公司合并、分立决议持异议,要求公司收购其股份的。"公司因减少公司注册资本、将股份奖励给本公司职工等原因"收购本公司股份的,应当经股东大会决议"。公司因"将股份奖励给本公司职工"而收购本公司股份的,"不得超过本公司已发行股份总额的百分之五;用于收购的资金应当从公司的税后利润中支出;所收购的股份应当在一年内转让给职工"。与《公司法》相适应,财政部在《关于〈公司法〉施行后有关企业财务处理问题的通知》中,首次引入了"库存股"概念,并作了如下规定:

① 公司回购本公司股份的全部支出,转作库存股成本。

② 在减资、与持有本公司股份的其他公司合并以及股东要求公司收购其股份的情况下,在法定时限内注销回购股份时,按照注销的股份数量减少相应股本,库存股成本高于对应股本的部分,依次冲减资本公积、盈余公积、以前年度未分配利润;低于对应股本的部分,增加资本公积。

③ 因实行职工股权激励办法而回购股份的,回购股份不得超过本公司已发行股份总额的5%,所需资金应当控制在当期可供投资者分配的利润数额之内。实际回购股份时,应当将回购股份的全部支出转作库存股本,同时按回购支出数额将可供投资者分配的利润转入资本公积。

④ 库存股不得参与公司利润分配。

(3) 资本维持原则。它是指企业在存续期间应维持与资本总额相当的财产,即企业在持续经营期间有义务保持资本的完整性。一般要求做到两个维持:一是货币资本维持(又称财务资本维持),是指投资者投入的资本要在货币单位上得到维持后才可确认收益;二是实物资本维持,是指企业应维持与投入资源相当的实际生产能力,包括企业所拥有的实物资产在消耗或用光时应有充足的供应来替代,企业应保持以后年度可以生产或提供同样数量和同样价值的商品和劳务。强调资本维持原则的目的,是防止现实财产减少而导致企业责任范畴的缩小,保持债权人的利益,同时也是防止股东或投资人对盈利

分配的过高要求,确保企业生产经营的正常进行。

2. 加强资本营运,实现资本增值

资本营运,从管理形式看,就是对资本的经营管理和运用;从实质内容看,就是资本在生产经营等运作过程中的价值增值。资本,是商品经济高度发达的产物,是企业从事生产经营活动的基本条件。资本的保值不是目的,资本的运用和增值才是目的。根据马克思价值运动学说,资本是带来剩余价值的价值。日本《新版会计学大辞典》也认为,资本是"用来生产剩余价值或作他用"的。投资者投入资本,经过生产、流通过程,其收入量大于投入量,就使资本产生了增值。会计上所有者投入资本的增值,是指企业净资产的增加,亦即期末所有者权益金额大于期初所有者权益金额。由于实收资本基本不变,则所有者权益增值就是资本公积、盈余公积和未分配利润这三种"附加资本"的增加。企业创造利润才能提取积累,才能有新的未分配的利润。因此,企业只有经营获利,才能使资本增值;如果经营亏损,资本不但得不到保值,而且要减值,因为亏损额转入未分配利润,使未分配利润成为负数,以此去抵减实收资本,使所有者权益合计减少,少到低于实收资本额。例如,某企业资本金合计 20 457 万元,而所有者权益只有 16 090 万元,则资本减值 4 367 万元,即资本减值率为 21%(4 367÷20 457)。

3. 按投资者的出资比例分配剩余利润

在企业的注册资本总额中,各投资者投入资本的比例(出资比例)称为资本结构。企业上交所得税后的利润,在弥补亏损、提取盈余公积后,可以确定红利分配额。资本结构是红利分配的依据,投资者将按此结构分享利润。当然,企业出现风险,投资者也要按资本结构承担风险。

三、实收资本的形式

投资者投入资本可采用货币资金、实物资产和无形资产等不同形式。

(一) 投入货币资金

投资者以货币资金出资的,可以是人民币,也可以是外币。企业一般以收到或存入企业开户银行的当天金额作为登记实收资本的依据。对于合同规定允许投入外币的,在以人民币作为记账本位币时,企业应按收到投资或存入银行的当天外汇市场汇率或当月1日的外汇市场汇率折合为人民币入账。《公司法》规定:"全体股东的货币出资金额不得低于有限责任公司注册资本的百分之三十。"

投资者以外币投资时,一般在投资合同中约定汇率。如果企业实际收到投资入账时的汇率和合同约定登记实收资本的汇率不一致,一律按被投资企业实际收到外币当日的汇率记账。

需要说明的是,国家向企业投资和国家向企业下拨专款并不是一回事。企业创建或企业扩大规模时,国家作为投资者向企业投资,企业作为"实收资本"入账。如果企业步入生产经营阶段收到国家专项拨款,专门用于新产品试制等方面,企业作为"长期应付款"入账。企业动用专项拨款用于收益性支出(如支付新产品设计费等),待拨款项目完成后可予以核销;如用于资本性支出(如用于购置固定资产等方面),则作为企业"资本公积——资本溢价"入账。例如,国家向某企业拨入专款 15 万元用于高新技术产品开发。

该企业支付有关费用花费3万元,购置先进设备10万元。新产品开发获得成功,上交多余拨款2万元。则该企业准予核销的专项拨款3万元,作为"资本公积——资本溢价"入账的金额10万元。待未来变更注册资本时,再将"资本公积"10万元转入或分配转入"实收资本——国家资本"科目。

值得注意的是,企业"实收资本"账户反映的投资比例有时和合同规定出资比例不一致,这要说明其原因,并说明合同规定的比例是多少(即通过附注方式说明投资各方合同出资比例分别是多少),以后进行的利润分配和企业清算仍以合同规定的比例为依据。

(二) 投入实物资产

投资者投入实物资产包括投入材料物资等流动资产和投入房屋、建筑物、机器设备等固定资产,企业应按评估确认的价值入账。尤其是企业收到外商投入的设备,要经我国商检部门评估鉴定价值,以防止外商高报价格。企业收到外商投入设备时,按收到设备时的外汇汇率将评估确认的公允价值折合成人民币入账。

(三) 投入无形资产

投资者以知识产权(专利权、非专利技术、商标权、著作权等)、土地使用权等无形资产向企业投资的,企业应按评估确认的公允价值入账。根据《公司法》提出的"全体股东的货币出资金额不得低于有限责任公司注册资本的百分之三十"的规定推论,企业无形资产出资最高比例可达到70%。[①] 但《外资企业法实施细则》另有规定,外资企业的工业产权、专有技术的作价应与国际上通常的作价原则相一致,且作价金额不得超过注册资本的20%。

第二节　资本公积

资本公积是投资者出资额超出其在注册资本或股本中所占份额的部分以及其他直接归属所有者权益的利得和损失。资本公积从形成来源上看,不是由企业实现的利润转化而来的,从本质上讲应属于投入资本范畴,是资本的储备形式,是一种准资本。

尽管资本公积属于投入资本范畴,但它与实收资本又有所不同。一是来源不同。实收资本来自于投资者的资本金;资本公积既可以来源于投资者的额外投入(资本溢价),又可以来源于除投资者投入以外的其他交易或事项,如可供出售金融资产公允价值变动,企业确定的以权益工具结算应支付的股份等。二是限制不同。实收资本有严格的限制,比如,要有最低的法定资本,要和注册资本相一致,投资者一般不得抽走资本金等,而资本公积无论在金额上,还是在来源上,都没有严格的限制。

"资本公积"科目下设置"资本溢价"或"股本溢价"和"其他资本公积"明细科目进行明细核算。

一、资本溢价

资本溢价是指投资者投入的资金超过其在注册资本中所占份额的部分。其主要原

[①] 财政部企业司编:《企业财务通则解读》,中国财政经济出版社2007年版,第68页。

因有二：

（一）补偿企业未确认的自创商誉

企业从创立、筹建、生产运行，到打开市场，享有竞争优势，这无形之中已增加了企业的商誉。一个企业初创时投入的资本同几年后再投入同样的资本质量是不同的。初创时投入资本的报酬或收益很低，甚至没有，但这种资本却在企业生存、发展中起了极大的作用；当企业兴旺发达时再投入资本，这种投资的收益比初创时大得多，但投资的作用比初创时小得多。这就是说，不同时期同样的投资，其质量是不同的。原有投资者自创了商誉，应归属于原有投资者。当新投资者加入企业时，应该付出更多的资本，用以补偿原投资者在自创商誉未来收益分享方面所带来的损失。新投资者投入较多的资本中，按协商确定的资本额记入"实收资本"科目，超过核定额的部分就成了"资本溢价"。举例如下。

例1 某企业某年创建，创建时有三个投资者均投入40万元。企业开业三年，这三个投资者没有分到利润，但第四年企业开始出现转机。这一年，又有一个投资者投入资金。如果四个投资者要均等分配税后利润，则第四个投资者不仅要投入40万元作企业"实收资本"，还要考虑补偿企业创建发展中的自创商誉而增加投资12万元（投资者之间协议确定，此处"投资本金系数"为1.30（52÷40），即现时投入1.3元相当于原来的1元），这12万元作"资本公积"处理，属于四个投资者的共同权益。

（二）补偿原投资者资本增值中享有的权益

依上例，第四个投资者向企业投资时，该企业"实收资本"账户余额120万元，而"资本公积"、"盈余公积"和"未分配利润"账户余额30万元。这30万元是原投资者投入资本的增值，是属于原来三个投资者的权益。这时，第四个投资者新注入资金时，不仅要多拿出12万元作企业自创商誉价值的补偿，还要再拿出10万元（30万元÷3）作"资本公积"，补偿原投资者资本增值中享有的权益。

综合上述两种资本溢价，第四个投资者共投入货币62万元，其中，确认"实收资本"40万元，列作"资本公积"22万元，其"投资本金系数"为1.55（62÷40），这样才能和原投资者获得均等分享资本增值收益的权利。

二、股本溢价

股本溢价是指股份制企业发行股票时，股票价格超过股票面值而产生的溢价。

例2 某股份公司发行面值100元的股票20万股，实际发行价格为110元，实际收款2 200万元存入银行，则：

该股份公司将2 000万元（100×20）作为"股本"入账，将200万元[（110−100）×20]作"资本公积"入账。我国《公司法》第128条规定："股票发行价格可以按票面金额，也可以超过票面金额，但不得低于票面金额。"

三、其他资本公积

（1）股权投资调整。采用权益法核算长期股权投资时，被投资单位除净损益以外所有者权益的其他变动，企业按持股比例计算应享有的份额，在调整"长期股权投资——其他权益变动"金额的同时，调整"资本公积——其他资本公积"金额；处置长期股权投资时,还应转销原记入"资本公积——其他资本公积"账户的相关金额。

(2) 权益性股份激励。企业以权益结算的股份支付换取职工或其他方提供服务的,在等待日期间应按照确定的金额,记入"管理费用"等账户,同时形成"资本公积——其他资本公积"科目。在行权日再将其中确认股权的部分转入"实收资本"或"股本"账户,将其超过股权的差额,作为"资本公积——资本溢价或股本溢价"处理。

(3) 房地产转换利得。采用公允价值模式计量投资性房地产时,当企业自用房地产或存货转换为投资性房地产时,企业应在转换日按其公允价值与其账面余额的差额,作"资本公积——其他资本公积"的增加或作"公允价值变动损益"的减少;企业处置投资性房地产时,再转销"资本公积——其他资本公积"账户的余额。

(4) 可供出售金融资产市价变动及转换利得。企业已入账的"可供出售金融资产"公允价值变动、减值或回升、处置及转换,都要记入或调整"资本公积——其他资本公积"科目。

(5) 其他计入所有者权益的利得或损失。如企业集团内部无偿调拨固定资产时,调出单位要相应减少"资本公积——其他资本公积",调入单位要相应增加"资本公积——其他资本公积"。

四、资本公积的用途

(一) 企业的资本公积可以转增实收资本

企业的资本公积报经同级财政部门审批后可以转增实收资本。企业资本公积转增实收资本时要区分如下两种情况进行处理:一是直接转增。对那些在资本公积形成时就确定了归属性质的资本公积可直接转增实收资本。如国家财政拨款形成的资本公积,可直接转为"国家资本"。又如,企业在接受资本投入时产生的资本(股本)溢价,一般都能确定归属性质,在变更注册资本时可直接转入各有关所有者的实收资本。二是分配转增。对各类资本共同形成的资本公积,在转增实收资本时,可按资本结构比例分配转增各所有者实收资本。三是挂账待转。有些资本公积需要一定时间才能确定其归属性质,必须在法定期满后才能转增实收资本。例如,企业接受固定资产捐赠,如果金额较大,按纳税规定,可在未来五年内将其价值分配计入各年纳税所得计交所得税。企业在其所得税未全部缴纳完毕之前,由此形成的资本公积不得转增实收资本。

(二) 核销资本性损失

按照《企业资产损失财务处理暂行办法》,企业在特定情形下清查出的资产损失,经批准可以核销资本公积。

第三节 盈余公积

一、盈余公积的种类

盈余公积是企业从税后利润中提取的资本积累。它分为以下两类:

(一) 法定盈余公积

法定盈余公积,也称法定公积金,是按照国家规定比例从企业净利润中提取的具有某种特定目的或用途的公积金,又称"指用盈余"或"特别盈余公积"。

《公司法》第167条规定:"公司分配当年税后利润时,应当提取利润的百分之十列入公司法定公积金。公司法定公积金累计额为公司注册资本的百分之五十以上的,可以不再提取。"

(二)任意盈余公积

任意盈余公积,也称任意公积金,是按照公司章程规定或股东大会决议从企业净利润中提取的公积金,又称为"未指用盈余。"

企业设置"盈余公积"科目反映盈余公积的计提和使用。在该科目下,企业分设"法定盈余公积"和"任意盈余公积"明细科目进行明细分类核算。外商投资企业还应分别就"储备基金"、"企业发展基金"进行明细核算。中外合作经营企业在合作期间归还投资者的投资,应设置"利润归还投资"明细科目进行明细核算。煤矿等高危企业还要在"盈余公积"科目下设置"专项储备"明细科目,核算从利润中提取的安全费用等。

二、盈余公积的使用

《公司法》第169条规定:"公司的公积金用于弥补公司的亏损、扩大公司生产经营或者转为增加公司资本。但是,资本公积金不得用于弥补公司的亏损。"

(一)盈余公积用于弥补企业亏损

企业亏损挂账后,可用以后实现的利润在税前弥补或税后弥补。税后利润还不足以弥补时,可用盈余公积弥补。由于盈余公积是所有者的权益,弥补亏损时应由董事会提出具体方案,报经股东大会或类似机构批准后才可操作。

用盈余公积补亏,导致"盈余公积"金额减少。这一方面是对已计提"盈余公积"的抵减,另一方面又相应增加了利润分配的来源。因此,用盈余公积补亏的会计分录是:

借:盈余公积——法定盈余公积或任意盈余公积
　　贷:利润分配——盈余公积补亏
借:利润分配——盈余公积补亏
　　贷:利润分配——未分配利润

(二)盈余公积转增实收资本

企业盈余公积转增实收资本时,公司制企业由董事会决定,按投资者原有持股比例转增并经股东大会审议通过;国有企业由经理办公会决定,报主管财政机关备案。《公司法》第169条还规定:"法定公积金转为资本时,所留存的该项公积金不得少于转增前公司注册资本的百分之二十五。"

第四节 未分配利润

一、未分配利润的形成

(一)以前年度滚存下来未作分配的利润

企业为了稳健起见,以前年度实现的净利润并未全部分光。这部分滚存下来未作分配的利润表现为"利润分配"账户的年初余额。该账户年初贷方余额,表示结余未分配的利润;该账户年初借方余额,表示尚未弥补的亏损。对于"以前年度损益调整"最终转入"利润分配——未分配利润"科目的金额,其实质是对年初未分配利润的调整。

(二)本年实现的未作分配的利润

企业本年实现的净利润在弥补以前年度亏损(超过5年的未弥补亏损,即税后补亏)、提取法定盈余公积、提取任意盈余公积后,即可向投资者分配利润。分配时可将以前年度未分配的利润并入本年度一起向投资者分配,同时还要保留部分利润留待以后年度分配。

企业本年实现的净利润的分配顺序是:弥补以前年度亏损;提取法定盈余公积;提取任意盈余公积;向投资者分配股利或利润。现举例予以说明。

例3 某股份有限公司年初未分配利润结余150万元。本年度,处理"以前年度损益调整"转入"利润分配——未分配利润"科目贷方金额3万元。该公司本年实现净利润400万元,提取法定盈余公积40万元,提取任意盈余公积20万元,公司决定向普通股东分配股利145万元。试计算该公司年末未分配利润。

(1)可供分配的利润 = 年初未分配利润 + 以前年度损益调整转入额 + 本年实现的净利润 = 150 + 3 + 400 = 553(万元)

(2)实际分配的利润 = 提取的法定盈余公积 + 提取的任意盈余公积 + 向投资者分配的股利 = 40 + 20 + 145 = 205(万元)

(3)年末未分配利润 =(1)-(2)= 553 - 205 = 348(万元)

说明:如有盈余公积补亏,则在上述公式(2)中抵减提取的盈余公积。

二、未分配利润的用途

(一)留待以后年度弥补亏损

企业发生的亏损,可以用下一年度的税前利润弥补。如果下一年度税前利润弥补亏损后有剩余的,剩余部分应该依法缴纳所得税。如果下一年度所得税前利润仍不足以弥补亏损的,可连续弥补,但用税前利润连续弥补期限不得超过5年。

目前,我国规定的弥补亏损,概括起来有四条途径:(1)税前利润弥补。(2)税后利润弥补。企业连续税前补亏五年还不足弥补的,从第六年起,应当用税后利润弥补。(3)盈余公积补亏。(4)资本公积补亏。[①] 虽然《公司法》规定不得用资本公积金弥补公司的亏损,但在具体工作中因现实需要,经过国家批准,国有企业的资本公积可以用来弥补政策性重大亏损,如企业重组过程中清查出来的价值减损,企业依照国家规定分离办社会职能以及主辅分离过程中经批准核销的特定损失。

(二)留待以后年度向投资者分配

"未分配利润"有三层含义:一是指企业本年度上交所得税后的待分配利润;二是指企业本年度税后利润经过提取公积金和分出利润后的剩余利润;三是指以前年度滚存下来未作分配的利润。会计上的"未分配利润",是"利润分配"科目的一个明细科目。它

[①] 财政部企业司编:《企业财务通则解读》,中国财政经济出版社2007年版,第184页。

以贷方余额体现未分配的剩余利润,以借方余额体现未弥补的亏损。由于这种剩余利润是对利润进行过各项分配扣除后的余额,因而它转入下年度直接向投资者分配,而不再构成下年度计提公积金的基数。

◆ 习题十四

目的:练习所有者权益业务的处理。

某企业接受甲公司投入固定资产一批,对方账面原值26万元,已提折旧8万元,该设备公允价值19.8万元,双方协议确认的投资本金系数为1.10;同时,乙公司向该企业投入货币50万元,双方确认的投资额为40万元。试计算:

(1) 接受甲公司固定资产投资反映的实收资本 =

(2) 接受乙公司货币投资反映的实收资本 =

(3) 该企业接受投资所有者权益增加总额 =

第八章 会计报表

第一节 会计报表概述

一、会计报表的意义和作用

会计核算通常由记账、算账和报账三部分组成。记账,指会计核算中填制和审核会计凭证,登记账簿以及结出各账户本期发生额和期末余额,并进行试算核对等工作。算账,指会计核算中为求得某些指标而根据账簿记录所进行的计算工作。报账,指会计核算中根据记账和算账所提供的资料,定期或不定期地编制各种会计报表的工作。一般认为,会计核算系统包括复式簿记(记账和算账)和会计报表编报两个分系统。复式簿记属于日常核算,是一种大量的、经常的和连续的工作,产生的会计信息分散在多种会计凭证和账簿中,不能集中地揭示和反映会计期间经营活动和财务收支的全貌。为了进一步发挥会计的职能作用,还必须对日常核算资料进行整理、分类、计算和汇总,编制出会计报表,以便更集中概括地向有关方面提供总体会计信息。因此,会计报表是以日常核算资料为依据,总括地反映会计主体在一定时期的财务状况、经营成果和理财过程的报告文件,是会计核算的最终产品。

企业编制会计报表的目的是为企业现在和潜在的投资者、信贷者以及经营管理者和其他信息使用者提供能使他们作出合理的投资、贷款、经营管理决策和其他经济决策的有用信息,提供能帮助他们估量企业期望的净现金流量的数额、时间和不确定性的信息,提供有关企业的经济资财、企业对其他实体的债务和所有者权益变动的各种业务、事项和情况的信息。可见,会计报表的作用主要有以下三点:

(1) 会计报表提供的经济信息是企业内部加强和改善经营管理的重要依据。

（2）会计报表提供的经济信息是企业外部有关信息使用者作出经济决策的重要依据。

（3）会计报表提供的经济信息是国家国民经济管理部门进行宏观调控和管理的重要依据。

二、会计报表的种类

（一）按反映的经济内容分

会计报表按反映的经济内容分为三类：一类是反映财务状况及其变化情况的报表，如资产负债表、现金流量表、所有制者权益变动表；一类是反映经营成果的报表，如利润表；一类是反映企业生产经营过程中生产耗费及其产品成本形成情况的报表，如产品生产成本表、主要产品单位成本表、制造费用明细表、各种期间费用明细表等。

（二）按报送对象分

会计报表按照报送对象分为对外报表和对内报表。对外报表是指企业针对外部报表使用者编报的具有通用格式的会计报表，又称财务会计报表，简称财务报表，包括资产负债表、利润表、现金流量表、所有者权益变动表和财务报表附表。对内报表是指为了满足企业内部经济管理需要而编制的会计报表，又称管理会计报表或内部管理报表，这类报表的名称、格式、编制方法等不要求像财务报表那样通用，而由企业自行确定。对内报表主要是成本报表，包括产品生产成本表、主要产品单位成本表、制造费用明细表、各种期间费用明细表等。

企业对外报送年度财务报表时，应附送财务报表附注。财务报表附注是财务报表的重要组成部分，是对财务报表中列示项目的文字描述或相关明细资料，以及对未能在这些报表中列示项目的说明等。附注披露会计信息的一般顺序是：企业基本情况（包括企业注册地、组织形式和总部地址，企业的业务性质和主要经营活动，母公司以及集团最终母公司的名称，财务报告的批准报出者和财务报告批准报出日）；财务报表的编制基础；遵循企业会计准则的声明；重要会计政策的说明（包括财务报表项目的计量基础和会计政策的确定依据）；重要会计估计的说明（包括下一会计期间内很可能导致资产和负债账面价值重大调整的会计估计的确定依据等）；会计政策和会计估计变更以及差错更正的说明；对已在资产负债表、利润表、所有者权益变动表和现金流量表中列示的重要项目的进一步说明，包括终止经营税后利润的金额及其构成情况等；或有和承诺事项、资产负债表日后非调整事项、关联方关系及其交易等需要说明的事项。财务报表和财务报表附注共同组成了对外报送的财务会计报告。

企业编制财务会计报告的目的是向财务会计报告使用者提供与企业财务状况、经营成果和现金流量等有关的会计信息，反映企业管理层受托责任履行情况，有助于财务会计报告使用者作出合理的经济决策。

（三）按编报时间分

会计报表按编报时间分为月报、季报和年报。月报是按月编制的会计报表，如资产负债表、利润表等。季报是按季编制的会计报表，如主要产品单位成本表等。年报是按年编制的会计报表，也称年度结算报告，如现金流量表等。

（四）按编制单位分

会计报表按编制单位分为单位报表和汇总报表或合并报表。单位报表是由独立核算的基层单位编制的反映本单位情况的报表；汇总报表是指上级主管部门本身的会计报表与所属单位的会计报表合并汇总编制的会计报表。合并会计报表是指总公司或集团性公司将公司本身的会计报表与所属独立公司会计报表合并汇总编制的会计报表。

第二节　财务报表

财务报表是以货币形式总括反映企业财务状况、经营成果和资金流转信息的书面文件，包括财务报表、财务报表附注两大内容。这里所说的财务报表包括资产负债表、利润表、现金流量表、所有者权益变动表。财务报表附注是对财务报表中列示项目的文字描述或相关明细资料，以及对未能在这些报表中列示项目的说明等，其表现形式有两种：一是文字性的阐述；二是采用附表的格式提供明细资料。

一、资产负债表

资产负债表是反映企业在某一特定日期（如月末、季末、年末）财务状况的会计报表。

（一）资产负债表的作用及局限性

资产负债表的作用主要有以下三点：

(1) 通过资产负债表可了解企业所掌握的经济资源及这些资源的分布与结构情况。

(2) 通过资产负债表可了解企业资金来源的构成，分析企业的资金结构，了解企业所面临的财务风险。

(3) 通过对资产负债表进行分析，可了解企业的偿债实力、投资实力和支付能力。若把前后各期的资产负债表加以对照分析，还可以看出企业资金结构的变化情况及财务状况的发展趋势。

资产负债表的局限性主要有三点：第一，它不能直接反映管理当局理财受托责任的履行情况。表中所提供的数字也仅是企业经营成果与财务成果的简单混合。其资产方项目所描述的仅是企业在某一时点所持有的经济资源，它们的账面价值并不能完全反映企业资产的公允市价；其负债和所有者权益方项目仅能说明的是，假如企业在这一时间破产解散，不同的权利人（债权人和投资者）按账面价值所能分得的资产。第二，它不能说明企业经营者在企业经营过程中是如何筹集资金的，在企业理财过程中做了哪些努力，对所筹集的资金又是如何运用的，在理财方面究竟取得了什么样的成果。第三，资产负债表的使用者也无法从表中看出管理当局是否有效地获得了生产资料，是否及时偿还了贷款，据以保持企业良好的资信水平。

（二）资产负债表的格式和内容

资产负债表的基本结构是以"资产＝负债＋所有者权益"这一会计平衡公式为基础展开的。如果把资产放在报表的左侧，把负债和所有者权益放在报表的右侧，把报表制成横式，类似于"T"形账户而左右分列，并使左右两侧平衡相等，这种格式称为账户式；如果把资产放在报表的上端,把负债和所有者权益放在报表的下端,把报表制成竖式,并使之上下平衡,这种格式称为报告式。我国《企业会计准则》考虑了资产负债表的直观明晰性和广大财会人员的习惯,规定采用账户式。

资产负债表左方的资产按照流动资产、非流动资产两大类别排列。其中,非流动资产又按非流动资产投资、固定资产、无形资产、其他各项长期资产的顺序分类排列;右方的负债和所有者权益按照流动负债、非流动负债和所有者权益的顺序分类排列。具体格式和内容见表8-1。

表8-1 资产负债表

编制单位:夏宇工厂　　　　　　20×3年12月31日　　　　　　　　　　　　单位:元

资产	年初余额	期末余额	负债和所有者权益	年初余额	期末余额
流动资产:			流动负债:		
货币资金	256 500	690 445	短期借款	384 400	495 000
交易性金融资产	535 000	203 000	交易性金融负债		
应收票据	20 500	103 662	应付票据		175 500
应收账款	558 320	262 730	应付账款	489 000	293 100
预付款项		598	预收款项		
应收利息		2 500	应付职工薪酬	86 200	93 653
应收股利			应交税费	95 900	83 648
其他应收款	1 800	3 809	应付利息		
存货	1 200 600	1 456 488	应付股利	262 100	156 800
一年内到期的非流动资产			其他应付款		
其他流动资产	10 480	10 912	一年内到期的非流动负债	369 641	30 000
			其他流动负债		
流动资产合计	2 583 200	2 734 144	流动负债合计	1 687 241	1 327 701
非流动资产:			非流动负债:		
可供出售金融资产			长期借款	627 031	693 031
持有至到期投资		107 970	应付债券	120 328	128 166
长期应收款			长期应付款		
长期股权投资	154 600	154 600	专项应付款		
投资性房地产			预计负债		
固定资产	2 474 000	2 551 263	递延所得税负债		13 200
在建工程	135 000	129 500	其他非流动负债		
工程物资		14 291	非流动负债合计	747 359	834 397
固定资产清理			负债合计	2 434 600	2 162 098
生产性生物资产			所有者权益:		
油气资产			实收资本	2 814 000	2 814 000
无形资产	135 400	126 855	资本公积	23 000	67 600
开发支出			减:库存股		
商誉			盈余公积	98 910	205 090
长期待摊费用	87 500	74 240	未分配利润	199 190	644 075
递延所得税资产			所有者权益合计	3 135 100	3 730 765
其他非流动资产					
非流动资产合计	2 986 500	3 158 719			
资产总计	5 569 700	5 892 863	负债和所有者权益总计	5 569 700	5 892 863

(三) 资产负债表的编制原理

资产负债表各项目的数据应根据企业或会计主体总账或明细账账户期末余额直接填列或进行分析加工处理后填列。对表中"年初余额"栏内各项数字,根据上年年末资产负债表"期末余额"栏内所列数据填列。资产负债表"期末余额"的具体填列方法的类型有:

(1) 根据总账科目的余额直接填列;(2) 根据总账科目的余额合并计算或分解计算填列;(3) 根据明细科目的余额计算填列;(4) 根据表中有关项目的数据计算填列。具体填列的结果见表8-1。

二、利润表

利润表是反映企业在一定会计期间的经营成果情况的会计报表。

(一) 利润表的作用

(1) 通过利润表提供的有关利润方面的信息,可以评价企业的经营效率和经营成果,评价投资的价值和报酬,从而衡量企业在经营管理上的成功程度。

(2) 根据利润表中企业经营成果方面的信息,可以判定所有者投入企业的资本是否能够保全。

(3) 利用利润表中的信息可对企业未来的经营状况、获利能力进行预测,了解企业在未来一定时期内的盈利趋势。

(二) 利润表的内容和格式

利润表的内容分为四大部分:一是反映企业在某一会计期间实现的利润总额(或亏损总额)及其构成,据以分析企业的经济效益及盈利能力;二是反映企业在某一会计期间实现的净利润(或净亏损),据以分析企业投入资本的动态增值情况;三是反映了普通股股东的每股收益情况。

利润表可以采用单步式和多步式两种格式。单步式利润表通常采用左右对照的账户式结构,即左方反映各种收入、收益项目,右方反映各种费用、支出及损失项目。多步式利润表通常采用上下加减的报告式结构,利润的计算被分解为多个步骤完成。具体讲,第一步,从营业收入开始,减去营业成本、期间费用等项目后,计算出营业利润;第二步,再以营业利润为基础,加减营业外收支净额,计算出利润总额;第三步,再以利润总额为基础,减去所得税费用后,计算出净利润;第四步,计算每股收益。多步式利润表格式见表8-2。

需要说明的是,2006年以前,财政部专门设置了"利润分配表"的内容和格式。从2007年1月1日起,随着新的《企业会计准则》的实施,"利润分配表"的内容和格式并入了"所有者权益变动表",详见本章下述"所有者权益变动表"。

(三) 利润表的编制原理

利润表中构成营业利润、利润总额和净利润的各项目,根据会计损益类账户的发生额填列。利润表中"基本每股收益"项目,反映归属于普通股股东的当期净利润与发行在外普通股的加权平均数之比。它由本表"本期金额"栏"净利润"除以发行在外普通股的加权平均数得出;"稀释每股收益"项目,反映归属于普通股股东的当期净利润的调整额与发行在外普通股及潜在普通股转换为已发行普通股的加权平均数之比。它由本表"本期金额"栏"净利润"的调整额除以发行在外普通股的加权平均数与潜在普通股转换为已发行普通股的加权平均数之和得出。"其他综合收益"项目,反映企业根据企业会计准则规定未在损益中确认的各项利得和损失扣除所得税影响后的净额。"综合收益总额"项目,反映企业净利润与其他综合收益的合计金额。利润表的编制结果见表8-2。

表 8-2　利润表

编制单位:夏宇工厂　　　　　20×3年12月　　　　　　　　　　　单位:元

项目	本月金额	本年金额
一、营业收入	743 600	7 298 385
减:营业成本	485 988	5 274 893
营业税金及附加	4 385	41 756
销售费用	2 239	214 663
管理费用	38 870	684 155
财务费用	110 045	150 045
资产减值损失		
加:公允价值变动收益(损失以"-"号填列)		
投资收益(损失以"-"号填列)	4 233	51 233
其中:对联营企业和合营企业的投资收益		
二、营业利润(亏损以"-"号填列)	106 306	984 106
加:营业外收入	21 950	39 950
减:营业外支出	11 436	80 236
其中:非流动资产处置损失		
三、利润总额(亏损总额以"-"号填列)	116 820	943 820
减:所得税费用	29 205	235 955
四、净利润(净亏损以"-"号填列)	87 615	707 865
五、每股收益:		
(一)基本每股收益		
(二)稀释每股收益		
六、其他综合收益		
七、综合收益总额	87 615	707 865

三、所有者权益变动表

(一)所有者权益变动表的基本内容

所有者权益变动表是反映构成所有者权益的各组成部分当期的增减变动情况的报表。当期损益、直接计入所有者权益的利得和损失,以及与所有者或股东的资本交易导致的所有者权益的变动,应当分别列示。

所有者权益变动表反映的基本内容有:净利润;直接计入所有者权益的利得和损失项目及其总额;会计政策变更和差错更正的累积影响金额;所有者投入的资本和向所有者分配的利润等;按照规定提取的盈余公积;实收资本(或股本)、资本公积、盈余公积、未分配利润的期初和期末余额及其调节情况。所有者权益变动表的内容、格式见表8-3。

表 8-3 所有者权益变动表

编制单位：夏宁工厂　　　　　　　　　　　20×3 年度　　　　　　　　　　　　　　单位：元

项目	本年金额						上年金额					
	实收资本	资本公积	减：库存股	盈余公积	未分配利润	所有者权益合计	实收资本	资本公积	减：库存股	盈余公积	未分配利润	所有者权益合计
一、上年末余额	2 814 000	23 000		98 910	199 190	3 135 100						
加：会计政策变更												
前期差错更正												
二、本年年初余额	2 814 000	23 000		98 910	199 190	3 135 100						
三、本年增减变动金额（减少以"-"号填列）												
（一）净利润					707 865	707 865						
（二）其他综合收益		26 800										
上述（一）和（二）小计		26 800			707 865	734 665						
（三）所有者投入和减少资本												
1. 所有者投入资本		17 800				17 800						
2. 股份支付计入所有者权益的金额												
3. 其他												
（四）利润分配												
1. 提取盈余公积				106 180	-106 180	0						
2. 提取一般风险准备												
3. 对所有者的分配					-156 800	-156 800						
4. 其他												
（五）所有者权益内部结转												
1. 资本公积转增资本												
2. 盈余公积转增资本												
3. 盈余公积弥补亏损												
4. 一般风险准备弥补亏损												
5. 其他												
四、本年末余额	2 814 000	67 600		205 090	644 075	3 730 765						

（二）所有者权益变动表的编制

1. 本表"本年金额"栏的填制原理

本表"本年金额"栏，根据本年"利润分配"科目及其所属明细科目的记录和所有者权益类科目的发生额及余额分析填列。

2. 本表"上年金额"栏的填制原理

本表"上年金额"栏，根据上年"所有者权益变动表"填列。如果上年度所有者权益变动表与本年度所有者权益变动表的项目名称和内容不一致，应对上年度报表项目的名称和数字按本年度的规定进行调整，填入本表"上年金额"栏内。企业本年度发生的调整以前年度损益的事项中，转入"利润分配——未分配利润"、"盈余公积"等科目的数额填入"所有者权益变动表"、"会计政策变更"、"前期差错更正"项目（另填入"资产负债表"中年初有关项目）。所有者权益变动表的编制结果见表8-3。

四、现金流量表

（一）现金流量表的作用及编制目的

现金流量表是反映企业一定会计时期现金和现金等价物流入和流出情况的报表。它的主要作用是：第一，更好地帮助投资者、债权人和其他人士评估企业在未来创造有利的净现金流量的能力；第二，评估企业偿还债务的能力、分配股利或利润的能力，并对企业资金筹措的情况作出评价；第三，确定净利润与相关的现金收支产生差异的原因；第四，评估当期的现金与非现金投资和理财事项对企业财务状况的影响。编制现金流量表的主要目的是为报表使用者提供企业一定时间内现金和现金等价物流入和流出的信息，以便会计报表使用者了解和评价企业获取现金和现金等价物的能力，并据以预测未来现金流量。

（二）现金流量表的编制基础

现金流量表的编制基础是企业所拥有的现金和现金等价物。现金是指企业库存现金以及可以随时用于支付的存款，它包括"库存现金"账户核算的库存现金，"银行存款"账户核算的存入金融企业并可以随时用于支付的存款，"其他货币资金"账户核算的外埠存款、银行汇票存款、银行本票存款、信用卡存款、信用证保证存款和存出投资款等。现金等价物是指企业持有的期限短、流动性强、易于转换为已知金额现金、价值变动风险很小的投资。其中，"期限短"一般是指从购买日起三个月内到期。现金等价物通常包括三个月内到期的债券投资等。权益性投资变现的金额通常不确定，因而不属于现金等价物。可见，现金流量表中的现金是一种广义的现金，现金流量也是广义现金（现金及现金等价物）的流入和流出数量，但不包括购置和处理附属企业及其他营业单位产生的现金流动、非持续经营企业的现金流动和接受其他企业委托业务发生的不属于本企业所有的现金收支。

(三)现金流量表中的收支内容

1. 经营活动产生的现金流入和流出

(1)销售商品、提供劳务收到的现金。指企业销售商品、提供劳务实际收到的现金,包括销售收入和应向购买者收取的增值税销项税额,具体包括本期销售商品、提供劳务收到的现金,以及前期销售商品、提供劳务本期收到的现金和本期预收的款项,减去本期销售本期退回的商品和前期销售本期退回的商品支付的现金。需要注意的是,企业销售材料和代购代销业务收到的现金,也在本项目中反映。

(2)收到的税费返还。指企业收到的返还的各种税费,如收到的增值税、营业税、所得税、消费税、关税和教育费附加返还款等。

(3)收到的其他与经营活动有关的现金。指企业除上述各项目外,收到的其他与经营活动有关的现金,如罚款收入、流动资产损失中由个人赔偿的现金收入等。其他与经营活动有关的现金,如果价值较大的,应单列项目反映。

(4)购买商品、接受劳务支付的现金。指企业购买材料、商品、接受劳务实际支付的现金,包括支付的货款以及与货款一并支付的增值税进项税额,具体包括本期购买商品、接受劳务支付的现金,以及本期支付前期购买商品、接受劳务的未付款项和本期预付款项,减去本期发生的购货退回收到的现金。

(5)支付给职工以及为职工支付的现金。指企业实际支付给职工的现金以及为职工支付的现金,包括本期实际支付给职工的工资、奖金、各种津贴和补贴等薪酬,以及为职工支付的其他费用,不包括支付的离退休人员的各项费用和支付给在建工程人员的薪酬等。支付的离退休人员的各项费用,包括支付的统筹退休金以及未参加统筹的退休人员的费用,在"支付的其他与经营活动有关的现金"项目中反映;支付的由在建工程、无形资产负担的职工薪酬,在"购建固定资产、无形资产和其他长期资产支付的现金"项目中反映。

(6)支付的各项税费。指企业按规定支付的各项税费,包括本期发生并支付的税费,以及本期支付的以前各期发生的税费和预交的税金,如支付的教育费附加、矿产资源补偿费、印花税、房产税、土地增值税、车船使用税、预交的营业税等,不包括计入固定资产价值而实际支付的耕地占用税等,也不包括本期退回的增值税、所得税。本期退回的增值税、所得税,在"收到的税费返还"项目中反映。

(7)支付的其他与经营活动有关的现金。指企业除上述各项目外,支付的其他与经营活动有关的现金,如罚款支出、支付的差旅费、业务招待费、保险费等。其他与经营活动有关的现金,如果价值较大的,应单列项目反映。

2. 投资活动产生的现金流入和流出

(1)收回投资收到的现金。指企业出售、转让或到期收回除现金等价物以外的交易性金融资产、可供出售金融资产、持有至到期投资、委托贷款、长期股权投资而收到的现金,但不包括其中收回的利息,以及收回的非现金资产。收回的利息在"取得投资收益收到的现金"项目中反映。

(2)取得投资收益收到的现金。指企业因股权性投资而分得的现金股利,从子公司、联营企业或合营企业分回利润而收到的现金,以及因债权性投资而取得的现金利息收入。股票股利不在本项目中反映;包括在现金等价物范围内的债券性投资,其利息收入在本项目中反映。

(3) 处置固定资产、无形资产和其他长期资产收回的现金净额。指企业出售固定资产、无形资产和其他长期资产所取得的现金,减去为处置这些资产而支付的有关费用后的净额。处置固定资产、无形资产和其他长期资产所收到的现金,与处置活动支付的现金,两者在时间上比较接近,以净额反映更能反映处置活动对现金流量的影响,且由于金额不大,故以净额反映。由自然灾害等原因所造成的固定资产等长期资产的报废、毁损而收到的保险赔偿收入,也在本项目中反映。

需要注意的是,固定资产报废、毁损的变卖收益以及遭受灾害而收到的保险赔偿收入等,也在本项目中反映。如处置固定资产、无形资产和其他长期资产收回的现金净额为负数,则应作为投资活动产生的现金流量,在"支付的其他与投资活动有关的现金"项目中反映。

(4) 处置子公司及其他营业单位收到的现金净额。指企业处置子公司和处置其他营业单位实际收到的现金净额。

(5) 收到的其他与投资活动有关的现金。指企业除上述各项目外,收到的其他与投资活动有关的现金。其他与投资活动有关的现金,如果价值较大的,应单列项目反映。

(6) 购建固定资产、无形资产和其他长期资产支付的现金。指企业购买、建造固定资产,取得无形资产和其他长期资产所支付的现金,包括购买机器设备所支付的现金及增值税款、建造工程支付的现金、支付的由在建工程和无形资产负担的薪酬等现金支出,不包括为购建固定资产而发生的借款利息资本化部分,以及融资租入固定资产所支付的租赁费。为购建固定资产而发生的借款利息资本化部分,以及融资租入固定资产所支付的租赁费,应在"筹资活动产生的现金流量——支付的其他与筹资活动有关的现金"项目中反映,不在本项目中反映。企业以分期付款方式购建的固定资产,其首次付款支付的现金在本项目中反映,以后各期支付的现金在"筹资活动产生的现金流量——支付的其他与筹资活动有关的现金"项目中反映。

(7) 投资支付的现金。指企业进行权益性投资和债权性投资支付的现金,包括企业取得的除现金等价物以外的交易性股票投资、交易性债券投资、长期股权投资、持有至到期投资支付的现金,以及支付的佣金、手续费等附加费用。企业购买债券的价款中含有债券利息的,以及溢价或折价购入的,均按实际支付的金额反映。

需要注意的是,企业购买股票和债券时,实际支付的价款中包含的已宣告但尚未领取的现金股利或已到付息期但尚未领取的债券利息,应在"支付的其他与投资活动有关的现金"项目中反映;收回购买股票和债券时支付的已宣告但尚未领取的现金股利或已到付息期但尚未领取的债券利息,应在"收到的其他与投资活动有关的现金"项目中反映。

(8) 取得子公司及其他营业单位支付的现金净额。指企业购买子公司和处置其他营业单位实际支付的现金净额。整体购买一个单位,其结算方式是多种多样的,如购买方全部以现金支付或一部分以现金支付而另一部分以实物清偿。同时,企业购买子公司及其他营业单位是整体交易,子公司和其他营业单位除有固定资产和存货外,还可能持有现金和现金等价物。这样,整体购买子公司或其他营业单位的现金流量,就应以购买出价中以现金支付的部分减去子公司或其他营业单位持有的现金和现金等价物后的净额反映。

(9) 支付的其他与投资活动有关的现金。指企业除上述各项目外,支付的其他与投资活动有关的现金。其他与投资活动有关的现金,如果价值较大的,应单列项目反映。

3. 筹资活动产生的现金流入和流出

(1) 吸收投资收到的现金。指企业以发行股票、债券等方式筹集资金实际收到的款项净额(发行收入减去支付的佣金等发行费用后的净额)。

需要注意的是,以发行股票、债券等方式筹集资金而由企业直接支付的审计、咨询等费用,不在本项目中反映,而在"支付的其他与筹资活动有关的现金"项目中反映;由金融企业直接支付的手续费、宣传费、咨询费、印刷费等费用,从发行股票、债券取得的现金收入中扣除,以净额列示。

(2) 取得借款收到的现金。指企业举借各种短期、长期借款而收到的现金。

(3) 收到的其他与筹资活动有关的现金。指企业除上述各项目外,收到的其他与筹资活动有关的现金。其他与筹资活动有关的现金,如果价值较大的,应单列项目反映。

(4) 偿还债务支付的现金。指企业以现金偿还债务的本金,包括归还金融企业的借款本金、偿付企业到期的债券本金等。

需要注意的是,企业偿还的借款利息、债券利息,在"分配股利、利润或偿付利息支付的现金"项目中反映,不在本项目中反映。

(5) 分配股利、利润或偿付利息支付的现金。指企业实际支付的现金股利、支付给其他投资单位的利润或用现金支付的借款利息、债券利息。

(6) 支付的其他与筹资活动有关的现金。指企业除上述各项目外,支付的其他与筹资活动有关的现金。其他与筹资活动有关的现金,如果价值较大的,应单列项目反映。

4. 关于汇率变化对现金及现金等价物的影响

编制现金流量表时,应当将企业外币现金流量以及境外子公司的现金流量折算成记账本位币。《企业会计准则第31号——现金流量表》规定:"企业外币现金流量以及境外子公司的现金流量,应当以现金流量发生日的即期汇率或按照系统合理的方法确定的、与现金流量发生日即期汇率近似的汇率折算。汇率变动对现金的影响额应当作为调节项目,在现金流量表中单独列报。"

汇率变动对现金及现金等价物的影响,指企业外币现金流量及境外子公司的现金流量折算成记账本位币时,所采用的是现金流量发生日的即期汇率或与即期汇率近似的汇率,而现金流量表中"现金及现金等价物净增加额"中外币现金净增加额是按期末汇率折算的,这两者的差额即为汇率变动对现金的影响。

根据以上现金流量表收支内容列示的现金流量表见表8-4。

表 8-4 现金流量表

编制单位：夏宇工厂　　　　20×3 年度　　　　单位：元

项目	本年金额	上年金额
一、经营活动产生的现金流量		
销售商品、提供劳务收到的现金	8 737 294	
收到的税费返还	96 890	
收到的其他与经营活动有关的现金	8 834 184	
经营活动现金流入小计	5 919 307	
购买商品、接受劳务支付的现金	611 370	
支付给职工以及为职工支付的现金	672 052	
支付的各项税费	637 511	
支付的其他与经营活动有关的现金	7 840 240	
经营活动现金流出小计	993 944	
经营活动产生的现金流量净额		
二、投资活动产生的现金流量		
收回投资收到的现金	704 800	
取得投资收益收到的现金	6 040	
处置固定资产、无形资产和其他长期资产收回的现金净额	149 200	
处置子公司及其他营业单位收到的现金净额	2 150	
收到的其他与投资活动有关的现金	862 190	
投资活动现金流入小计	418 574	
购建固定资产、无形资产和其他长期资产支付的现金	438 077	
投资支付的现金		
取得子公司及其他营业单位支付的现金净额		
支付的其他与投资活动有关的现金	856 651	
投资活动现金流出小计	5 539	
投资活动产生的现金流量净额		
三、筹资活动产生的现金流量		
吸收投资收到的现金	310 600	
取得借款收到的现金	20 000	
收到的其他与筹资活动有关的现金	330 600	
偿还债务支付的现金	569 641	
分配股利、利润或偿付利息支付的现金	310 257	
支付的其他与筹资活动有关的现金	16 240	
筹资活动现金流出小计	896 138	
筹资活动产生的现金流量净额	−565 538	
四、汇率变动对现金及现金等价物的影响		
五、现金及现金等价物净增加额	433 945	
加：期初现金及现金等价物余额	256 500	
六、期末现金及现金等价物余额	690 445	

补充资料	本年金额	上年金额
1. 将净利润调节为经营活动现金流量：		
净利润	707 865	
加：资产减值准备	4 783	
固定资产折旧、油气资产折耗、生产性生物资产折旧	276 417	
无形资产摊销	12 545	
长期待摊费用摊销	31 520	
处置固定资产、无形资产和其他长期资产的损失（收益用"−"号）	−19 300	
固定资产报废损失（收益用"−"号）	6 400	
公允价值变动损失（收益用"−"号）		
财务费用（收益用"−"号）	150 045	
投资损失（收益用"−"号）	−51 233	
递延所得税资产减少（增加用"−"号）		
递延所得税负债增加（减少用"−"号）		
存货的减少（增加用"−"号）	−312 386	
经营性应收项目的减少（增加用"−"号）	210 510	
经营性应付项目的增加（减少用"−"号）	−34 790	
其他	11 568	
经营活动产生的现金流量净额	993 944	
2. 不涉及现金收支的重大投资和筹资活动：		
债务转为资本		
一年内到期的可转换公司债券		
融资租入固定资产		
3. 现金及现金等价物净变动情况：		
现金的期末余额	690 445	
减：现金的期初余额	256 500	
加：现金等价物的期末余额		
减：现金等价物的期初余额		
现金及现金等价物净增加额	433 945	

（四）现金流量表的编制方法

1. 经营活动现金流量的编制方法

经营活动现金流量采用直接法和间接法两种方法编制。

（1）直接法。直接法是指按现金收入和支出的主要类别直接反映企业经营活动产生的现金流量，如销售商品、提供劳务收到的现金，购买商品、接受劳务支付的现金等就是按现金收入和支出的来源直接反映的。在直接法下，一般是以利润表中的营业收入为起算点，调整与经营活动有关的项目的增减变动，然后计算出经营活动产生的现金流量。

采用直接法时，有关经营活动现金流量的信息，一般通过以下途径之一取得：① 企业的会计记录。② 根据以下项目对利润表中的营业收入、营业成本以及其他项目进行调整：当期存货及经营性应收和应付项目的变动；固定资产折旧；无形资产摊销等其他非现金项目；其现金影响属于投资或筹资活动现金流量的其他项目。

（2）间接法。间接法是指以净利润为起算点，调整不涉及现金的收入、费用、营业外收支等有关项目，据此计算出经营活动产生的现金流量。

我国《企业会计准则第31号——现金流量表》及其应用指南规定采用直接法编制现金流量表正表，同时要求在现金流量表附注中采用间接法将净利润调节为经营活动产生的现金流量。

2. 投资活动、筹资活动现金流量的编制方法

投资活动、筹资活动现金流量采用直接法编制，即直接根据投资活动、筹资活动有关账户的现金收入和现金支出的主要类别及其金额填列。

（五）现金流量表的编制程序

1. 工作底稿法编制程序

采用工作底稿法编制现金流量表，就是以工作底稿为手段，以利润表和资产负债表数据为基础，对每一项目进行分析并编制调整分录，从而编制出现金流量表。

2. T形账户法编制程序

采用T形账户法，就是以T形账户为手段，以利润表和资产负债表数据为基础，对每一项目进行分析并编制调整分录，从而编制出现金流量表。

3. 随时确认法编制程序

所谓随时确认法，是会计人员在平时处理经济业务编制记账凭证时应确定现金流量表的具体项目，对其进行编号，然后定期或不定期对记账凭证中已编号的项目金额进行汇总，于期末正式编制出现金流量表的编制方法，它由中国矿业大学朱学义教授提出并运用。①

五、财务报表附注

财务报表附注有两种表现形式：一是文字性的阐述；二是采用附表的格式提供明细

---

① 朱学义：《论现金流量表的随时确认法》，《四川会计》，1999年第6期；朱学义：《中级财务会计（第3版）》，机械工业出版社2007年版，第401—415页。

资料。

(一) 财务报表附注的文字性说明

财务报表附注通过文字形式披露的内容和一般顺序是：企业基本情况（包括企业注册地、组织形式和总部地址，企业的业务性质和主要经营活动，母公司以及集团最终母公司的名称，财务报告的批准报出者和财务报告批准报出日）；财务报表的编制基础；遵循企业会计准则的声明；重要会计政策的说明（包括财务报表项目的计量基础和会计政策的确定依据等）；重要会计估计的说明（包括下一会计期间内很可能导致资产和负债账面价值重大调整的会计估计的确定依据等）；会计政策和会计估计变更以及差错更正的说明；对已在资产负债表、利润表、所有者权益变动表和现金流量表中列示的重要项目的进一步说明，包括终止经营税后利润的金额及其构成情况等；或有和承诺事项、资产负债表日后非调整事项、关联方关系及其交易等需要说明的事项。此外，企业还应当在附注中披露在资产负债表日后、财务报表批准报出日前提议或宣布发放的股利总额和每股股利金额（或分配给投资者的利润总额）。

(二) 财务报表附表的内容

财务报表附表通常有分部报告、营业收入附表、应收款项附表、存货附表、存货跌价准备附表、短期借款和长期借款附表、应缴税费附表、资产减值准备附表、资产减值损失附表、应付职工薪酬附表、固定资产附表、无形资产附表、营业外收支附表、递延所得税资产和递延所得税负债附表、现金及现金等价物附表、取得或处置子公司及其他营业单位附表等。下面以营业收入附表为例，列示编制的结果见表8-5。

表8-5 营业收入附表

单位：元

项目	本期发生额	上期发生额
一、主营业务		
1. A产品	1 962 670	
2. B产品	1 401 280	
3. C产品	1 657 620	
4. D产品	1 368 400	
5. E产品	297 650	
6. F产品	563 965	
小计	7 251 585	
二、其他业务		
1. 材料销售	43 200	
2. 固定资产出租	3 600	
小计	46 800	
合计	7 298 385	

注：如果企业对外披露"营业收入附表"，可以仅披露"主营业务收入"总额和"其他业务收入"总额。

第三节 成本报表

一、成本报表的种类

成本报表是反映企业生产经营过程中生产耗费和产品成本形成情况的报表,是企业内部成本费用管理方面的报表。成本报表的种类、名称、内容、格式由企业自行确定。一般说来,企业成本报表有产品生产成本表,主要产品单位成本表,产品生产、销售成本表,制造费用明细表,销售费用明细表,管理费用明细表,财务费用明细表,投资收益明细表,营业外收支明细表等。

二、产品生产成本表

产品生产成本表是按成本项目反映企业一定时期在产品生产过程中产品生产费用的发生和制造成本的形成情况的报表。其内容由三部分组成:一是本期全部产品发生的生产费用,包括直接材料、直接人工和制造费用;二是在制品(在产品和自制半成品)期初、期末余额;三是产品生产成本合计。其格式见表8-6。

表8-6 产品生产成本表

编制单位:夏宇工厂　　　　　　　20×3年12月　　　　　　　　　　单位:元

项目	上年实际	本月实际	本年累计实际
生产费用:			
直接材料	3 538 700	356 090	3 679 655
其中:原材料	3 361 800	345 400	3 615 450
直接人工	447 900	24 765	541 511
制造费用	972 200	118 049	1 056 206
生产费用合计	4 958 800	498 904	5 277 372
加:在产品、自制半成品期初余额	388 100	427 288	413 000
减:在产品、自制半成品期末余额	413 000	462 424	462 424
产品生产成本合计	4 933 900	463 768	5 227 948

产品生产成本表按月根据"生产成本——基本生产成本"明细账的数额汇总填列。具体编制结果见表8-6。

三、主要产品单位成本表

主要产品单位成本表是反映企业月份、年度内生产的各种主要产品单位成本构成情况的报表。编制该表是为了考核各种主要产品单位成本计划的执行结果,分析各成本项目的变化及其原因,评价企业主要产品单位成本升降情况,以便找出差距、挖掘潜力、降低成本。

主要产品单位成本表按成本项目反映主要产品本月和本年累计实际单位成本、本年计划和上年实际平均单位成本以及历史上最低单位成本的情况。它按每种主要产品分别编制,一般是一季编制一次。其格式见表8-7。

表8-7 主要产品单位成本表

编制单位:夏宇工厂　　　　　　　　　　　20×3年12月　　　　　　　　　　　　　　单位:元

产品名称	A	规格		计量单位	台	单位售价	500
本年计划产量	4 800	本月实际产量		500		本年累计产量	4 900
项目	本年累计实际总成本		上年累计实际平均单位成本	本年计划单位成本		本月实际单位成本	本年累计实际平均单位成本
直接材料	1 100 868		238.00	226.00		224.38	224.67
直接人工	64 251		15.00	14.00		13.22	13.11
制造费用	282 444		61.00	59.00		59.77	57.64
产品生产成本合计	1 447 563		314.00	299.00		297.37	295.42

主要产品单位成本表还可以增加"历史先进水平"栏目,其往年数据根据历史成本资料及上年度本表资料填列;本年计划单位成本根据本年成本计划资料填列;本月实际单位成本根据本月完工该种产品的成本计算单或"生产成本——基本生产成本"明细账填列;本年累计实际平均单位成本是指本年年初至本月末止该种产品的平均实际单位成本,它用该产品累计总成本除以累计产量得出。具体编制结果见表8-7。

需要说明的是,有的企业或集团可以统一规定适合本行业特征的、便于汇总的内部单位成本表。如煤炭行业矿业集团可以统一编制原选煤成本计算表,按材料、职工薪酬、电费、折旧费、维简费、修理费、地面塌陷补偿费和其他支出等项目反映原选煤的单位成本和总成本,统一规定洗煤成本计算表的内容、格式、编制要求,按入洗原料煤、材料、薪酬、电费、折旧费、修理费和其他等项目反映洗煤分离前的单位成本和总成本,同时按产品名称(洗精煤、洗块煤、其他洗煤)反映洗煤分离后的单位成本和总成本。

四、产品生产、销售成本表

产品生产、销售成本表是反映企业全部产品(各种主要产品和各种非主要产品)生产、销售和结存情况的报表。利用此表可以反映企业产品生产和销售的衔接情况、产品结存的变动情况以及产品生产成本的升降情况。本表根据库存商品明细账、主营业务成本明细账等资料填列,其中累计单位成本用累计总成本除以累计产量得出。产品生产、销售成本表的内容、格式及编制结果见表8-8。

表 8-8　产品生产、销售成本表

20×3 年 12 月

编制单位：夏宇工厂　　单位：元

产品名称	计量单位	生产量		销售量			单位生产成本				生产总成本			销售成本		期初结存		期末结存	
		本月	本年累计	本月	其中：销售退回	本年累计	上年实际平均	本月实际	上年累计实际平均	上年实际总成本	本月实际	上年累计实际总成本	本月实际	上年累计实际	数量	成本	数量	成本
主要产品合计	×	×	×	×	×	×	×	×	×	×	428 968	4 948 348	443 890	4 952 690	×	210 020	×	205 678
1. A	台	500	4 900	600		4 975	314	297	295	1 538 600	148 683	1 447 563	177 888	1 473 518	275	85 250	200	59 295
2. B	台	1 000	10 900	1 100		10 950	90	87	88	981 000	87 155	962 355	95 084	967 384	450	39 600	400	34 571
3. C	件	2 000	26 200	1 900		25 980	45	42	40	1 179 000	83 046	1 153 246	77 938	1 145 978	880	37 840	1 100	45 108
4. D	件	1 500	19 100	1 300		18 772	52	51	51	993 200	75 747	967 547	64 519	951 569	672	33 650	1 000	49 628
5. E	吨	30	260	25		357	1 188	1 146	1 160	427 680	34 337	417 637	28 461	414 241	12	13 680	15	17 076
非主要产品合计	×	×	×	×	×	×	×	×	×	×	34 800	279 600	33 533	278 333	×	×	×	1 067
6. F	斤	10	76	10		76		3 353	3 662		33 533	278 333	33 533	278 333				
7. G	台	1	1		×			1 267	1 267		1 267	1 267						1 067
全部产品生产成本	×	×	×	×	×	×	×	×	×	×	463 768	5 227 948	477 423	5 231 023	×	×	×	206 745

五、费用及损益项目明细表

(一) 制造费用明细表

制造费用明细表反映年度内基本生产车间发生的各种制造费用。辅助生产车间发生的制造费用,因已分配计入基本生产车间制造费用和管理费用有关项目,故不包括在本表内,以免重复反映;但企业在日常核算中,对辅助生产车间的制造费用也应分车间编制计划,进行考核。

制造费用明细表按费用项目反映本年计划数、上年同期累计实际数、本月实际数、本年累计实际数,它一般按月编制,也可按季编制。

制造费用明细表根据基本生产车间制造费用明细账、本年成本计划、上年本表资料填列。具体格式、内容见表8-9。

表8-9 制造费用明细表

编制单位:夏宇工厂　　　　　　20×3年12月　　　　　　　　　单位:元

项目	上年实际	本年计划	本月实际	本年累计实际
1. 工资薪酬	54 300	48 900	5 600	47 400
2. 其他薪酬	7 602	6 846	784	6 636
3. 折旧费	209 000	221 000	19 034	236 694
4. 修理费	91 000	89 600	9 457.09	80 517.09
5. 办公费	18 000	16 500	2 300	15 940
6. 水电费	189 000	188 260	22 995	181 395
7. 机物料消耗	478 000	480 000	48 744	179 180
8. 低值易耗品摊销	298 000	290 000	7 147.6	292 147.6
9. 劳动保护费	6 400	6 600	868	6 148
10. 差旅费	4 200	4 000		4 100
11. 保险费	4 870	5 210	180.5	4 950.5
12. 运输费				
13. 租赁费				
14. 其他	1 628	1 084	1 008	1 008
制造费用合计	1 362 000	1 358 000	118 118.19	1 056 116.19

(二) 销售费用明细表

销售费用明细表反映企业年度内销售过程发生的各项业务费用和专设销售机构的各项经费。它按月(或按季)分费用项目分别反映销售费用的本年计划数、上年同期实际累计数、本月实际数和本年累计实际数。销售费用明细表根据销售费用明细账、本年费用计划、上年本表资料填列。具体内容、格式见表8-10。

表 8-10　销售费用明细表

编制单位：夏宇工厂　　　　　　　　　20×3 年 12 月　　　　　　　　　　　　单位：元

项目	上年实际	本年计划	本月实际	本年累计实际
1. 运输费	2 100		1 500	22 900
2. 包装费	3 000		239	3 439
3. 广告费	110 000		500	108 324
4. 装卸费				
5. 保险费				
6. 委托代销手续费				
7. 商品维修费				
8. 展览费				
9. 租赁费				
10. 销售服务费用				
11. 职工薪酬				
12. 差旅费				
13. 办公费				
14. 折旧费				
15. 修理费				
16. 物料消耗				
17. 低值易耗品摊销				
18. 其他费用	80 000			80 000
销售费用合计	195 100		2 239	214 663

(三) 管理费用明细表

管理费用明细表反映年度内企业行政管理部门为组织和管理经营活动而发生的各项费用。它按月（或按季）分费用项目根据管理费用明细账等资料填列。其内容、格式见表 8-11。

表 8-11　管理费用明细表

编制单位：夏宇工厂　　　　　　　　　20×3 年 12 月　　　　　　　　　　　　单位：元

项目	上年实际	本年计划	本月实际	本年累计实际
1. 工资薪酬	66 000	67 000	6 000	67 600
2. 职工福利薪酬	9 240	9 380	910	10 026
3. 折旧费	18 760	27 100	1 528	27 896
4. 办公费	24 000	21 800	875	20 775
5. 差旅费	8 700	8 300	300	8 300
6. 运输费	25 900	25 700	2 000	22 680

(续表)

项目	上年实际	本年计划	本月实际	本年累计实际
7. 保险费	480	510	200	651
8. 修理费	27 900	27 000	1 703	23 263
9. 水电费	12 000	11 800	1 008	11 348
10. 物料消耗	26 400	24 000	6 905	28 505
11. 低值易耗品摊销	5 400	5 240	400	4 580
12. 无形资产摊销	12 550	12 550	1 045	12 545
13. 咨询费	1 680	1 600	1 400	1 400
14. 诉讼费			3 382	3 382
15. 存货盘亏毁损	8 000	5 000	1 198	8 198
16. 研究费用	132 000	132 300		116 800
17. 工会经费	8 000	8 180	710	13 210
18. 住房公积金	3 850	3 900	630	4 230
19. 职工教育经费	6 300	6 100	533	9 908
20. 社会保险费	285 000	290 000	6 850	273 050
21. 税金	10 000	10 600	1 135	9 035
22. 其他			158	6 773
……	……	……	……	……
管理费用合计	692 160	698 060	38 870	684 155

(四) 财务费用明细表

财务费用明细表反映企业年度内为筹集资金而发生的各项费用。它一般根据财务费用明细账等资料按年编制。其内容、格式见表 8-12。

表 8-12 财务费用明细表

编制单位:夏宇工厂　　　　　　20×3 年 12 月　　　　　　　　　　　　单位:元

项目	上年实际	本年计划	本月实际	本年累计实际
1. 利息支出	39 500		112 195	151 995
减:利息收入			2 150	2 150
2. 汇兑净损失				
3. 调剂外汇手续费				
4. 金融机构手续费	180			200
5. 其他财务费用				
财务费用合计	39 680		110 045	150 045

(五) 营业外收支明细表

营业外收支明细表反映企业年度内发生的与企业生产经营无直接关系的各项收入

和支出。它一般根据营业外收入明细账、营业外支出明细账等资料按月编制。其内容、格式见表8-13。

表8-13　营业外收支明细表

编制单位：夏宇工厂　　　　　20×3年12月　　　　　　　　　　单位：元

项目	上年实际	本年实际
一、营业外收入		
1. 非流动资产处置利得合计	13 000	27 500
其中：固定资产处置利得	10 000	7 200
无形资产处置利得	3 000	20 300
2. 非货币性资产交换利得		
3. 债务重组利得		
4. 政府补助		
5. 盘盈利得		12 450
6. 捐赠利得		
7. 其他		
营业外收入合计	13 000	39 950
二、营业外支出		
1. 非流动资产处置损失合计		
其中：固定资产处置损失	8 800	11 600
无形资产处置损失	2 000	21 000
2. 非货币性资产交换损失		
3. 债务重组损失		
4. 公益性捐赠支出	40 000	30 300
5. 非常损失		
6. 盘亏损失		
7. 其他	13 000	17 336
营业外支出合计	63 800	80 236

第四节　财务指标分析

　　企业编制的财务成本报表，对企业各个部门、各个方面、各种因素变化产生的大量的经济业务数据，已按照一定的规则加以分类、汇总，从而在整体上反映了企业的财务成本状况。以企业财务成本报表为主要分析对象，从不同的角度将报表整体资料分解为各个部分进行专门研究，揭示其内在联系，计算筹资能力、偿债能力、盈利能力、营运能力、发展能力等指标，进行客观的评价和分析，这种分析称为"财务指标分析"。

一、筹资分析

　　企业进行生产经营，必须拥有一定的资金。企业资金需要量主要根据企业生产经营规模确定。企业生产经营规模及资金用量一旦明确，就要筹集各种资金。企业筹集资金的渠道主要有投资者投入(包括投资者直接投入货币、实物等,以及通过发行股票间接取得资金)、向银行借款、发行债券等。企业取得资金的途径不同,花费的代价也不同。比如,向银行借款和发行债券要支付利息,使用投资者资金要分配利润或股利。究竟利用哪些资金使企业花费的代价最小呢?这需要对多种方案进行分析比较加以确认。因此,筹资分析主要包括资金需要量的测定、资金来源(结构)分析和资金成本分析三部分。

(一) 资金需要量的测定

企业的资金从占用形态上按资金的流动性进行分类,分为流动资产和非流动资产(或称长期资产)两类。长期资产包括非流动资产投资、固定资产、无形资产、长期待摊费用和其他长期资产,其中主要是固定资产。企业资金需要量的测定,主要是测定流动资产和固定资产资金需要量。

1. 流动资产资金需要量的测定

流动资产包括货币资金、交易性金融资产、应收款项、存货等。其中购买债券、股票等有价证券进行的交易性金融资产投资的主要目的是保持资金的流动性,即交易性金融资产投资是调节流动资金的"缓冲阀":当企业货币资金宽裕时,企业可购买有价证券,既储存后备资金,又获取投资收益;当企业货币资金紧张时,企业可随时变卖有价证券获取现款。因此,交易性金融资产投资资金需要量不确定。流动资产资金需要量的确定有分项核定法和总额匡算法两种。

(1) 分项核定法。它是按货币资金、应收款项、存货逐项进行核定的方法。货币资金需要量根据年度内货币资金收入预算、支出预算和年初结存货币资金加以计算。在确定货币资金需要量的同时,还要考虑如何使货币资金成本最低。货币资金成本主要包括三方面:一是企业留存货币资金将失去利用货币资金(如购买证券)所获得的收益(这称为机会成本,也称投资成本),或企业因借款而留存货币资金需付出利息,这种收益(实为损失)或利息统称为留存成本;二是管理货币资金发生的管理成本,如管理人员工资、安全措施费等;三是企业因缺乏必要的货币资金,不能应付业务开支所需而使企业蒙受损失或为此付出代价而形成的短缺成本。在货币资金留存量和货币资金成本坐标图上,总成本最低点的货币资金留存量为货币资金合理的需要量。

应收账款需要量根据赊销数额和应收账款平均收账期确定。赊销数额决定于企业的信用政策。在一般情况下,企业均喜欢现款交易,然而,企业为了扩大销售、提高竞争力,又不得不进行信用销售(赊销)。赊销额愈大,企业被客户占用的应收账款愈大,企业为此垫支付出的资金成本(利息支出、收账费用等)也愈大,而且发生坏账损失的可能性也愈大。只有当赊销获利超过应收账款的成本时,企业才采用信用销售的政策,反之,得不偿失。因此,企业要在赊销带来的好处和付出的代价之间权衡轻重,选择赊销获利最大,同时其成本最低时的应收账款占用额为应收账款最合理的需要量。

存货资金需要量可区分材料存货、在产品存货和库存商品存货采用周转期计算法、因素分析法、余额计算法等方法确定。以周转期计算法为例,材料存货资金需要量是企业从支付材料货款开始,直到材料投入生产为止的整个过程中(周转期间)所占用的资金,它根据各种主要材料平均每日消耗量、材料单价以及材料周转天数计算;在产品存货资金需要量是从材料投入生产开始到产品完工为止整个过程中所占用的资金数额,它根据各种产品每日平均产量、各种在产品单位制造成本及其生产周期等因素确定;库存商品存货资金需要量是从产成品制成入库到销售取得货款为止整个过程中所占用的资金数额,它根据各种产品每日平均产量、产品单位制造成本和产成品周转天数确定。存货资金需要量的核定,在传统的财务管理模式下称为"定额流动资金需要量(也称流动资金定额)的核定",包括储备资金定额、生产资金定额和成品资金定额的核定,有时也称为计划占用额的核定。

(2)总额匡算法。它是根据流动资产与某指标之间存在的一定的比例关系来匡算流动资产资金需要量的一种方法,又称比例(率)计算法。常用的比率有产值流动资金率(简称产值资金率)、销售收入流动资金率(简称销资率)等。下面举例予以说明。

例1 夏宇工厂上年工业总产值750万元,上年流动资产平均余额250万元,计划年度工业总产值780万元,并要求流动资金比上年降低2%,则:

$$\text{计划年度流动资产资金需要量} = \text{计划年度工业总产值} \times \text{上年产值流动资金率} \times \left(1 - \text{计划年度资金占用降低率}\right)$$

$$= 780 \times \frac{250}{750} \times (1 - 2\%) = 254.8(\text{万元})$$

为了衡量计划年度流动资产资金需要量是否先进、合理,可按全国或行业产值资金率进行测算、评价。

例2 我国规模以上工业企业2007—2011年累计产值流动资金率的计算见表8-14。

表8-14 我国规模以上工业企业产值流动资金率计算表

项目	2007年	2008年	2009年	2010年	2011年	五年累计	年递增率
(1)工业总产值(亿元)	405 177	507 285	548 311	698 591	844 269	3 003 633	20.1%
(2)主营业务收入(亿元)	399 717	500 020	542 522	697 744	841 830	2 981 833	20.5%
(3)流动资产合计(亿元)	163 260	195 682	223 039	279 227	327 779	1 188 987	19.0%
(4)产值流动资金率=(3)/(1)	36.5%	35.4%	38.2%	35.9%	35.9%	39.6%	—
(5)收入流动资金率=(3)/(2)	37.0%	35.9%	38.6%	36.0%	36.1%	39.9%	—

注:计算表中第4、5个指标时要用"流动资产平均数";2006年流动资产合计132 310亿元。
资料来源:《中国统计年鉴(2012)》。

从表8-14可见,我国工业企业2007—2011年产值流动资金率、收入流动资金率("销资率")分别为39.6%、39.9%,平均为39.8%,比1998—2001年62.7%、64.6%低22.4个百分点、23.8个百分点,和2004—2007年的40.3%、40.8%相近,即我国工业企业产值流动资金率或收入流动资金率在40%—64%之间。

2. 固定资产资金需要量的测定

固定资产实物需要量的测定主要是测定生产设备需要量。各种生产设备需要量根据该生产设备年度生产能力和年度计划生产任务确定。其中,单台设备年度生产能力根据每台班产量(或每班工作台时数)、每日开上班数和全年计划生产日数确定。每种生产设备数量确定后,再按市场价格或账面原价计算出固定资产资金需要量。

(二)资金结构的分析

资金结构的分析主要是从资金来源上分析、评价企业的筹资政策及其各种资金的构成,广而言之,还包括资产结构率的分析。

1. 企业筹资政策的评价

以上确定的维持企业生产经营正常进行的最低限度的资金需要量,是企业的永久性资金,从占用形态看,是企业"永久性资产",包括固定资产和永久性流动资产。企业实际资金用量会受到生产季节、供求变化及其他经济环境因素的影响而发生波动。企业实际资产超过永久性资产的部分为"波动性流动资产",或称"临时性流动资产"。一般的筹资政策(稳健型筹资政策)是:永久性资产由长期资金来源解决,即靠所有者投资(包括积累)和举借长期债务解决;波动性流动资产靠短期资金来源解决,如图8-1所示。

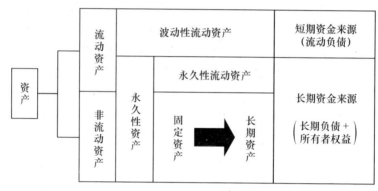

图 8-1 稳健型筹资政策图

如果企业的永久性流动资产和部分波动性流动资产由长期资金来源解决,则企业短期内可以减轻偿还债务的压力,同时也可抵御短期债务利率波动的风险,这种筹资政策显得比较保守,因而称为"保守型筹资政策"或"中庸型筹资政策"。保守型筹资政策的缺陷是:当企业生产经营处于淡季时,资金需要量降到最低点,即降到永久性资产水平点上,则多余的长期资金仍要偿付固定利息。如果企业的部分永久性流动资产和波动性流动资产由短期资金来源解决,企业的固定资产和部分永久性流动资产由长期资金来源解决,这是一种激进行为,称为"激进型筹资政策"。这种筹资政策如能成功,企业赚得利润会高于一般企业,但企业要冒短期偿债的风险,还要冒短期债务利率可能大幅度上浮的风险。

例3 根据表8-1的资产负债表,夏宇工厂全年平均资产5 731 282元[(5 569 700 + 5 892 863)÷2,此例采用简化办法计算,下同],其中,平均流动资产2 658 672元[(2 583 200 + 2 734 144)÷2],平均长期资产3 072 610元[(2 986 500 + 3 158 719)÷2];全年平均长期负债790 878元[(747 359 + 834 397)÷2],平均所有者权益3 432 933元[(3 135 100 + 3 730 765)÷2],全年长期资金来源共计4 223 811元(790 878 + 3 432 933),全年短期资金来源(即平均流动负债)1 507 471元[(1 687 241 + 1 327 701)÷2];该企业全年确定的永久性资产5 609 454元,其中,永久性流动资产2 548 000元(见例1),长期资产3 072 610元(暂用实际数代替)。该企业筹资政策的类型通过图8-2体现。

从图8-2可见,夏宇工厂有1 396 799元永久性流动资产和110 672元波动性流动资产靠短期资金来源1 507 471元解决,说明该工厂采用了"激进型筹资政策"。分析者需要进一步了解企业生产经营状况。如果该企业产销旺盛,发展很有前途,这种筹资政策对企业很有利;如果该企业不景气,这种筹资政策将使企业面临很大的风险。

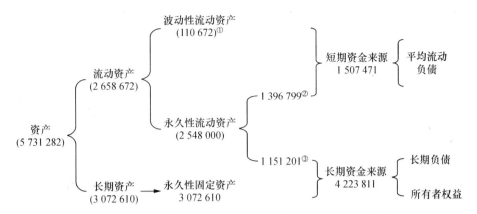

注：① 2 658 672 − 2 548 000；② 1 507 471 − 110 672；③ 2 548 000 − 1 396 799。

图 8-2　夏宇工厂"激进型筹资政策"对应关系图（单位：元）

2. 资金来源构成分析

资金来源构成分析通过计算下列指标，同企业往年合理比率、行业或全国平均水平进行对比，从而作出评价。

$$资产流动负债率 = \frac{流动负债合计}{资产（金）总额} \times 100\%$$

$$资产长期负债率 = \frac{长期负债合计}{资产（金）总额} \times 100\%$$

$$资产自有率 = \frac{自有资产合计}{资产（金）总额} \times 100\% = \frac{所有者权益}{资产（金）总额} \times 100\%$$

$$资本金自有率 = \frac{实收资本（或股本）}{资产（金）总额} \times 100\%$$

$$附加资本自有率 = \frac{附加资本}{资产（金）总额} \times 100\%$$

$$= \frac{资本公积 + 盈余公积 + 未分配利润}{资产（金）总额} \times 100\%$$

$$本金安全率 = \frac{附加资本}{实收资本（或股本）} \times 100\%$$

例 4　根据表 8-1 的资产负债表，夏宇工厂年末流动负债 1 327 701 元，长期负债 834 397 元，所有者权益 3 730 765 元（其中，实收资本 2 814 000 元、附加资本 916 765 元），资产总计 5 892 863 元，则：

（1）资产流动负债率 = 1 327 701 ÷ 5 892 863 × 100% = 22.5%

（2）资产长期负债率 = 834 397 ÷ 5 892 863 × 100% = 14.2%

（3）资产自有率 = 3 730 765 ÷ 5 892 863 × 100% = 63.3%

其中，资本金自有率 = 2 814 000 ÷ 5 892 863 × 100% = 47.8%

附加资本自有率 = 916 765 ÷ 5 892 863 × 100% = 15.6%

本金安全率 = 916 765 ÷ 2 814 000 × 100% = 32.6%

例 5　我国全国规模以上工业企业 2007—2011 年资金来源构成分析情况见表 8-15。

表 8-15（a） 我国全国规模以上工业企业资金来源分析情况表（一）

项目	2007 年	2008 年	2009 年	2010 年	2011 年	五年累计	年递增率
（1）流动负债（亿元）	157 912	190 116	214 406	257 996	298 911	556 907	17.3%
（2）长期负债（亿元）	45 002	58 783	71 327	82 400	93 734	176 134	27.7%
（3）所有者权益（亿元）	149 876	182 353	206 689	251 160	282 004	533 164	23.5%
（4）资产总计（亿元）	353 037	431 306	493 693	592 882	675 797	1 268 679	24.2%
（5）资产流动负债率=（1）/（4）	44.7%	44.1%	49.7%	43.5%	44.2%	43.9%	—
（6）资产长期负债率=（2）/（4）	12.7%	13.6%	16.5%	13.9%	13.9%	13.9%	—
（7）资产自有率=（3）/（4）	42.5%	42.3%	47.9%	42.4%	41.7%	42.0%	—

表 8-15（b） 我国全部国有及规模以上非国有工业企业资金来源分析情况表（二）

项目	2001 年	2002 年	2003 年	三年累计	年递增率
（1）本金安全率	53.0%	53.9%	59.0%	55.5%	
（2）资本金自有率	26.7%	26.8%	25.8%	26.4%	
（3）附加资本自有率	14.2%	14.4%	15.2%	14.6%	

资料来源：2002—2004 年、2008—2012 年各年《中国统计年鉴》。

从例 3、例 4 计算结果可以看出，夏宇工厂资产流动负债率为 22.5%，比全国工业企业 2007—2011 年累计 43.9% 低 21.4 个百分点，短期偿债风险相对要小得多；夏宇工厂资产长期负债率为 14.2%，比全国工业企业 2007—2011 年累计 13.9% 高 0.3 个百分点；夏宇工厂资产自有率为 63.3%，比全国工业企业 2007—2011 年累计 42.0% 高 21.3 个百分点，说明夏宇工厂自身资金实力比全国工业企业平均水平强。资金实力强还可由以下两项指标体现：

一是夏宇工厂资本金自有率为 47.8%，比全国工业企业 2001—2003 年累计 26.4% 高 21.4 个百分点；

二是夏宇工厂附加资本自有率为 15.6%，比全国工业企业 2001—2003 年累计 14.6% 高 1 个百分点；

但是，夏宇工厂本金安全率为 32.6%，比全国工业企业 2001—2003 年累计 55.5% 低 22.9 个百分点，说明夏宇工厂的积累能力没有全国工业企业平均水平好。

3. 资产结构比率分析

资产结构比率，亦称资产构成比率，资产结构比率分析通过计算下列指标，并和企业往年合理比率、行业或全国平均水平进行对比，从而作出评价。

$$\text{流动资产占用率} = \frac{\text{流动资产合计}}{\text{资产总额}} \times 100\%$$

$$\text{非流动资产投资占用率} = \frac{\text{非流动资产投资合计}}{\text{资产总额}} \times 100\%$$

$$\text{固定资产占用率} = \frac{\text{固定资产合计}}{\text{资产总额}} \times 100\% = \frac{\text{固定资产} + \text{在建工程} + \text{工程物资} + \text{固定资产清理}}{\text{资产总额}} \times 100\%$$

$$\text{其他长期资产占用率} = \frac{\text{其他长期资产合计}}{\text{资产总额}} \times 100\% = \frac{\text{非流动资产合计} - \text{非流动资产投资} - \text{固定资产合计}}{\text{资产总额}} \times 100\%$$

$$\text{流动资产与固定资产的比率} = \frac{\text{流动资产合计}}{\text{固定资产合计}} \times 100\%$$

例6 根据表8-1资产负债表和《中国统计年鉴》(2008—2012年)的资料,夏宇工厂年末资产结构比率和全国规模以上工业企业资产结构比率计算见表8-16。

表8-16 夏宇工厂和全国规模以上工业企业年末资产结构比率计算表

资产	夏宇工厂		全部国有及规模以上非国有工业企业	
	期末余额(元)	构成比率	2007—2011年累计(元)	构成比率
(1) 流动资产合计	2 734 144	46.4%	1 188 986.02	46.7%
(2) 非流动资产投资合计	262 570	4.5%		
可供出售金融资产				
持有至到期投资	107 970			
长期股权投资	154 600			
投资性房地产				
(3) 固定资产合计	2 551 263	43.3%	907 130.25	35.6%
(4) 其他长期资产合计	344 886	5.9%	450 598.26	17.7%
在建工程	129 500			
工程物资	14 291			
固定资产清理				
长期应收款				
生产性生物资产				
油气资产				
无形资产	126 855			
开发支出				
商誉				
长期待摊费用	74 240			
递延所得税资产				
其他非流动资产				
(5) 流动资产与固定资产比率		107.2%		131.1%
资产总计	5 892 863	100.0%	2 546 714.53	100.0%

计算结果表明,夏宇工厂流动资产占用率46.4%、非流动资产投资占用率4.5%、固定资产占用率45.7%、其他长期资产占用率3.4%、流动资产与固定资产比率101.5%。而规模以上工业企业2007—2011年流动资产占用率46.7%、固定资产净值占用率35.6%、流动资产与固定资产比率131.1%。

(三) 资金成本分析

1. 资金成本的含义及作用

资金成本是企业取得和使用资金而发生的各种费用,包括资金占用费用和资金筹集费用两类。资金占用费用是考虑资金时间价值和投资风险后所产生的费用,如支付利息、分配股利等。对于投资风险大的项目,资金占用费率较高,如长期贷款利率高于短期贷款利率。资金占用费用同资金占用额和占用期限有关,一般可看做资金成本的变动费用。资金筹集费用是筹集资金所发生的费用,如发行股票、债券而支付的注册费和代办费,向银行借款支付的手续费等,这些费用同资金筹集额和占用期一般无直接联系,可看做资金成本的固定费用。

资金成本具有产品成本的基本属性,但又不同于一般的账面成本,它通常是一种预测成本,而且往往要计算因使用资金而减少资金投放所带来的收入(益)——机会成本。

资金成本的作用有:它是选择资金来源、拟订筹资方案的依据;它是评价投资项目可行性的主要经济标准;它还可作为评价企业经营成果的依据。

2. 资金成本率的计算

资金成本率的基本计算公式如下:

$$资金成本率 = \frac{资金占用费}{筹集资金总额 - 资金筹集费}$$

$$= \frac{筹集资金总额 \times 资金占用费率}{筹集资金总额 \times (1 - 筹资费率)} \times 100\%$$

$$= \frac{资金占用费率}{1 - 筹资费率} \times 100\%$$

资金成本率的具体计算要根据各种资金来源发生的不同资金成本采用不同的方式分别计算和综合计算。

(1) 长期债券成本率的计算。企业发行超过一年期的长期债券,其资金成本包括支付的代理发行费、债券利息等。资金成本率按当年资金成本计算。企业支付的债券利息是不是都作资金成本处理呢?不是。因为企业支付的债券利息在企业缴纳所得税前扣除,从而少交了所得税,债券利息扣除少交的所得税后的净额才是资金成本净额,即税后资金成本额。例如,某企业本年度获得息税前利润10万元,支付债券利息2万元(已作"财务费用"),假定其他业务均未发生,所得税税率25%,该企业应交所得税2万元[(10-2)×25%]。如果纳税时不扣除债券利息,则该企业应交所得税2.5万元(10×25%)。可见,由于税前扣除债券利息,企业可以少交0.5万元所得税(2.5-2)。企业当年债券成本为1.5万元(2-0.5),而不是2万元,即债券(税后)成本=债券利息×(1-所得税税率)=2×(1-25%)=1.5(万元)。因此,长期债券成本率计算公式如下:

$$长期债券成本率 = \frac{债券发行总额 \times 债券利息率 \times (1 - 所得税税率)}{债券发行总额 \times (1 - 筹资费率)} \times 100\%$$

例7 夏宇工厂年初发行面值8万元、票面利率6%的五年期甲种债券和面值3.38万元、票面利率5%的两年期乙种债券,筹资费率为2%,所得税税率为25%,则:

$$长期债券成本率 = \frac{(8 \times 6\% + 3.38 \times 5\%) \times (1 - 25\%)}{(8 + 3.38) \times (1 - 2\%)} \times 100\% = 4.36\%$$

(2) 银行长期借款成本率的计算。计算公式如下:

$$银行长期借款成本率 = \frac{长期款总额 \times 借款利息率 \times (1 - 所得税税率)}{长期借款总额 \times (1 - 筹资费率)} \times 100\%$$

例8 夏宇工厂从银行取得长期借款99.7万元,年利率6.12%,筹资费率为1‰,所得税税率为 25%，则：

$$\text{银行长期借款成本率} = \frac{99.7 \times 6.12\% \times (1-25\%)}{99.7 \times (1-1‰)} \times 100\% = 4.59\%$$

（3）实收资本成本率的计算。投资者投入的资本是企业的实收资本。实收资本成本是企业在税后向投资者分配的利润。分利率（分出利润占实收资本的比率）或分红率一般不固定，往往根据企业每年盈利情况决定。企业在进行财务预测时，应根据预测期内预计的各年资本金利润率水平预计各年分利（红）率，然后计算实收资本成本率。其计算公式如下：

$$\text{实收资本成本率} = \frac{\text{实收资本总额} \times \text{预计的年分利率}}{\text{实收资本总额} \times (1-\text{筹资费率})} \times 100\%$$

例 9 夏宇工厂筹集实收资本总额 281.4 万元，预计年分利率 9%，筹资费率为 1‰，则：

$$\text{实收资本成本率} = \frac{281.4 \times 9\%}{281.4 \times (1-1‰)} \times 100\% = 9.01\%$$

对于股份制企业，股本成本是以股利率为基础计算的。其公式如下：

$$\text{优先股成本率} = \frac{\text{优先股发行总额} \times \text{年股利率}}{\text{优先股发行总额} \times (1-\text{筹资费率})} \times 100\%$$

$$\text{普通股成本率} = \frac{\text{普通股发行总额} \times \text{预计普通股年股利率}}{\text{普通股发行总额} \times (1-\text{筹资费率})} \times 100\%$$

（4）附加资本成本率的计算。附加资本是所有者权益中除实收资本以外的资本，包括资本公积、盈余公积和未分配利润。附加资本主要靠企业税后利润留用而形成，所以又称留用利润。留用利润是企业内部形成的资金来源，从表面上看，企业使用留用利润似乎不花费什么成本，其实不然。留用利润是投资者留在企业内的资金。投资者之所以愿意把资金留在企业，是为了使企业能很好地发展，从而使投资者获取更大的报酬，否则投资者将会把资金投到别处去获取利润。因此，留用利润的成本，是投资者放弃的其他投资机会应得的报酬，是一种机会成本。企业的附加资本可以看成是投资者的追加投资，它应同实收资本一样，也应得到相同比率的报酬。附加资本成本率（也称留用利润成本率）的计算方法与实收资本成本率基本相同，只是不必考虑筹资费用因素，而且分利率还可以用核定的资金收益率代替。计算公式如下：

$$\text{附加资本成本率} = \frac{\text{附加资本总额} \times \text{预计的年分利率或核定的资金收益率}}{\text{附加资本总额}} \times 100\%$$

例 10 夏宇工厂附加资本 61.89 万元，预计年分利率 9%，则：

$$\text{附加资本成本率} = \frac{61.89 \times 9\%}{61.89} \times 100\% = 9\%$$

（5）银行短期借款成本率的计算。短期借款是不超过一年的借款。我国目前的短期借款一般计单利，且季末付息。计算短期借款成本率分以下两步进行：

① 计算短期借款有效利率。有效利率是考虑计息方式和计息期次后将年度中间利息折算成年终利息而计算得到的利率。例如，企业取得一年期借款 10 万元，如果按银行名义利率 5.58% 计息，到期一次还本付息，则有效利率为 5.58%（年末付息 0.58 万元 ÷

本金 10 万元)。如果企业取得 3 个月期借款 10 万元,年利率 5%,则 3 个月到期付息 0.125 万元(10 × 5% ÷ 12 × 3)。假定这笔借款全年连续发生了四次,全年共付息 0.5 万元。由于付息期提前,借款成本(有效利息)会超过 0.5 万元,它等于各期付息按利率折算为年末终值的合计额。即:

3 月末付息 0.125 万元,折算成年末终值为 0.1297 万元[0.125 × (1 + 5% ÷ 12 × 9)];

6 月末付息 0.125 万元,折算成年末终值为 0.1281 万元[0.125 × (1 + 5% ÷ 12 × 6)];

9 月末付息 0.125 万元,折算成年末终值为 0.1266 万元[0.125 × (1 + 5% ÷ 12 × 3)];

12 月末付息 0.125 万元,折算成年末终值为 0.125 万元;

折算后有效利息合计 0.5094 万元(0.1297 + 0.1281 + 0.1266 + 0.125)。

有效利率 = 0.5094 ÷ 10 = 5.094%

或 $= \left(1 + \dfrac{5\%}{4}\right)^4 - 1 = 1.05094 - 1 = 5.094\%$

单利方式下有效利率的计算公式归纳如下:

$$\text{单利方式下不足一年期借款的有效利率} = \dfrac{\sum\left\{\text{当期付息额} \times \left[1 + \dfrac{\text{年利率}}{12} \times \left(12 - \text{付息月份}\right)\right]\right\}}{\text{短期借款年平均余额}}$$

$$= \dfrac{\text{有效利息}}{\text{短期借款年平均余额}} \qquad (8\text{-}1)$$

$$\text{或} = \left(1 + \dfrac{\text{年息率}}{\text{全年付息次数}}\right)^{\text{全年付息次数}} - 1 \qquad (8\text{-}2)$$

公式(8-1)适用于各种不同利率和不规则的付息期限的有效利率的计算。公式(8-2)适用于各种借款利率相等和付息期限相等的有效利率的计算。

② 计算短期借款成本率。短期借款利息在所得税前支付,由此少交的所得税应从借款利息中扣除。计算公式如下:

短期借款成本率 = 有效利率 × (1 − 所得税税率)

例 11 夏宇工厂短期借款年平均 43.97 万元,借款年利率 5.58%,每季度末付息一次,所得税税率 25%,则:

有效利率 $= \left(1 + \dfrac{5.58\%}{4}\right)^4 - 1 = 1.05698 - 1 = 5.698\%$

短期借款成本率 = 5.698% × (1 − 25%) = 4.27%

企业带息应付票据成本率的计算与此相同。

(6)商业信用成本率的计算。企业购买材料物资等而未付款,则形成应付账款。应付账款是企业临时占用其他单位的资金。如果对方(销货方、债权人)不提供现金折扣,则占用其他单位资金不发生资金成本;如有现金折扣,企业在折扣期内付款,已享受现金折扣的,也不发生资金成本;如有现金折扣,企业没有利用,而未在折扣期内付款,这虽然增加了商业信用资金(超过折扣期可多占用应付账款),却使企业付出了机会成本。例如,某企业每年向某供应商购买材料 551 020 元,供应商提供的信用条件是"2/10,n/30"。该企业扣除 2% 的折扣后,平均每天的进货额为 1 500 元(551 020 × 98% ÷ 360)。

第 10 天付款获得的商业信用资金 = 10 × 1 500 = 15 000（元）
第 30 天付款获得的商业信用资金 = 30 × 1 500 = 45 000（元）
未享受现金折扣增加的商业信用资金 = 45 000 − 15 000 = 30 000（元）
未享受现金折扣的隐含利率 = 551 020 × 2% ÷ 30 000 = 36.73%

计算表明，该企业不享受现金折扣可多获得 30 000 元商业信用资金，然而该企业为此应得到的 11 020.40 元（551 020 × 2%）的现金折扣丧失了。失去的优惠是可利用资金的 36.73%，此比率比银行借款利率高得多，也就是说企业放弃现金折扣得到资金占用要比获得借款的代价高得多。因此，凡有现金折扣，一般都得利用。商业信用成本率的计算分为以下三步：

① 计算放弃现金折扣的税前隐含利率。计算公式如下：

$$\text{放弃现金折扣的税前隐含利率} = \frac{\text{折扣率}}{1-\text{折扣率}} \times \frac{360}{\text{信用期限}-\text{折扣期限}}$$

上例中，

$$\text{放弃现金折扣的税前隐含利率} = \frac{2\%}{1-2\%} \times \frac{360}{30-10} = 36.73\%$$

② 计算放弃现金折扣的税后隐含利率。计算公式如下：

$$\text{放弃现金折扣的税后隐含利率} = \frac{\text{折扣率} \times (1-\text{所得税税率})}{1-\text{折扣率} \times (1-\text{所得税税率})} \times \frac{360}{\text{信用期限}-\text{折扣期限}}$$

上例中，

$$\text{放弃现金折扣的税后隐含利率} = \frac{2\% \times (1-25\%)}{1-2\% \times (1-25\%)} \times \frac{360}{30-10} = 27.41\%$$

上述公式为什么用"折扣率 ×（1 − 所得税税率）"，而不用"放弃现金折扣的税前隐含利率 ×（1 − 所得税税率）"？"由于付现折扣收入是应课税所得，故应减去所节省的租税才是损失付现折扣的净显性成本（Net explicit cost）。"[①]

③ 计算放弃现金折扣的税后有效利率。如果企业常年有连续不断可利用的现金折扣均未被利用，按复利计息，就能求出不享受折扣的商业信用有效利率——商业信用成本率。计算公式如下：

$$\text{放弃现金折扣的有效利率（商业信用成本率）} = \left(1 + \frac{\text{税后隐含利率}}{\text{复利次数}}\right)^{\text{复利次数}} - 1$$

上例中，

$$\text{放弃现金折扣的有效利率（商业信用成本率）} = \left[1 + \frac{27.41\%}{360 \div (30-10)}\right]^{18} - 1 = 31.26\%$$

（7）综合资金成本率的计算。计算公式如下：

$$\text{综合资金成本率} = \sum \left(\text{某种资金来源占全部资金的比重} \times \text{该种资金来源的资金成本率}\right)$$

例 12 根据上述例 7 至例 11，夏宇工厂综合资金成本率计算见表 8-17。

---

① 陈石进编译：《财务分析技巧》，香港财经管理研究社 1986 年版，第 185 页。

表 8-17　夏宇工厂综合资金成本率计算表

各种来源的资金	金额（元）(1)	比重 (2)=(1)÷总计	各种来源的资金成本率 (3)	加权平均的资金成本率 (4)=(2)×(3)
应付债券	113 800	2.43%	4.36%	0.1059%
长期借款	997 000	21.28%	4.59%	0.9767%
实收资本	2 814 000	60.06%	9.01%	5.4111%
附加资本	321 100	6.85%	9.00%	0.6168%
长期资金来源	4 245 900	90.62%	—	7.1104%
短期借款	439 700	9.38%	4.27%	0.4007%
总计	4 685 600	100.00%	—	7.51%

3. 新拟筹资方案的决策分析

当企业扩大生产经营规模需要增加资金时，企业可考虑各种不同资金来源的方案。由于不同的资金来源有不同的资金成本，企业进行筹资决策时应比较资金结构变动前后的综合资金成本率，比较各种不同筹资方案的综合资金成本率，选择综合资金成本率最低方案为最优方案。

例 13　夏宇工厂拟定增资 70 万元，有以下两个方案可供选择。

方案 A：发行长期债券 50 万元，年利率 6%，筹资费率 2%；投资者投入资本 20 万元，预计年分利率仍为 9%，筹资费率 1‰；其余资料见例 7、例 9。

方案 B：发行长期债券 70 万元，年利率 6%，筹资费率 2%，其余资料见例 7。

$$\text{A 方案下长期债券成本率} = \frac{(8 \times 6\% + 3.38 \times 5\% + 50 \times 6\%) \times (1-25\%)}{(8 + 3.38 + 50) \times (1-2\%)} \times 100\% = 4.5497\%$$

$$\text{A 方案下实收资本成本率} = \frac{(281.4 + 20) \times 9\%}{(281.4 + 20) \times (1 - 1‰)} \times 100\% = 9.0090\%$$

$$\text{B 方案下长期债券成本率} = \frac{(8 \times 6\% + 3.38 \times 5\% + 70 \times 6\%) \times (1-25\%)}{(8 + 3.38 + 70) \times (1-2\%)} \times 100\% = 4.5601\%$$

根据以上计算，夏宇工厂增资扩股后综合资金成本率计算见表 8-18、表 8-19。

表 8-18　夏宇工厂增资扩股后综合资金成本率计算表（A 方案）

各种来源的资金	金额（元）(1)	比重 (2)=(1)÷总计	各种来源的资金成本率 (3)	加权平均的资金成本率 (4)=(2)×(3)
应付债券	613 800①	11.40%	4.5497%	0.5185%
长期借款	997 000	18.51%	4.59%	0.8497%
实收资本	3 014 000②	55.96%	9.0090%	5.0418%
附加资本	321 100	5.96%	9.00%	0.5366%
长期资金来源	4 945 900	91.84%	—	6.9466%
短期借款	439 700	8.16%	4.27%	0.3486%
总计	5 385 600	100.00%	—	7.30%

注：① 增资前 113 800 + 增加债券 500 000 = 613 800（元）；② 增资前 2 814 000 + 扩充股本 200 000 = 3 014 000（元）。

表 8-19　夏宇工厂增资扩股后综合资金成本率计算表（B 方案）

各种来源的资金	金额（元）(1)	比重 (2)=(1)÷总计	各种来源的资金成本率 (3)	加权平均的资金成本率 (4)=(2)×(3)
应付债券	813 800①	15.11%	4.5601%	0.6891%
长期借款	997 000	18.51%	4.59%	0.8497%
实收资本	2 814 000	52.25%	9.01%	4.7078%
附加资本	321 100	5.96%	9.00%	0.5366%
长期资金来源	4 945 900	91.84%	—	6.7831%
短期借款	439 700	8.16%	4.27%	0.3486%
总计	5 385 600	100.00%	—	7.13%

注：① 增资前 113 800 + 增加债券 700 000 = 813 800（元）。

从表 8-18、表 8-19 的计算结果可见，B 方案综合资金成本率 7.13% 低于 A 方案 7.30%，同时又低于资金结构变动前的综合资金成本率 7.51%，故 B 方案为较优方案。

二、短期偿债能力分析

企业的短期债务需要用企业的流动资产来偿还，同样，企业的长期债务在到期前转化为短期债务，一般也要用流动资产来偿还。因此，对短期偿债能力的分析，主要是研究流动资产和流动负债之间的关系及有关项目的变动情况。所有财务报表使用者都关心企业的短期偿债能力。如果企业的短期偿债能力不行，就意味着偿还长期债务会存在问题。有时，一个盈利状况不错的企业，也会由于资金调度不灵，偿还不了短期债务而破产。

评价企业短期偿债能力的财务指标有营运资金（营运资金比率）、流动比率、速动比率、现金比率和现金流动负债比率等。

（一）营运资金

营运资金，亦称营运资本，是企业持有的在生产经营周转过程中可自主支配的流动资金数额，在数量上，它等于流动资产减去流动负债后的净额。其计算公式如下：

$$营运资金 = 流动资产 - 流动负债$$

从公式中可知，营运资金存在着两种可能：一是正数；二是负数。

当营运资金为正数时，说明企业有营运资金。一般说来，企业有一定的营运资金，表明企业有能力偿还短期负债，营运资金越多，偿还能力越强。因此，短期债权人希望企业的营运资金越多越好，这样可以减少借债的风险。然而，从企业的角度看，营运资金过多，说明企业利用外来资金扩大经营规模的潜力没有充分发挥，失去了扩大经营规模获取更多利润的机会。究竟营运资金保持多少才算合理？目前还没有一个统一的标准。企业分析营运资金状况时，往往将当期营运资金与往期营运资金比较，与同行业规模相近的企业比较，以作出客观的评价。

当营运资金为负数时，说明企业营运资金短缺。企业的流动负债超过了流动资产，表明企业发生亏损，或举借短期债务筹集资金用于购买固定资产、进行非流动资产投资等方面，企业资产流动性差。此时，企业处于极为不利的境地。不仅正常的生产经营活动难以维持，各种短期债务难以偿还，而且重新举借债务会受到种种限制。从这点讲，企业营运资金状况的分析,也称为短期信用分析,它是短期债权人、长期债权人以及投资者非常关心的一个很敏感的问题。

例 14 根据表 8-1 资产负债表,夏宇工厂年初流动资产为 2 583 200 元,流动负债为 1 687 241 元,年末流动资产为 2 734 144 元,流动负债为 1 327 701 元,年末资产总额为 5 892 863 元,则:

年初营运资金 = 2 583 200 - 1 687 241 = 895 959(元)

年末营运资金 = 2 734 144 - 1 327 701 = 1 406 443(元)

全年平均营运资金 =(895 959 + 1 406 443)÷ 2 = 1 151 201(元)

说明:会计人员应利用各月资料计算全年平均营运资金。报表的外部使用者,因得不到每月资料,只得采用年初数、年末数简单平均的方法计算,大多数情况下利用年末数计算。下述其他指标也有类似情况,到时不再赘述。

计算结果表明,夏宇工厂年末营运资金比年初增加了 510 484 元(1 406 443 - 895 959),表明企业日常经营资金有保障,短期偿债能力增强。

仅计算营运资金不足以同不同企业进行比较和评价。为了对不同行业、不同企业营运资金状况进行客观的分析比较,还要计算营运资金比率。其计算公式如下①:

$$营运资金比率 = \frac{营运资金}{资产总额} \times 100\% = \frac{流动资产 - 流动负债}{资产总额} \times 100\%$$

例 14 中,

$$营运资金比率 = \frac{1\,406\,443}{5\,892\,863} \times 100\% = 23.9\%$$

例 15 全国规模以上工业企业 2007—2011 年营运资金比率计算见表 8-20。

表 8-20　全国规模以上工业企业营运资金比率计算表

项目	2007 年	2008 年	2009 年	2010 年	2011 年	五年累计	年递增率
(1) 年末流动资产	163 260	195 682	223 039	279 227	327 779	1 188 987	17.3%
(2) 年末流动负债	157 912	190 116	214 406	257 996	298 911	1 119 341	17.6%
(3) 年末资产合计	353 037	431 306	493 693	592 882	675 797	2 546 715	17.6%
(4) 营运资金 =(1)-(2)	5 348	5 566	8 633	21 231	28 868	69 646	—
(5) 营运资金比率 =(4)/(3)	1.5%	1.3%	1.7%	3.6%	4.3%	2.7%	—
(6) 流动比率 =(1)/(2)	1.03	1.03	1.04	1.08	1.10	1.06	—

资料来源:《中国统计年鉴(2012)》。

计算结果表明,全国规模以上工业企业 2007—2011 年累计营运资金比率为 2.7%,反映了工业企业在每 100 元资产中,自主支配的流动资金仅有 2.70 元。2000—2002 年,我国沪深市 1 304 家上市公司三年累计营运资金比率为 6.8%(数据取自中国矿业大学朱学义教授上市公司数据库),2011 年 2 342 家上市公司营运资金比率为 6.7%(数据取自 CCER 经济金融研究数据库)。

---

① 此概念及计算公式引自美国定期发布的行业财务指标,参见罗飞主编:《企业财务报表阅读与分析》,中国经济出版社 1993 年版,第 100 页。另外,我国原经贸委综合评价企业竞争能力十二大指标时,第十项指标是"营运资金比率",它等于期末营运资金除以期末流动资产余额。参见《中国财经报》,1996 年 12 月 25 日第三版。

(二) 流动比率

流动比率是流动资产总额对流动负债总额的比例。计算公式如下:

$$流动比率 = \frac{流动资产}{流动负债}$$

例 14 中,

$$流动比率 = \frac{2\,734\,144}{1\,327\,701} = 2.06$$

流动比率是反映企业短期债务由可变现流动资产来偿还的能力。该比率表示每 1 元流动负债有多少流动资产作保证。该比率高,说明企业偿债能力强。按照西方企业的经验,一般认为该比率应维持在 2 左右,才足以表明企业财务状况稳妥可靠。当然,这只是一个经验数据,理论上还未得到证明。因此,分析一个企业的流动比率时,要同企业历史水平、同行业平均流动比率进行比较,分析其合理性。

夏宇工厂本年流动比率高于上年流动比率,表明该厂的财务状况是可靠的。流动比率高,虽能总体说明企业财务状况的稳定性,但不一定就合理。在工业企业流动资产中,占用额最高的是存货,其次是应收账款。这就有可能是由于存货积压或滞销,客户拖欠货款等原因造成流动资产增加。因此,分析流动比率的同时要分析存货和应收账款的资金占用情况和周转情况,这两者的周转速度是影响流动比率的主要因素。从表 8-1 资料看,夏宇工厂今年年末存货 1 456 488 元比去年年末 1 200 600 元增加了 255 888 元(上升 21.3%),应收账款下降 295 590 元(558 320 - 262 730),其中应进一步检查分析存货是否积压。

从表 8-20 可见,全部国有及规模以上非国有工业企业 2004—2007 年累计流动比率仅有 1.03,反映了工业企业在每 1 元流动负债有 1.03 元流动资产作保证,短期偿债能力不足。2000—2002 年,我国沪深市 1 304 家上市公司三年累计流动比率为 1.15(数据取自中国矿业大学朱学义教授上市公司数据库),2011 年 2 342 家上市公司流动比率为 1.16(数据取自 CCER 经济金融研究数据库)。

(三) 速动比率

流动比率用来评价流动资产总体变现能力时,是假定企业全部流动资产都用于偿还流动负债。其实,并不是企业全部流动资产都可以立即变现来偿还流动负债的,如存货的变现时间就较长,因此还需要计算速动比率。速动比率是速动资产与流动负债的比率。速动资产是指企业货币资金和其他能快速变现的流动资产,包括货币资金、交易性金融资产、应收票据、应收账款、其他应收款等。在会计实际工作中,财务制度规定采用简化的办法计算速动资产,即速动资产等于流动资产扣除存货后的余额。速动比率的计算公式如下:

$$速动比率 = \frac{速动资产}{流动负债} = \frac{流动资产 - 存货}{流动资产}$$

根据表 8-1,夏宇工厂年末该比率为:

$$速动比率 = \frac{2\,734\,144 - 1\,456\,488}{1\,327\,701} = 0.96$$

速动比率表示每 1 元流动负债有多少可立即变现的流动资产作保证。此指标数值越大,说明企业近期偿债能力越强。在西方国家,一般认为,比较理想的情况是速动比率大于1。当然,这仅是一般看法,没有一个准确的统一标准。这种看法是出于这样的认识:流动资产中变现能力最差的存货的金额,通常占流动资产的一半,剩下的流动性大的资产至少要等于流动负债,企业短期偿债能力才有保证。然而,不同行业的速动比率是有很大差别的。比如,大量现金销售的商店,几乎没有应收账款,速动资产数额小,速动比率低于1是正常的。相反,一些应收账款较多的企业,速动比率可能要大于1。夏宇工厂本年速动比率为0.96,表明该厂近期偿债能力基本接近理想水平。

由于速动资产与流动负债之比表现出来的是流动性的纯度,因而速动比率又叫酸性试验比率。

正确评价速动比率的高低,要同全国同行业平均水平和先进水平比较。

例16 我国全部国有企业2007—2011年速动比率情况见表8-21。

表8-21 2007—2011年全国国有企业速动比率计算表

项目	2007年	2008年	2009年	2010年	2011年	五年简单平均
全行业速动比率优秀值	1.439	1.426	1.358	1.350	1.363	1.387
全行业速动比率较好值	1.112	1.100	1.102	1.094	1.107	1.103
全行业速动比率平均值	0.735	0.723	0.755	0.747	0.760	0.744

资料来源:2008—2012年国务院国资委统计评价局制定的各年《企业绩效评价标准值》,经济科学出版社出版。

从表8-21计算结果可见,我国全部国有工业企业2007—2011年速动比率全行业优秀值为1.387、良好值为1.103、平均值为0.744。朱学义教授在《会计之友》2012年第10期(下)上发表论文《论我国工业企业速动比率的合适标准》提出,我国工业企业速动比率的合适标准为1.07。2000—2002年,我国沪深市1304家上市公司三年累计速动比率为0.92(数据取自中国矿业大学朱学义教授上市公司数据库),2011年2342家上市公司速动比率为0.72(数据取自CCER经济金融研究数据库)。

分析速动比率时,还可计算以下两个补充指标:

(1)保守速动比率。计算公式如下:

$$保守速动比率 = \frac{货币资金 + 交易性金融资产 + 应收账款净额}{流动负债}$$

根据表8-1,夏宇工厂年末该比率为:

$$保守速动比率 = \frac{690\,445 + 203\,000 + 262\,730}{1\,327\,701} = 0.87$$

保守速动比率不同于上述速动比率之处在于:企业财务通则为了简化计算而在流动资产中扣除存货作速动资产处理,其实,流动资产中预付款项等是无法立即变现的,因而不应计入速动资产。保守速动比率排除了这些不恰当因素,体现了近期变现能力的现实性。

(2)速动资产够用天数。会计人员在安排财务收支时,往往要根据预计的营业开支来测算现有速动资产足以应付日常开支的天数。计算公式如下:

$$速动资产够用天数 = \frac{速动资产}{预计每天营业开支}$$

$$预计每天营业开支 = \frac{预计年度营业开支 - 非现金开支}{365}$$

例如,夏宇工厂本年年底速动资产 1 277 656 元(2 734 144 - 1 456 488)。根据近年来的开支记录,预计明年营业总开支 1 000 万元,其中非现金开支 100 万元,则:

$$速动资产够用天数 = \frac{1\,277\,656}{(10\,000\,000 - 1\,000\,000) \div 365} = 51.8(天)$$

计算结果表明,夏宇工厂现有速动资产预计可供来年近 52 天的营业开支之用。超过 52 天,若无新的速动资产,企业势必动用其他资产,或举借新的债务。

以上两个补充指标,仅作企业内部分析参考之用,不作外部评价之用。

(四)现金比率

现金比率是货币资金与交易性金融资产(亦称短期证券)之和除以流动负债的比值。计算公式如下:

$$现金比率 = \frac{货币资金 + 交易性金融资产}{流动负债}$$

根据表 8-1 中的数据可知夏宇工厂年末该比率为:

$$现金比率 = \frac{690\,445 + 203\,000}{1\,327\,701} = 0.67$$

现金比率表示每 1 元流动负债有多少现款即刻支付。它的作用是表明企业在最坏的情况下即刻偿债能力如何。它适用于那些应收账款和存货变现都存在问题的企业。在美国,一般认为该比率在 20% 以上为好。

现金比率高说明企业即刻变现能力强。如果这个指标很高,也不一定是好事。它可能反映企业不善于充分利用现金资源,没有把现金投入经营以赚取更多的利润。

夏宇工厂本年年末现金比率为 0.67,如果该厂并不需要立即投放扩大生产能力的资金,这个比率偏高,表明该厂没有充分利用现金去创造更大的效益。2000—2002 年,我国沪深市 1 304 家上市公司三年累计现金比率为 0.29(数据取自中国矿业大学朱学义教授上市公司数据库),2011 年 2 342 家上市公司现金比率为 0.34(数据取自 CCER 经济金融研究数据库)。

(五)现金流动负债比率

现金流动负债比率是企业全年经营活动产生的现金净流量与流动负债的比率。其计算公式如下:

$$现金流动负债比率 = \frac{年经营现金净流量}{年末流动负债} \times 100\%$$

根据表 8-1、表 8-4 中的数据可知夏宇工厂年末该比率为:

$$现金流动负债比率 = \frac{993\,944}{1\,327\,701} \times 100\% = 74.9\%$$

计算结果表明,夏宇工厂每 100 元流动负债在本年度中已有 74.9 元经营活动现金净流量作保证。

评价现金流动负债比率的高低,要同全国同行业平均水平和先进水平比较。

例 17 我国全部国有企业 2007—2011 年现金流动负债比率情况见表 8-22。

表 8-22 2007—2011 年全国国有企业现金流动负债比率计算表

项目	2007 年	2008 年	2009 年	2010 年	2011 年	五年简单平均
全行业现金流动负债比率优秀值	32.9%	32.9%	30.9%	31.6%	30.0%	31.7%
全行业现金流动负债比率良好值	23.3%	23.4%	22.4%	23.1%	22.3%	22.9%
全行业现金流动负债比率平均值	13.4%	14.4%	13.4%	14.1%	13.3%	13.7%

项目	2004 年	2005 年	2006 年	2007 年	四年简单平均
全行业现金流动负债比率优秀值	17.6%	23.1%	23.2%	27.0%	22.7%
全行业现金流动负债比率良好值	12.2%	16.0%	16.1%	19.6%	16.0%
全行业现金流动负债比率平均值	6.7%	7.0%	7.1%	10.3%	7.8%

资料来源:2007—2011 年国务院国资委统计评价局制定的各年《企业绩效评价标准值》,经济科学出版社出版。

从表 8-22 计算结果可见,我国全部国有工业企业 2007—2011 年现金流动负债比率全行业优秀值为 31.7%、良好值为 22.9%、平均值为 13.7%,比 2004—2007 年 22.7%、16.0%、7.8% 高近 9、6.9、5.9 个百分点,说明我国国有工业企业偿还流动负债的现金实力增强。2000—2002 年,我国沪深市 1 304 家上市公司三年累计现金流动负债比率为 15.99%(数据取自中国矿业大学朱学义教授上市公司数据库),2011 年 2 342 家上市公司现金流动负债比率为 11.36%(数据取自 CCER 经济金融研究数据库)。

三、长期偿债能力分析

分析企业的长期偿债能力,主要是确定企业偿还长期债务本金和利息的能力。企业的资产是偿债的物质保证,而企业经营所得的利润才是企业偿债的资金源泉。因为企业在正常生产经营的情况下,不能设想依靠变卖资产来偿债,只能依靠经营获利来偿还长期债务。因此要利用资产负债表、利润表,通过计算资产负债率、已获利息倍数、产权比率、有形净值债务率及其他长期资金比率,来分析资产与权益之间的关系、不同权益之间的关系、权益与收益之间的关系,评价企业资金结构是否合理,判断企业的长期偿债能力。

(一)资产负债率

资产负债率,亦称举债经营比率或负债比率,是负债总额与资产总额的比率。计算公式如下:

$$资产负债率 = \frac{负债总额}{资产总额} \times 100\%$$

根据表 8-1,夏宇工厂年末该比率为:

$$资产负债率 = \frac{2\,162\,098}{5\,892\,863} \times 100\% = 36.7\%$$

资产负债率表示企业每 100 元资产中有多少来自负债。夏宇工厂每 100 元资产中有 36.7 元来自负债。评价资产负债率高低有以下三种观点:

1. 债权人评价观

从债权人角度看,资产负债率反映企业利用债权人提供资金的程度,此比率越低越好。因为这个指标的倒数,表示企业每 1 元负债有多少资产作保证。当企业破产清算时,企业资产变现价值很难达到账面价值,资产对负债的数值越大,债权人的权益保证程度越高。据夏宇工厂实例计算,本年年末每 1 元负债有 2.72 元(5 892 863 ÷ 2 162 098)资产作保证,债权人放款的安全程度较高。

2. 投资者评价观

从投资者角度看,企业利用举债筹措的资金和利用投资者投入的资金,在经营中发挥的作用相同。当企业全部资金的收益率超过了借入款项的利率时,则资产负债率越大越好。因为此时投资者得到的超过借款利息的利润会加大。反之,当全部资金收益率低于借入款项的利率时,则资产负债率越低越好。因为此时支付超过全部资金收益的利息,要用投资者所得的利润份额来弥补。

例如,夏宇工厂全部资金(产)589 万元,假定全部资金(产)收益率为 21.2%,则企业获得收益 125 万元(利润总额 95 万元 + 利息支出 30 万元 = 息税前利润)。其中,借入资金(负债)占 36.7%,为 216 万元,利息率 10%,则应付利息 21.6 万元;投资者资金(所有者权益)占 63.3%,为 373 万元,获利 103.4 万元(125 - 21.6),投资者资金(本)利润率为 27.7%(103.4 ÷ 373),扣除 25% 的所得税后,投资者净资产收益率(净利润 ÷ 所有者权益)为 20.8% [27.7% × (1 - 25%)]。可见,投资者在付出有限代价的条件下,获利率达到 20.8%。如果将夏宇工厂的资产负债率由 36.7% 提高到 70%,即借入资金 412 万元(589 × 70%),按 10% 利息率付息 41.2 万元,其他条件不变,则投资者获利 83.8 万元(125 - 41.2),投资者资金利润率为 47.3% [83.8 ÷ (582 - 412)],扣除 25% 的所得税后,投资者净资产收益率为 35.5% [47.3% × (1 - 25%)],比原来 20.8% 升高 14.7 个百分点。可见,当企业全部资金利润率 21.2% 大于借入资金利息率 10% 时,资产负债率提高(从 36.7% 提高到 70%),投资者净资产收益率也升高(从 20.8% 提高到 47.3%),即加大资产负债率对投资者有利。

如果夏宇工厂资金收益率为 8%,低于借款利息率 10%,则企业获利得收益 47.1 万元,扣除利息支出 21.6 万元,投资者获利 25.9 万元,投资者资金利润率仅有 6.9%,扣除 25% 的所得税后,投资者净资产收益率为 5.2% [6.9% × (1 - 25%)]。如果将夏宇工厂的资产负债率由 36.7% 提高到 70%,即借入资金 412 万元,按 10% 的利息率付息 41.2 万元后,投资者获利 5.9 万元(47.1 - 41.2),投资者资金利润率为 3.3% [5.9 ÷ (582 - 412)],扣除 25% 的所得税后,投资者净资产收益率为 2.5% [3.3% × (1 - 25%)],比原来 5.2% 降低 2.7 个百分点。

3. 国家纳税观

从国家看,企业负债的利息允许在所得税前扣除,企业负债越大,所得税前扣除的利息就越多,国家收取的所得税就越少,所以国家要限制企业的资产负债率。世界上许多国家都对自有资本(所有者权益)与负债的比例作了限定:美国规定,自有资本与负债的比例不得超过1:3,即投资者投入1元,借债不得超过3元,即资产负债率不得超过75%[3÷(1+3)];在法国,该比例不得超过1:1(即资产负债率不得超过50%);在荷兰,该比例不得超过1:6(即资产负债率不得超过86%);在德国,该比例不得超过1:7(即资产负债率不得超过88%);在日本,该比例不得超过1:9(即资产负债率不得超过90%);其他多数国家规定资产负债率不得超过75%。如果超过限定比例,称为"资本弱化",即自有资本不足,在计算所得税时,其超额利息不得在所得税前扣除。我国目前尚未对资产负债率作出限定,只是规定了企业创立时必须保证的最低注册资金,其实质也是对"资本弱化比例"的最低限定。

综上所述,由于对资产负债率有不同的评价观,会计理论界认为企业也确实存在着最优的"资本结构",但要有许多假设条件,而这些假设条件又很难与企业的实际相符,即实际工作中较难找到一个最佳的资本负债率。因此,评价资产负债率的好坏要依靠国内外经验数据得出较恰当的评价标准。

例 18 全国规模以上工业企业 2007—2011 年资产负债率计算见表 8-23,全国国有企业 2007—2011 年资产负债率计算见表 8-24。

表 8-23 全国规模以上工业企业资产负债率计算表

项目	2007年	2008年	2009年	2010年	2011年	五年累计	年递增率
(1)年末负债合计(亿元)	202 914	248 899	285 733	340 396	392 645	1 470 587	17.9%
(2)年末资产合计(亿元)	353 037	431 306	493 693	592 882	675 797	2 546 715	17.6%
(3)资产负债率=(1)/(2)	57.5%	57.7%	57.9%	58.1%	57.7%	—	

资料来源:《中国统计年鉴(2012)》。

表 8-24 2007—2011 年全国国有企业资产负债率计算表

项目	2007年	2008年	2009年	2010年	2011年	五年简单平均
全行业资产负债率优秀值	43.1%	43.5%	44.2%	43.9%	42.9%	43.5%
全行业资产负债率良好值	52.9%	53.2%	53.9%	53.6%	52.6%	53.2%
全行业资产负债率平均值	62.5%	63.5%	64.2%	63.9%	62.9%	63.4%

资料来源:2008—2012年国务院国资委统计评价局制定的各年《企业绩效评价标准值》,经济科学出版社出版。

计算结果表明,全国规模以上工业企业 2007—2011 年累计资产负债率为 57.7%,全国国有工业企业同期累计资产负债率优秀值为 43.5%、良好值为 53.2%、平均值为 63.4%。2000—2002 年,我国沪深市 1 304 家上市公司三年累计资产负债率为 57.9%(数据取自中国矿业大学朱学义教授上市公司数据库),2011 年 2 342 家上市公司资产负债率为 59.36%(数据取自 CCER 经济金融研究数据库)。朱学义教授 1996 年确定的资负债率的标准值是 60%。[1] 我国国有资产管理局 1998 年考核国有资本绩效时认为,"比较保守的经验判断一般不高于 50%,国际上一般公认 60% 比较好"。

(二)已获利息倍数

已获利息倍数是指企业收益(息税前利润)与利息费用的比率。计算公式如下:

---

[1] 朱学义:《建立新经济效益指标全国标准值的探讨》,《财务与会计》,1996年第4期。

$$已获利息倍数 = \frac{利润总额 + 利息支出}{利息支出} = \frac{息税前利润总额}{利息支出}$$

公式中"利润总额"包括净利润和所得税,"利息支出"是支付给债权人的全部利息。包括计入"财务费用"账户中的利息支出和计入固定资产价值的利息支出。根据表 8-2 和有关账簿资料,夏宇工厂全年利润总额 943 820 元,全年利息费用 301 000 元,其中,记入"财务费用"账户的利息支出为 150 045 元,计入固定资产价值的利息支出 150 955 元,则:

$$已获利息倍数 = \frac{943\ 820 + 301\ 000}{301\ 000} = 4.13$$

已获利息倍数表明企业获得的收益是支付的债务利息的多少倍。获息倍数越大,偿付利息的能力越强。从长远看,该指标至少要大于 1,否则便不能举债经营。当然,在短期内,有些企业已获利息倍数低于 1 时仍能支付利息,这是因为当期有些不支付现金的费用(如折旧费等)在计算利润总额时作了扣除。评价企业已获利息倍数应和本企业不同年度、不同企业、同行业平均水平进行对比。对一个企业而言,往往要计算连续五个会计年度的已获利息倍数,才能确定其偿债能力的稳定性。而估计企业长期偿债能力时,通常又选择最低指标年度的数据为标准,因为不论年景好坏,企业总要偿付大约等量的债务,指标最低年份的情况,保证了最低的偿债能力,它是最保守但最为靠得住的评价方法。

国际上通常认为已获利息倍数应在 3 以上,才表明企业具有可靠的付息能力。

例 19 全国规模以上工业企业 2007—2011 年已获利息倍数计算见表 8-25,全国国有企业 2007—2011 年已获利息倍数计算见表 8-26。

表 8-25 全国规模以上工业企业已获利息倍数计算表

项目	2007 年	2008 年	2009 年	2010 年	2011 年	五年累计	年递增率
(1) 利润总额(亿元)	22 951	24 066	25 891	38 828	54 544	166 280	24.2%
(2) 财务费用中利息支出(亿元)	3 520	4 780	4 549	5 357	7 871	26 077	22.3%
(3) 已获利息倍数 = [(1)+(2)]/(2)	7.5	5.0	5.7	7.2	6.9	6.4	—

资料来源:2008—2012 年各年《中国统计摘要》,利息支出不包括计入固定资产等非流动资的资本化利息,2007—2010 年数据为 1—11 月累计数。

表 8-26 2007—2011 年全国国有企业已获利息倍数计算表

项目	2007 年	2008 年	2009 年	2010 年	2011 年	五年简单平均
全行业已获利息倍数优秀值	6.8	6.5	6.0	6.3	6.2	6.4
全行业已获利息倍数良好值	5.3	5.0	4.5	4.8	4.7	4.9
全行业已获利息倍数平均值	3.8	3.5	3.3	3.6	3.5	3.5

资料来源:2008—2012 年国务院国资委统计评价局制定的各年《企业绩效评价标准值》,经济科学出版社出版。

计算结果表明,全国国有工业企业 2007—2011 年累计已获利息倍数优秀值为 6.4、良好值为 4.9、平均值为 3.5。企业同各行业比较时可用表 8-25 中的累计数据 6.4 为评价标准。2000—2002 年,我国沪深市 1 304 家上市公司三年累计已获利息倍数(用财务费用代替利息支出)为 5.24(数据取自中国矿业大学朱学义教授上市公司数据库),2011 年 2 342 家上市公司已获利息倍数为 7.87(用财务费用代替利息支出)(数据取自 CCER 经济金融研究数据库)。

(三) 产权比率

产权比率是负债总额与所有者权益总额的比率。计算公式如下:

$$产权比率 = \frac{负债总额}{所有者权益} \times 100\%$$

由表 8-1 可知,夏宇工厂年末该比率为:

$$产权比率 = \frac{2\,162\,098}{3\,730\,765} \times 100\% = 58.0\%$$

产权比率反映债权人提供的资本与投资者提供的资本的相对关系。它可以从以下两个方面揭示含义。

首先,从分子对分母看,它表示的是债权人提供的资本是投资者提供的资本的多少倍。夏宇工厂本年末借债资金是投资者资金的 0.58 倍。就一般情况而言,产权比率小于 1,表明企业的财务结构较稳定,但不能一概而论。从投资者看,在经济繁荣时期,多借债,投资者可以获得额外的利润,遇上通货膨胀加剧时,多借债可以把损失和风险转嫁给债权人;在经济萎缩时期,少借债可以减少利息负担和财务风险。产权比率高,是高风险、高报酬的财务结构;产权比率低,是低风险、低报酬的财务结构。

其次,从分母对分子看,它表明投资者投入 100 元资金,债权人提供多少资金。这反映了债权人资金得到所有者权益的保障程度,或者说企业清算时债权人利益的保障程度如何。国家规定企业破产清算时偿债的顺序是:(1) 支付清算费用;(2) 支付未付的职工工资、劳动保险费用等;(3) 支付未交国家的税金;(4) 偿付尚未支付的其他债务;(5) 投资者按出资比例分配偿债后的剩余财产。可见,企业清算时债权人的索赔权排在投资者前面。如果产权比率过高,清算财产不一定能使债权人足额收回其债权。例如,企业有 100 万元资产,其中负债 80 万元,产权(即所有者权益)20 万元,产权比率为 400%(80÷20)。当企业破产清算时,100 万元资产变现价值只有 70 万元(假定),付清理费 6 万元,还剩 64 万元还债,致使 16 万元债(80−64)不能得到偿付。可见,产权比率过高,债权人利益难以保证。因此,从企业长期偿债能力看,产权比率越低越好,一般认为小于 1 时财务结构较为稳妥。

产权比率和资产负债率有共同的经济意义,分析时应注意两个指标的互补作用。

根据表 8-23,我国全部国有及规模以上非国有工业企业 2007—2011 年累计负债总额 1 470 587 亿元,累计资产总额 2 546 715 亿元,累计所有者权益总额 1 076 128 亿元 (2 546 715 − 1 470 587),产权比率为 1.37(1 470 587÷1 076 128)。

(四) 有形净值债务率

有形净值债务率是负债总额与有形净值的比率。资产减去负债后的余额为净资产数额,也就是所有者权益;资产减去无形资产等于有形资产,则有形净值是所有者权益减去无形资产后的余额。有形净值债务率的计算公式如下:

$$\text{有形净值债务率} = \frac{\text{负债总额}}{\text{所有者权益} - \text{无形资产余值}} \times 100\%$$

根据表8-1,夏宇工厂年末该比率计算如下:

$$\text{有形净值债务率} = \frac{2\,162\,098}{3\,730\,765 - 126\,855} \times 100\% = 60.0\%$$

有形净值债务率实质上是产权比率的延伸,其不同点在于分母扣除了会计账上结余的无形资产价值。这是因为无形资产是不能用来抵偿债务的,企业清算时真正用于还债的只能是有形资产的变现价值。因此有形净值债务率比产权比率更谨慎、更保守地反映了债权人利益受到所有者权益的有效保障程度。从长期偿债能力讲,此比率越低越好。

(五)或有负债比率

或有负债是指过去的交易或者事项形成的潜在义务,其存在要通过未来不确定事项的发生或不发生予以证实;或是指过去的交易或者事项形成的现时义务,履行该义务不是很可能导致经济利益流出企业或该义务的金额不能可靠计量。企业在分析偿债能力时,不仅要分析现实债务能否偿还,还要对未来潜在的债务作充分估计,为抵御各种可能出现的风险留有资金准备。或有负债比率是或有负债与所有者权益之间的比率。其计算公式如下:

$$\text{或有负债比率} = \frac{\text{或有负债总额}}{\text{所有者权益总额}} \times 100\%$$

$$\text{或有负债总额} = \text{已贴现商业承兑汇票金额} + \text{对外担保金额} + \text{未决诉讼、未决仲裁金额(贴现与担保引起的诉讼仲裁除外)} + \text{其他或有负债金额}$$

例20 我国国有企业2007—2011年或有负债比率计算见表8-27。

表8-27 2007—2011年全国国有企业或有负债比率计算表

项目	2007年	2008年	2009年	2010年	2011年	五年简单平均
全行业或有负债比率优秀值	0.2%	0.3%	0.2%	0.5%	0.2%	0.3%
全行业或有负债比率良好值	1.0%	0.8%	1.0%	1.3%	1.0%	1.0%
全行业或有负债比率平均值	5.8%	5.6%	5.0%	5.3%	5.0%	5.3%

资料来源:2008—2012年国务院国资委统计评价局制定的各年《企业绩效评价标准值》,经济科学出版社出版。

(六)带息负债比率

在企业的负债总额中,不是全部负债都要支付利息,如应付账款、应付职工薪酬、应交税费等不需要支付利息。企业分析偿债能力时,应分析带息的负债总额占全部负债的比例,这就是带息负债比率,计算公式如下:

$$\text{带息负债比率} = \frac{\text{带息负债总额}}{\text{负债总额}} \times 100\%$$

$$\text{带息负债总额} = \text{短期借款} + \text{一年内到期的长期负债} + \text{长期借款} + \text{应付债券} + \text{应付利息}$$

例21 我国国有企业2007—2011年带息负债比率计算见表8-28。

表 8-28　2007—2011 年全国国有企业带息负债比率计算表

项目	2007年	2008年	2009年	2010年	2011年	五年简单平均
全行业带息负债比率优秀值	29.8%	30.5%	31.4%	31.4%	30.4%	30.7%
全行业带息负债比率良好值	39.6%	40.2%	41.1%	41.1%	40.1%	40.4%
全行业带息负债比率平均值	52.5%	53.1%	54.0%	54.0%	53.0%	53.3%

资料来源：2008—2012 年国务院国资委统计评价局制定的各年《企业绩效评价标准值》，经济科学出版社出版。

（七）固定资产与所有者权益比率

固定资产与所有者权益比率，是固定资产净值与所有者权益的比率。计算公式如下：

$$\text{固定资产与所有者权益比率（亦称自有资本固定率）} = \frac{\text{固定资产净值}}{\text{所有者权益}} \times 100\%$$

根据表 8-1，夏宇工厂年末该比率计算如下：

$$\text{自有资本固定率} = \frac{2\,551\,263}{3\,730\,765} \times 100\% = 68.4\%$$

自有资本固定率表明投资者资本中有多少投入了固定资产。夏宇工厂投资者每 100 元资本中有 68.40 元投入了固定资产。这是较好的现象。它表明企业全部固定资产的资金由投资者提供，同时投资者还将其余 31.6% 的资金投放到流动资产上了。如果企业清算，流动资产变现比固定资产变现容易。企业固定资产没有占用债权人资金，则清算处理流动资产还债，使债权人利益得到较好的保证。若自有资本固定率超过 1，即意味着企业固定资产的一部分和全部流动资产都靠举债获得，债权人的风险大，企业的财务状况不良。在计算自有资本固定率时，如果分母改用有形净值，则更能体现稳健性原则。

（八）固定资产与长期债务比率

固定资产与长期债务比率，是固定资产净值与长期负债的比率。计算公式如下：

$$\text{固定资产与长期债务比率} = \frac{\text{固定资产净值}}{\text{长期负债}}$$

根据表 8-1 计算夏宇工厂年末该比率如下：

$$\text{固定资产与长期债务比率} = \frac{2\,551\,263}{834\,397} = 3.06$$

固定资产与长期债务比率是假定企业长期负债都被用来购置固定资产。当该指标小于 1 时，表明企业每元长期负债中有多少用于购置固定资产。当该指标大于 1 时，表明企业用于固定资产上的资金是长期负债的多少倍。夏宇工厂固定资产与长期债务比率是 3.06，结合自有资本固定率分析，说明该厂固定资产大部分用投资者资金购买。当企业固定资产超过长期负债时，表明企业还有用固定资产作抵押取得借款的潜力。

（九）长期债务与营运资金比率

长期债务与营运资金比率，是长期负债与营运资金的比率。计算公式如下：

$$长期负债与营运资金比率 = \frac{长期负债}{流动资产 - 流动负债}$$

根据表 8-1 计算夏宇工厂年末该比率如下：

$$长期负债与营运资金比率 = \frac{834\,397}{2\,734\,144 - 1\,327\,701} = 0.59$$

计算结果表明，夏宇工厂每元营运资金有待承受 0.59 元的长期负债。它表明该厂偿债能力强，债权人贷款安全可靠。在一般情况下，长期负债不应超过营运资金。因为长期负债会随时间延续不断转化为流动负债，并需动用流动资产来偿还。保持长期负债不超过营运资金，就不会因这种转化而造成流动资产小于流动负债，从而使长期债权人和短期债权人感到贷款有安全保障。如果企业的营运资金大大小于长期负债，说明借钱给企业存在较大的风险。

以上（七）至（九）项指标可用全国规模以上工业企业 2007—2011 年的平均数据作为评价的基准，见表 8-29。

表 8-29　全国规模以上工业企业 2007—2011 年长期资金情况表

项目	2007 年	2008 年	2009 年	2010 年	2011 年	五年累计	年递增率
（1）流动资产（亿元）	163 260	195 682	223 039	279 227	327 779	581 981	19.0%
（2）流动负债（亿元）	157 912	190 116	214 406	257 996	298 911	562 434	17.3%
（3）营运资金（亿元）=（1）-（2）	5 348	5 566	8 633	21 231	28 868	19 547	52.4%
（4）固定资产净值（亿元）	129 124	158 293	179 646	211 293	228 774	467 063	15.4%
（5）长期负债（亿元）	45 002	58 783	71 327	82 400	93 734	175 112	20.1%
（6）所有者权益（亿元）	149 876	182 353	206 689	251 160	282 004	538 918	17.1%
（7）固定资产与所有者权益比率=（4）/（6）	86.2%	86.8%	86.9%	84.1%	81.1%	86.7%	—
（8）固定资产与长期债务比率=（4）/（5）	286.9%	269.3%	251.9%	256.4%	244.1%	266.7%	—
（9）长期债务与营运资金比率=（5）/（3）	8.41	10.56	8.26	3.88	3.25	8.96	—

资料来源：《中国统计年鉴（2012）》。

四、盈利能力的分析

反映企业盈利能力的指标很多，主要有下列几种：

（一）资产利润率

资产利润率是企业利润总额与平均资产总额的比率。计算公式如下：

$$资产利润率 = \frac{利润总额}{平均资产总额} \times 100\%$$

$$= \frac{利润总额}{(期初资产总额 + 期末资产总额) \div 2} \times 100\%$$

根据表 8-1、表 8-2 计算夏宇工厂年末资产利润率如下：

$$资产利润率 = \frac{943\,820}{(5\,569\,700 + 5\,892\,863) \div 2} \times 100\% = 16.47\%$$

计算表明，该厂每 100 元资产提供 16.47 元利润。此指标应同全国规模以上工业企业的平均水平进行比较，见表 8-30。

表 8-30　全国规模以上工业企业 2007—2011 年资产利润率计算表

项目	2007 年	2008 年	2009 年	2010 年	2011 年	五年累计	年递增率
(1) 利润总额(亿元)	27 155	30 562	34 542	53 050	61 396	206 705	22.6%
(2) 资产总额(亿元)	353 037	431 306	493 693	592 882	675 797	2 546 715	17.6%
(3) 资产利润率 =(1)/(2)	8.4%	7.8%	7.5%	9.8%	10.5%	8.1%	—

注：2006 年年末资产总额 291 215 亿元。

资料来源：《中国统计年鉴(2012)》。

(二) 资产净利率

为了揭示企业全部资产获取净利润的情况，还需要计算资产净利率。公式如下：

$$资产净利率 = \frac{净利润}{平均资产总额} \times 100\%$$

根据表 8-1、表 8-2 计算夏宇工厂年末资产净利率如下：

$$资产净利率 = \frac{707\ 865}{(5\ 569\ 700 + 5\ 892\ 863) \div 2} \times 100\% = 12.35\%$$

计算表明，该厂每 100 元资产提供 12.35 元的净利润。

(三) 资本金利润率

资本金利润率是指企业的利润总额与资本金总额的比率。计算公式如下：

$$资本金利润率 = \frac{利润总额}{平均实收资本} \times 100\%$$

根据表 8-1、表 8-2 计算夏宇工厂资本金利润率如下：

$$资本金利润率 = \frac{943\ 820}{2\ 814\ 000} \times 100\% = 33.54\%$$

计算表明，该厂每 100 元资本金提供 33.54 元的利润总额。

(四) 资本收益率

资本收益率是指企业的净利润与平均资本的比率。它是反映企业运用投资者投入的资本获得收益的能力的指标。计算公式如下：

$$资本收益率 = \frac{净利润}{平均资本} \times 100\%$$

$$= \frac{净利润}{平均实收资本 + 平均资(股)本溢价} \times 100\%$$

根据表 8-1、表 8-2 计算夏宇工厂资本收益率如下：

$$资本收益率 = \frac{707\ 865}{2\ 814\ 000} \times 100\% = 25.16\%$$

公式中，平均实收资本 =(期初实收资本 + 期末实收资本)÷2；平均资本溢价或平均股本溢价根据"资本公积——资本溢价或股本溢价"明细账户期初与期末余额之和平均计算。

计算表明，夏宇工厂每 100 元资本(该厂"资本公积——资本溢价"账户无余额)提供 12.35 元的净利润。

(五) 净资产收益率

净资产收益率，又称自有资本利润率，是企业净利润与平均净资产的比率。计算公式如下：

$$净资产收益率 = \frac{净利润}{平均净资产} \times 100\%$$

$$= \frac{净利润}{(期初所有者权益 + 期末所有者权益) \div 2} \times 100\%$$

根据表 8-1、表 8-2 计算夏宇工厂净资产收益率如下：

$$净资产收益率 = \frac{707\,865}{(3\,135\,100 + 3\,730\,765) \div 2} \times 100\% = 20.62\%$$

计算结果表明，该厂每 100 元净资产获得净利润 20.62 元。如果将净资产收益率公式中分子改成"利润总额"，则称为净值报酬率。

（六）总资产报酬率

总资产报酬率，是企业息税前利润与平均资产总额的比率。计算公式如下：

$$总资产报酬率 = \frac{息税前利润}{平均资产总额} \times 100\%$$

$$= \frac{利润总额 + 利息支出}{(期初资产总额 + 期末资产总额) \div 2} \times 100\%$$

根据表 8-1、表 8-2 计算夏宇工厂总资产报酬率如下：

$$总资产报酬率 = \frac{943\,820 + 301\,000}{(5\,569\,700 + 5\,892\,863) \div 2} \times 100\% = 21.17\%$$

公式中"利息支出"包括记入"财务费用"账户的利息支出 150 045 元和计入固定资产价值的利息支出 150 955 元。

计算结果表明，该厂每 100 元资产总额创造收益 21.17 元。

（七）营业收入利润率

营业收入利润率，原称销售利润率，是利润总额与营业收入的比率。计算公式如下：

$$营业收入利润率 = \frac{利润总额}{营业收入} \times 100\%$$

根据表 8-2 计算夏宇工厂该比率如下：

$$营业收入利润率 = \frac{943\,820}{7\,298\,385} \times 100\% = 12.93\%$$

计算结果表明，该厂每 100 元营业收入能够获得 12.93 元的利润。

（八）成本费用利润率

成本费用利润率是一定时期内实现的利润总额与成本费用总额的比率。计算公式如下：

$$成本费用利润率 = \frac{利润总额}{成本费用总额} \times 100\%$$

$$= \frac{利润总额}{营业成本 + 营业税金及附加 + 销售费用 + 管理费用 + 财务费用} \times 100\%$$

根据表 8-2 计算夏宇工厂该比率如下：

$$成本费用利润率 = \frac{943\,820}{5\,274\,893 + 41\,756 + 214\,663 + 684\,155 + 150\,045} \times 100\%$$

$$= 14.83\%$$

计算结果表明,该厂每100元耗费创造利润14.83元。

按国务院国资委统计评价局制定的、经济科学出版社出版的《企业绩效评价标准值》附录规定,计算"成本费用利润率"的公式如下:

$$成本费用利润率 = \frac{利润总额}{主营业务成本 + 主营业务税金及附加 + 销售费用 + 管理费用 + 财务费用} \times 100\%$$

(九) 盈余现金保障倍数

盈余现金保障倍数是企业一定时期内盈余净额(净利润)所含有的经营活动现金净流量,即净利含"金"量。此指标越高,说明企业净利润现金保障力度越强;此指标越低,说明企业净利润很少或没有多少现金作保障,证明企业大量赊销款未能收回。计算公式如下:

$$盈余现金保障倍数 = \frac{经营现金净流量}{净利润}$$

根据表 8-2、表 8-4 计算夏宇工厂该指标如下:

$$盈余现金保障倍数 = \frac{993\ 944}{707\ 865} = 1.40$$

计算结果表明,该厂每1元净利润有1.40元的经营现金净流量作保障。

需要说明的是,母公司(控股公司)计算该指标时,由于编制合并利润表中的"净利润"包括"归属于母公司所有者的净利润"和"少数股东损益"两部分,同时,编制合并现金流量表工作底稿时,"将母公司和所有子公司的个别现金流量表各项目的数据全部都过入同一合并工作底稿"①,即母公司合并现金流量表中"经营活动产生的现金流量净额"也包括少数股东的现金流量在内,因此,母公司盈余保障倍数的计算公式如下:

$$盈余现金保障倍数 = \frac{经营现金净流量}{净利润 + 少数股东损益}$$

(十) 基本每股收益

基本每股收益是上市公司专门计算的指标之一,是归属于普通股东的当期净利润与当期发行在外普通股的加权平均数的比值。当期发行在外普通股股数是公司发行在外的普通股份的加权平均数。基本每股收益的计算公式如下:

$$基本每股收益 = \frac{归属于普通股东的当期净利润}{当期发行在外普通股的加权平均数}$$

$$当期发行在外普通股的加权平均数 = 期初发行在外普通股股数 + 当期新发行普通股股数 \times \frac{已发行时间}{报告期时间} - 当期回购普通股股数 \times \frac{已回购时间}{报告期时间}$$

公式中"时间"一般按天数计算,但在不影响计算结果的前提下,也可简化按月份计算。

(十一) 每股股利

每股股利是上市公司普通股现金股利总额与年末普通股总数的比值。计算公式如下:

$$每股股利 = \frac{普通股现金股利总额}{年末普通股总数}$$

---

① 财政部会计司编写组:《企业会计准则讲解2006》,人民出版社2007年版,第555页。

(十二) 每股净资产

每股净资产是上市公司年末股东权益与年末普通股总数的比例。计算公式如下：

$$每股净资产 = \frac{年末股东权益}{年末普通股总数}$$

(十三) 市盈率

市盈率是上市公司普通股每股市价与普通股每股收益的比值。计算公式如下：

$$市盈率 = \frac{普通股每股市价}{普通股每股收益}$$

公式中"普通股每股收益"就是上述"基本每股收益"。市盈率反映了投资者为获取企业利润的要求权所愿付出的代价，发展前景较好的企业市盈率较高，反之，市盈率较低。

(十四) 市净率

市净率是上市公司普通股每股市价与普通股每股净资产的比例。计算公式如下：

$$市净率 = \frac{普通股每股市价}{普通股每股净资产}$$

市净率用来评价企业资产质量，反映企业发展的潜在能力。

(十五) 股利收益率

股利收益率是普通股每股股利与普通股每股市价的比例。计算公式如下：

$$股利收益率 = \frac{普通股每股股利}{普通股每股市价}$$

以上有关指标的评价标准可通过表 8-31 体现。

例 22 我国国有企业 2007—2011 年盈利能力指标计算见表 8-31。

表 8-31　2007—2011 年全国国有企业盈利能力指标计算表

项目	2007 年	2008 年	2009 年	2010 年	2011 年	五年简单平均
一、净资产收益率						
优秀值	14.9%	13.0%	13.5%	13.7%	13.2%	13.7%
良好值	11.3%	9.6%	9.7%	9.8%	9.5%	10.0%
平均值	8.3%	6.6%	6.6%	6.7%	6.5%	6.9%
二、总资产报酬率						
优秀值	10.8%	9.9%	10.1%	10.5%	9.8%	10.2%
良好值	8.2%	7.4%	7.5%	7.8%	7.1%	7.6%
平均值	6.5%	5.7%	5.7%	5.9%	5.2%	5.8%
三、主营业务利润率						
优秀值	28.6%	24.5%	25.4%	25.6%	23.4%	25.5%
良好值	21.7%	17.9%	18.3%	18.4%	16.8%	18.6%
平均值	15.6%	11.9%	12.8%	12.9%	11.8%	13.0%
四、盈余现金保障倍数						
优秀值	10.8	11.2	10.9	11.6	10.9	11.1
良好值	5.4	6.0	5.5	5.9	5.5	5.7
平均值	1.1	1.6	1.5	1.6	1.5	1.5

(续表)

项目	2007年	2008年	2009年	2010年	2011年	五年简单平均
五、成本费用利润率						
优秀值	13.9%	13.2%	13.2%	13.7%	13.0%	13.4%
良好值	9.6%	9.1%	9.4%	9.7%	9.2%	9.4%
平均值	5.6%	5.3%	5.5%	5.7%	5.4%	5.5%
六、资本收益率						
优秀值	16.1%	13.5%	14.8%	15.9%	15.2%	15.1%
良好值	11.8%	9.5%	10.8%	11.6%	11.1%	11.0%
平均值	5.7%	5.5%	6.8%	7.3%	7.0%	6.5%

资料来源：2008—2012年国务院国资委统计评价局制定的各年《企业绩效评价标准值》，经济科学出版社出版。

五、营运能力的分析

营运能力是指企业生产经营资金周转速度所反映出来的资金利用效率，以及人力资源科学管理所反映出来的劳动效率。企业生产经营资金周转速度越快，表明企业资金利用的效果越好，企业管理人员的经营能力越强。反映营运能力的指标主要有两类：一是生产资料运营效率，通过各项资产周转能力指标来体现，包括应收账款周转率、存货周转率、流动资产周转率、固定资产周转率、总资产周转率等。二是人力资源的运营能力，通过劳动效率指标来体现。

（一）应收账款周转率

根据国务院国资委统计评价局制定的《企业绩效评价标准值》口径计算应收账款周转率的公式如下：

$$\frac{应收账款}{周转率} = \frac{主营业务收入(净额)}{应收账款平均余额}$$

应收账款平均余额 =（期初应收账款余额 + 期末应收账款余额）÷ 2

应收账款余额 = 应收账款净额 + 应收账款坏账准备

根据表8-1、表8-5计算夏宇工厂该指标如下：

$$应收账款周转率 = \frac{7\,251\,585}{(558\,320 + 262\,730) \div 2} = 17.66(次)$$

应收账款周转天数的计算公式如下：

$$\frac{应收账款}{周转天数} = \frac{应收账款平均余额 \times 计算期天数}{计算期营业收入}$$

$$或 = \frac{计算期天数}{应收账款周转率}$$

$$夏宇工厂应收账款周转天数 = \frac{360}{17.66} = 20.4(天)$$

说明：我国2007年1月1日在上市公司开始实施的《企业会计准则》，修改了利润表中的某些项目名称，如将"主营业务收入"改为"营业收入"。如果外部人员无法获得"营业收入附表"，则应收账款周转天数中的"主营业务收入"可用"营业收入"代替，计算公式如下：

$$\frac{应收账款}{周转天数} = \frac{平均存货余额 \times 计算期天数}{计算期营业收入}$$

(二)存货周转率

存货周转率是一定时期内营业成本与平均存货余额之间的比值。计算公式如下:

$$存货周转率 = \frac{计算期营业成本}{平均存货余额}$$

$$平均存货余额 = (期初存货余额 + 期末存货余额) \div 2$$

根据表8-1、表8-2计算夏宇工厂该指标如下:

$$存货周转率 = \frac{5\,274\,893}{(1\,200\,600 + 1\,456\,488) \div 2} = 3.97(次)$$

说明:我国2007年1月1日在上市公司开始实施的《企业会计准则》,修改了利润表中的某些项目名称,如将"主营业务成本"改为"营业成本"。存货周转率的分子在此之前使用的是"主营业务成本"或"销货成本"。

存货周转天数的计算公式如下:

$$存货周转天数 = \frac{平均存货余额 \times 计算期天数}{计算期营业成本}$$

$$或 = \frac{计算期天数}{存货周转率}$$

$$夏宇工厂存货周转天数 = \frac{360}{3.97} = 90.7(天)$$

计算结果表明,夏宇工厂年度内拥有的存货周转了3.97次。存货周转速度越快,反映企业存货转换为现金或应收账款的速度越快,存货占用资金越少,企业变现能力越强,资金流动性越好。

存货周转速度除了用周转次数表示外,还可用周转天数表示。夏宇工厂存货周转天数为90.7天。它表明,该厂从购入存货到售出存货,收回垫支在存货上的资金平均花了90.7天。存货周转天数越少,反映周转速度越快。

(三)流动资产周转率

流动资产周转率是一定时期内营业收入与流动资产平均余额的比值。计算公式如下:

$$流动资产周转率 = \frac{计算期营业收入}{流动资产平均余额}$$

$$流动资产平均余额 = (期初流动资产余额 + 期末流动资产余额) \div 2$$

根据表8-1、表8-2计算夏宇工厂该指标如下:

$$流动资产周转率 = \frac{7\,298\,385}{(2\,583\,200 + 2\,734\,144) \div 2} = 2.75(次)$$

流动资产周转天数的计算公式如下:

$$\frac{流动资产}{周转天数} = \frac{流动资产平均余额 \times 计算期天数}{计算期营业收入}$$

$$或 = \frac{计算期天数}{流动资产周转率}$$

$$夏宇工厂流动资产周转天数 = \frac{360}{2.75} = 130.9(天)$$

计算结果表明,夏宇工厂流动资产周转率为2.75次,流动资产周转天数为130.9天。它表明该厂垫支在流动资产的资金平均130.9天收回一次。

国务院国资委统计评价局制定的《企业绩效评价标准值》规定流动资产周转率公式如下:

$$流动资产周转率 = \frac{主营业务收入(净额)}{流动资产平均余额}$$

(四)固定资产周转率

固定资产周转率是一定时期内营业收入与固定资产平均余额的比值。计算公式如下:

$$固定资产周转率 = \frac{计算期营业收入}{固定资产平均余额}$$

$$固定资产平均余额 = (期初固定资产余额 + 期末固定资产余额) \div 2$$

根据表8-1、表8-2计算夏宇工厂该指标如下:

$$固定资产周转率 = \frac{7\,298\,385}{(2\,474\,000 + 2\,551\,263) \div 2} = 2.90(次)$$

如果企业要突出固定资产在主营业务方面作出的贡献,还可以采用下列公式计算固定资产周转率:

$$固定资产周转率 = \frac{计算期主营业务收入}{固定资产平均余额}$$

(五)总资产周转率

总资产周转率是一定时期内营业收入与平均资产总额的比值。计算公式如下:

$$总资产周转率 = \frac{计算期营业收入}{平均资产总额}$$

根据表8-1、表8-2计算夏宇工厂该指标如下:

$$总资产周转率 = \frac{7\,298\,385}{(55\,697\,000 + 5\,892\,863) \div 2} = 1.27(次)$$

计算结果表明,该厂全部资产上的资金当年周转了1.27次,或每1元资产在一年内创造了1.27元的营业收入。总资产周转率也称投资周转率。

国务院国资委统计评价局制定的《企业绩效评价标准值》规定总资产周转率公式如下:

$$\frac{总资产}{周转率} = \frac{主营业务收入(净额)}{平均资产总额}$$

(六)不良资产比率

不良资产是指企业按会计准则规定计提的资产减值准备、应提未提和应摊未摊的潜亏(资金)挂账、尚未处理的资产损失。潜亏挂账是指不确认可能发生的损失,导致账面资本价值的虚计和本期利润的虚增,例如低转产品成本、高估存货、投资损失不冲销、不良债权长期挂账、少提不提折旧、少计负债、重大或有负债及有关损失挂账等。尚未处理的资产损失提指企业各项待处理或尚未处理的资产损失净额,如待处理固定资产损失、长期投资损失、无形资产损失、在建工程损失、委托贷款损失、存货损失(包括企业购进或生产的呆滞积压物资等)。

银行的不良资产主要是指不良贷款,俗称呆坏账。也就是说,银行发放的贷款不能按预先约定的期限、利率收回本金和利息,包括逾期贷款(到期未还的贷款)、呆滞贷款(逾期两年以上的贷款)和呆账贷款(需要核销的收不回的贷款)三种情况。其他还包括房地产等不动产组合。

不良资产是不能参与企业正常资金周转的资产。分析企业的不良资产,是要分析不良资产占全部资产的比率,即不良资产率。计算公式如下:

$$不良资产率 = \frac{年末不良资产总额}{资产总额 + 资产减值准备余额} \times 100\%$$

$$年末不良资产总额 = 资产减值准备余额 + 应提未提和应摊未摊的潜亏挂账 + 未处理的资产损失$$

(七)资产现金回收率

资产现金回收率是经营活动产生的现金流量净额与平均资产总额的比值。其含义是:企业一定时期内每占用100元资产回收了多少经营现金净流量。计算公式如下:

$$资产现金回收率 = \frac{经营现金净流量}{平均资产总额} \times 100\%$$

根据表8-1、表8-4计算夏宇工厂该指标如下:

$$资产现金回收率 = \frac{993\,944}{(5\,569\,700 + 5\,892\,863) \div 2} \times 100\% = 17.34\%$$

计算结果表明,该厂每100元资产总额在一年内回收了经营活动现金净流量21.17元。

(八)劳动效率

劳动效率是指企业一定时期内平均每个职工创造的营业收入或净产值。计算公式如下:

$$劳动效率 = \frac{计算期营业收入或净产值}{平均职工人数}$$

以上营运能力指标的评价标准可通过表8-32体现。

例23 我国国有企业2007—2011年营运能力指标计算见表8-32。

表8-32 2007—2011年全国国有企业营运能力指标计算表

项目	2007年	2008年	2009年	2010年	2011年	五年简单平均
一、应收账款周转率						
优秀值	23.6	21.5	16.2	16.7	18.1	19.2
良好值	15.7	13.2	9.3	9.8	11.2	11.8
平均值	9.8	7.6	5.3	5.8	7.2	7.1
二、存货周转率						
优秀值	19.1	18.0	17.6	17.8	17.2	17.9
良好值	11.6	10.6	10.2	10.4	9.8	10.5
平均值	6.0	5.8	5.4	5.6	5.0	5.6
三、流动资产周转率						
优秀值	4.5	4.3	3.7	3.9	4.1	4.1
良好值	2.9	2.8	2.7	2.6	2.8	2.8
平均值	1.8	1.8	1.5	1.6	1.8	1.7

(续表)

项目	2007年	2008年	2009年	2010年	2011年	五年简单平均
四、总资产周转率						
优秀值	1.7	1.8	1.5	1.6	1.6	1.6
良好值	1.1	1.2	1.0	1.1	1.1	1.1
平均值	0.7	0.7	0.5	0.6	0.6	0.6
五、资产现金回收率						
优秀值	16.6%	15.3%	15.1%	15.2%	14.7%	15.4%
良好值	11.9%	11.7%	11.0%	11.1%	10.6%	11.3%
平均值	6.2%	5.8%	5.4%	5.5%	5.0%	5.6%
六、不良资产比率						
优秀值	0.3%	0.2%	0.2%	0.1%	0.1%	0.2%
良好值	1.2%	0.9%	0.9%	0.8%	0.8%	0.9%
平均值	3.0%	2.8%	2.5%	2.4%	2.4%	2.6%

资料来源：2008—2012年国务院国资委统计评价局制定的各年《企业绩效评价标准值》，经济科学出版社出版。

六、发展能力分析

发展能力是指企业未来年度的发展前景及潜力。反映企业发展能力的指标主要有营业收入增长率、总资产增长率、资本积累率、资本保值增值率、营业利润增长率、技术投入比率、三年营业收入平均增长率、三年利润平均增长率和三年资本平均增长等。

（一）营业收入增长率

营业收入增长率是本年营业收入增长额与上年营业收入总额的比率。计算公式如下：

$$营业收入增长率 = \frac{本年营业收入增长额}{上年营业收入总额} \times 100\%$$

（二）总资产增长率

总资产增长率是本年总资产增长额与年初资产总额的比率。计算公式如下：

$$总资产增长率 = \frac{本年总资产增长额}{年初资产总额} \times 100\%$$

$$= \frac{年末资产总额 - 年初资产总额}{年初资产总额} \times 100\%$$

（三）资本积累率

资本积累率是本年所有者权益增长额与年初所有者权益的比率。计算公式如下：

$$资本积累率 = \frac{本年所有者权益增长额}{年初所有者权益} \times 100\%$$

（四）资本保值增值率

资本保值增值率是指企业本年主观因素努力增加的所有者权益与年初所有者权益

总额的比率。计算公式如下:

$$资本保值增值率 = \frac{扣除客观因素的年末所有者权益}{年初所有者权益总额} \times 100\%$$

(五) 营业利润增长率

营业利润增长率是本年营业利润增长额与上年营业利润总额的比率。计算公式如下:

$$营业利润率 = \frac{本年营业利润增长额}{上年营业利润总额} \times 100\%$$

(六) 技术投入比率

技术投入比率是本年科技支出合计与本年营业收入总额的比率。计算公式如下:

$$技术投入比率 = \frac{本年科技支出合计}{本年营业收入总额} \times 100\%$$

(七) 三年营业收入平均增长率

三年营业收入平均增长率计算公式如下:

$$三年营业收入平均增长率 = \left(\sqrt[3]{\frac{本年营业收入}{三年前营业收入}} - 1 \right) \times 100\%$$

(八) 三年利润平均增长率

三年利润平均增长率计算公式如下:

$$三年利润平均增长率 = \left(\sqrt[3]{\frac{本年利润总额}{三年前利润总额}} - 1 \right) \times 100\%$$

(九) 三年资本平均增长率

三年资本平均增长率计算公式如下:

$$三年资本平均增长率 = \left(\sqrt[3]{\frac{年末所有者权益}{三年前年末所有者权益}} - 1 \right) \times 100\%$$

以上发展能力指标的评价标准可通过表 8-33 体现。

例 24 我国国有企业 2007—2011 年发展能力指标计算见表 8-33。

表 8-33　2007—2011 年全国国有企业发展能力指标计算表

项目	2007 年	2008 年	2009 年	2010 年	2011 年	四年或五年简单平均
一、营业收入增长率						
优秀值	26.7%	25.5%	17.0%	30.3%	32.3%	26.4%
良好值	20.8%	19.8%	10.8%	23.8%	25.4%	20.1%
平均值	13.0%	12.4%	4.7%	18.0%	19.2%	13.5%
二、总资产增长率						
优秀值	21.4%	20.2%	21.3%	22.3%	21.1%	21.3%
良好值	15.7%	14.6%	1.8%	16.4%	15.5%	12.8%
平均值	10.6%	9.5%	1.2%	11.1%	10.5%	8.6%
三、资本积累率						
优秀值	19.9%	17.9%	18.1%	18.2%	未提供	18.5%

（续表）

项目	2007年	2008年	2009年	2010年	2011年	四年或五年简单平均
良好值	15.2%	13.8%	13.2%	13.3%	未提供	13.9%
平均值	11.0%	9.0%	9.2%	9.3%	未提供	9.6%
四、资本保值增值率						
优秀值	116.3%	112.6%	112.5%	114.1%	113.5%	113.8%
良好值	111.9%	107.9%	107.2%	108.8%	108.2%	108.8%
平均值	107.0%	105.3%	104.6%	106.2%	105.6%	105.7%
五、营业利润增长率						
优秀值	21.7%	17.7%	16.5%	25.9%	22.5%	20.9%
良好值	15.9%	12.2%	10.5%	19.7%	16.3%	14.9%
平均值	9.5%	509.0%	4.8%	18.0%	10.8%	110.4%
六、技术投入比率						
优秀值	1.3%	1.8%	0.9%	2.4%	3.1%	1.9%
良好值	1.0%	1.5%	0.7%	2.0%	2.1%	1.5%
平均值	0.8%	1.1%	0.5%	1.4%	1.6%	1.1%
七、三年收入平均增长率						
优秀值	31.1%	25.1%	21.3%	21.8%	22.9%	24.4%
良好值	26.7%	20.6%	15.7%	16.2%	17.3%	19.3%
平均值	19.1%	14.1%	10.0%	10.5%	11.6%	13.1%
八、三年资本平均增长率						
优秀值	20.0%	18.0%	18.6%	18.7%	未提供	18.8%
良好值	14.0%	12.0%	14.3%	14.4%	未提供	13.7%
平均值	8.2%	7.2%	9.7%	9.8%	未提供	8.7%

资料来源：2008—2012年国务院国资委统计评价局制定的各年《企业绩效评价标准值》，经济科学出版社出版。

◆ 习题十五

目的：练习利润表的编制和财务指标分析。

凤洋工厂20×3年12月31日资产负债表中有关项目余额如下（单位：万元）。

凤洋工厂该年度编制利润表的有关资料如下：主营业务和其他业务收入、成本、营业税金及附加和其他有关资料见习题十三第2题；另外，本年度该厂计入固定资产成本的利息费用为0.7万元，主营业务收入中赊销收入占65%。

凤洋工厂确定的永久性资产84万元。其中，永久性流动资产36.5万元。凤洋工厂该年度流动负债中短期借款平均余额20万元，每季末按年利率12.06%付息一次（其余流动负债均不付息），该厂长期负债资金成本率为8.10%，年分利率为0%（实收资本没有筹资费），附加资本成本率为16%。凤洋工厂该年度现金流量表上"经营活动产生的现金净流量"为48万元。

资产项目	年初数	年末数	权益项目	年初数	年末数
货币资金	5	7	流动负债合计	30	32
交易性金融资产	2	1	长期负债合计	20	22
应收账款	14	16	实收资本	40	40
存货	30	34	所有者权益合计	60	66
流动资产合计	65	70			
无形资产	7	5			
资产总计	110	120	负债及所有者权益合计	110	120

1. 根据上述资料计算短期偿债能力指标（除营运资金外均用年末数）。

(1) 营运资金 $\begin{cases} 年初营运资金 = \\ 年末营运资金 = \\ 平均营运资金 = \end{cases}$

年末营运资金比率 =

(2) 流动比率 =

(3) 速动比率 =

(4) 现金比率 =

(5) 现金流动负债比率 =

2. 根据上述资料计算长期偿债能力指标（均用年末数）。

(1) 资产负债率 =

(2) 已获利息倍数 =

(3) 产权比率 =

(4) 有形净值债务率 =

(5) 盈余现金保障倍数 =

3. 计算盈利能力指标。[第(6)项采用"营业成本"、"营业税金及附加"等。]

(1) 资产利润率 =

(2) 总资产报酬率 =

(3) 资本金利润率 =

(4) 资本收益率 =

(5) 营业收入利润率 =

(6) 成本费用利润率 =

4. 计算营运能力指标。（用"营业收入"或"营业成本"计算。）

(1) 应收账款周转率 =

(2) 存货周转率 =

(3) 流动资产周转率 =

(4) 总资产周转率 =

(5) 资产现金回收率 =

5. 凤洋工厂采用的筹资政策类型是：

这是因为_____

6. 凤洋工厂本金安全率 =

7. 计算资金成本(精确到0.01%)。

(1) 短期借款成本率 =

(2) 综合资金成本率 =

8. 根据上述资料编制利润表(见下表)。

利润表

编制单位:凤洋工厂　　　　　　20×3年12月　　　　　　　　　　单位:万元

项目	上年数	本年累计数
一、营业收入		
减:营业成本		
营业税金及附加		
销售费用		
管理费用		
财务费用		
资产减值损失		
加:公允价值变动收益(损失以"-"号填列)		
投资收益(损失以"-"号填列)		
其中:对联营企业和合营企业的投资收益		
二、营业利润(亏损以"-"号填列)		
加:营业外收入		
减:营业外支出		
其中:非流动资产处置损失		
三、利润总额(亏损总额以"-"号填列)		
减:所得税费用		
四、净利润(净亏损以"-"号填列)		
五、每股收益:		
(一)基本每股收益		
(二)稀释每股收益		
六、其他综合收益		
七、综合收益总额		

■ 案例三

目的:对上市公司举债经营情况进行评价。

要求:登陆"证券之星"等网站,收集上市公司通宝能源(代码:600780)的下列情况:

1. 公司概况;

2. 股票发行情况;

3. 股份构成;

4. 公司主要股东;

5. 近三年每股收益及分红配股方案；
6. 近三年主要财务指标；
7. 下载最近三年资产负债表；
8. 下载与偿债能力有关的利润表近三年数据；
9. 下载与偿债能力有关的现金流量表近三年数据；
10. 对通宝能源偿债能力相关指标进行分析和评价(要与全国平均水平、国内外先进水平进行比较)，并结合分析结果写出通宝能源偿债能力分析评价报告。

第二篇　财务分析中级教程

- 第九章　流动资产专题分析
- 第十章　非流动资产专题分析
- 第十一章　负债专题分析
- 第十二章　经营业绩专题分析
- 第十三章　所有者权益专题分析
- 第十四章　财务综合分析

Chapter Nine

第九章 流动资产专题分析

第一节 货币资金专题分析

进行货币资金专题分析前,我们先看一个案例。我国有一家Y上市公司,注册资金1亿元(股),第一大股东投资5520万元(股),持股比例为55.2%。20×2年5月22日,该上市公司进行现金股利分配,分红政策是"10派6",即每10股分配6元股利,每股分红0.6元。第一大股东分得现金红利3312万元(5520万股×0.6)。20×3年,该上市公司又"10派6"分红,第一大股东又分得现金红利3312万元。致使第一大股东两年共分得现金红利6624万元,不仅收回了全部投资5520万元,还额外得到1104万元的利得。一时网上喧嚷:高额分红派现——回报太高。

如何看待上述上市公司的高额分红现象呢?笔者认为,关键是该公司在现金分红后,货币资金能否维持公司的正常经营,能否使公司还能进一步得到扩展。我们在本节就是要研究确定企业最合理的货币资金占有率、较恰当的经营现金留存率、必要的现金再投资率,并对现金结构比例、现金支付能力和现金效率指标进行专门分析。

一、合理的货币资金占有率的经验确定方法[①]

所谓货币资金占用率,是指货币资金在流动资产中所占的比率。要确定合理的货币资金占用率,必须考虑"合理的现金占用率"和"合理的短期证券投资占用率"两个比率。这两个比率的分母都是"流动资产",第一个比率中的分子——"现金",包括"货币资金"和"短期证券投资"两项内容,则:

---

① 戴新颖:《上市公司如何合理确定现金股利分红比例》,《财会通讯》,2002年第11期。

合理的货币资金占有率 = 合理的现金占用率 - 合理的短期证券投资占用率

(一) 合理的现金占用率

所谓现金占用率,是指货币资金和交易性金融资产(亦称短期证券投资)在流动资产中所占的比率。用公式表示如下:

$$现金占用率 = \frac{货币资金 + 交易性金融资产}{流动资产}$$

现金占用率的含义是:企业流动资产中应保持多少现金才能使企业的生产经营正常地进行下去。企业合理的现金占用率确定方法如下:

1. 用西方公认的数据推算合理的现金占用率

西方企业常用"现金比率"衡量企业短期偿债能力,并认为,现金比率大于20%为好,即

$$现金比率 = \frac{货币资金 + 交易性金融资产}{流动负债} \geq 20\% \quad (暂取20\%)$$

$$流动负债 = (货币资金 + 交易性金融资产) \div 20\% \quad (9-1)$$

又因为西方企业常用"流动比率"衡量企业短期偿债能力,并认为,流动比率大于2为好,即

$$流动比率 = \frac{流动资产}{流动负债} \geq 2 \quad (暂取2)$$

$$流动负债 = 流动资产 \div 2 \quad (9-2)$$

将公式(9-2)代入公式(9-1)得:

$$流动资产 \div 2 = (货币资金 + 交易性金融资产) \div 20\%$$

方程两边同除以"流动资产",并自乘以20%,得:

$$\frac{货币资金 + 交易性金融资产}{流动资产} \geq \frac{20\%}{2}$$

即现金占用率≥10%为好。

2. 用我国实际研究成果推算合理的现金占用率

朱学义教授1995年结合我国实际情况,揭示了我国流动比率的合理标准是1.6[①],即

$$流动比率 = \frac{流动资产}{流动负债} \geq 1.6 \quad (暂取1.6)$$

$$流动负债 = 流动资产 \div 1.6 \quad (9-3)$$

将公式(9-3)代入公式(9-1)得:

$$流动资产 \div 1.6 = (货币资金 + 交易性金融资产) \div 20\%$$

方程两边同除以"流动资产",并自乘以20%,得:

$$\frac{货币资金 + 交易性金融资产}{流动资产} \geq \frac{20\%}{1.6}$$

即现金占用率≥12.5%为好。

从以上分析可见,中西方合理的现金占用率在10%或12.5%以上为好。

[①] 朱学义:《论我国流动比率的合适标准》,《财务与会计》,1995年第9期。

(二) 合理的短期证券投资占用率

短期证券投资占用率,是指短期证券投资占用流动资产的比率。在2006年及以前,我国《企业会计制度》规定设置"短期投资"科目核算短期证券投资,但从2007年1月1日实施新的《企业会计准则》后,我国规定设置"交易性金融资产"科目核算短期证券投资,则短期证券投资占用率改称为交易性金融资产投资占用率。

2000—2002年,我国1 304家上市公司累计三年短期投资占流动资产的比例为1.55%。考虑到企业短期投资应以保证企业正常生产经营资金的流动性为基准和资本市场上的投资风险,短期证券投资占用率取1.5%为好。

(三) 合理的货币资金占用率

综合以上分析,我国企业"合理的现金比率"在12.5%以上为好,扣除"合理的短期证券投资占用率"1.5%后,我国合理的货币资金占有率应大于11%为好。

事实上,2000—2002年,我国1 304家上市公司累计三年货币资金占流动资产的比例为23.4%。日本1988—1991年累计现金比率为29.9%,其中货币资金占用率为24.5%。由此分析可见,我国上市公司[①]的货币资金占用率的经验数据维持在24%左右为好,最低不得低于11%。

二、恰当的经营现金留存率的确定

企业的生产经营是一个连续不断的过程。企业投入货币 G 用于生产经营过程,若收回的货币正好等于 G,则企业只能进行简单再生产;企业投入货币 G 用于生产经营过程,若收回的货币为 $G'(G'>G)$,则企业就能进行扩大再生产。马克思说:"$G' = G + \Delta G$,即等于原预付货币额加上一个增值额。我把这个增值额或超过原价值的余额叫做剩余价值。可见,原预付价值不仅在流通中保存下来,而且在流通中改变了自己的价值量,加上了一个剩余价值,或者说增值了。正是这种运动使价值转化为资本。"资本家的"目的也不是取得一次利润,而是谋取利润的无休止的运动","以谋求价值的无休止的增值,而精明的资本家不断地把货币重新投入流通,却达到了这一目的"。[②] 根据马克思这一原理,企业在生产经营过程中投入货币 G 用于各种耗费,反映在会计所编制的现金流量表上"经营活动现金流出"项目中,企业在生产经营过程中收回货币 G' 存于银行,反映在会计所编制的现金流量表上"经营活动现金流入"项目中,"经营活动现金流入小计" G' > "经营活动现金流出小计" G,得出"经营活动产生的现金流量净额" $\Delta G(G'-G)$。ΔG 是企业经过一定生产经营周期的货币增值。企业为了扩大再生产,将这一部分货币增值留在企业作资金储备,从而产生了"经营现金留存额",则:

$$\frac{\Delta G}{G} = \frac{经营现金净流量}{经营活动现金流出小计} = 经营现金留存率$$

2000—2002年,我国1 304家上市公司累计三年经营活动产生的现金流量净额占经营活动现金流出小计的比例为11.67%。这说明,我国上市公司在经营活动中,每流出100元,留存11.67元作扩大再生产的资金储备。笔者认为,恰当的经营现金留存率应在

---

① 我国上市公司在2000—2002年阶段,属于健康发展的阶段,此阶段的财务指标有其典型性。
② 马克思:《资本论》第一卷,人民出版社1975年版,第172、174、175页。

12%以上。

三、必要的现金再投资率的确定

现金再投资比率,是指经营活动现金净流量扣除发放现金股利后的余额与资本化额的比值。用公式表示如下:

$$现金再投资比率 = \frac{经营活动现金净流量 - 现金股利}{固定资产 + 长期投资 + 其他资产 + 营运资金}$$

$$= \frac{经营活动现金净流量 - 现金股利}{非流动资产 + (流动资产 - 流动负债)}$$

$$= \frac{经营活动现金净流量 - 现金股利}{资产 - 流动负债}$$

$$= \frac{经营活动现金净流量 - 现金股利}{资本化额}$$

现金再投资比率反映了企业产生的经营现金净流量在扣除发放的现金股利之后所余现金量和企业的资本性支出配合的情况,它揭示了企业为资产重置及经营成长所保留的与再投资相适应的资金百分比。企业经营产生的现金流量在扣除了发放的现金股利之后可用于企业的再投资,如购买固定资产以扩大企业的再生产规模、进行长期投资以及维持生产经营周转等。企业如果进行过多的现金分红,必然导致企业再投资现金的不足,影响企业的未来盈利能力。西方会计界认为,企业现金再投资比率达到8%—10%为理想的水平。

四、现金分红率的确定

现金分红率的确定有多种方案。有的从长期战略发展眼光考虑企业要有稳定增长的现金分红率,则刚开始几年的现金分红率不宜定得过高;有的根据"自由现金流量"(是指企业产生的为保持企业持续发展所需的再投资后剩余的现金流量,也是企业资本供应者应享有的可供分配的最大现金额)的应用模型确定现金分红率;有的根据未来几年的现金预算来确定现金分红率;等等。确定现金分红率的基本要求如下:

(1)保持最低限度的货币资金预付量,货币资金占用率不得低于11%;

(2)保持企业生产经营所必需的现金流量,不仅各种现预算支出要留足,还要争取更多的现金流入,使经营现金留存率维持在12%以上;

(3)保持现金再投资比率为8%—10%;

(4)测定自由现金流量,保持企业在未来现金分红率的稳定增长;

(5)做到分配的现金股利不要超过已实现的利润。

根据以上要求,结合本节开头的案例,只要认真检查Y上市公司有没有超越现金分红的这几项基本要求,如果没有,笔者认为,现金分红是可行的。我们不要把眼光盯住第一大股东分红得到多少现金,而是要把眼光放在企业未来发展上还需要多少现金上。

五、现金流量结构分析

现金流量结构分析是以现金流量表为依据分析各类现金流量在现金总流量中的比例。它通过编制以下分析表(表9-1)予以反映。

表9-1 夏宇工厂现金流量结构分析表

单位:元

项目	流入量		流出量		净流量	
	金额 (1)	比重 (2)=(1)/流入量总计	金额 (3)	比重 (4)=(3)/流出量总计	金额 (5)=(1)-(3)	比重 (6)=(5)/净流量总计
经营活动现金流量	8 834 184	88.1%	7 840 240	81.7%	993 944	229.0%
投资活动现金流量	862 190	8.6%	856 651	8.9%	5 539	1.3%
筹资活动现金流量	330 600	3.3%	896 138	9.3%	-565 538	-130.3%
现金流量总计	10 026 974	100.0%	9 593 029	100.0%	433 945	100.0%

从表9-1可知,夏宇工厂经营活动的现金流入量和流出量分别占总流量的88.1%和81.7%,反映了该企业现金流量主要依靠经营活动,这是财务状况良好的标志。本年度,夏宇工厂偿还债务付出现金569 641元,分配股利、利润或偿付利息付出现金310 257元,而取得借款收到的现金仅有310 600元,致使筹资活动产生的现金净流量为-565 538元,表明夏宇工厂存在着巨大的偿债压力。幸好夏宇工厂本年经营活动产生现金净流量为993 944元,有能力承担到期债务。一旦夏宇工厂经营活动产生的现金流量不足,则企业偿债就会存在很大的风险。

六、现金支付能力分析

(一) 每股经营现金流量分析

每股经营现金流量是指企业每股所拥有的经营现金净流量。对非股份制企业而言,每股经营现金流量是指企业每元资本金所拥有的经营现金净流量。计算公式如下:

$$每股(每元资本金)经营现金流量 = \frac{经营现金净流量}{发行在外的普通股股数(或实收资本)}$$

根据表8-1、表8-4计算夏宇工厂每1元资本金经营现金流量如下:

$$每元资本金经营现金流量 = \frac{993\ 944}{2\ 814\ 000} = 0.35(元)$$

计算结果表明,夏宇工厂每1元资本金本年度拥有的经营现金净流量为0.35元。2000—2002年,我国1 304家上市公司累计三年每元股本所拥有的经营活动现金流量净额为0.46元。这说明,夏宇工厂的现金实力没有全国上市公司强。

(二) 到期债务本息偿付比率分析

到期债务本息偿付比率,亦称现金到期债务比,是指企业本期取得的经营现金净流量相对于本期偿还到期债务本息的倍率。计算公式如下:

$$到期债务本息偿付比率 = \frac{经营现金净流量}{本期偿还债务本金 + 本期偿还债务利息}$$

公式分母中"本期偿还债务本金"取自现金流量表中"偿还债务支付的现金"数额（表 8-4 中为 569 641 元），"本期偿还债务利息"由现金流量表中"分配股利、利润或偿付利息支付的现金"数额（表 8-4 中为 310 257 元）扣除"应付股利"账户借方支付的现金股利或利润 262 100 元，得出 48 157 元即为"本期偿还债务利息"数额。

根据表 8-4 可知夏宇工厂该比率为：

$$到期债务本息偿付比率 = \frac{993\,944}{569\,641 + 48\,157} = 1.61$$

计算结果表明，夏宇工厂本期取得的经营现金净流量是本期偿还到期债务本息的 1.61 倍。

（三）待还债务本息偿付比率分析

待还债务本息偿付比率是指企业本期取得的经营现金净流量是期末已经确定的在未来一年内需要偿还的债务本息的倍率。计算公式如下：

$$待还债务本息偿付比率 = \frac{经营现金净流量}{本期期末确定的流动负债本息额}$$

$$本期期末确定的流动负债本息额 = 短期借款 + 应付票据 + 一年内到期的非流动负债$$

根据表 8-1、表 8-4 计算夏宇工厂该比率如下：

$$待还债务本息偿付比率 = \frac{993\,944}{495\,000 + 175\,500 + 30\,000} = 1.42$$

计算结果表明，夏宇工厂本期取得的经营现金净流量是未来一年内待还债务本息的 1.42 倍。

（四）现金负债比率分析

现金负债比率，亦称现金到期债务总额比，是经营现金净流量与负债总额的比例。计算公式如下：

$$现金负债比率 = \frac{经营现金净流量}{负债总额} \times 100\%$$

根据表 8-1、表 8-4 计算夏宇工厂该比率如下：

$$现金负债比率 = \frac{993\,944}{2\,162\,098} \times 100\% = 45.97\%$$

计算结果表明，夏宇工厂本期取得的经营现金净流量是期末负债总额的 45.97%。

现金负债比率是从负债总额来分析所拥有的经营活动产出和现金流量净额。它还可以从流动负债和长期负债两方面进行补充分析。

（1）$现金流动负债比率 = \frac{经营现金净流量}{流动负债} \times 100\%$

根据表 8-1、表 8-4 计算夏宇工厂该比率如下：

$$现金流动负债比率 = \frac{993\,944}{1\,327\,701} \times 100\% = 74.86\%$$

（2）$现金长期负债比率 = \frac{经营现金净流量}{长期负债} \times 100\%$

根据表 8-1、表 8-4 计算夏宇工厂该比率如下：

$$现金长期负债比率 = \frac{993\,944}{834\,397} \times 100\% = 119.12\%$$

2000—2002年,我国1 304家上市公司累计三年现金负债比率为12.62%,其中,现金流动负债比率为15.99%,现金长期负债比率为59.77%(数据取自中国矿业大学朱学义教授上市公司数据库)。2007年1 521家上市公司现金负债比率为16.36%,其中,现金流动负债比率为11.36%,现金长期负债比率为29.60%(数据取自CCER经济金融研究数据库)。

夏宇工厂取得的经营现金净流量用于偿还债务的实力远远强于上市公司,就现金负债比率而言,其相对比率是1 304家上市公司的3.6倍(45.97%÷12.62%)。

(五)现金股利支付率分析

现金股利支付率是企业本期支付的现金股利或分配的利润与经营现金净流量的比值。计算公式如下:

$$现金股利支付率 = \frac{现金股利或分配的利润}{经营现金净流量} \times 100\%$$

根据表8-4计算夏宇工厂该比率如下:

$$现金股利支付率 = \frac{262\,100}{993\,944} \times 100\% = 26.40\%$$

公式分子中"现金股利或分配的利润"262 100元查找"应付股利"账户借方支付的现金股利或利润得出。

(六)现金股利保障倍数分析

现金股利保障倍数是企业本期每股经营现金净流量与每股现金股利的比值。计算公式如下:

$$现金股利保障倍数 = \frac{每股经营现金净流量}{每股现金股利}$$

(七)现金流量适度比率分析

现金流量适度比率是经营现金净流量与长期资金支付额的比值。计算公式如下:

$$现金流量适度比率 = \frac{经营现金净流量}{长期负债偿付额 + 固定资产购置额 + 股利分配额} \times 100\%$$

七、现金效率比率分析

(一)营业收入现金含量分析

营业收入现金含量是指销售商品、提供劳务收到的现金与营业收入的比值。计算公式如下:

$$营业收入现金含量 = \frac{销售商品、提供劳务收到的现金}{营业收入} \times 100\%$$

根据表8-2、表8-4计算夏宇工厂该比率如下:

$$营业收入现金含量 = \frac{8\,737\,294}{7\,298\,385} \times 100\% = 119.72\%$$

计算结果表明,夏宇工厂本期销售商品、提供劳务收到的现金是本期营业收入的

119.72%。

(二) 总资产现金含量分析

总资产现金含量，也称"资产现金回收率"，是指经营现金净流量与资产总额的比值。计算公式如下：

$$总资产现金含量 = \frac{经营现金净流量}{资产总额} \times 100\%$$

根据表 8-1、表 8-4 计算夏宇工厂该比率如下：

$$总资产现金含量 = \frac{993\,944}{5\,892\,863} \times 100\% = 16.87\%$$

计算结果表明，夏宇工厂每 100 元资产总额含有经营现金净流量 16.87 元。

(三) 营业收入现金比率分析

营业收入现金比率，也称"销售现金比率"，是指经营现金净流量与营业收入的比值。计算公式如下：

$$营业收入现金比率 = \frac{经营现金净流量}{营业收入} \times 100\%$$

根据表 8-1、表 8-4 计算夏宇工厂该比率如下：

$$营业收入现金比率 = \frac{993\,944}{7\,298\,385} \times 100\% = 13.62\%$$

计算结果表明，夏宇工厂每 100 元营业收入含有经营现金净流量 13.62 元。

(四) 货币资金周转率分析

货币资金周转率是指销售商品、提供劳务收到的现金与货币资金平均余额的比值。计算公式如下：

$$货币资金周转率 = \frac{销售商品、提供劳务收到的现金}{货币资金平均余额}$$

根据表 8-1、表 8-4 计算夏宇工厂该比率如下：

$$货币资金周转率 = \frac{8\,737\,294}{(256\,500 + 690\,445) \div 2} = 18.5\,(次)$$

计算结果表明，夏宇工厂本年度货币资金周转了 18.5 次。

第二节 交易性金融资产专题分析

交易性金融资产是指企业为交易而持有的、准备近期出售的金融资产，分为交易性股票投资、交易性债券投资、交易性基金投资和交易性权证投资四类。对交易性金融资产进行分析，主要是分析交易性金融资产的收益率。

一、交易性股票投资收益率分析

交易性股票投资收益率是交易性股票投资净收益与交易性股票投资余额的比率。由于交易性金融资产投资一般在近期内变现，其余额计算有以下三种方法。

（一）按初始投资额计算

$$\text{交易性股票投资收益率} = \frac{\text{交易性股票投资净收益}}{\text{交易性股票初始投资额}} \times \frac{12}{\text{累计月份}} \times 100\%$$

例1 华能企业1月10日购入益侨公司普通股票3 000股作交易性金融资产入账，每股付款20元，另付各项交易费用450元。3月25日，华能企业又购入益侨公司普通股票4 000股仍作交易性金融资产入账，每股价格22元，另付已宣告但尚未发放的现金股利4 000元和各项交易费用660元。4月26日，华能企业将拥有益侨公司的7 000股股票全部出售，每股24元，另付各种交易费用1 260元，实际收款166 740元。要求按交易性金融资产初始投资额计算投资收益率。

（1）益侨股票初始投资额 = (3 000 × 20 + 450) + (4 000 × 22 + 660)
= 60 450 + 88 660 = 149 110（元）

需要说明的是，初始投资额包括股票买价和支付的交易费用，但不包括支付的已宣告发放但尚未支付的股利。因为交易费用虽然冲减"投资收益"，但它却是企业初始投资时的资金占用；垫付的"宣告股利"是暂付性债权，不是企业的"股票投资"。

（2）益侨股票投资净收益 = 166 740 − 149 110 = 17 630（元）

（3）交易性股票投资收益率 = 17 630 ÷ 149 110 × 12 ÷ 4 × 100% = 35.5%

（二）按简单平均投资额计算

$$\text{交易性股票投资收益率} = \frac{\text{交易性股票投资净收益}}{\text{交易性股票投资简单平均余额}} \times \frac{12}{\text{累计月数}} \times 100\%$$

上述公式有两个假设：一是假设资金的全年占用，即购买股票所占用的资金在购买股票之前和退出来之后，仍以相同的方式购买类似股票占用同样的资金；二是假设全年取得的净收益，即将年度中间某段时间取得的净收益换算成全年相同阶段都能取得类似的净收益。

依例1，按简单平均投资额计算的交易性股票投资收益率计算过程如下：

（1）益侨股票初始投资额 = (3 000 × 20 + 450) + (4 000 × 22 + 660)
= 60 450 + 88 660 = 149 110（元）

（2）益侨股票投资简单平均余额
= 1—4月各月平均余额之和 ÷ 4
= [(0 + 60 450) ÷ 2 + (60 450 + 60 450) ÷ 2 + (60 450 + 60 450 + 88 660) ÷ 2
+ (60 450 + 88 660 + 0) ÷ 2] ÷ 4
= (30 225 + 60 450 + 104 780 + 74 555) ÷ 4
= 67 502.50（元）

（3）益侨股票投资净收益 = (166 740 − 149 110) = 17 630（元）

（4）交易性股票投资收益率 = 17 630 ÷ 67 502.50 × 12 ÷ 4 × 100% = 78.4%

（三）按精确投资额计算

$$\text{交易性股票投资收益率} = \frac{\text{交易性股票投资净收益}}{\text{交易性股票投资精确平均余额}} \times \frac{365}{\text{累计天数}} \times 100\%$$

依例1，按精确投资额计算的交易性股票投资收益率计算过程如下：

(1) 益侨股票初始投资额 = (3 000 × 20 + 450) + (4 000 × 22 + 660)
　　　　　　　　　　　= 60 450 + 88 660 = 149 110(元)

(2) 益侨股票投资精确平均余额 = 每日余额之和 ÷ 实际天数
　　= [(60 450 × 74) + (60 450 + 88 660) × 32] ÷ 106
　　= (4 473 300 + 4 771 520) ÷ 106
　　= 87 215.28(元)

(3) 益侨股票年度投资净收益 = (166 740 - 149 110) = 17 630(元)

(4) 交易性股票投资收益率 = 17 630 ÷ 87 215.28 × 365 ÷ 106 × 100% = 69.6%

以上三种方法计算的结果各不相同：按初始投资额计算投资收益率为35.5%，显得偏低，原因在于两次购买股票的时间都不相同，却都将其作为1月1日一次购入；按简单平均投资额和精确投资额计算的收益率分别为78.4%、69.6%。三种方法相比较而言，精确投资额计算法更准确。

交易性基金投资收益率和交易性权证投资收益率的计算方法和交易性股票投资收益率的计算方法相同。

二、交易性债券投资收益率分析

$$\frac{\text{交易性债券}}{\text{投资收益率}} = \frac{\text{交易性债券投资净收益} \times (1 - \text{所得税税率})}{\text{交易性债券投资初始(或平均,或精确)余额}} \times \frac{12(\text{或}365)}{\text{累计月数(或天数)}} \times 100\%$$

例2　(以第二章第二节例6为例)华能企业10月1日购入海洋债券作为交易性金融资产入账，付款50 640元，其中面值48 000元，溢价570元，利息1 920元(按年利率8%计算6个月的利息)，佣金150元。10月2日，该企业收到债券利息1 920元。12月31日，该企业计算海洋债券10月1日至12月31日的利息960元(48 000 × 8% × 3/12)；12月31日，该企业持有的海洋公司债券公允价值变为47 570元。次年2月1日，该企业将海洋债券全部售出，售价49 890元，另付手续费140元。要求按三种方法计算该交易性债券投资收益率。

(一) 按交易性债券初始投资额计算收益率

(1) 交易性债券初始投资额 = 50 640 - 1 920 = 48 720(元)

(2) 债券出售净收入 = 49 890 - 140 = 49 750(元)

(3) 取得的投资净收益 = 49 750 - 48 720 = 1 030(元)

(4) 交易性债券投资收益率 = $\frac{1\,030 \times (1 - 25\%)}{48\,720} \times \frac{12}{4} = 4.76\%$

有四点说明：一是购买债券时支付的利息1 920元是已到付息期但尚未领取的暂付性债权，不作购买单位债券初始投资额处理。事实上，该债权在10月2日就能收回。二是在债券处置时(出售或到期收回或其他转移所有权的情况)确认收益，其间，若收到利息存入银行，还要将其利息折算成处置时的终值确认投资收益，因此其间计息不作投资收益处理。三是会计确认入账的公允价值变动损益在计算投资收益率时不作投资收益处理，因为它是"未得利润"[①],等债券处置时才转化为"实得利润"。四是计算投资收益率重在考核投资部门从购买证券到处置债券为止的经营业绩,可以跨年度(但仍以年度投资收益率为计算口径),这和会计人员为了和纳税期吻合必须要在年末计息入账不一样。

(二) 按交易性债券简单平均余额计算收益率

(1) 交易性债券初始投资额 = 50 640 − 1 920 = 48 720(元)

(2) 交易性债券简单平均余额

= 10月至次年1月末各月平均余额之和 ÷ 4

= (48 720 + 48 720 + 48 720 + 48 720) ÷ 4 = 48 720(元)

(3) 取得的投资净收益 = 49 750 − 48 720 = 1 030(元)

(4) 交易性债券投资收益率 = $\frac{1\,030 \times (1 - 25\%)}{48\,720} \times \frac{12}{4} = 4.76\%$

(三) 按交易性债券精确平均余额计算收益率

(1) 交易性债券初始投资额 = 50 640 − 1 920 = 48 720(元)

(2) 交易性债券简单平均余额

= 10月1日至次年1月31日每天余额之和 ÷ 123

= (48 720 × 123) ÷ 123 = 48 720(元)

(3) 取得的投资净收益 = 49 750 − 48 720 = 1 030(元)

(4) 交易性债券投资收益率 = $\frac{1\,030 \times (1 - 25\%)}{48\,720} \times \frac{365}{123} = 4.71\%$

以上三种方法计算结果都相近,原因在于10月1日购买债券,次年2月1日出售债券,时间正好4个月整,只有精确法计算4个月时不是120天,而是123天,收益率分母多了3天,才使收益率由4.76%降为4.71%。

三、交易性金融资产投资总收益率的计算

交易性金融资产投资总收益率以个别投资收益率为基础,考虑个别投资比重而确定。个别投资额选择精确投资额最好,但为了简化,可以初始投资额为权数。交易性金融资产投资总收益率的计算公式如下:

交易性金融投资总收益率 = $\sum$ 个别投资收益率 × 个别投资比重

例3 根据上述例1、例2的精确法计算结果计算交易性金融投资总收益率(以初始投资额作权数)。

(1) 初始投资额总计 = 交易性股票初始投资额149 110 + 交易性债券初始投资额48 720 = 197 830(元)

(2) 交易性股票投资比重 = 149 110 ÷ 197 830 = 75.37%

(3) 交易性债券投资比重 = 48 720 ÷ 197 830 = 24.63%

(4) 交易性金融投资总收益率 = 69.6% × 75.37% + 4.71% × 24.63% = 53.62%

---

① 李涵、朱学义:《短期投资的重新划分及会计处理的演变》,《财务与会计》(综合版),2007年第9期。

第三节 应收账款专题分析

一、应收账款回收期精确计算法

应收账款回收期精确计算法是按应收账款实际占用资金的天数计算回收期的方法。会计人员计算应收账款平均余额时,往往是按会计制度规定采用简化的计算方法,即用月初应收账款余额加上月末应收账款余额再除以 2,得出应收账款月平均余额;应收账款季平均余额用三个月应收账款月平均余额之和除以 3 得出;应收账款年平均余额用 12 个月的应收账款月平均余额之和除以 12 得出。这里存在的问题是:各项应收账款的发生与收回并不正好在月初或月末这一天,按简化方法计算的应收账款回收期就不太准确。如果企业给推销人员的薪酬是同应收账款回收期挂钩的,势必造成不公平。因此,掌握应收账款回收期精确计算法很有必要。

(一)单个客户一笔交易应收账款精确回收期的计算

例 4 甲单位推销员张癸 1 月 1 日向西南地区客户 A 销售产品一批,价款 10 万元,增值税 1.7 万元,共计 11.7 万元款未收;1 月 29 日收回 40% 的款 4.68 万元(价 4 万 + 税 0.68 万),2 月 21 日收回余款 7.02 万元(价 6 万元 + 税 1.02 万元)。要求按精确法计算应收账款回收期。

(1)1 月 1 日至 1 月 28 日,应收账款每天余额累计之和 = 每天余额 11.7 万元 × 28 天 = 327.6(万元);

(2)1 月 29 日至 2 月 20 日,应收账款每天余额累计之和 = 每天余额 7.02 万元 × 23 天 = 161.46(万元);

(3)该项应收账款平均余额 = (327.6 + 161.46) ÷ (28 + 23) = 9.589(万元);

(4) 应收账款回收期(或应收账款周转天数) $= \dfrac{\text{按精确法计算的应收账款平均余额} \times \text{实际占用天数}}{\text{当期赊销收入} \times (1 + \text{增值税税率})}$

$= \dfrac{9.589 \times 51}{10 \times (1 + 17\%)} = 41.8(\text{天})$

上述公式分子包括增值税的原因是:企业考核推销人员收回货款时不仅要考核推销人员收回商品的"价款",还要收回"增值税"。[①] 这样计算评价推销人员业绩才公正。

(二)单个客户多笔交易应收账款精确回收期的计算

例 5 接例 4,甲单位有关客户 A 的应收账款发生情况如下述明细账所示(见表 9-2)。

---

① 朱学义、耿占明:《应收账款回收期计算公式的改进》,《财会通讯》,2005 年第 3 期。

表 9-2 应收账款——客户 A 明细账

×3 年		凭证号数	摘要	借方	贷方	借或贷	余额
月	日						
1	1	略	销售应收	117 000		借	117 000
1	29		收回欠款		46 800	借	70 200
2	10		销售应收	234 000		借	304 200
2	21		收回欠款		70 200	借	234 000
8	10		收回欠款		105 300	借	128 700
9	15		销售应收	175 500		借	304 200
11	20		收回欠款		163 800	借	140 400
12	31		全年年结	526 500	386 100	借	140 400

注：该年度共 365 天，2 月为 28 天。

根据表 9-2 应收账款——客户 A 明细账，应收账款精确回收期计算过程如下：

（1）1 月 1 日至 1 月 28 日累计应收账款余额 = 每天余额 117 000 × 28 天 = 3 276 000（元）

（2）1 月 29 日至 2 月 9 日累计应收账款余额 = 每天余额 70 200 × 12 天 = 842 400（元）

（3）2 月 10 日至 2 月 20 日累计应收账款余额 = 每天余额 304 200 × 11 天 = 3 346 200（元）

（4）2 月 21 日至 8 月 9 日累计应收账款余额 = 每天余额 234 000 × 170 天 = 39 780 000（元）

（5）8 月 10 日至 9 月 14 日累计应收账款余额 = 每天余额 128 700 × 36 天 = 4 633 200（元）

（6）9 月 15 日至 11 月 19 日累计应收账款余额 = 每天余额 304 200 × 66 天 = 20 077 200（元）

（7）11 月 20 日至 12 月 31 日（含 31 日）累计应收账款余额 = 每天余额 140 400 × 42 天 = 5 896 800（元）

（8）应收账款平均每天余额 = [（1）+（2）+（3）+（4）+（5）+（6）+（7）] ÷ 365 = 213 292.60（元）

（9）应收账款借方合计 = 526 500（元）

（10）应收账款回收期 = 213 292.60 × 365 ÷ 526 500 = 147.9（天）

说明：如果某个客户一年中就做了一两笔交易，应收账款余额并未持续 365 天，则按实际持有时间和相应应收账款计算回收期，计算方法见上述例 4。

（三）多个客户应收账款精确回收期的计算

多个客户应收账款精确回收期可采用以下公式计算：

$$\text{多个客户应收账款精确回收期} = \sum \left(\text{某个客户应收账款精确回收期} \times \text{该客户应收账款精确平均余额比重} \right)$$

例 6 接例 5，甲单位推销员张癸负责西南地区的产品销售。20×3 年度，张癸共管理 4 个客户：

客户 A 全年应收账款精确平均余额为 213 292.60 元,应收账款精确回收期 147.9 天;

客户 B 全年应收账款精确平均余额为 1 156 400 元,应收账款精确回收期 84.9 天;

客户 C 全年应收账款精确平均余额为 258 000 元,应收账款精确回收期 38.5 天;

客户 D 全年应收账款精确平均余额为 1 863 000 元,应收账款精确回收期 34.3 天。

要求按精确法计算推销员张癸全部客户综合的应收账款回收期。

（1）应收账款精确平均余额总计 = 213 292.60 + 1 156 400 + 258 000 + 1 863 000
= 3 490 692.60(元)

（2）客户 A 应收账款精确平均余额比重 = 213 292.60 ÷ 3 490 692.60 × 100% = 6.11%

（3）客户 B 应收账款精确平均余额比重 = 1 156 400 ÷ 3 490 692.60 × 100% = 33.13%

（4）客户 C 应收账款精确平均余额比重 = 258 000 ÷ 3 490 692.60 × 100% = 7.39%

（5）客户 D 应收账款精确平均余额比重 = 1 863 000 ÷ 3 490 692.60 × 100% = 53.37%

（6）推销员张癸全部客户精确法下综合的应收账款回收期 = 147.9 × 6.11% + 84.9 × 33.13% + 38.5 × 7.39% + 34.3 × 53.37% = 58.31(天)

（四）提供现金折扣条件下应收账款精确回收期的计算

例 7　乙企业 1 月 1 日向 20 个客户销售 W 商品 500 台,每台价款 4 万元、增值税 0.68 万元,共计赊销款 2 340 万元(500 × 4.68),提供的现金折扣条件是"2/10, n/30"。1 月 11 日,收到 70% 的赊销款 1 610 万元存入银行[其中,价款 1 372 万元(500 × 4 × 70% × 98%),增值税 238 万元(500 × 0.68 × 70%)],向客户提供现金折扣 28 万元(500 × 4 × 70% × 2%)。1 月 31 日,收到剩余 30% 的赊销款 702 万元存入银行[其中,价款 600 万元(500 × 4 × 30%),增值税 102 万元(500 × 0.68 × 30%)]。要求按精确法计算应收账款回收期。

（1）1 月 1 日至 1 月 10 日,应收账款每天余额累计之和 = 每天余额 2 340 万元 × 10 天 = 23 400(万元);

（2）1 月 11 日至 1 月 30 日,应收账款每天余额累计之和 = 每天余额 2 340 万元 × 30% × 20 天 = 14 040(万元);

（3）该项应收账款平均余额 = (23 400 + 14 040) ÷ (10 + 20) = 1 248(万元);

（4）$\dfrac{应收账款回收期}{(或应收账款周转天数)} = \dfrac{按精确法计算的应收账款平均余额 × 实际占用天数}{当期赊销收入 × (1 + 增值税税率)}$

$= \dfrac{1\,248 × 30}{2\,340} = 16(天)$

上述例 7 还可以采用下列简化方式计算：

现金折扣下应收账款精确回收期 = (10 × 70%) + (30 × 30%) = 16(天)

二、应收账款的"流动价值"分析法[①]

（一）流动价值法的基本原理

流动价值法是约翰·克劳沙最早提出来的。1997 年,英国波特·爱德华对它的应用进行了深化。所谓流动价值,是指资本中用于流动资金循环周转的价值,它在数量上等

---

① 朱学义:《控制赊销的流动价值法》,《企业管理》,2002 年第 3 期。

于营运资金加上净资产的平均数。

营运资金也称营运资本,是流动资产减去流动负债后的余额;净资产是资产减去负债后的余额,也称业主权益(或所有者权益),或自有资本。流动价值法的基本原理是:企业的赊销额度由企业的财务状况好坏所决定,财务状况好坏的衡量,既可以利用相对数,如偿债能力比率等,也可以利用绝对数,如现金流量等。但对某个企业来讲,首先考虑的是有没有充裕的资金,尤其是流动资金。营运资金是企业在生产经营周转过程中实际可以运用的流动资金净额。营运资金充足,表明企业自我支配资金的能力强,让客户占用资金也无关紧要。但当企业赊销达到一定额度而使企业正常生产经营难以维持时,企业就不得不另外筹措资金,包括向银行贷款,增加新的负债。然而,负债有风险,还有种种条件的限制,企业只能适度把握。企业不能无限制地赊销而不断增加负债,这就使企业不得不考虑赊销同自有资本(资产扣除负债后的净资产)之间的关系。约翰·克劳沙以流动价值(营运资本和自有资本)作赊销的度量因素,是充分考虑了资本在提供赊销方面的可靠性。

(二) 流动价值法的应用步骤和具体做法

1. 确定财务状况比率系数和综合分值

流动价值法确定了以下四个反映财务状况比率的系数:

(1) 流动比率 = 流动资产 ÷ 流动负债;

(2) 速动比率 = 速动资产 ÷ 流动负债 = (流动资产 – 存货) ÷ 流动负债;

(3) 债权人保证比率 = 净资产 ÷ 负债总额;

(4) 净资产对负债比率 = 净资产 ÷ 负债总额。

将以上四个比率相加,得出财务状况综合分值。为了稳妥起见,上述四个指标应用最近三年的数据。

2. 计算流动价值

$$流动价值 = (营运资金 + 净资产) \div 2$$

公式中,营运资金和净资产也应该用近三年的数据为好。

3. 确定流动价值赊销率

流动价值赊销率是赊销额占流动价值的比率。它根据企业的赊销政策、财务状况和赊销管理经验确定。企业赊销常有收不回款的现象发生,这就是企业的赊销风险。赊销风险可分为低度风险、中度风险和高度风险三个级别。企业据自己的赊销政策和赊销人员的管理胆量确定风险级别。企业不同的财务状况综合分值应该对应不同的赊销额度。一般说来,企业财务状况综合分值高,企业提供的赊销额度就应大些,即流动价值赊销率应该高些;相反,企业财务状况综合分值低,甚至很差,则企业提供的赊销额度就相对小些,甚至可以不赊销,即流动价值赊销率可以低到零。这样,在某种赊销风险等级下,企业不同的财务状况综合分值就产生了不同的流动价值赊销率。

4. 确定赊销决策额

$$企业赊销决策额 = 流动价值 \times 流动价值赊销率$$

(三) 流动价值法的应用实例

例8 ABC公司有关财务数据如表9-3所示。

表 9-3 ABC 公司有关财务数据表

单位：万元

项目	20×1 年	20×2 年	20×3 年	三年累计
（1）流动资产	600 321	585 910	622 183	1 808 414
（2）存货	151 037	154 772	150 072	455 881
（3）速动资产 =（1）-（2）	449 284	431 138	472 111	1 352 533
（4）流动负债	508 494	626 339	511 664	1 646 497
（5）长期负债	9 807	8 171	2 702	20 680
（6）负债总额 =（4）+（5）	518 301	634 510	514 366	1 667 177
（7）资产总额	718 254	728 263	735 517	2 182 034
（8）净资产 =（7）-（6）	199 953	93 753	221 151	514 857
（9）营运资金 =（1）-（4）	91 827	-40 429	110 519	161 917
（10）流动价值 =[（8）+（9）]÷（2）	145 890	26 662	165 835	112 796①

注：① [（8）+（9）]÷2÷3，或（145 890 + 26 662 + 165 835）÷3。

1. 根据表 9-3 三年累计数据计算有关财务比率
  （1）流动比率 = 1 808 414/1 646 497 = 1.1
  （2）速动比率 = 1 352 533/1 646 497 = 0.8
  （3）债权人保证比率 = 514 857/1 646 497 = 0.3
  （4）净资产对负债比率 = 514 857/1 667 177 = 0.3
  （5）财务状况综合分值 = 1.1 + 0.8 + 0.3 + 0.3 = 2.5

2. 确定 ABC 公司流动价值赊销率（见表 9-4）

表 9-4 流动价值赊销率表（在中度风险级别下）

档次	一	二	三	四	五	六
财务状况综合分值	-4.5 以下	-4.5—-3.2	-3.2—-1.8	-1.8—-0.4	-0.4—+0.3	+0.3 以上
流动价值赊销率	0%	5%	10%	15%	17.5%	20%

3. 确定 ABC 公司赊销决策额

ABC 公司财务状况综合分值为 2.5，大于 0.3，处于第六档次，其流动价值赊销率取 20%，则：

$$ABC\ 公司赊销决策额 = 三年平均的流动价值 \times 流动价值赊销率$$
$$= 112\ 796 \times 20\% = 22\ 559.2（万元）$$

4. 分析 ABC 公司当前应收账款余额是否合理

ABC 公司近两年全部应收账款平均余额均在 24 000 万元左右，比按流动价值法确定的合理赊销额 22 559.2 万元高 1 440.8 万元，该公司应采取措施降低应收账款的占用水平。

三、赊销标准决策分析法

赊销标准是企业在赊销过程中对客户赊销额度、赊销期限所确定的控制基准。对赊销标准进行重新决策必须考虑的基本原则是：增加赊销额所取得的收益应该超过增加应收账款所支出的成本。

（一）赊销标准对比分析法

例9 W公司目前向客户提供的赊销量为24万件（每件售价20元，每件单位变动成本15元），赊销额为480万元，赊销期30天。现有一个新方案提议：本公司由于有剩余生产能力，应将赊销量增加到30万件（每件售价20元，每件单位变动成本15元），将赊销额增加到600万元，将赊销期扩展为60天。增加赊销的资金成本率为20%。要求采用赊销标准对比法进行决策。赊销标准对比法的计算过程见表9-5。

表9-5 赊销标准对比分析法

序号	项目	目前方案	建议方案	差异
1	售价	24万件×20元=480万元	30万件×20元=600万元	+120万元
2	边际利润	(20元-15元)×24万件=120万元	(20元-15元)×30万件=150万元	+30万元
3	应收账款平均余额	480万元÷(360÷30)=40万元	600万元÷(360÷60)=100万元	+60万元
4	应收账款机会成本	40万元×20%=8万元	100万元×20%=20万元	+12万元
5	边际利润与机会成本比较	边际利润差额30万元-应收账款机会成本差额12万元		+18万元

从表9-5的计算结果可知，W公司扩展赊销标准带来的边际利润超过应收账款边际成本18万元，扩展赊销的方案可行。

（二）净现值现金流量法

例10 X公司现行A方案的情况是：日赊销量200件（每件售价500元，每件单位成本350元），赊销期30天，坏账损失率2%，平均收账期40天，资金年利率18%。现有一个新建议方案——B方案：日赊销量250件（每件售价500元，每件单位成本350元），赊销期45天，坏账损失率3%，平均收账期45天，资金年利率仍为18%，但增加赊销会导致现金、存货等营运资本增加，其追加成本为销售收入的25%。该公司有剩余生产能力。要求采用净现值现金流量法进行决策（资金年利率18%化成日利率为0.05%）。

(1) A方案净现值 $= \dfrac{200\text{件} \times \text{单价}500 \times (1-\text{坏账率}2\%)}{(1-\text{日利率}0.05\%)^{40\text{天}}} - 200\text{件} \times \text{单位成本}350$

$= 26\,060(\text{元})$

(2) B方案净现值 $= \dfrac{250\text{件} \times \text{单价}500 \times (1-\text{坏账率}3\%)}{(1-\text{日利率}0.05\%)^{50\text{天}}} - 250\text{件} \times \text{单位成本}350$

$= 30\,756(\text{元})$

(3) A方案追加成本 $= \left(200\text{件} \times \text{单价}500 - \dfrac{200\text{件} \times \text{单价}500}{(1-\text{日利率}0.05\%)^{40\text{天}}}\right) \times 25\%$

$= 495(\text{元})$

(4) B方案追加成本 $= \left(250\text{件} \times \text{单价}500 - \dfrac{250\text{件} \times \text{单价}500}{(1-\text{日利率}0.05\%)^{50\text{天}}}\right) \times 25\%$

$= 771(\text{元})$

(5) A方案扣除追加成本后的净现值 $= 26\,060 - 495 = 25\,565(\text{元})$

(6) B方案扣除追加成本后的净现值 $= 30\,756 - 771 = 29\,985(\text{元})$

计算结果表明，X公司的B赊销方案净现值29 985元高于A方案净现值25 565元，B赊销方案可行。

第四节　存货专题分析

一、存货资金占用及其周转的行业水平

(一) 收入存货率、存货周转率的行业水平

$$\text{收入存货率} = \frac{\text{存货}}{\text{主营业务收入}} = \frac{\text{主营业务成本}}{\text{主营业务收入}} \times \frac{\text{存货}}{\text{主营业务成本}}$$

$$= \frac{\text{主营业务成本}}{\text{主营业务收入}} \div \frac{\text{主营业务成本}}{\text{存货}}$$

$$= \text{收入成本率} \div \text{存货周转率}$$

例11 全国国有工业企业收入存货率指标的计算过程见表9-6。

表9-6 全国国有工业企业收入存货率指标

单位：亿元

项目	2007年	2008年	2009年	2010年	2011年	五年累计或平均	年递增率
(1) 主营业务收入(亿元)	122 617	147 508	151 701	194 340	228 900	845 066	16.9%
(2) 主营业务成本(亿元)	98 515	122 504	124 590	158 727	187 784	692 120	17.5%
(3) 存货周转率(次)	6.0	5.8	5.4	5.6	5.0	7.0	—
(4) 收入成本率 = (2)÷(1)	80.3%	83.0%	82.1%	81.67%	82.04%	81.9%	—
(5) 收入存货率 = (4)÷(3)	13.4%	14.3%	15.2%	14.58%	16.41%	11.8%	—

资料来源：表中"主营业务收入"、"主营业务成本"数据为"国有及国有控股工业企业"数据，来源于《中国统计年鉴(2012)》；"存货周转率"数据为"国有工业企业"平均值，来源于2008—2012年国务院国资委统计评价局制定的各年《企业绩效评价标准值》，经济科学出版社出版。

从表9-6可见，全国国有工业企业2007—2011年存货周转率累计平均为7.0次，收入存货率累计平均为11.8%，即，每100元主营业务收入需要占用11.80元的存货资金。

(二) 存货占用率的行业水平

$$\text{存货占用率} = \frac{\text{存货}}{\text{流动资产}} = \frac{\text{主营业务收入}}{\text{流动资产}} \times \frac{\text{存货}}{\text{主营业务收入}}$$

$$= \text{流动资产周转率} \times \text{收入存货率}$$

例12 全国国有工业企业存货占用率指标的计算过程见表9-7。

表9-7 全国国有工业企业存货占用率指标

项目	2007年	2008年	2009年	2010年	2011年	五年简单平均
(1) 收入存货率	13.4%	14.3%	15.2%	14.58%	16.41%	14.8%
(2) 流动资产周转率	1.8	1.8	1.5	1.6	1.8	1.7
(3) 存货占用率 = (2)×(1)	24.1%	25.8%	22.8%	23.3%	29.5%	25.1%

资料来源：表中"流动资产周转率"数据为"国有工业企业"平均值，来源于2008—2012年国务院国资委统计评价局制定的各年《企业绩效评价标准值》，经济科学出版社出版。

从表 9-7 可见,全国国有工业企业 2007—2011 年流动资产周转率累计平均为 1.7 次,存货占用率累计平均为 25.1%,即,每 100 元流动资产中存货占用 25.10 元的资金。

二、存货资金占用指标的因素分析

(一)收入存货率指标的因素分析

收入存货率 = 收入成本率 ÷ 存货周转率 = 收入成本率 × 存货周转率的倒数

从上述公式可见,收入存货率有两个影响因素:一是收入成本率升高会引起收入存货率升高;二是存货周转率加快会导致收入成本率降低。

例 13 根据表 9-6 有关指标整理下列表 9-8,分析全国国有工业企业 2011 年收入存货率 16.4% 比 2010 年 14.6% 高 1.8 个百分点的原因。

表 9-8 全国国有工业企业收入存货率指标情况表

项目	2011 年	2010 年	2011 年比 2010 年增(减)
(1) 收入存货率	16.41%	14.58%	+1.83%
(2) 收入成本率	82.04%	81.67%	+0.37%
(3) 存货周转率的倒数	1÷5.0=0.2	1÷5.6=0.17857	+0.02143

(1) 由于收入成本率升高导致收入存货率上升的百分比
= (2011 年收入成本率 - 2010 年收入成本率) × 2010 年存货周转率倒数
= (82.04% - 81.67%) × 0.17857 = 0.07%

(2) 由于存货周转率减慢导致收入存货率上升的百分比
= 2011 年收入成本率 × (2011 年存货周转率倒数 - 2010 年存货周转率倒数)
= 82.04% × (0.2 - 0.17857) = 1.76%

计算结果表明:由于收入成本率上升导致收入存货率上升 0.07%,由于存货周转率减慢导致收入存货率上升 1.76%,两者相加为 1.83%,正好等于 2011 年收入存货率 16.41% 与 2010 年 14.58% 之差 1.83 个百分点。

(二)存货占用率指标的因素分析

存货占用率 = 流动资产周转率 × 收入存货率

从上述公式可见,存货占用率有两个影响因素:一是流动资产周转率加快会引起存货占用率降低;二是收入存货率降低会导致存货占用率降低。

例 14 根据表 9-7 有关指标整理表 9-9,分析全国国有工业企业 2011 年存货占用率 29.5% 比 2010 年 23.3% 高 6.2 个百分点的原因。

表 9-9 全国国有工业企业存货占用率指标情况表

项目	2011 年	2010 年	2011 年比 2010 年增(减)
(1) 流动资产周转率	1.8	1.6	0.2
(2) 收入存货率	16.41%	14.58%	+1.83%
(3) 存货占用率	29.5%	23.3%	+6.2%

(1) 由于流动资产周转率变动引起存货占用率变动的百分比
= (2011 年流动资产周转率 - 2010 年流动资产周转率) × 2010 年收入存货率

= (1.8 - 1.6) × 14.58% = 2.916%

(2) 由于收入存货率降低导致存货占用率降低的百分比

= 2011 年流动资产周转率 ×(2011 年收入存货率 - 2010 年收入存货率)

= 1.8 × (16.41% - 14.58%) = 3.294%

计算结果表明:由于流动资产周转率 2011 年比 2010 年者高 0.2,导致存货占用率升高 2.916%,由于收入存货率升高导致存货占用率升高 3.294%,两者相加为 6.21% (2.916% + 3.294%),取 6.2%,正好等于 2011 年存货占用率 29.5% 与 2010 年 23.3% 之差 6.2 个百分点。

三、营业周期的分析

营业周期是指企业从取得存货开始到销售存货并收回货币为止的这段时间。营业周期的长短取决于存货周转天数和应收账款周转天数。营业周期的计算公式如下:

营业周期 = 存货周转天数 + 应收账款周转天数

把存货周转天数和应收账款周转天数加在一起计算的营业周期,指的是需要多长时间才能将期末存货全部转变为货币。一般情况下,营业周期短,说明流动资金周转速度快,因为存货和应收账款构成流动资产的主体。主体资金周转快,整体流动资金周转也快;反之,营业周期长,说明流动资金周转速度慢。

例 15 全国国有工业企业营业周期指标的计算过程见表 9-10。

表 9-10 全国国有工业企业营业周期指标

项目	2007 年	2008 年	2009 年	2010 年	2011 年	五年简单平均
(1) 应收账款周转率(次)						
优秀值	23.6	21.5	16.2	16.7	18.2	19.2
良好值	15.7	13.2	9.3	9.8	11.2	11.8
平均值	9.8	7.6	5.3	5.8	7.2	7.1
(2) 应收账款周转天数 = 360 ÷ (1)						
优秀值	15.3	16.7	22.2	21.6	19.8	18.7
良好值	22.9	27.3	38.7	36.7	32.1	30.4
平均值	36.7	47.4	67.9	62.1	50.0	50.4
(3) 存货周转率(次)						
优秀值	19.1	18.0	17.6	17.8	17.2	17.9
良好值	11.6	10.6	10.2	10.4	9.8	10.5
平均值	6.0	5.8	5.4	5.6	5.0	5.6
(4) 存货周转天数 = 360 ÷ (3)						
优秀值	18.8	20.0	20.5	20.2	20.9	20.1
良好值	31.0	34.0	35.3	34.6	36.7	34.2
平均值	60.0	62.1	66.7	64.3	72.0	64.7
(5) 营业周期(天数) = (2) + (4)						
优秀值	34.1	36.7	42.7	41.8	40.7	38.8
良好值	54.0	61.2	74.0	71.4	68.9	64.6
平均值	96.7	109.4	134.6	126.4	122.0	115.2

资料来源:2008—2012 年国务院国资委统计评价局制定的各年《企业绩效评价标准值》,经济科学出版社出版。

从表 9-10 可知,我国国有工业企业 2007—2011 年五年累计应收账款周转天数平均值为 50.4 天、五年累计存货周转天数平均值为 64.7 天、五年累计营业周期平均值为 115.2 天。它表明,我国国有工业企业从取得存货开始到销售存货并收回货币为止平均要花费 115.2 天,而良好水平是 64.6 天,优秀水平是 38.8 天。

四、存货阶段周转速度分析

存货周转速度是存货资金流动的时间或效率,常用存货周转率和存货周转天数表示。存货周转率是存货周转额与存货平均占用额之间的比率;存货周转天数是存货资金周转一次所需要的天数。存货周转额分为存货阶段周转额和存货总周转额两部分,与此相适应,存货周转率也分为存货阶段周转率和存货总周转率两大指标。在本书第一篇相关部分,我们重点阐述了存货总周转率的分析,这里,我们重点阐述存货阶段周转速度分析。

(一)存货阶段周转额的概念

存货阶段周转额是指各种存货在其周转历程中从本阶段向下一阶段过渡的数额。甲企业存货阶段周转额可以从表 9-11 中得出。

表 9-11 甲企业存货阶段周转额基础数据表

单位:万元

项目	年初结存	本年增加	本年减少	年末结存
材料存货	466.22	3 951.32	3 662.82	754.72
在制品存货	102.7	4 820.71	4 812.81	110.6
库存商品存货	238.9	3 947.494	3 885.624	300.77
存货合计	807.82	12 719.524	12 361.254	1 166.09

由表 9-11 可知,甲企业全年生产消耗材料 3 662.82 万元,这是供应阶段的储备资金向生产阶段的生产资金转化,材料存货周转额为 3 662.82 万元。甲企业全年产品制造完工入库的制造成本总额为 4 812.81 万元,这是生产阶段的生产资金向成品资金过渡的数额,在制品存货周转额为 4 812.81 万元。甲企业全年主营业务成本为 3 885.624 万元,这是销售阶段的成品资金向货币资金过渡的数额,产成品存货周转额或库存商品存货周转额为 3 885.624 万元。

从表 9-11 还可以看出,甲企业本年度存货资金在川流不息的周转过程中所完成的累积数额——存货资金总周转额就是主营业务成本 3 885.624 万元。

(二)存货阶段周转天数的计算和评价

反映存货周转天数的指标分为阶段周转天数和总周转天数两类。存货阶段周转天数具体指标计算如下:

(1)材料存货周转天数。计算公式如下:

$$材料存货周转天数 = \frac{材料存货平均余额 \times 计算期天数}{计算期材料耗用总额}$$

$$材料存货平均余额 = (期初材料存货余额 + 期末材料存货余额) \div 2$$

根据表 9-11 所示的材料存货周转额资料,甲企业材料存货周转天数计算如下:

$$材料存货平均余额 = (466.22 + 754.72) \div 2 = 610.47(万元)$$

$$材料存货周转天数 = \frac{610.47 \times 360}{3\,662.82} = 60(天)$$

计算结果表明,该企业材料存货周转一次需要 60 天,则材料存货周转率为 6 次(360÷60)。

(2) 在制品存货周转天数。计算公式如下:

$$在制品存货周转天数 = \frac{在制品存货平均余额 \times 计算期天数}{计算期产品制造成本总额}$$

在制品存货平均余额

= [("生产成本"账户期初余额 + "生产成本"账户期末余额) ÷ 2] +

[("自制半成品"账户期初余额 + "自制半成品"账户期末余额) ÷ 2]

根据表 9-11 所示的在制品周转额资料,甲企业在制品存货周转天数计算如下:

$$在制品存货平均余额 = (102.70 + 110.6) \div 2 = 106.65(万元)$$

$$在制品存货周转天数 = \frac{106.65 \times 360}{4\,812.81} = 8(天)$$

计算结果表明,该企业在制品周转一次需要 8 天,则在制品存货周转率为 45 次(360÷8)。

(3) 产成品存货周转天数。亦称产成品可供销售天数或库存商品存货周转天数。计算公式如下:

$$产成品存货周转天数 = \frac{产成品存货平均余额 \times 计算期天数}{计算期主营业务成本总额}$$

产成品存货平均余额

= ("库存商品"账户期初余额 + "库存商品"账户期末余额) ÷ 2

根据表 9-11 所示的库存商品存货周转额资料,甲企业产成品存货周转天数计算如下:

$$产成品存货平均余额 = (238.90 + 300.77) \div 2 = 269.835(万元)$$

$$产成品存货周转天数 = \frac{269.835 \times 360}{3\,885.624} = 25(天)$$

计算结果表明,该企业产成品周转一次需要 25 天,则产成品存货周转率为 14.4 次(360÷25)。

评价产成品周转天数快慢有以下两种比较方法:

① 按原国家经贸委控制标准评价。1993 年原国家经贸委考核规定,企业产成品可供销售天数年平均不要超过 35—40 天。甲企业产成品可供销售天数仅有 25 天,没有超过原国家经贸委控制标准。

② 按全国工业企业平均水平评价。我国全国规模以上工业企业产成品周转天数和产成品周转率计算见表 9-12。

表 9-12　我国全国规模以上工业企业产成品周转速度计算表

项目	2007年	2008年	2009年	2010年	2011年	五年累计	年递增率
(1) 年末产成品(亿元)	18 335	23 114	23 636	24 368	27 818	117 271	11.0%
(2) 主营业务成本(亿元)	328 196	411 431	440 527	577 358	714 397	2 471 908	21.5%
(3) 产成品周转天数 = 平均产成品 × 360 ÷ (2)	18.0①	18.1	19.1	15.0	13.1	17.1	—
(4) 产成品周转率(次) = 360 ÷ (3)	20.0	19.9	18.8	24.1	27.4	21.1	—

注：① (14 524 + 18 335) ÷ 2 × 360 ÷ 328 196 = 20.0(天)，其余年度计算类推。

资料来源：2008—2012年各年《中国统计摘要》，其中，2007—2010年主营业务成本为1—11月累计数，2007—2010年产成品金额为11月末数据，换算的全年主营业务成本 = 1至11月累计数 ÷ 11 × 12；2006年年末产成品为14 524亿元。

从表9-12计算可见，我国规模以上工业企业产成品周转天数呈下降趋势，由2007年的18.0天减少到2011年的13.1天，五年累计平均为17.1天(不包括2006年数据)，即全国规模以上工业企业产成品从入库到售出持续了17.1天，全年周转了21.1次。

结合甲企业进行评价：甲企业产成品可供销售天数25天，超过了全国平均水平17.1天。说明该企业在加速产成品资金周转方面还要继续努力。

五、库存商品资金占用分析

(一) 库存商品资金占用率分析

库存商品资金占用率是库存商品资金占用流动资产资金的比例。计算公式如下：

$$库存商品资金占用率 = \frac{库存商品资金}{流动资产(或流动资金)} \times 100\%$$

例16　我国全国规模以上工业企业库存商品资金占用率情况见表9-13。

表 9-13　我国全国规模以上工业企业库存商品资金占用率情况表

项目	2007年	2008年	2009年	2010年	2011年	五年累计	年递增率
(1) 产成品(亿元)	18 335	23 114	23 636	24 368	27 818	117 271	11.0%
(2) 流动资产平均余额(亿元)	152 125	183 525	210 243	278 191	323 398	1 147 482	20.7%
(3) 产成品占用率 = (1) ÷ (2)	12.1%	12.6%	11.2%	8.8%	8.6%	10.2%	—

资料来源：2008—2012年各年《中国统计摘要》，其中，2007—2010年数据为11月末数据。

从表9-13计算结果可见，我国规模以上工业企业2007—2011年累计库存商品资金占用流动资产资金的比率为10.2%。

(二) 收入库存商品率分析

收入库存商品率是库存商品资金占营业收入的比例。计算公式如下：

$$收入库存商品率 = \frac{库存商品资金}{营业收入} \times 100\%$$

例17　我国全国规模以上工业企业收入库存商品率情况见表9-14。

表 9-14 我国全国规模以上工业企业收入库存商品率情况表

项目	2007 年	2008 年	2009 年	2010 年	2011 年	五年累计	年递增率
(1) 产成品(亿元)	18 335	23 114	23 636	24 368	27 818	117 271	11.0%
(2) 主营业务收入(亿元)	399 717	500 020	542 522	697 744	843 315	2 983 318	20.5%
(3) 收入产成品率＝平均产成品÷(2)	4.1%①	4.1%	4.3%	3.4%	3.1%	3.9%	—

注:① (14 524 + 18 335) ÷ 2 ÷ 399 717 = 4.1%,其余年度计算类推。

资料来源:2008—2012 年各年《中国统计摘要》,其中,2007—2010 年产成品金额为 11 月末数据,主营业务收入是全年数据;2006 年年末产成品为 14 524 亿元。

从表 9-14 计算结果可见,我国规模以上工业企业 2007—2011 年累计产成品资金占主营业务收入的比例为 3.9%。

◆ 习题十六

目的:练习流动资产专题分析。

1. 根据习题四第 1 题资料计算下列指标:
（1）20×8 年账面初始投资收益率 ＝
（2）20×8 年账面简单平均投资收益率 ＝
（3）20×8 年账面精确平均投资收益率 ＝

2. 甲企业 20×3 年度应收兰洋公司款项情况如下表:

明细账户:应收账款——兰洋公司

单位:元

20×3 年 月	20×3 年 日	凭证号数	摘要	借方	贷方	借或贷	余额
1	5	略	销售应收	140 400		借	140 400
1	23		收回欠款		84 240	借	56 160
2	21		销售应收	210 600		借	266 760
2	21		收回欠款		56 160	借	210 600
8	10		收回欠款		152 100	借	58 500
9	15		销售应收	163 800		借	222 300
11	20		收回欠款		146 250	借	76 050
12	31		全年年结	514 800	438 750	借	76 050

注:该年度共 366 天,2 月为 29 天。

要求计算:

应收账款精确回收期 ＝

3. 甲企业 20×3 年度存货情况如下表所示(该企业上年存货周转天数为 60 天):

项目	年初结存	本年增加	本年减少	年末结存
材料存货	188	1 900	1 850	238
在制品存货	56	2 450	2 460	46
库存商品存货	120	2 460	2 450	130
存货合计	364	6 810	6 760	414

要求计算下列指标：

（1）材料存货平均余额 =

（2）材料存货周转天数 =

（3）在制品存货平均余额 =

（4）在制品存货周转天数 =

（5）库存商品存货平均余额 =

（6）库存商品周转天数 =

（7）存货平均余额 =

（8）存货周转天数 =

（9）存货资金节约额 =

第十章 非流动资产专题分析

第一节 固定资产专题分析

一、固定资产扩张的战略思想分析

企业固定资产的扩张有三种思路:一是依靠投资者追加投资或者吸收新的投资者引进资金来扩大固定资产规模。二是依靠企业自身资金的积累进行扩张,即企业通过计提盈余公积,保留未分配利润的方式来扩大固定资产的规模。三是通过银行贷款来扩大固定资产的规模。这三种思路能反映出企业发展的两种战略思想:一是做强做大。2007年10月党的十七大强调"又好又快地发展"。这是一种主要依靠自身力量发展来做强做大的战略思路。二是做大做强。这是一种主要依靠外部力量迅速做大然后再做强的战略思路。两种思路都能使企业发展成功,但后一种思路存在着巨大的风险不容忽视。我们能够通过对企业固定资产规模扩大的数据的考察来分析企业的发展战略。

例1 全部国有及规模以上非国有工业企业2001—2007年固定资产扩张相关指标计算见表10-1。

表10-1 全部国有及规模以上非国有工业企业固定资产扩张相关指标计算表

单位:亿元

项目	2001年	2002年	2003年	2004年	2005年	2006年	2007年	年递增率
工业总产值	95 448.98	110 776.48	142 271.22	201 722.19	251 619.50	316 588.96	405 177.13	27.2%
主营业务收入	93 733.34	109 485.77	143 171.53	198 908.87	248 544.00	313 592.45	399 717.06	27.3%
利润总额	4 733.43	5 784.48	8 337.24	11 929.30	14 802.54	19 504.44	27 155.18	33.8%
固定资产原价	86 293.10	93 887.95	105 557.09	125 761.85	143 143.63	168 850.20	198 739.27	14.9%

资料来源:2002—2008年各年《中国统计年鉴》。

从表 10-1 中可知,全部国有及规模以上非国有工业企业 2001—2007 年固定资产原价每年递增 14.9%。这 14.9% 是靠每年自我积累的资金购置的,还是靠银行贷款购置的?

从利润总额增长情况看,2001—2007 年全部国有及规模以上非国有工业企业利润总额每年递增 33.8%。将各年利润总额乘以"1－所得税税率 33%"①后为各年净利润。假定 2001—2007 年净利润也与利润总额一样每年递增 33.8%。企业净利润分配有三条途径:一是提取盈余公积;二是向投资者分配股利或利润;三是保留一部分利润不予分配,留在企业以"未分配利润"的形式出现。其中,提取的盈余公积和未分配利润就是企业留存的积累。根据 2000—2002 年我国沪深市 1 304 家上市公司三年累计的分红数据可知,上市公司"分配股利或利润所支付的现金"占"净利润"的比例为 55%,即上市公司当年实现的净利润中 55% 已经被分配给投资者了,留在企业作为积累资金的只占净利润的 45%。据此可以计算企业净利润增长中的积累资金率为 15.21%(33.8%×45%)。此比例正好和 2001—2007 年固定资产每年递增率 14.9% 相当。它说明,从宏观上看,全部国有及规模以上非国有工业企业 2001—2007 年固定资产的扩张是完全依靠企业自我积累的资金购置的,当然,这并不是说所有企业都这样。相反,如果某些企业净利润年递增率在扣除相应的分红率后小于固定资产的年递增率,这些企业就依靠部分贷款扩大固定资产规模。

例 2 全国大中型工业企业 2005—2011 年固定资产扩张相关指标计算见表 10-2。

表 10-2 全国大中型工业企业固定资产扩张相关指标计算表

单位:亿元

项目	2005 年	2006 年	2007 年	2008 年	2009 年	2010 年	2011 年	年递增率
工业总产值	167 700.72	207 723.01	262 556.71	319 113.97	335 186.44	433 871.80	550 873.49	21.9%
主营业务收入	169 237.88	210 877.13	264 015.82	318 812.46	335 751.14	439 013.72	554 055.83	21.9%
利润总额	11 011.76	14 363.23	19 626.65	19 929.23	22 265.68	34 977.19	41 743.78	24.9%
固定资产原价	109 682.42	128 497.91	151 310.51	180 024.59	205 253.20	247 961.89	293 602.20	17.8%
推算的净利润	7 377.88	9 623.36	13 149.86	14 946.92	16 699.26	26 232.89	31 307.84	27.2%

资料来源:2006—2012 年各年《中国统计年鉴》。

从表 10-2 中可见,全国大中型工业企业 2005—2011 年固定资产原价每年递增 17.8%。这 17.8% 是靠每年自我积累的资金购置的,还是靠银行贷款购置的?

从利润总额增长情况看,2005—2011 年全国大中型工业企业利润总额每年递增 24.9%。将各年利润总额乘以"1－所得税税率"(2005—2007 年所得税税率 33%;2008—2011 年所得税税率 25%)后为各年"推算的净利润",年递增率为 27.2%。根据 2000—2002 年我国沪深市 1 304 家上市公司当年实现的净利润中留在企业作为积累资金只占 45% 可知,企业净利润增长中的积累资金率为 12.24%(27.2%×45%)。

如果将企业积累的资金都用来购买固定资产扩大再生产,则全国大中型工业企业 2005—2011 年固定资产原价每年递增 17.8% 中有 12.24% 是用企业自身积累的资金购置,其余 5.56% 的资金是借款购置的。由此我们得出的结论是:全国大中型工业企业 2005—2011 年固定资产扩张中 69%(12.24%÷17.8%×100%)的资金依靠企业自我积

---

① 2007 年及以前的所得税税率为 33%,2008 年 1 月 1 日起为 25%。

累,31%(5.56%÷17.8%×100%)的资金依靠借款,即全国大中型企业主要靠自身积累来扩大固定资产规模。

二、固定资产与长期资本适应比率分析

上述固定资产扩张的战略思想分析,是从"增量"固定资产的角度进行分析的。对于"存量"固定资产,还需要从长期资本的适配程度进行分析。其指标是"固定资产与长期资本适应比率",计算公式如下:

$$固定资产与长期资本适应比率 = \frac{固定资产}{所有者权益 + 长期负债} \times 100\%$$

例3 夏宇工厂 20×3 年年末资产负债表(见表 8-1)中,固定资产 2 551 263 元,所有者权益 3 730 765 元,长期负债 834 397 元,则:

$$固定资产与长期资本适应比率 = \frac{2\ 551\ 263}{3\ 730\ 765 + 834\ 397} \times 100\% = 55.9\%$$

计算结果表明,夏宇工厂每 100 元长期资本中有 55.90 元用于固定资产,其余 44.10 元用于其他非流动资产和流动资产,反映该企业长期资本较充足。如果企业固定资产与长期资本适应比率超过了 100%,说明企业用短期资金来源购买了固定资产,存在着很大的财务风险。评价该指标是否合适,要同行业平均水平、全国平均水平及国际先进水平进行比较,才能得恰当的结论。

日本中小企业厅 1985 年公布的数据显示,日本中小企业固定资产与长期资本适应比率的平均值是:制造业 75%,批发企业 63.4%,零售业 64.8%。夏宇工厂 55.9% 的比例处于较为先进的水平。

例4 全部国有及规模以上非国有工业企业 2001—2007 年固定资产与长期资本适应比率指标计算见表 10-3。

表 10-3 全部国有及规模以上非国有工业企业固定资产与长期资本适应比率指标计算表

单位:亿元

项目	2001年	2002年	2003年	2004年	2005年	2006年	2007年	年递增率
(1) 固定资产原价合计	86 293.1	93 887.95	105 557.09	125 761.85	143 143.63	168 850.2	198 739.27	15%
(2) 长期负债合计	22 807.25	24 194.36	26 114.44	30 198.07	33 098.14	39 142.49	4 5001.32	12%
(3) 所有者权益合计	55 424.40	60 242.01	69 129.56	90 286.70	102 882.02	123 402.54	149876.15	18%
(4) 长期资本合计 = (2) + (3)	78 231.65	84 436.37	95 244.00	120 484.77	135 980.16	162 545.03	194 877.47	16%
(5) 固定资产与长期资本适应比率 = (1)/(4)	110.3%	111.2%	110.8%	104.4%	105.3%	103.9%	102.0%	—

资料来源:2002—2008 年各年《中国统计年鉴》。

从表 10-3 中数据可知,全部国有及规模以上非国有工业企业 2001—2007 年固定资产与长期资本适应比率累计达到 102.0%。这表明,其中 2% 是动用短期资金来源购置固定资产的,存在着一定的风险。

例5 全国大中型工业企业 2005—2011 年固定资产与长期资本适应比率指标计算见表 10-4。

表 10-4 全国大中型工业企业固定资产与长期资本适应比率指标计算表

单位：亿元

项目	2005年	2006年	2007年	2008年	2009年	2010年	2011年	七年累计	年递增率
(1) 固定资产原价合计	109 682.42	128 497.91	151 310.51	180 024.59	205 253.20	247 961.89	293 602.20	1 316 332.72	17.8%
(2) 长期负债合计	25 480.28	29 958.61	34 464.38	44 062.76	55 067.70	64 284.44	74 047.65	327 365.82	19%
(3) 所有者权益合计	75 928.60	90 904.40	109 607.36	127 861.45	143 890.20	176 816.60	206 050.11	931 058.72	18%
(4) 长期资本合计 = (2)+(3)	101 408.88	120 863.01	144 071.74	171 924.21	198 957.90	241 101.04	280 097.76	1 258 424.54	18%
(5) 固定资产与长期资本适应比率 = (1)/(4)	108.2%	106.3%	105.0%	104.7%	103.2%	102.8%	104.8%	104.6%	—

资料来源：2006—2012年各年《中国统计年鉴》。

从表 10-4 中可见，全国大中型工业企业 2005—2011 年固定资产与长期资本适应比率累计达到 104.6%。这表明，全国大中型工业企业 2005—2011 年全部自有资本（所有者权益）和全部长期借入资本（长期负债）都用于购买固定资产，但这两笔资金还不够，还有 4.6% 是动用短期资金来源购置的，这存在着一定的财务风险。因为企业的短期资金来源，如短期借款、应付账款等是企业一年内（含一年）必须偿还的资金，如果企业将这一部分用于生产经营周转的流动资金去购买固定资产，由于固定资产使用期限在一年以上，各期积累的折旧基金有限，没有资金实力偿还一年内到期的债务。此时，如果短期放贷的债主上门逼债，或告上法庭，则企业有可能破产，这种财务风险是显而易见的。

三、固定资产成新率分析

固定资产成新率是指固定资产经过一定时间使用、磨损之后的价值与固定资产最初使用时的价值之比所反映的新旧程度。它通过以下两个指标加以反映：

（1）固定资产账面成新率。固定资产账面成新率，又称账面固定资产有用系数或账面固定资产老化程度[①]，是利用会计账面价值来反映固定资产新旧程度的指标，即会计账面上一定时日固定资产净值与固定资产原值之间的比率。用公式表示如下：

$$固定资产账面成新率 = \frac{固定资产账面净值}{固定资产原值} \times 100\%$$

（2）固定资产实体成新率。固定资产实体成新率是指固定资产使用一定时期后其实体剩余效能价值与固定资产实体重置效能价值之间的比例。

$$固定资产实体成新率 = \frac{固定资产实体剩余效能价值}{固定资产实体重置效能价值} \times 100\%$$

例6 2008 年 5 月，M 企业欲以其拥有的一台机床进行债务重组。该机床原价 10 万元，已提折旧 3.3 万元。根据《企业会计准则第 12 号——债务重组》的要求，需对其按照公允价值进行计价。该机床不存在活跃市场，也并不存在熟悉情况并自愿交易的各方最近进行的市场交易，而且与该机床相同或类似的资产也不存在活跃市场上的交易价格。同时，由于对未来销售情况难以预估，故而该机床的未来现金流量也难以预测。该机床于 1998 年 5 月购进，在正常使用情况下每天使用 8 小时，但是从购进后，实际平均每天工

---

① 参见第三章第二节中"固定资产的分析"。

作 7 小时。经测定,该机床尚可使用 5 年,该类机床的成新率与其使用程度密切相关。经调查,当天重新购置该机床的价格为 8 万元。① 要求:按两种成新率计算办法计算成新率;确定该机床进行债务重组时的公允价值。

(1) 计算固定资产账面成新率。

$$固定资产账面成新率 = \frac{固定资产账面净值}{固定资产原值} \times 100\%$$

$$= \frac{固定资产原值 10 - 累计折旧 3.3}{固定资产原值 10} \times 100\%$$

$$= 67\%$$

计算结果表明,该机床从账面上看,六成七新。

(2) 计算固定资产实体成新率。

$$固定资产实体成新率 = \frac{固定资产实体剩余效能价值}{固定资产实体重置效能价值} \times 100\%$$

① 固定资产利用率 = $\frac{已使用 10 年 \times 每年使用 360 天 \times 每天实际使用 7 小时}{已使用 10 年 \times 每年使用 360 天 \times 每天应该使用 8 小时}$
$\times 100\% = 87.5\%$

② 固定资产实体已使用年限 = 已使用 10 年 × 固定资产利用率 87.5% = 8.75(年)

③ 固定资产实体成新率 = $\frac{尚可使用 5 年}{已使用 8.75 年 + 尚可使用 5 年} \times 100\% = 36.36\%$

计算结果表明,该机床从实体上看,三成六新。

(3) 确定固定资产公允价值。

$$成本法下确定的该机床公允价值 = 机床重置成本 \times 机床实体成新率$$
$$= 80\,000 \times 36.36\% = 29\,088(元)$$

计算结果表明,按照成本法确定该机床的公允价值为 29 088 元。

说明:在应用公允价值时,应当考虑公允价值应用的三个级次:第一,资产存在活跃市场的,应当运用在活跃市场上的报价;第二,不存在活跃市场的,参考熟悉情况并自愿交易的各方最近进行的市场交易中使用的价格,或参照实质上相同或相似的其他资产的市场价格;第三,不存在活跃市场,且不满足上述两个条件的,应当采用估值技术等确定公允价值。显然,根据上述例 6 的资料,该机床应当采用估值技术确定其公允价值。

对公允价值进行估值的技术主要包括三类:市场法、成本法和收益法。在采用估值技术对公允价值进行估值时,估值方法的选择也有先后顺序。具体讲,应优先考虑市场法,参考相同或类似资产在活跃市场上的交易价格;其次考虑收益法,即基于资产未来的现金流量来计算确定;当市场法和收益法均不适用时,最后考虑成本法。由于市场法是基于相同或可比资产或负债的市场交易产生的价格以及利用其他相关的市场信息来计量公允价值,收益法要用未来现金流量来估值,而本例中的机床无法运用市场法进行估值,也无法预计该机床的未来净现金流量,故无法采用市场法和收益法,只能采用成本法来评估机床的公允价值。

---

① 此例引自中国会计学会编:《高级会计实务科目考试辅导用书》,大连出版社 2008 年版,第 218 页。

采用成本法确定资产的公允价值时,必须首先确定资产的重置成本。重置成本,是指按照当前市场条件,重新取得同样一项资产所需支付的现金或现金等价物金额,如上述例6资料中所描述的"经调查,当天重新购置该机床的价格为8万元"就是机床的重置成本。其次,应当考虑各项损耗因素,以确定成新率,这主要包括有形损耗、功能性损耗以及经济型损耗。本例中,由于该机床的成新率与其使用程度密切相关,因此通过资产利用率来计算成新率是恰当的。

四、固定资产投资率分析

固定资产投资率是固定资产投资额占支出法下国内生产总值的比率。计算公式如下:

$$固定资产投资率 = \frac{固定资本形成额}{国内生产总值} \times 100\%$$

国内生产总值有三种计算方法:生产法、收入法、支出法。支出法国内生产总值是从最终使用的角度反映一个国家(或地区)一定时期生产活动最终成果的一种方法,包括最终消费支出、资本形成总额及货物和服务净出口三部分。计算公式如下:

$$支出法国内生产总值 = 最终消费支出 + 资本形成总额 + 货物和服务净出口$$

资本形成总额指常住单位在一定时期内获得减去处置的固定资产和存货的净额,包括固定资本形成总额和存货增加两部分。固定资本形成总额指常住单位在一定时期内获得的固定资产减去处置的固定资产的价值总额。固定资本形成总额占支出法下国内生产总值的比率为固定资产投资率,简称投资率;最终消费支出占支出法下国内生产总值的比率为消费率。

例7 我国整个社会2001—2011年固定资产投资率计算见表10-5。

表10-5 我国整个社会2001—2011年固定资产投资率计算表

年份	支出法国内生产总值(亿元)	资本形成额(亿元)			固定资本形成率(投资率)
		形成总额	其中		
			固定资本形成总额	存货增加	
	(1)	(2)	(3)	(4)	(5)=(3)/(1)
2001	108 972.4	39 769.4	37 754.5	2 014.9	34.6%
2002	120 350.3	45 565	43 632.1	1 932.9	36.3%
2003	136 398.8	55 963	53 490.7	2 472.3	39.2%
2004	160 280.4	69 168.4	65 117.7	4 050.7	40.6%
2005	188 692.1	80 646.3	77 304.8	3 341.5	41.0%
五年累计	714 497.1	288 322.6	274 227.9	14 094.8	38.4%
2006	221 651.3	94 402	90 150.8	4 251.1	40.7%
2007	263 242.5	111 417.4	105 221.3	6 196.1	40.0%
2008	315 974.6	138 325.3	128 084.4	10 240.9	40.5%
2009	348 775.1	164 463.2	156 679.8	7 783.4	44.9%
2010	402 816.5	193 603.9	183 615.2	9 988.7	45.6%
2011	465 731.3	225 006.7	213 043.1	11 963.5	45.7%
六年累计	2 022 609.2	925 296.4	873 325.2	519 71.3	43.2%
十一年累计	2 737 106.3	1 213 619.1	1 147 553.0	66 066.0	41.9%

资料来源:《中国统计年鉴(2012)》,第61—62页。

从表 10-5 可见，2001—2011 年，我国全社会固定资产投资率十一年累计平均为 41.9%。我国关于国民经济和社会发展"九五"（1996—2000 年）计划提出，国家宏观调控目标之一是"固定资产投资率按 30% 来把握"。而事实上，1996—2000 年五年累计平均为 35.06%，2001—2005 年五年累计平均为 38.4%，2006—2011 年六年累计平均为 43.2%，总体看显得偏快些。2009—2011 年平均在 45% 左右，其客观原因是面对美国次贷危机、世界金融危机的不利局面，中国依靠扩大内需，包括加大投资力度来拉动国内经济发展，这是正确的，也是必要的。统计数据显示，2008—2011 年我国国内生产总值分别比上年增长 9.6%、9.2%、10.4%、9.3%，其中，资本形成总额（包括固定资本形成总额和存货增加额）对国内生产总值的拉动率是 4.5%、8.1%、5.5%、4.5%。[1]

企业如何分析固定资产投资率？笔者认为，企业的增加值构成国内生产总值的主要组成部分，分析企业固定资产投资率可用固定资产增加额与增加值之间的比率进行衡量。计算公式如下：

$$企业某年度固定资产投资率 = \frac{企业某年度固定资产增加额}{增加值} \times 100\%$$

例 8 全国规模以上工业企业 2001—2011 年固定资产投资率有关指标计算见表 10-6。

表 10-6　全国规模以上工业企业固定资产投资率有关指标计算表

单位：亿元

年份	固定资产原价增加额 （1）	工业增加值 （2）	固定资产投资率 （3）=（1）÷（2）
2001	7 646.8	28 329.37	27.0%
2002	7 594.85	32 994.75	23.0%
2003	11 669.14	41 990.23	27.8%
2004	20 204.76	54 805.1	36.9%
2005	17 381.78	72 186.99	24.1%
五年累计	64 497.33	230 306.44	28.0%
2006	25 706.57	91 075.73	28.2%
2007	29 889.07	107 924.74	27.7%
2008	46 613.53	121 847.03	38.3%
2009	33 188.29	135 250.20	24.5%
2010	56 298.32	156 484.49	36.0%
2011	51 247.31	178 235.83	28.8%
六年累计	242 943.09	790 818.0246	30.7%
十一年累计	307 440.42	1 021 124.465	30.1%

资料来源：表中数据除工业增加值来源于《中国统计摘要（2012）》第 129、130 页外，其余数据来源于各年《中国统计年鉴》。

---

[1] 资料来源：《中国统计年鉴（2012）》，第 47、63 页。

从表 10-6 计算结果可见,全国规模以上工业企业 2001—2005 年固定资产投资率五年累计平均 28.0%,2005—2011 年固定资产投资率六年累计平均 30.7%,2001—2011 年固定资产投资率累计平均 30.1%。从十一年累计数据看,我国规模以上工业企业平均每年增加的固定资产价值占每年工业增加值的 30% 左右。

如何评价工业企业的固定资产投资率呢?这要同国外水平比较才能得出结论。国外工业固定资产投资占工业增加值的比率都比我国低得多。就制造业而言,1990 年,日本为 11.43%,联邦德国为 10.93%,英国为 10.63%,法国为 17.55%,美国 1991 年为 7.52%,印度 1988 年为 35.31%。[①] 可见,发达国家由于技术先进,制造业固定资产投资率在 8%—18%,而发展中国家由于技术相对落后,工业企业要不断增加固定资产投入,固定资产投资率在 30%—38%。随着世界经济环境的改善,尤其是随着金融危机的消除,和发展中国家生产力的飞跃发展,在经济增长方式转为以内涵发展为主后,我国工业企业固定资产投资率会逐渐降到理性水平。

五、固定资产增长弹性系数分析

固定资产增长弹性系数是固定资产增长速度与国内生产总值或总产值或销售收入增长速度之比。它反映固定资产增长是否带来相应的经济效益的增长。它可以从宏微观两个层面进行分析:

(一) 从全社会固定资产投资情况进行分析

我国关于国民经济和社会发展"九五"(1996—2000 年)计划提出,"九五"期间,国民生产总值年均增长 8%(比"八五"期间实际年均增长 12% 低 4 个百分点),全社会固定资产投资年均增长 10%,两者之比为 0.8,即固定资产增长弹性系数为 0.8。它表明,国家宏观调控的要求是:固定资产投资年均增长 1%,国民生产总值应增长 0.8%。事实上,1996—2000 年,按当年价格计算,我国全社会固定资产投资额年均增长 10.5%,国内生产总值年均增长 10.3%,固定资产增长弹性系数为 0.98。2001—2007 年,按当年价格计算,我国全社会固定资产投资额年均增长 22.6%,国内生产总值年均增长 14.1%,固定资产增长弹性系数为 0.62。2008—2011 年,按当年价格计算,我国全社会固定资产投资额年均增长 22.7%,国内生产总值年均增长 15.5%,固定资产增长弹性系数为 0.68。

(二) 从企业固定资产原价增长情况进行分析

全部国有及规模以上非国有工业企业 2001—2007 年固定资产原价年均增长 14.9%,同期主营业务收入年均增长 27.3%,工业总产值年均增长 27.2%,固定资产增长弹性系数分别为 1.832、1.826,即我国工业企业 2001—2007 年固定资产原价每增长 1%,主营业务收入或总产值增长 1.832%、1.826%。我国规模以上工业企业 2008—2011 年固定资产原价年均增长 18.1%,同期主营业务收入年均增长 20.5%,工业总产值年均增长 20.1%,固定资产增长弹性系数分别为 1.133、1.116,即我国规模以上工业企业 2008—2011 年固定资产原价每增长 1%,主营业务收入增长 1.133%,总产值增长 1.116%。从 2001—2011 年看,我国规模以上工业企业固定资产增长弹性系数后四年比前

[①] 朱学义:《煤炭工业企业财务现状及其改进对策》,《煤炭经济研究》,1997 年第 7 期,第 45 页。

七年下降很大,表明我国规模以上工业企业固定资产扩张的效益在下降。

第二节　智力投资专题分析[①]

一提到"投资分析",人们总认为它包括"短期投资分析"、"长期投资分析"两部分内容,或许再从广义的"投资分析"看,它还包括固定资产投资分析、无形资产投资分析等,但均未包括"智力投资分析"。笔者认为,在知识经济社会,智力投资分析显得格外重要。

一、智力投资分析的内容

所谓智力投资,是家庭及社会在培养具有智慧和能力的创新人才的过程中所花费的代价。对于整个社会来讲,智力投资就是教育投资,不包括人才培养过程中的生活消费支出。教育投资是用于提高人的知识技术能力和素质水平而发生的用于人的教育方面的各项开支。从国内外情况看,用于人的教育方面的各项开支包括以下六项:

一是中央和地方各级政府以及学校支付的教育费用;

二是学生或学生家庭支付的教育费用;

三是学生就学而放弃的劳动收入;

四是学校固定资产折旧;

五是教育部门享有的免税的价值;

六是学校放弃的出租资产而获得的租金。

在以上六大项目中,我国较注重第一项、第二项和第五项,第一项和第二项是教育的直接成本,也称教育实支成本,是货币的耗费,第五项是间接性教育投资。我国尚未考虑第三项和第六项教育机会成本,也未考虑第四项资本性支出的转移价值。

根据以上智力投资的含义,结合我国现实,智力投资分析的内容应包括以下三方面:

(一)国家社会用于学校的教育投资

国家社会用于学校的教育投资,是国家社会用于学校的教育经费总支出,共有九项内容:(1)国家财政预算内教育事业费(简称"教育事业费"),反映国家财政预算中支出的教育经常费;(2)教育基本建设投资,反映国家财政预算用于学校教学楼、图书馆等固定资产方面的支出;(3)各部委事业费中支出的中等专业学校和技工学校经费;(4)城乡教育费附加,反映由教育行政部门统筹管理,主要用于实施义务教育方面的支出;(5)企业办学校的支出;(6)校办产业减免税;(7)社会团体和公民个人办学经费;(8)社会捐资和集资办学经费;(9)其他教育经费。

以上第(1)至第(3)项又称为"国家财政预算内教育经费"(简称"预算内教育经费"),指中央、地方各级财政和其他部门或上级主管部门在年度内安排并计划拨到教育部门和其他部门主办的各级各类学校、教育事业单位,列入国家预算支出科目的教育经费。预算内教育经费加上第(4)项、第(5)项、第(6)项,又组成了"国家财政性教育经费"。

---

① 朱学义:《智力投资分析》,《会计之友》,2006年第2期,第4—7页。部分数据进行了更新调整。

(二)家庭用于子女的教育投资

家庭用于子女的教育投资是指家庭在子女出生后到走向社会就业之前用于开发子女智力而进行的教育支出,包括给子女购买图书资料的费用、交纳的学费和杂费、支付的家教辅导费、支付的其他特殊(长)培养费等,但不包括子女的各种生活消费。它可按子女成长期的五个阶段计算,即学龄前家庭教育投资支出、入读幼儿园时家庭教育投资支出、上小学时家庭教育投资支出、上中学时家庭教育投资支出、上大学时家庭教育投资支出。

(三)受教育者的教育机会成本

教育机会成本是指一个人由于上学受教育而失去了就业机会所损失的收入,即将放弃的收入看做上学受教育的机会成本。教育机会成本包括学生放弃的收入和该生学龄前其母亲放弃的收入两部分。这两种收入我国目前尚未有人研究,而国外对此的研究已有一定成果。现借鉴美国的研究成果来确定教育机会成本的内容。

美国确定的教育机会成本由以下四项内容组成:(1)学龄前家庭内母亲放弃的收入;(2)初、中等教育阶段学生放弃的收入;(3)高等教育阶段学生放弃的收入;(4)其他相关的机会成本,包括宗教教育、军事教育、商业培训、联邦教育项目和公共图书馆等机构的机会成本。

二、智力投资分析的方法

(一)重置成本分析法

要得到一个受教育者的全部智力投资总额,就是要计算该受教育者在走向社会就业之前的全部教育投资总支出。由于国家社会用于学校的教育投资和家庭用于子女的教育投资是逐年发生的,则历年发生的教育投资总支出要按全国"商品零售物价指数"或"居民消费品价格指数"换算到该受教育者就业时的价值水平,这种分析方法,是一种重置成本分析法。

现以一个1990年出生、1992年进幼儿园、2011年22岁大学毕业的学生为例(仅20年学龄),说明国家社会智力投资总额的计算方法。

1. 计算国家财政预算内人均教育事业费拨款现值

例9 我国对列入财政预算内的各类学校每年都要按学生人数进行拨款,各年级的学生拨款不一样。一个1992年进幼儿园到2011年大学毕业的学生上幼儿园4年,上小学6年,上中学6年,上大学4年,各阶段相应的国家财政预算内人均教育事业费拨款情况及居民消费品价格指数折算的现值如表10-7所示。

表10-7 人均预算内教育事业费支出现值计算表

教育程度	年级	年份	人均预算内教育事业费拨款(元)	居民消费品价格指数(1978年=100)	折现系数	人均预算内教育事业费拨款现值(元)
			(1)	(2)	(3)=565÷(2)	(4)=(1)×(3)
幼儿园	小1班	1992	29.27	238.1	2.3730	69.46
	小2班	1993	35.47	273.1	2.0688	73.38
	中班	1994	42.99	339.0	1.6667	71.65
	大班	1995	52.10	396.9	1.4235	74.17

(续表)

教育程度	年级	年份	人均预算内教育事业费拨款(元)(1)	居民消费品价格指数(1978年=100)(2)	折现系数(3)=565÷(2)	人均预算内教育事业费拨款现值(元)(4)=(1)×(3)
小学	一	1996	292.24	429.9	1.3143	384.08
	二	1997	319.25	441.9	1.2786	408.18
	三	1998	366.18	438.4	1.2888	471.92
	四	1999	433.69	432.2	1.3073	566.95
	五	2000	516.45	434.0	1.3018	672.34
	六	2001	682.49	437.0	1.2929	882.40
中学	一	2002	846.32	433.5	1.3033	1 103.05
	二	2003	956.35	438.7	1.2879	1 231.68
	三	2004	1 276.66	455.8	1.2396	1 582.52
	一	2005	1 942.66	464.0	1.2177	2 365.53
	二	2006	2 261.93	471.0	1.1996	2 713.35
	三	2007	2 735.13	493.6	1.1447	3 130.77
大学	一	2008	7 577.71	522.7	1.0809	8 190.94
	二	2009	8 542.30	519.0	1.0886	9 299.42
	三	2010	9 589.73	536.1	1.0539	10 106.69
	四	2011	13 877.53	565.0	1.0000	13 877.53
22年合计			52 376.45			57 276.01

资料来源:《中国统计年鉴》各年数据,人均预算内教育事业费拨款按预算内教育事业费和在校生人数计算,其中,1993—1999年数据引自教育部财劳司编《全国教育经费执行情况统计公告资料汇编》(中国人民大学出版社2000年版)。

从表10-7可见,一个1990年出生、2011年大学毕业的22岁的学生,国家财政对他的20年(从1992年2岁时进幼儿园开始算起)的教育投资拨款总额是52 376.45元(5.24万元),将各年预算内人均教育事业费拨款按全国居民消费品物价指数换算到2011年的现值水平是57 276.01元(5.73万元)。

2. 将国家财政人均教育事业费拨款现值换算为国家社会人均教育经费支出现值

以上"国家财政预算内生均教育经费"拨款加上生均"城乡教育费附加"、"企业办学校支出"、"校办产业减免税"、"社会团体和公民个人办学经费"、"社会捐资和集资办学经费"、"其他教育经费",就构成了"国家社会生均教育经费支出"总额。因此,还要将国家财政预算内生均教育经费拨款现值换算为国家社会人均教育经费支出现值。

$$换算系数 = \frac{一定期内全国教育经费总支出 - 学费和杂费}{一定期内国家财政预算内教育经费}$$

上述公式中扣除"学费和杂费"的原因是:一定期内全国教育经费总支出中包括"事业收入","事业收入"中65%左右是学生缴纳的"学费和杂费"。学生交纳的"学费和杂费"是家庭教育投资,不是国家社会的教育投资,所以要予以扣除。

1991—2011年全国教育经费总支出累计为149 352亿元,扣除学生自己交纳的学费和杂费22 527亿元后,为126 825亿元。其中,预算内教育支出累计为94 285亿元,计算

的换算系数 K 为 1.345(126 825 ÷ 94 285)。则一个 1990 年出生,2011 年大学毕业的 22 岁的学生,国家及社会对他进行的教育投资总额为 77 036.23 元(57 276.01 × 1.345),即 7.7 万元。

3. 家庭对子女的教育投资现值的计算

应该设置"家庭智力投资调查表",组织每位大学生向父母调查家庭用于他本人自出生以来各年度在教育方面的全部支出,不包括生活消费支出,然后再按居民消费品物价指数换算成大学毕业时的现值水平。

例 10 根据国家统计局城调总队 2000 年 2 月公布的调查结果,家庭培养一个孩子从幼儿园到大学毕业 20 年共需花费 6.5 万元(2000 年的现值水平),而这种花费还不包括生活消费支出。不同阶段的家庭教育支出见表 10-8。

表 10-8 不同阶段的家庭教育支出表

教育阶段	年限	学期	每学期每人支出(元)	各教育阶段支出(元)
幼儿园	4 年	8 个	758	6 064
小学	6 年	12 个	548	6 576
初中	3 年	6 个	801	4 806
高中	3 年	6 个	1 441	8 646
大学以上	4 年	8 个	4 838	38 704
合计	20 年	40 个		64 796

资料来源:表中"每学期每人支出"数据来源于《中国信息报》2000 年 2 月 15 日第 1 版。

2000—2011 年居民消费品价格上涨了 130.18%(表 10-7 中 565 ÷ 434),则一个 1990 年出生,2011 年大学毕业的 22 岁的学生,家庭对他在教育方面的支出现值为 8.44 万元(64 796 × 130.18%)。

(二) 马克卢普信息经济测度法

奥地利经济学家弗里茨·马克卢普(Fritz Machlup)1962 年建立了信息经济测度理论和测度体系,并于 1980 年前后进行了改进。他对教育机会成本的测定以美国 1972 年教育成本的数据为例得出如下三大结论(笔者由此计算出了相关项目的比例系数):

(1) 1972 年,美国"学龄前教育"花费是 14 亿美元,而母亲放弃的收入为 93 亿美元。笔者由此计算出母亲放弃的收入与学龄前教育成本的比例系数为 6.64。

(2) 1972 年,美国初、中等教育的财政开支是 540 亿美元,而学生放弃的收入为 470 亿美元。笔者由此计算出学生中小学阶段放弃的收入与美国初、中等教育的财政开支的比例系数为 0.87。

(3) 1972 年,美国高等教育的财政开支是 208 亿美元,而学生放弃的收入为 278 亿美元。笔者由此计算出学生大学阶段放弃的收入与美国高等教育的财政开支的比例系数为 1.34。

例 11 结合我国家庭对孩子上幼儿园的教育投资、国家财政对中小学和大学的教育投资的实际,借鉴马克卢普的研究成果系数来确定教育机会成本的内容(见表 10-9)。

表 10-9 教育机会成本测算表

美国			中国		
教育项目	教育成本（亿美元）	相关比例的计算	阶段投资项目	阶段投资金额（元）	教育机会成本（元）
（1）	（2）	（3）	（4）	（5）	（6）=（3）×（5）
① 家庭内（母亲放弃的收入）	93	①/② = 6.64	幼儿园	6 064	40 264.96
② 学龄前教育	14				
③ 初、中等教育					
a. 财政开支	540				
b. 隐含费用	59				
c. 学生放弃的收入	470	c/a = 0.87	中小学	12 629.35	10 987.53
④ 高等教育					
d. 财政开支	208				
e. 隐含费用	67				
f. 学生放弃的收入	278	f/d = 1.34	大学	39 587.27	53 046.94
⑤ 宗教教育	80				
⑥ 军事教育	43				
⑦ 商业培训	17				
⑧ 联邦教育项目	7				
⑨ 公共图书馆	10				
总计	1 886				104 300

资料来源：表中美国数据为 1972 年数据，引自陈禹、谢康著：《知识经济的测度理论与方法》，中国人民大学出版社 1998 年版，第 70 页；我国幼儿园数据来自表 10-8，和美国学龄前教育成本对应；我国中小学及大学数据来自表 10-7，和国家财政预算内拨款为主体的教育投资对应，其中，中小学教育投资 = 292.24 + 319.25 + 366.18 + 433.69 + 516.45 + 682.49 + 846.32 + 956.35 + 1 276.66 + 1 942.66 + 2 261.93 + 2 735.13 = 12 629.35（元）；大学教育投资 = 7 577.71 + 8 542.30 + 9 589.73 + 13 877.53 = 39 587.27（元）。

从表 10-9 计算结果可见，一个 1990 年出生、2011 年大学毕业的 22 岁的学生的教育机会成本为 104 300 元，即 10.43 万元。

从以上重置成本分析法和机会成本分析法的分析结果可见，一个 2011 年大学毕业的 22 岁的学生，来自国家社会的投资和家庭教育投资总额以及放弃的收入的现值共计 26.57 万元（7.70 万元 + 8.44 万元 + 10.43 万元）。

各年取数不同，时期、物价变动不同，计算的结果不一样。一般来说，2008 年至 2011 年毕业的本科生，智力投资总额在 20 万元至 27 万元之间。

(三) 投资报酬率分析法

人才智力投资和其他物力投资一样，是一种预付价值，应在未来的工作中得到一定回报。智力投资回报包括对国家社会投资的回报和对个人投资的回报（家庭投资回报加上放弃就业收入的补偿）两个方面。前者通过受教育者就业后以"社会劳动"价值（剩余价值)的形式提供,后者以"必要劳动"(劳动工资)的形式获取。

1. 智力投资回报率及投资回报年限的确定

确定人才智力投资回报率和教育投资回报年限至少要考虑四大因素:

一是人才智力投资回报率一般要高于物质投资回报率。因为人是生产力发展中最重要、最关键的要素,人的教育投资回报率高,更有利于生产力的发展。

二是知识更新的需要。在知识爆炸性增长的时代,据统计,人类知识在19世纪50年增长1倍,20世纪初30年增长1倍,20世纪50年代10年增长1倍,20世纪70年代5年增长1倍,20世纪80年代3年增长1倍。知识经济社会的这种状况要求劳动者不断更新知识,因而劳动者在劳动的过程中还需要花费,这种花费只能从原有教育投资收益中得到补偿。

三是劳动力再生产、再发展的需要。一个大学毕业生就业后,要不了几年,他也要生孩子,培养下一代,要进行劳动力延伸、发展的教育投资。这种投资只能以他原先的投资收益作为来源。一般地说,一个大学毕业生就业后6年收回他的教育投资较为理想,这时他能够有实力用于他的后代的再教育——学龄教育。

四是教育投资额大回报率应该高。1999年8月的统计数据显示,城镇就业者中,受教育程度在大学及以上的占11.9%,人均月收入980元,中专学历的占12.6%,人均月收入691元,高中学历的占32.8%,人均月收入664元,小学文化的占1.5%,人均月收入530元。美国1996年对5 000名企管硕士的统计表明,攻读两年期企管硕士学校的总投资需要10余万美元,学位到手后,年薪可望较入校前增长63%—100%。此外,每年加薪平均可达10%。可见,教育投资越多回报越大已成为共识。

2. 智力投资报酬率分析法的模型构建及其应用

一个毕业生走进人才市场,他的智力投资回报额就是他上学期间国家、社会、家庭及个人等各方面的全部花费的现时价值。而他就业后以月薪或年薪的方式获得回报。每期(每月或每年)收到同等的金额,称为"年金",未来各期的薪金都要按一定的利率(亦称作"智力投资报酬率")折算为现在的价值(称"现值")。因此,智力投资报酬率模型可借用"年金现值"公式确定。该公式如下:

$$V = R \times (1+i)^{-1} + R \times (1+i)^{-2} + \cdots + R \times (1+i)^{-n}$$
$$= R \times [1-(1+i)^{-n}]/i$$

公式中:V——年金现值;R——每期收款额(即每年工资);i——年利率(即人才智力投资报酬率);n——期数(即收回教育投资的年数)。

(1) 在人才智力投资报酬率一定的条件下计算收回教育投资的年数。上述公式改变如下:

$$(1+i)^{-n} = 1 - V/R \times i$$

例12 以大学本科毕业生平均月薪1 900元(年薪为22 800元)为例,如果他毕业后想收回他的家庭教育投资69 000元,同时得到10%的年投资报酬率,则需要多少年收回家庭教育投资?(答案是3.7818年,即3年285天)。计算过程如下:

$$(1+10\%)^{-n} = 1 - 69\,000 \div 22\,800 \times 10\%$$

计算结果,$n = 3.7818$(年)≈ 3.8(年)。

同理,如果这个大学本科毕业生毕业后想收回国家社会、家庭全部教育投资 129 000 元,同时得到 10% 的年投资报酬率,则需要 8.7527 年(8 年 275 天)。

(2) 在收回教育投资的年数一定的条件下计算人才智力投资报酬率。仍利用 $V = R \times [1 - (1 + i)^{-n}]/i$ 公式计算。

例 13 如果这个大学本科毕业生毕业后想在 6 年内收回家庭教育投资 69 000 元,年薪为 22 800 元,则他得到的年投资报酬率为 25.85%。计算过程如下:

$$69\,000 = 22\,800 \times \{[1 - (1 + i)^{-6}]/i\}$$

计算结果,年投资报酬率 $i = 23.917\%$。

同理,如果这个大学本科毕业生毕业后想在 8 年内收回国家社会、家庭全部教育投资 129 000 元,年薪为 22 800 元,则他得到的年投资报酬率为 8.4165%。

三、智力投资分析的意义

(一) 完善《财务分析学》课程体系的需要

现行《财务分析学》教科书,一般都以物质资本运动为基础进行分析,有其存在的必要性。但当社会发展到智力劳动占主体的信息社会和高科技社会时,智力资本已成为继资本和劳动之后推动企业不断发展的"第三资源"。资本的运动方式有了根本的变化:智力资本运营中生产要素组合方式是"科技人员——拥有技术和发明——获得风险投资——组织生产",不像物质资本运营中"物质资本——劳动力——技术——生产"的组合方式。前者核心和起点是科技人员及其拥有的技术和发明,智力人才是主体,是智能成果的所有者;后者的核心和起点是物质资本,是物质资本雇佣劳动。因此,企业的发展对人才智力的投资越来越重要,因而智力投资分析构成财务分析学课程的内容已是理所当然之事。

(二) 人才市场价值量化的需要

在现代社会里,人才要通过市场进行流动。人才流动以人才价值为导向。人才价值受人才市场供求关系影响而波动。西方劳动经济学在阐述劳动力供求关系时认为,劳动力的供给和需求在一定条件下应该平衡。如果劳动力供给大于需求,则劳动力就显得过剩;反之,就显得短缺。在完全的市场经济条件下,劳动力的供给和需求受到劳动力价格的调节。当劳动力价格持续上涨时,供给量增加,但需求量减少,最后会使供给量超过需求量,进而导致劳动力价格下降;当劳动力价格持续下降时,需求量增加,但供给量减少,最后会使需求量超过供给量,进而导致劳动力价格上升。但不管人才市场供求关系如何变化,人才智力投资总额构成了人才市场价值的基础。因此,进行智力投资分析,有助于把握市场人才引进的底线,并对各种人才的薪酬进行合理决策。

(三) 向受教育者进行智力投资教育的需要

现在的大学生上学要交费。这些学生原以为他完全是靠其父母供养上学的。这是一种错误的认识。通过以上智力投资分析可知,一个 1990 年出生、1992 年入幼儿园到 2011 年大学毕业的 22 岁的学生,家庭对他在教育方面的支出现值为 8.44 万元,而国家社会对他的教育投资现值是 7.7 万元,家庭教育支出占国家和社会家庭全部智力投资的 52% [8.44 ÷ (8.44 + 7.7)]。

第三节　投资性房地产专题分析

投资性房地产是指为赚取租金或资本增值，或两者兼有而持有的房地产，包括已出租的土地使用权、持有并准备增值后转让的土地使用权、已出租的建筑物，但不包括自用房地产（即为生产商品、提供劳务或者经营管理而持有的房地产）和作为存货的房地产。投资性房地产按照成本进行初始计量，会计上设置"投资性房地产——成本"会计科目进行核算。投资性房地产后续计量可采用成本计量模式，也可以采用公允价值计量模式。在公允价值计量模式下，会计设置"投资性房地产——公允价值变动"会计科目核算。因此，对投资性房地产进行分析，重点是投资性房地产购置决策分析、投资性房地产价值增值分析。

一、投资性房地产购置决策分析

企业在生产经营正常进行的前提下，可以动用一部分资金进行房地产投资。当企业在购买房地产时，房地产商往往给出一些投资优惠条件，如一次付清全部款项可优惠4%的价格，等等。当企业资金并不十分充裕又要进行房地产投资时，房地产商允许分期付款，企业还可以选择以贷款方式购买房地产。这就需要进行投资房地产购置决策分析。

（一）不考虑通货膨胀的投资性房地产购置决策分析

例14　W企业决定在市区康佳园购一套房屋，房价300万元。房屋开发商提供两种付款方式：一是一次付清全部房款，可享受房价4%的优惠，即只需付款288万元；二是采用分期付款的方式，购房时必须先付50%的款计150万元，其余150万元分5年支付，但需要承担5.74309%的利息，每年计复利一次，五年中每年要等额偿付本息。该企业预计未来五年现金流量的贴现率为8%。要求采用净现值法对该项投资进行决策分析。

（1）未来五年每年年末等额还本付息额 $= \dfrac{150}{\dfrac{1-(1+5.74309\%)^{-5}}{5.74309\%}} = \dfrac{150}{4.241968} = 35.360946$（万元）

（2）编制未来五年等额还本付息计划表（见表10-10）

（3）分期付款现值 $= 150 + 35.360946 \times \dfrac{1-(1+8\%)^{-5}}{8\%} = 150 + 35.360946 \times 3.99271 = 291.186$（万元）

（4）结论：分期付款现值291.186万元大于购房一次付款288万元，则选择一次性付款为更优方案。

表 10-10 分期付款购买房产未来五年等额还本付息计划表

单位:元

年份	当年偿付房款本息			当年应偿付的本息	当年未偿付的本息
	当年付息（利率5.74309%）	当年偿还本金	偿付本息合计		
	(1)=上年(5)×5.74309%	(2)=(3)-(1)	(3)	(4)=上年(4)-(2)	(5)=上年(5)-(2)
0					1 500 000.00
1	86 146.35	267 463.11	353 609.46	1 590 000.00（年末本利）	1 232 536.89
2	70 785.70	282 823.76	353 609.46	1 307 176.24	949 713.13
3	54 542.88	299 066.58	353 609.46	1 008 109.66	650 646.55
4	37 367.22	316 242.24	353 609.46	691 867.42	334 404.31
5	19 205.14	334 404.31	353 609.45①	357 463.11	0.00
合计	268 047.29	1 500 000.00	1 768 047.29	—	—

注:① 小数误差 0.01 元列于末年。

(二) 考虑通货膨胀的投资性房地产购置决策分析

1. 利率和通货膨胀率的关系

如果你现在有 100 元钱,可以买 100 瓶矿泉水(每瓶 1 元钱)。如果你不买矿泉水,而是将 100 元存入银行,银行年利率 9.14%,一年后你得到本金和利息共 109.14 元。此时,你再去买矿泉水,每瓶价格涨到 1.07 元,你花 109.14 元买了 102 瓶矿泉水,比一年前多了 2 瓶矿泉水。这 2 瓶矿泉水就是你的实际利率,按一年前 1 元钱 1 瓶,可得 2 元利息,实际利率为 2%(2÷100)。这一年内物价上涨了 7%(1.07÷1-100%)。实际利率 2% 和通货膨胀率 7% 与银行名义利率 9.14% 形成了以下关系:

$$(1+实际利率) \times (1+通货膨胀率) = (1+名义利率)$$
$$(1+2\%) \times (1+7\%) = (1+9.14\%)$$

假如你不将这 100 元钱存入银行,而是向矿泉水工厂去投资,矿泉水工厂愿意在一年后给你 108 瓶矿泉水,你的实际投资报酬率 8%(8÷100),这一年物价上涨了 7%,则:

$$(1+8\%) \times (1+7\%) = (1+15.56\%)$$

即银行名义利率为 15.56%,不应该是 9.14%。因此,银行将通货膨胀的风险转嫁给了你。

2. 考虑通货膨胀率进行投资性房地产决策

例 15 依例 14,如果 W 企业考虑以后五年内平均每年物价上涨 7%,其他条件不变,W 企业是一次付款合算,还是分期付款合算?

(1) 求物价上涨后的贴现因子:

$$(1+贴现率) \times (1+通货膨胀率) = (1+贴现因子)$$
$$贴现因子 = (1+8\%) \times (1+7\%) - 1 = 15.56\%$$

(2) 分期付款现值 $= 150 + 35.360946 \times \dfrac{1-(1+15.56\%)^{-5}}{15.56\%} = 150 + 35.360946 \times 3.308185 = 266.98(万元)$。

（3）结论：考虑通货膨胀率的分期付款现值为266.98万元，小于购房一次付款288万元，则选择分期付款为更优方案。

（4）如果你对未来通货膨胀率不能较准确地预测，仅仅有一个变动范围。你可以计算一个无差别点观察通货膨胀率的变动范围，即：

$$\text{分期付款现值} = 150 + 35.360946 \times \frac{1-(1+r)^{-5}}{r}$$

$$= 150 + 35.360946 \times \text{年金现值系数} = 288(\text{万元})$$

$$35.360946 \times \text{年金现值系数} = 288 - 150 = 138(\text{万元})$$

求得 $r=9\%$，即贴现因子$9\% = (1+8\%) \times (1+\text{通货膨胀率}) - 1$，则：

$$\text{通货膨胀率} = 0.93\%$$

计算结果表明，要使分期付款现值正好等于一次付款288万元，一年内得到投资报酬率为8%，通货膨胀率只能等于0.93%。一旦通货膨胀率超过0.93%，比如1%，则分期付款现值为287.26万元，即通货膨胀率超过0.93%时选择分期付款方案更好。

（5）求年金现值系数中的r有以下三种方法：

一是"IRR函数法"。打开EXCEL工作表，在A列输入一组数据如下：

	A	B	C
1	-1 380 000		
2	353 609.46		
3	353 609.46		
4	353 609.46		
5	353 609.46		
6	353 609.46		
7			

再在A7单元格输入"=IRR(A1:A6)"，点左上方"√"，A7单元格就出现了9%，即$r=9\%$。

$$\text{贴现因子}9\% = (1+8\%) \times (1+\text{通货膨胀率}) - 1$$

$$\text{通货膨胀率} = 0.93\%$$

二是"插值法"。本例中年金现值系数 $= 138 \div 35.360946 = 3.90261$

先令 $r=8\%$，求得现值系数为 $3.99271 > 3.90261$

再令 $r=10\%$，求得现值系数为 $3.7908 < 3.90261$，由此判别r在8%至10%之间。

$$\begin{cases} 8\% \text{——} 3.99271 \\ r \text{——} 3.90261 \\ 10\% \text{——} 3.7908 \end{cases}$$

$$\frac{3.90261 - 3.99271}{3.7909 - 3.99271} = \frac{r-8\%}{10\% - 8\%} \quad r = 9\%$$

三是查"年金现值表"。本例中年金现值系数 $= 138 \div 35.360946 = 3.90261$，查"年金现值表"$n=5$行，即行定位于第5年，再查到3.889651（和3.90261最接近）对应的列就是9%。

二、投资性房地产公允价值变动分析

例16 上述 W 企业 2007 年 5 月花 288 万元购入房屋一套,2007 年 12 月 31 日,该房屋市场价格上涨到 311 万元(上涨率 8% = 311 ÷ 288 × 100%),即会计账上"投资性房地产——公允价值变动"登记 23 万元(311 - 288),同时"公允价值变动损益"增加 23 万元,使该企业当年利润总额增加了 23 万元(由于是"未得利润"不缴纳税费)。现有一位客商愿意出价 320 万元购买该房屋。W 企业对此有两种处理意见:一是现在(2007 年 12 月 31 日)售出,收现款 320 万元,扣除各种税费 22 万元,实得销售净款 298 万元,将该资金进行运作,预计税前收益率能达到 8%。二是持有房屋至 2010 年年底售出。已知,我国商品房价格 2003—2006 年分别比上年增长 5%、9%、7.7%、5.8%,平均每年递增 6.9% ($\sqrt[4]{1.05 \times 1.09 \times 1.077 \times 1.058} - 1$),W 企业预计未来三年该房屋价格平均每年递增 7%。请予决策。

(1) 现时出售房屋获利 = 320 - 288 - 22 = 10(万元)

(2) 售出房屋运作资金未来三年税前收益 = 298 × (1 + 8%)³ - 298 = 77.39(万元)

(3) 现时出售房屋收益 = 10 + 77.39 = 87.39(万元)

(4) 持有房屋至 2010 年末房屋增值 = (311 - 288) + 311 × (1 + 7%)³ - 311 = 92.99(万元)

计算结果表明,将房屋持有至 2010 年年底,该企业累计"公允价值变动损益"增加 92.99 万元。如果现在出售房屋并运作该资金,W 企业得到实际收益和未来机会收益共计 87.39 万元。因此,W 企业应选择持有房屋至 2010 年年末售出为更优方案。

◆ 习题十七

目的:练习非流动资产专题分析。

1. 根据习题八第 3 题资料,对"徐工科技"固定资产扩张进行评价。

2. 结合本人受教育的实际,计算下列指标:

(1) 本(专)科毕业时国家对本人累计的教育投资;

(2) 本(专)科毕业时家庭对本人累计的教育投资;

(3) 本人的教育机会成本;

(4) 本人大学毕业时累计的智力投资总额;

(5) 大学阶段本人的智力投资总额;

(6) 大学阶段本人每课时的教育成本;

(7) 年薪 24 000 元 10 年收回国家社会和家庭全部教育投资的投资报酬率。

第十一章 负债专题分析

第一节 流动负债专题分析

一、分析银行短期信用的风险

对银行短期信用进行分析,首先是分析银行信用的风险。银行利率往往和借款期限有一定联系。一般来说,借款期限愈长,利率愈高,反之愈低。从存款者看,存期愈长,资金愈稳定,银行愈能有效地运用,赚取的利润愈大,银行可能也应该付给存款者更高的利息;从贷款者看,贷款期限愈长,风险愈大,银行的机会成本损失愈大,银行理应收取更高的利息。可见,就一般情况而言,短期借款支付的利息相对于长期借款要少。

然而,市场利率变动水平受到很多因素影响,比如,资金供求情况、平均利润率水平、借贷资金风险的大小、预期通货膨胀率、银行费用支出、国家经济改革政策的变动、历史因素、其他国家利率水平等都会影响利率的变动。通常情况是,长期借款利率一般固定,而短期借款往往采用浮动利率计息。如果银行浮动利率变动对企业带来的影响超过长期借款固定利率对企业带来的影响,则产生了短期信用风险。

例1 A企业某年度从银行取得一笔长期借款,借款本金10万元,3年期,年利率5.49%;同时还取得以下两笔短期借款:

(1) 2月1日取得半年期借款8万元,年利率5.04%;

(2) 4月1日取得1年期借款12万元,年利率5.85%。

要求分析该企业是否产生了短期信用风险,即分析银行短期借款实行浮动利率是否超过了长期借款的固定利率,产生了多少短期信用风险。

(1) 8月1日半年期借款到期付息 = 8 × 5.04% ÷ 2 = 0.2016(万元)

8月1日付息折算成年终有效利息 = $0.2016 \times (1 + 5.04\% \times 5 \div 12) = 0.2058$(万元)

(2) 12月31日1年期借款到期计息 = $12 \times 5.85\% \times 9 \div 12 = 0.5265$(万元)

(3) 短期借款平均余额 = $(8 \times 6 \div 12) + (12 \times 9 \div 12) = 13$(万元)

(4) 短期借款有效利率 = $(0.2058 + 0.5265) \div 13 = 5.63\%$

结论:短期借款有效利率5.63% > 长期借款利率5.49%,产生了短期信用风险。

(5) 短期信用风险 = $13 \times (5.63\% - 5.49\%) = 0.0182$(万元)

二、自然筹资资金的分析

(一) 自然筹资的概念

自然筹资是利用商业信用和应计费用而自然取得的资本来源,是短期筹资的一种。[①] 在西方国家,由于商业信用的广泛存在,买方在购买货物时无须立即付款,因而购货方无形中就占用了卖方资金而形成了一种资金来源。这种资金来源易于取得,并且无须办理筹资手续。其中常见的如应付工资和应计税金是企业天然获得的一种无成本筹资。

西方的"自然筹资"就是我国计划经济时期常用的"定额负债"概念。所谓定额负债,是指企业在供、产、销经营活动中,常有一定额度的经常性预收、暂收、应付款项,可以参加企业资金周转,作为企业流动资金的一项补充来源,是可以核定定额、视同自有资金使用的负债。如企业的应缴税费,按理应按每笔收入产生时计税并缴税,但税务机关为了简化,往往采用当月预交次月补缴的征税办法,则企业据每笔收入计算的应缴税费在未到缴税期就被企业无偿占用,这种资金的经常占用能够抵充企业自有资金使用。又如,应付职工薪酬,按理企业应根据职工每天劳动的结果计付薪酬,然而,企业往往是次月某日支付薪酬。例如,次月5日支付薪酬,则企业至少从次月1日至5日共五天占用了职工的薪酬,企业据此可按占用天数计算定额负债。

(二) 自然筹资资金的计算方法

1. 支付间隔期折半法

支付间隔期折半法是按支付间隔期的一半天数来计算自然筹资的一种方法,它适用于对方提供日常劳务企业在以后定期支付的各项应付费用。例如,企业应付水电费等,企业平时每天都用水、用电,而支付水电费在后,而且水电费的支付日期是确定的,间隔期也是明确的。企业可根据一定时期内每日平均费用数额及支付费用间隔期的一半天数计算自然筹资。计算公式如下:

应付费用自然筹资 = 每天平均占用的应付费用 × 平均占用天数

例2 某企业每月7日向供电局支付一次电费。20×3年度,该企业共发生电费6 480万元,预计20×4年度跟20×3年度耗电情况一样。要求按支付间隔期折半法计算该企业20×4年度自然筹资金额。

$$应付电费自然筹资金额 = \frac{6\,480}{360} \times \frac{30}{2} = 270(万元)$$

例3 某企业每月20日向税务局上交上半月各种税费,次月5日再补交上月下半月

[①] 王世定主编:《西方会计实用手册》,中国社会科学出版社1993年版,第533页。

未交税费。20×3年第四季度,该企业各种应交税费共计270万元,预计20×4年度各种税费的计交情况跟20×3年度第四季度情况一样。要求按支付间隔期折半法计算该企业20×4年度自然筹资金额。

$$应交税费自然筹资金额 = \frac{270}{90} \times \frac{15}{2} = 22.5(万元)$$

2. 最低占用天数计算法

最低占用天数计算法是指企业应计或应付费用按最低占用天数计算自然筹资的一种方法。

例4 某企业每月7日向职工支付上月薪酬。20×3年第四季度,该企业应付职工薪酬共计1890万元,预计20×4年度各季应付职工薪酬比20×3年度第四季度上升1%。要求按最低占用天数计算法计算该企业20×4年度自然筹资金额。

$$应交职工薪酬自然筹资金额 = \frac{1890 \times (1+1\%)}{90} \times 7 = 148.47(万元)$$

3. 平均占用天数计算法

平均占用天数计算法是指企业应计或应付费按平均占用天数计算自然筹资的一种方法。

$$平均占用天数 = 最低占用天数 + 两次支付的间隔天数 \div 2$$

依例3,要求按平均占用天数计算法计算该企业20×4年度自然筹资金额。

分析如下:该企业1—15日应交税费于20日支付,最低占用天数为5天;同理,15—30日应交税费于次月5日上交,最低占用天数也是5天。20日上交税费至次月5日再上交税费,间隔天数为15天,则:

$$平均占用天数 = 最低占用天数 + 两次支付的间隔天数 \div 2$$
$$= 5 + (15 \div 2) = 12.5(天)$$

$$应交税费自然筹资金额 = \frac{270}{90} \times 12.5 = 37.5(万元)$$

第二节 长期负债专题分析

一、营运资金偿债保障率分析

营运资金,亦称流动资本,是流动资产扣除流动负债后的余额。营运资金不仅用于流动资金的循环周转,而且为偿还一年内到期的长期负债提供资金准备。因为一年内到期的长期负债归为"流动负债"类,这是长期负债的转化额,需要用营运资金来偿还。营运资金与长期负债的关系如图11-1所示。

流动资产	流动负债	流动负债
	营运资金	长期负债 (或称非流动负债)
非流动资产		所有者权益

图11-1 营运资金与长期负债的关系图

从图 11-1 可知,流动资产大于流动负债的部分为营运资金,它对应于长期负债。企业营运资金的多少有以下三种可能:

一是企业营运资金为负数,即流动资产小于流动负债。这时企业没有资金实力偿还长期负债。

二是营运资金为正数,且大于长期负债。这时,企业有足够的资金实力偿还长期负债。

三是营运资金为正数,且小于长期负债。这时,企业有一定的资金实力偿还长期负债的一部分或大部分,其中,一年内到期的非流动负债属于长期负债转化为流动负债的额度,必须用营运资金来偿还。企业的营运资金能否偿还长期负债转化额可通过计算营运资金偿债保障率指标来判断。计算公式如下:

$$营运资金偿债保障率 = \frac{营运资金}{长期负债 \times 长期负债转入流动负债的比率} \times 100\%$$

$$\frac{长期负债转入}{流动负债的比率} = \frac{未来转入"一年内到期的非流动负债"的年平均额}{长期负债年平均余额}$$

或

$$= \frac{近几年来"一年内到期的非流动负债"年平均额}{近几年来长期负债年平均余额}$$

例 5 2000—2002 年,我国 1 304 家上市公司累计流动资产 59 799 亿元,累计流动负债 52 109 亿元(包括"一年内到期的流动负债"),累计长期负债 13 937 亿元(不包括"一年内到期的流动负债"),"长期负债转入流动负债的比率"(用三年累计数据计算)为 15.3%,则:

$$营运资金偿债保障率 = \frac{59\,799 - 52\,109}{13\,937 \times 15.3\%} \times 100\% = 361\%$$

同时,企业还要计算"营运资金与长期负债的比率",即

$$营运资金与长期负债的比率 = \frac{59\,799 - 52\,109}{13\,937} \times 100\% = 55.2\%$$

计算结果表明,2000—2002 年,我国 1 304 家上市公司累计营运资金是累计长期负债的 55.2%,营运资金偿债保障率为 361%,即长期负债每转入流动负债 100 元,有 361 元的营运资金作保证,表明上市公司有足够的资金偿还长期负债。

二、外币长期借款成本率的计算

外币长期借款成本不仅包括外币借款利息,还包括汇兑损益。计算公式如下:

$$外币长期借款成本率 = \frac{(外币借款利息 + 汇兑损益) \times (1 - 所得税税率)}{外币借款折算成人民币总额 \times (1 - 筹资费率)}$$

例 6 某企业年初从中国银行取得 4 万美元借款,当时汇率为 1:7.00,借款期 2 年,每年按 6% 计复利一次,到期还本付息,无筹资费,所得税税率 25%。第一、二年年末汇率分别为 1:7.10、1:7.15。

(1) 第一年年末利息 = 40 000 × 6% × 7.10 = 2 400 × 7.10 = 17 040(元)

第一年年末汇兑损益 = 40 000 × (7.10 - 7.00) = 4 000(元)

$$第一年外币借款成本率 = \frac{(17\,040 + 4\,000) \times (1 - 25\%)}{40\,000 \times 7.00 \times (1 - 0)} \times 100\% = 5.6357\%$$

（2）第二年年末利息 = (40 000 + 2 400) × 6% × 7.15 = 18 189.60(元)

第二年年末汇兑损益 = 42 400 × (7.15 − 7.10) = 2 120(元)

第二年外币借款成本率 = $\dfrac{(18\,189.60 + 2\,120) \times (1 - 25\%)}{42\,400 \times 7.10 \times (1 - 0)} \times 100\% = 5.05986\%$

（3）两年综合成本率 = $\dfrac{(17\,040 + 4\,000) + (18\,189.60 + 2\,120)}{40\,000 \times 7 + 42\,400 \times 7.10} \times (1 - 25\%)$

$= 5.3374\%$

或

$= 5.6357\% \times \dfrac{40\,000 \times 7.00}{40\,000 \times 7.00 + 42\,400 \times 7.10}$

$+ 5.05986\% \times \dfrac{42\,400 \times 7.15}{40\,000 \times 7.00 + 42\,400 \times 7.10}$

$= 5.6357\% \times 48.18945\% + 5.05986\% \times 51.8105\% = 5.3374\%$

三、应付债券税后现金流量现值的计算

企业发行债券一般用于筹集流动资金，各期利息则记入当期"财务费用"。应付债券利息允许在所得税前扣除，企业会由此少交所得税，得到税收规避。企业应该计算各期"税后利息成本"的现值。

例7 某企业发行面值 100 万元的债券，票面利率 6%，市场利率 7%，五年期，每年付息一次，所得税税率 25%。

（1）传统发行价格 = $100 \times (1 + 7\%)^{-5} + (100 \times 6\%) \times \dfrac{1 - (1 + 7\%)^{-5}}{7\%}$

$= 100 \times 0.712986 + 6 \times 4.1001974$

$= 71.3 + 24.6$

$= 95.9$（万元）

（2）发行债券税后现金流量现值

$= 100 \times (1 + 7\%)^{-5} + (100 \times 6\%) \times (1 - 25\%) \times \dfrac{1 - (1 + 7\%)^{-5}}{7\%}$

$= 100 \times 0.712986 + 4.5 \times 4.1001974$

$= 71.3 + 18.45$

$= 89.75$（万元）

◆ 习题十八

目的：练习负债专题分析。

1. W 企业某年度从银行取得借款情况如下：

1月1日取得长期借款 10 万元，3 年期，年利率 7%；

2月1日取得半年期借款 8 万元，年利率 5.6%；

3月1日取得一年期借款 12 万元，年利率 6.2%。

要求计算：

（1）长期借款有效利率。

（2）短期借款有效利率。

（3）通过上述指标比较分析是否产生了短期信用的风险。

（4）如果产生了短期信用风险,短期信用风险 =

2．G 企业每月 18 日向税务局上交上半月各种税费,次月 3 日再补交上月下半月未交税费。20×3 年第四季度,该企业各种应交税费共计 360 万元,预计 20×4 年度各种税费的计交情况跟 20×3 年度第四季度情况一样。要求计算：

（1）按支付间隔期折半法计算自然筹资额。

（2）按最低占用天数计算法计算自然筹资额。

（3）按平均占用天数计算法计算自然筹资额。

第十二章 经营业绩专题分析

第一节 弹性预算法下业绩评价专题

在进行经营业绩评价前,我们先看一个案例。某煤矿综采二队9月份承包采区材料费共5830万元,实际发生材料费6000万元。矿部某领导认为,因该采煤队材料费超计划170万元,要处罚采煤队队长。该队长找到这位领导说:"你不仅不能处罚我,还要给我奖励。"其理由是:承包5830万元材料费时是按照开采原煤计划产量10万吨测算确定的,可实际上开采原煤11万吨,其计划要进行调整,即:

实际材料费6000万元÷实际原煤产量11万吨=0.0545(元/吨)

原计划材料费5830万元÷计划原煤产量10万吨=0.0583(元/吨)

调整计划的材料费=实际原煤产量11万吨×计划0.0583元/吨=6413(万元),实际材料费6000万元比调整后的材料费6413万元节约413万元。

经过这样分析,矿部领导认为综采二队队长讲得在理,不仅没有处罚,相反,还发给队长"材料节约奖"。

上述计算中的"调整计划的材料费"就是"材料的弹性预算额"。

一、弹性预算的概念

所谓弹性预算,亦称变动预算,与固定预算相对,是指按照预算期内可能达到的各种经营活动水平分别确定相应的财务数据的一种预算,也就是随经营活动水平变化而确定的预算数。经营活动水平是指产量、销售量、服务量、直接人工报酬、机器小时、材料消耗量等数量。

二、弹性预算的编制

弹性预算的编制方法有两种:一是公式法弹性预算;二是实查法弹性预算。

(一) 公式法弹性预算

公式法弹性预算是利用固定费用和变动费用率公式来编制预算容许额度的方法。公式如下:

$$预算总成本(TC) = 固定成本(F) + 单位变动成本(V) \times 产量(X)$$

变动成本,亦称变动费用,是指总额随着业务量成比例变动的那部分成本,如构成产品实体的原料及主要材料、工艺过程耗用的燃料和动力、生产工人的计件工资等。固定成本,也称固定费用,是指在业务量的一定变动幅度内,总额不随之变动而保持相对稳定的那部分成本,如固定资产折旧费、修理费、管理人员工资、广告费等。还有一种半变动成本,也称半变动费用或混合费用,是指发生额虽随着业务量的增减而有所变动,但不保持严格的比例关系的那部分成本。这种成本通过一定方法可以分解为固定成本和变动成本两部分。

例 1 某企业 20×3 年年初编制预算时,确定固定成本 50 万元,单位变动成本为 20 元/吨,计划产量 10 万吨。20×3 年年末,该单位实际总成本 235 万元,实际产量 8 万吨。则:

20×3 年预算总成本 = 50 + 20×10 = 250(万元)
20×3 年实际总成本 = 235(万元)
20×3 年弹性预算总成本 = 50 + 20×8 = 210(万元)

将该单位实际总成本 235 万元同弹性预算总成本 210 万元比,超支 25 万元,如图 12-1 所示。

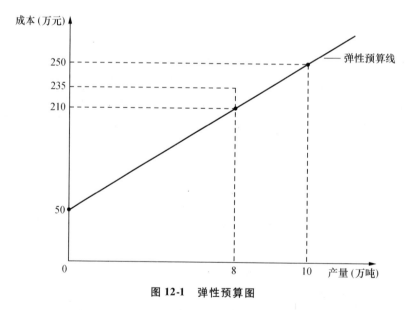

图 12-1 弹性预算图

从图 12-1 可知,总预算 10 万吨时,成本 235 万元。实际成本 235 万元不能同总预算

250 万元比(比总预算低 15 万元),要同弹性预算 210 万元比,即超支了 25 万元。该企业弹性预算公式是:

$$TC = 50 + 20X$$

(二) 实查法弹性预算

实查法弹性预算是指按各经营能力利用度分别计算各费用项目预算额度的方法。编制实查法弹性预算时,要在某企业或其某部门的预期作业范围内预先规定若干个等差间隔(如递增 10% 或递减 10%)的经营能力利用度,再分别计算这些经营能力利用度下各个费用项目的预算容许额度,然后把它们依次记入一个表格。计算预算容许额度的方法有会计账户细查法、工业技术法等。这种方法之所以取名为实查法弹性预算,是因为其预算容许额度是根据实际调查来测定的。

三、运用弹性预算评价业绩

现行成本核算采用完全成本法核算成本。企业设置"生产成本"、"制造费用"、"管理费用"和"销售费用"等科目核算产品负担的全部成本费用。其中,记入"生产成本"和"制造费用"科目的费用构成产品制造成本,具体成为某种产品的"直接材料"、"直接人工"和"制造费用";记入"管理费用"和"销售费用"科目的费用作为计算营业利润时的期间费用扣除。在应用弹性成本评价企业业绩时,需要采用变动成本法。要将记入"制造费用"、"管理费用"和"销售费用"科目的费用进行分解:与产量成比例变动的费用分别列为"变动制造费用"、"变动管理销售费用"项目;将不随产量变动而变动的费用分别列为"固定制造费用"、"固定管理销售费用"项目;将半变动费用采用高低点法、散布图法、回归分析法等方法分解为"变动制造费用"、"变动管理销售费用"和"固定制造费用"、"固定管理销售费用"。企业编制总预算、弹性预算时都采用变动成本法。

(一) 变动成本法下的经营业绩评价

例 2 K 企业 20×3 年 4 月底编制 5 月总预算及 5 月底实际执行结果见表 12-1。

表 12-1 K 企业 20×3 年 5 月总预算表(变动成本法)

项目	总预算	实际情况
(1) 销售数量(只)	9 000	11 000
(2) 销售单价(元)	20	20.00
(3) 销售收入(元) = (1)×(2)	180 000	220 000
(4) 单位变动制造费用(元)	10	10.54
(5) 变动制造费用(元) = (1)×(4)	90 000	115 940
(6) 单位变动管理销售费用(元)	1	1.10
(7) 变动管理销售费用(元) = (1)×(6)	9 000	12 100
(8) 固定制造费用(元)	20 000	21 000
(9) 固定管理销售费用(元)	40 000	44 000
(10) 营业利润(元) = (3)−(5)−(7)−(8)−(9)	21 000	26 960

从表 12-1 可见,K 企业 5 月总预算执行情况较好,其营业利润实际发生 26 960 元,比

总预算 21 000 元高 5 960 元。但正确评价经营业绩时不能将实际发生情况直接同总预算比较,应同弹性预算比较,即应将表 12-1 中的预算"销售数量"9 000 只改为实际"销售数量"11 000 只,得出弹性预算结果,然后再进行分析评价。K 企业实际经营业绩与弹性预算的比较分析见表 12-2。

表 12-2　K 企业 20×3 年 5 月实际经营业绩与弹性预算的比较分析表(产销平衡)

项目	弹性预算	实际情况	差异
(1) 销售数量(只)	11 000	11 000	
(2) 销售单价(元)	20.00	20.00	
(3) 销售收入(元)=(1)×(2)	220 000	220 000	
(4) 单位变动制造费用(元)	10.00	10.54	0.54
(5) 变动制造费用(元)=(1)×(4)	110 000	115 940	5 940
(6) 单位变动管理销售费用(元)	1.00	1.10	0.10
(7) 变动管理销售费用(元)=(1)×(6)	11 000	12 100	1 100
(8) 固定制造费用(元)	20 000	21 000	1 000
(9) 固定管理销售费用(元)	40 000	44 000	4 000
(10) 营业利润(元)=(3)-(5)-(7)-(8)-(9)	39 000	26 960	-12 040

从表 12-2 可知,K 企业 5 月份实际经营情况与弹性预算比较,其营业利润实际发生 26 960 元,比弹性预算 39 000 元低 12 040 元。其原因有四个方面:一是单位变动制造费用实际 10.54 元比预算确定的 10.00 元高 0.54 元,致使全部变动制造费用升高 5 940 元;二是单位变动管理销售费用实际发生 1.10 元,比预算确定的 1.00 元高 0.10 元,致使全部变动管理销售费用增加 1 100 元;三是固定制造费用实际发生 21 000 元比预算确定的 20 000 元高 1 000 元;四是固定管理销售费用实际发生 44 000 元比预算确定的 40 000 元高 4 000 元,四个因素合计导致营业利润下降 12 040 元(5 940+1 100+1 000+4 000)。

(二) 产销不平衡下的经营业绩评价

例3　K 企业 5 月投产 12 000 只,并完工 12 000 只,而该企业 5 月售出 11 000 只是 4 月生产的。在产大于销的情况,经营业绩的评价要作相应调整。调整的项目就是本期"变动制造成本"。该项目调整有两点要求:一是 4 月生产 5 月销售的 11 000 只要按 4 月实际单位变动费用 10 元计算;二是 5 月实际单位变动费用 10.54 元高于预算确定的 10 元的差异要按当月生产产量 12 000 只计算列作 5 月变动制造费用。这样,K 企业 5 月实际"变动制造费用"为 116 480 元[(11 000×10)+(10.54-10)×12 000],每销售 1 只产品的制造费用为 10.589 元(116 480÷11 000)。经过调整,K 企业实际经营业绩与弹性预算的比较分析见表 12-3。

从表 12-3 可知,在产大于销的情况下,K 企业 5 月实际经营情况与弹性预算比较,营业利润实际发生 26 420 元,比弹性预算 39 000 元低 12 580 元。有四个方面的原因:一是单位变动制造费用实际 10.589 元比预算确定的 10.00 元高 0.589 元,致使全部变动制造费用升高 6 480 元;二是单位变动管理销售费用实际发生 1.10 元,比预算确定的 1.00 元高 0.10 元,致使全部变动管理销售费用增加 1 100 元;三是固定制造费用实际发生 21 000 元比预算确定的 20 000 元高 1 000 元;四是固定管理销售费用实际发生 44 000 元比预算确定的 40 000 元高 4 000 元,四个因素合计导致营业利润下降 12 580 元(6 480 + 1 100 + 1 000 + 4 000)。

表 12-3 K 企业 20×3 年 5 月实际经营业绩与弹性预算的比较分析表(产销不平衡)

项目	弹性预算	实际情况	差异
(1) 销售数量(只)	11 000	11 000	
(2) 销售单价(元)	20.00	20.00	
(3) 销售收入(元) = (1)×(2)	220 000	220 000	
(4) 单位变动制造费用(元)	10.00	10.589	0.589
(5) 变动制造费用(元) = (1)×(4)	110 000	116 480	6 480
(6) 单位变动管理销售费用(元)	1.00	1.10	0.10
(7) 变动管理销售费用(元) = (1)×(6)	11 000	12 100	1 100
(8) 固定制造费用(元)	20 000	21 000	1 000
(9) 固定管理销售费用(元)	40 000	44 000	4 000
(10) 营业利润(元) = (3) - (5) - (7) - (8) - (9)	39 000	26 420	-12 580

(三) 对完全成本法下营业利润与变动成本法下营业利润差异的分析

会计按完全成本法计算的营业利润与变动成本法分析下的营业利润是不一致的。原因在于两种方法对固定制造费用的处理不一样。

变动成本法将"制造费用"分解为"变动制造费用"和"固定制造费用"两部分,将"固定制造费用"列为期间费用在当期予以扣除。例如,上例中实际"固定制造费用"21 000 元在当期全部做了期间扣除,致使变动成本法下的营业利润比会计账面上的营业利润要小。现将变动成本法按完全成本法进行还原。

(1) 按实际产量比例将"固定制造费用"21 000 元分配于本期销售产品负担的固定制造费用和期末结存产品负担的固定制造费用两部分。已知,5 月初无期初结存产品,5 月投产 12 000 只,5 月售出 11 000 只,5 月末结存产品 1 000 只。其中,5 月售出产品占 91.67%(11 000 只÷12 000 只),结存产品占 8.33%(1 000 只÷12 000 只)。则:

本期售出产品负担固定制造费用 = 21 000 × 91.67% = 19 251(元)

本期结存产品负担固定制造费用 = 21 000 × 8.33% = 1 749(元)

(2) 正确分析会计账面上营业利润与变动成本法下营业利润的差异。根据上述分配,会计账面上做期间扣除的营业费用应该是 19 251 元,而变动成本法下将全部固定制造费用 21 000 元都做了期间扣除。这样,会计账面上营业利润比变动成本分析法下的营业利润要高 1 749 元(21 000 - 19 251),这 1 749 元不是生产经营者的业绩,而是会计按完全成本法计算所致。因此,进行经营业绩评价时,应以变动成本法确定的差异作为考核评价业绩的依据。

第二节　成本差异专题分析

成本差异分为两类:效率差异和价格差异。效率差异是实际数量偏离标准数量或上年数量而产生的差异;价格差异是实际价格偏离标准价格或上年价格而产生的差异。效率差异和价格差异在不同成本项目上又有不同的名称,见表 12-4。

表 12-4　成本差异的类型

统称	直接材料差异	直接人工差异	变动制造费用差异	固定制造费用差异
效率差异	材料量差	人工效率差异	变动制造费用效率差异	固定制造费用效率差异
价格差异	材料价差	人工价格差异	变动制造费用价格差异	固定制造费用价格差异

效率差异 =（实际数量 × 标准价格）-（标准数量 × 标准价格）
　　　　 =（实际数量 - 标准数量）× 标准价格
价格差异 =（实际数量 × 实际价格）-（实际数量 × 标准价格）
　　　　 = 实际数量 ×（实际价格 - 标准价格）

例 4　夏宇工厂 20×3 年主要产品单位成本表（见表 8-7,为了简化,取整数分析）中有关资料如下:

全年计划生产 A 产品 4 800 台,实际生产 A 产品 4 900 台;实际单位成本 295 元（其中,直接材料 225 元、直接人工 12 元、制造费用 58 元）,计划单位成本 299 元（其中,直接材料 226 元、直接人工 14 元、制造费用 59 元）。由于实际单位成本 295 元低于计划单位成本 299 元,致使全部产品实际成本 1 445 500 元（4 900 台 × 295 元）比弹性预算的计划成本 1 465 100 元（4 900 台 × 299 元）低 19 600 元。要求分成本项目进行效率差异和价格差异的分析。

一、直接材料差异分析

夏宇工厂 20×3 年生产 A 产品实际产量 4 900 台,计划单位直接材料费 226 元,实际单位材料费 225.04 元。该产品生产过程中,每台计划耗用甲材料 10 千克,每千克计划单价 22.60 元,实际耗用甲材料 9.7 千克,每千克实际单价 23.20 元。具体对比资料见表 12-5。

表 12-5　直接材料实际数与计划数对比表

项目	计划材料费	实际材料费
（1）全年 A 产品实际产量（台）	4 900	4 900
（2）每台产品耗用甲材料（千克）	10	9.7
（3）每千克甲材料单价（元）	22.60	23.20
（4）每台 A 产品直接材料费（元）=（2）×（3）	226	225.04
（5）全年 A 产品直接材料费（元）=（1）×（4）	1 107 400	1 102 696

表 12-5 中分析对象:全年生产 A 产品的实际材料费 1 102 696 元比计划材料费 1 107 400 元低 4 704 元的原因。

（1）材料量差 =（实际用量 - 计划用量）× 材料计划单价 × 全年实际产量
　　　　　　 =（9.7 - 10）× 22.60 × 4 900 = -33 222（元）

(2) 材料价差 = 实际用量 × (材料实际单价 – 材料计划单价) × 全年实际产量
= 9.7 × (23.20 – 22.60) × 4 900 = 28 518(元)

(3) 材料总差异 = 材料量差 + 材料价差 = – 33 222 + 28 518 = – 4 704(元)

计算结果表明,夏宇工厂20×3年生产A产品由于每台产品实际耗用甲材料9.7千克比计划10千克少0.3千克,致使材料费用节约33 222元,同时由于甲材料市场实际单价23.20元比计划单价22.60元高0.60元,致使材料费用升高28 518元,两者相抵后,全年A产品直接材料费降低4 704元,正好等于分析对象4 704元。

二、直接人工差异分析

夏宇工厂20×3年生产A产品实际产量4 900台,计划每台人工成本14元,实际每台人工成本12元。该产品生产过程中,计划每台产品耗用工时1.75小时,小时工资率为8元,实际每台产品耗用工时1.6小时,小时工资率为7.50元。具体对比资料见表12-6。

表12-6　直接人工实际数与计划数对比表

项目	计划人工成本	实际人工成本
(1) 全年A产品实际产量(台)	4 900	4 900
(2) 每台产品耗用工时(小时)	1.75	1.6
(3) 小时工资率(元)	8.00	7.50
(4) 每台A产品直接人工费(元) = (2)×(3)	14	12
(5) 全年A产品直接人工费(元) = (1)×(4)	68 600	58 800

表12-6中分析对象:全年生产A产品的实际人工成本58 800元比计划人工成本68 600元低9 800元的原因。

(1) 人工效率差异 = (实际工时 – 计划工时) × 计划小时工资率 × 全年实际产量
= (1.6 – 1.75) × 8.00 × 4 900 = – 5 880(元)

(2) 人工价格差异
= 实际工时 × (实际小时工资率 – 计划小时工资率) × 全年实际产量
= 1.6 × (7.50 – 8.00) × 4 900 = – 3 920(元)

(3) 人工总差异 = 人工效率差异 + 人工价格差异 = – 5 880 – 3 920 = – 9 800(元)

计算结果表明,夏宇工厂20×3年生产A产品由于每台产品实际工时1.6小时比计划工时1.75小时低0.15小时,致使人工成本节约5 880元,同时由于实际小时工资率7.50元比计划小时工资率8.00元低0.50元,致使人工成本降低3 920元,两者相加后,全年A产品直接人工成本降低9 800元,正好等于分析对象9 800元。

三、变动制造费用差异分析

夏宇工厂20×3年生产A产品实际产量4 900台,计划每台制造费用59元(其中,变动制造费用34元),实际制造费用58元(其中,变动制造费用35元)。该产品生产过程中,计划每台产品耗用工时1.75小时,小时变动制造费用率为20元,实际每台产品耗用工时1.6小时,小时变动制造费用率为21.25元。具体对比资料见表12-7。

表 12-7 变动制造费用实际数与计划数对比表

项目	计划	实际
（1）全年 A 产品实际产量（台）	4 900	4 900
（2）每台产品耗用工时（小时）	1.75	1.6
（3）小时变动制造费用率（元）	20.00	21.25
（4）每台 A 产品变动制造费用（元）=（2）×（3）	35	34
（5）全年 A 产品变动制造费用（元）=（1）×（4）	171 500	166 600

表 12-7 中分析对象：全年生产 A 产品的实际变动制造费用 166 600 元比计划变动制造费用 171 500 元低 4 900 元的原因。

（1）变动制造费用效率差异 = （实际工时 − 计划工时）× 计划小时变动制造费用率 × 全年实际产量

$= (1.6 - 1.75) \times 20.00 \times 4\,900 = -14\,700（元）$

（2）变动制造费用价格差异 = 实际工时 × （实际小时变动制造费用率 − 计划小时变动制造费用率）× 全年实际产量

$= 1.6 \times (21.25 - 20.00) \times 4\,900 = 9\,800（元）$

（3）变动制造费用总差异 = 变动制造费用效率差异 + 变动制造费用价格差异

$= -14\,700 + 9\,800 = -4\,900（元）$

计算结果表明，夏宇工厂 20×3 年生产 A 产品由于每台产品实际工时 1.6 小时比计划 1.75 小时低 0.15 小时，致使人工成本节约 14 700 元，同时由于实际变动制造费用率 21.25 元比计划变动制造费用率 20.00 元高 1.25 元，致使变动制造费用升高 9 800 元，两者相抵后，全年 A 产品变动制造费用降低 4 900 元，正好等于分析对象 4 900 元。

四、固定制造费用差异分析

夏宇工厂 20×3 年生产 A 产品计划产量 4 800 台，实际产量 4 900 台，按弹性预算编制的计划固定制造费用为 122 500 元，实际发生固定制造费用 112 700 元。要求计算分析固定制造费用效率差异和固定制造费用价格差异。

（1）固定制造费用效率差异 = （计划产量 − 实际产量）× $\dfrac{\text{计划固定制造费用}}{\text{计划产量}}$

$= (4\,800 - 4\,900) \times (122\,500 \div 4\,800)$

$= 4\,800 \times 25.52083333 - 4\,900 \times 25.52083333$

$= 122\,500 - 125\,052 = -2\,552（元）$

（2）固定制造费用价格差异 = 实际固定制造费用 − 弹性预算的计划固定制造费用

$= 112\,700 - 122\,500 = -9\,800（元）$

（3）固定制造费用总差异 = 固定制造费用效率差异 + 固定制造费用价格差异

$= -2\,552 - 9\,800 = -12\,352（元）$

计算结果表明，夏宇工厂 20×3 年生产 A 产品由于实际产量 4 900 台比计划产量 4 800 台多 100 台，致使每台产品分摊的固定制造费用降低，全部固定制造费用降低 2 552

元,同时由于实际固定制造费用 112 700 元比计划固定制造费用 122 500 元低 9 800 元,两者相加后,全年 A 产品固定制造费用共降低 12 352 元。

第三节　市场占有率专题分析

分析企业的经营业绩时,不仅要分析企业内部生产经营管理部门的绩效,更重要的是"眼睛要向外看",考察企业在全国、全行业乃至全世界的市场占有情况。市场占有率专题分析提供了分析的方法和技术。

例 5　K 企业 20 × 3 年销售 A 产品的总预算及其执行结果见表 12-8。要求对该企业销售 A 产品贡献毛益总额变动 168 720 元(1 248 720 - 1 080 000)及其市场占有率进行分析。

表 12-8　K 企业 20 × 3 年总预算执行情况表

项目	总预算	实际情况
(1) K 企业销售数量(只)	108 000	132 000
(2) K 企业销售单价(元)	20	20.00
(3) K 企业单位变动制造费用(元)	10	10.54
(4) K 企业单位贡献毛益(元) = (2) - (3)	10	9.46
(5) K 企业贡献毛益总额(元) = (1) × (4)	1 080 000	1 248 720
(6) 同行业销售数量(只)	2 700 000	2 640 000
(7) K 企业市场占有率 = (1) ÷ (6)	4%	5%

(1) 销售数量变动影响贡献毛益 = (132 000 - 108 000) × 10 = 240 000(元)
① 同行业销售量变动影响毛益 = (2 640 000 - 2 700 000) × 4% × 10 = - 24 000(元)
② K 企业市场占有率变动影响毛益 = 2 640 000 × (5% - 4%) × 10 = 264 000(元)
(2) 单位贡献毛益变动影响毛益 = 132 000 × (9.46 - 10) = - 71 280(元)
(3) 贡献毛益总额变动 = 240 000 - 71 280 = 168 720(元)

计算结果表明,K 企业 20 × 3 年度销售 A 产品实际贡献毛益超过预算 168 720 元 (1 248 720 - 1 080 000),其原因有二:一是 K 企业 20 × 3 年度销售 A 产品的数量增加 24 000 只(132 000 - 108 000),致使贡献毛益增加 240 000 元;二是 K 企业实际单位贡献毛益比预算降低 0.54 元(10 - 9.46),致使贡献毛益减少 71 280 元。

对 K 企业市场占有率进行深入分析可知,K 企业 20 × 3 年度销售 A 产品数量变动导致贡献毛益增加 240 000 元的主要原因,是 K 企业提高了市场占有率,即预算时确定的市场占有率为 4%,实际为 5%,由此使企业的贡献毛益增加了 264 000 元,当然,由于全行业不景气,预计全行业 A 产品销售量为 270 万只,实际需求仅有 264 万只,K 企业由此贡献毛益减少了 24 000 元。两者相抵,销售数量变动使企业贡献毛益仅增加 240 000 元 (264 000 - 24 000)。

◆ 习题十九

目的:练习经营业绩专题分析。

1. A 企业 20×3 年生产 K 产品实际产量 5 100 件,计划产量 5 000 件,计划单位直接材料费 250 元,实际单位材料费 244.80 元。该产品生产过程中,计划耗用甲材料 25 千克,每千克计划单价 10 元,实际耗用甲材料 24 千克,每千克实际单价 10.20 元。要求填列下表,完成表下有关计算:

直接材料实际数与计划数对比表

项目	计划材料费	实际材料费
(1) 全年 K 产品实际产量(件)		
(2) 每件产品耗用甲材料(千克)		
(3) 每千克甲材料单价(元)		
(4) 每件 K 产品直接材料费(元) = (2)×(3)		
(5) 全年 K 产品直接材料费(元) = (1)×(4)		

(1) 材料量差 =

(2) 材料价差 =

(3) 材料总差异 =

2. B 企业 20×3 年销售 A 产品的总预算及其执行结果见下表。要求对该企业销售 A 产品贡献毛益总额变动及其市场占有率进行分析。

B 企业 20×3 年总预算执行情况表

项目	总预算	实际情况
(1) B 企业销售数量(部)	8 000	10 000
(2) B 企业销售单价(元)	30	31.00
(3) B 企业单位变动制造费用(元)	20	19.50
(4) B 企业单位贡献毛益(元) = (2) - (3)	10	11.50
(5) B 企业贡献毛益总额(元) = (1)×(4)	80 000	115 000
(6) 同行业销售数量(部)	40 000	41 667
(7) B 企业市场占有率 = (1)÷(6)	20%	24%

(1) 销售数量变动影响贡献毛益 =

① 同行业销售量变动影响毛益 =

② B 企业市场占有率变动影响毛益 =

(2) 单位贡献毛益变动影响毛益 =

(3) 贡献毛益总额变动 =

(4) 对计算结果进行说明。

第十三章 所有者权益专题分析

第一节 资本保值增值分析

一、两种资本保持观

"资本保值"源于《国际会计准则》中的"资本保持"。《国际会计准则》定义的"资本保持"概念是:期末的资本与期初一样多,企业就保全了自己的资本。"资本保持",又称"资本保全",分为财务资本保全(持)和实物资本保全(持)两个方面。

(一) 财务资本保持观

所谓财务资本保持,是把资本视为一种财务现象,以名义货币单位来定义资本保持,要求所有者投入或再投入的资本保持完整,即期末的净资产要和期初一样多,本期增加的净利润表示所有者名义货币资本的增加。大多数企业在编制财务报表时采用资本的财务保持概念,反映所有者名义货币的投入资本或投入资本的购买力。

(二) 实物资本保持观

所谓实物资本保持,是把资本视为一种实物现象,以生产能力来定义资本保持,要求生产经营层面上所有者投入或再投入的资源所代表的实际"生产能力"得到维持,即期末实物生产能力要和期初一样多,本期增加的生产能力表示所有者实物资本的增加。

二、资本保值增值的含义

(一) 财务视角下的资本保值增值

财务视角下的资本保值增值分为两个方面:一是静态财务资本的保值增值,即会计账面上"实收资本"或"股本"得到了保持,就是所有者投入的资本得到了保值,其附加资本(包括资本公积、盈余公积和未分配利润)的增加,就是所有者投入资本的增值,一句话,会计账面上"净资产"或"所有者权益"的增加,就是所有者静态财务资本的增值。二是动态财务资本的保值增值,即企业一定时期实现的净利润归属企业所有者,企业所有者对实现的净利润或前期积累的未分配的利润进行分配,得到一定的"回报",就是所有者个人资本的增值,一句话,所有者从企业源源不断得到的资本回报是所有者个人财务资本的增值。

(二) 实物视角下的资本保值增值

实物视角下的资本保值增值就是企业实际生产能力或经营能力的维持和扩展。它从三个方面体现:一是企业拥有的实物资产在消耗或用尽时能得到重置;二是在下一年度能生产出与本年同等实物数量的物品或服务能力;三是在下一年度能生产出与本年同等实物价值量的物品或服务能力。

三、国家法规下的资本保值增值

(一) 从财务视角考核企业的资本保值增值

1994年12月31日,当时的国家国有资产管理局、财政部、劳动部以国资企发[1994]98号文件的形式颁发《国有资产保值增值考核试行办法》,规定:"国有资产保值,是指企业在考核期内期末国家所有者权益等于期初国家所有者权益"。"国有资产增值,是指企业在考核期内期末国家所有者权益大于期初国家所有者权益"。"国有资产保值增值考核,以考核期企业财务报告中的所有者权益价值为依据,暂不考虑货币时间价值以及物价变动因素的影响"。国有资产保值增值率计算公式如下:

国有资产保值增值率 =(期末国家所有者权益÷期初国家所有者权益)×100%

"企业国有资产保值增值率等于100%,为国有资产保值;国有资产保值增值率大于100%为国有资产增值。"

(二) 依据主观因素考核企业的资本保值增值

2000年4月26日,当时的财政部、国家经济贸易委员会、劳动和社会保障部以财统字[2000]2号文件的形式颁发《国有资本保值增值结果计算与确认办法》,规定:"国有资本保值增值率反映了企业国有资本的运营效益与安全状况,其计算公式为:国有资本保值增值率=(年末国家所有者权益÷年初国家所有者权益)×100%。"

"国有资本保值增值率完成值的确定,需剔除考核期内客观及非正常经营因素(包括增值因素和减值因素)对企业年末国家所有者权益的影响。"其中,增值因素为国家直接或追加投资增加的国有资本、政府无偿划入增加的国有资本、按国家规定进行资产重估(评估)增加的国有资本、按国家规定进行清产核资增加的国有资本、住房周转金转入增加的国有资本、接受捐赠增加的国有资本、按照国家规定进行"债权转股权"增加的国有资本、中央和地方政府确定的其他客观因素增加的国有资本。减值因素为经专项批准核减的国有资本、政府无偿划出或分立核减的国有资本、按国家规定进行资产重估(评估)核减的国有资本、按国家规定进行清产核资核减的国有资本、因自然灾害等不可抗拒因素而核减的国有资本、中央和地方政府确定的其他客观因素减少的国有资本、经专项批准核减的国有资本、政府无偿划出或分立核减的国有资本、按国家规定进行资产重估(评估)核减的国有资本、按国家规定进行清产核资核减的国有资本、因自然灾害等不可抗拒因素而核减的国有资本、中央和地方政府确定的其他客观因素减少的国有资本。

根据以上规定,笔者认为,国有资本保值增值率公式应该调整为:

国有资本保值增值率
　　=(企业主观因素形成的年末国家所有者权益÷年初国家所有者权益)
　　　×100%

以上文件于2006年3月30日被财政部废止。

(三)补充修正参考指标考核企业的资本保值增值

2004年8月30日,国务院国资委颁发《企业国有资本保值增值结果确认暂行办法》,提出,企业国有资本保值增值结果主要通过国有资本保值增值率指标反映,并设置相应修正指标和参考指标,充分考虑各种客观增减因素,以全面、公正、客观地评判经营期内企业国有资本运营效益与安全状况。

该办法提出:"企业国有资本,是指国家对企业各种形式的投资和投资所形成的权益,以及依法认定为国家所有的其他权益。对于国有独资企业,其国有资本是指该企业的所有者权益,以及依法认定为国家所有的其他权益;对于国有控股及参股企业,其国有资本是指该企业所有者权益中国家应当享有的份额"。"本办法所称企业国有资本保值增值结果确认是指国有资产监督管理机构依据经审计的企业年度财务决算报告,在全面分析评判影响经营期内国有资本增减变动因素的基础上,对企业国有资本保值增值结果进行核实确认的工作"。

1. 国有资本保值增值率指标的确认

该办法所称国有资本保值增值率是指企业经营期内扣除客观增减因素后的期末国有资本与期初国有资本的比率。其计算公式如下:

国有资本保值增值率 =(扣除客观因素影响后的期末国有资本÷期初国有资本)
　　　×100%

国有资本保值增值率分为年度国有资本保值增值率和任期国有资本保值增值率。

国有资本保值增值率中的"客观"增加因素主要包括下列内容:

(1)国家、国有单位直接或追加投资,是指代表国家投资的部门(机构)或企业、事业单位投资设立子企业、对子企业追加投入而增加国有资本;

(2)无偿划入,是指按国家有关规定将其他企业的国有资产全部或部分划入而增加国有资本;

(3)资产评估,是指因改制、上市等原因按国家规定进行资产评估而增加国有资本;

(4)清产核资,是指按规定进行清产核资后,经国有资产监督管理机构核准而增加国有资本;

(5)产权界定,是指按规定进行产权界定而增加国有资本;

(6)资本(股票)溢价,是指企业整体或以主要资产溢价发行股票或配股而增加国有资本;

(7)税收返还,是指按国家税收政策返还规定而增加国有资本;

(8)会计调整和减值准备转回,是指经营期间会计政策和会计估计发生重大变更、企

业减值准备转回、企业会计差错调整等导致企业经营成果发生重大变动而增加国有资本;

(9)其他客观增加因素,是指除上述情形外,经国有资产监督管理机构按规定认定而增加企业国有资本的因素,如接受捐赠、债权转股权等。

国有资本保值增值率中的"客观"减少因素主要包括下列内容:

(1)专项批准核销,是指按国家清产核资等有关政策,经国有资产监督管理机构批准核销而减少国有资本;

(2)无偿划出,是指按有关规定将本企业的国有资产全部或部分划入其他企业而减少国有资本;

(3)资产评估,是指因改制、上市等原因按规定进行资产评估而减少国有资本;

(4)产权界定,是指因产权界定而减少国有资本;

(5)消化以前年度潜亏和挂账,是指经核准经营期消化以前年度潜亏挂账而减少国有资本;

(6)自然灾害等不可抗拒因素,是指因自然灾害等不可抗拒因素而减少国有资本;

(7)企业按规定上缴红利,是指企业按照有关政策、制度规定分配给投资者红利而减少企业国有资本;

(8)资本(股票)折价,是指企业整体或以主要资产折价发行股票或配股而减少国有资本;

(9)其他客观减少因素,是指除上述情形外,经国有资产监督管理机构按规定认定而减少企业国有资本的因素。

2. 国有资本保值增值率修正指标的确认

企业国有资本保值增值修正指标为不良资产比率。其计算公式如下:

不良资产比率 =(期末不良资产÷期末资产总额)×100%

公式中"不良资产",是指企业尚未处理的资产净损失和潜亏(资金)挂账,以及按财务会计制度规定应提未提资产减值准备的各类有问题资产预计损失额。

因经营期内不良资产额增加造成企业不良资产比率上升的,应当在核算其国有资本保值增值率时进行扣减修正。

修正后国有资本保值增值率
=(扣除客观影响因素的期末国有资本 − 有问题资产预计损失额)
÷期初国有资本×100%

有问题资产预计损失额 = 各类有问题资产×相关资产减值准备计提比例

国有控股企业修正国有资本保值增值率,应当按股权份额进行核算。

3. 企业国有资本保值增值参考指标的确认

企业国有资本保值增值参考指标为净资产收益率、利润增长率、盈余现金保障倍数、资产负债率。

(1)净资产收益率,指企业经营期内净利润与平均净资产的比率。计算公式如下:

净资产收益率 =(净利润÷平均净资产)×100%

其中: 平均净资产 =(期初所有者权益 + 期末所有者权益)÷2

(2)利润增长率,指企业经营期内利润增长额与上期利润总额的比率。计算公式如下：
$$利润增长率 = (利润增长额 ÷ 上期利润总额) × 100\%$$
其中：
$$利润增长额 = 本期利润总额 - 上期利润总额$$

（3）盈余现金保障倍数，指企业经营期内经营现金净流量与净利润的比率。计算公式如下：
$$盈余现金保障倍数 = 经营现金净流量 ÷ 净利润$$

（4）资产负债率，指本经营期负债总额与资产总额的比率。计算公式如下：
$$资产负债率 = (负债总额 ÷ 资产总额) × 100\%$$

4. 企业国有资本保值增值实际完成指标的核实确认

根据出资人财务监督工作的需要，国有资产监督管理机构对企业财务会计资料及保值增值材料进行核查，并对企业国有资本保值增值结果进行核实确认。国有资本保值增值结果核实确认工作，应当根据核批后的企业年度财务决算报表数据，剔除影响国有资本变动的客观增减因素，并在对企业不良资产变动因素分析核实的基础上，认定企业国有资本保值增值的实际状况，即国有资本保值增值率。企业国有资本保值增值率大于100%，国有资本实现增值；等于100%，国有资本为保值；小于100%，国有资本为减值。

国有资产监督管理机构应当以经核实确认的企业国有资本保值增值实际完成指标与全国国有企业国有资本保值增值行业标准进行对比分析，按照"优秀、良好、中等、较低、较差"五个档次评判企业在行业中所处的相应水平。中央企业国有资产保值增值率未达到全国国有企业保值增值率平均水平的，无论其在行业中所处水平如何，皆不予评为"优秀"档次。

四、资本保值增值率的实际评价

（一）会计账面资本保值增值率的计算与评价

例1 全国规模以上工业企业资本保值增值率计算见表 13-1。

表 13-1 全国规模以上工业企业资本保值增值率计算表

项目	2006年	2007年	2008年	2009年	2010年	2011年	累计平均
（1）企业单位数（个）	301 961	336 768	426 113	434 364	452 872	325 609	379 615
（2）所有者权益（亿元）	123 403	149 876	182 353	206 689	251 160	282 004	199 248
（3）平均每户所有者权益（亿元）=（2）/（1）	0.4087	0.4450	0.4279	0.4758	0.5546	0.8661	前5年平均 0.4624
（4）每户所有者权益增长额（亿元）	—	0.0364	-0.0171	0.0479	0.0788	0.3115	0.0915
（5）资本保值增值率=本年（3）/上年（3）	—	108.9%	96.2%	111.2%	116.5%	156.2%	119.8%[①]

注：① = 0.0915 ÷ 0.4624 + 1 = 119.8%；表中资本保值增值率=年末所有者权益/年初所有者权益×100%。

资料来源：各年《中国统计年鉴》。

从表 13-1 中计算可见，我国规模以上工业企业 2007—2011 年资本保值增值率分别为 108.9%、96.2%、111.2%、116.5%、156.2%，累计平均每年资本保值增值率为 119.8%。

（二）国有资本保值增值率的计算与评价

例2 全国国有企业扣除客观因素后的资本保值增值率计算见表13-2。

表13-2　全国国有企业扣除客观因素后的资本保值增值率计算表

项目	2007年	2008年	2009年	2010年	2011年	五年简单平均
资本保值增值率优秀值	113.1%	112.1%	112.8%	113.4%	112.0%	112.7%
资本保值增值率良好值	108.7%	107.9%	108.3%	108.9%	107.5%	108.3%
资本保值增值率平均值	106.0%	104.5%	105.5%	106.1%	104.7%	105.4%
资本保值增值率较低值	98.7%	98.5%	100.7%	101.3%	100.8%	100.0%
资本保值增值率较差值	92.8%	91.0%	90.4%	91.0%	89.6%	91.0%

注：表中资本保值增值率＝扣除客观因素后的年末所有者权益/年初所有者权益×100%。

资料来源：2008—2012年国务院国资委统计评价局制定的各年《企业绩效评价标准值》，经济科学出版社出版。

从表13-2可见，全国国有企业2007—2011年扣除客观因素后的资本保值增值率的平均值分别为106.0%、104.5%、105.5%、106.1%、104.7%，五年简单平均为105.4%。朱学义教授在《中国劳动科学》1995年第11期上发表"论产权理论与企业收益分配"论文提出，企业依靠主观努力实现的资本保值增值率的标准值（考核基准）为105%。我国国有企业资本保值增值率的平均水平基本达到了105%。

例3 全国国有工业企业扣除客观因素后的资本保值增值率计算见表13-3。

表13-3　全国国有工业企业扣除客观因素后的资本保值增值率计算表

项目	2007年	2008年	2009年	2010年	2011年	五年简单平均
资本保值增值率优秀值	116.3%	112.6%	112.5%	114.1%	113.5%	113.8%
资本保值增值率良好值	111.9%	107.9%	107.2%	108.8%	108.2%	108.8%
资本保值增值率平均值	107.0%	105.3%	104.6%	106.2%	105.6%	105.7%
资本保值增值率较低值	102.7%	98.9%	98.9%	100.5%	99.9%	100.2%
资本保值增值率较差值	93.3%	93.3%	91.6%	93.2%	92.6%	92.8%

注：表中资本保值增值率＝扣除客观因素后的年末所有者权益/年初所有者权益×100%。

资料来源：2008—2012年国务院国资委统计评价局制定的各年《企业绩效评价标准值》，经济科学出版社出版。

从表13-3可见，全国国有工业企业2007—2011年扣除客观因素后的资本保值增值率的平均值分别为107.0%、105.3%、104.6%、106.2%、105.6%。五年简单平均为105.7%，好于预定的考核基准105%。

第二节　上市公司股东权益分析

一、我国上市公司股本情况

（一）我国1 304家上市公司股本情况

例4 我国1 304家上市公司2000—2002年股本情况见表13-4。

表 13-4　我国 1 304 家上市公司 2000—2002 年股本情况表

项目	2000 年	2001 年	2002 年	三年合计
股本合计（亿元）	5 681	5 977	6 262	17 920

资料来源：中国矿业大学朱学义教授上市公司数据库。

（二）我国 1 550—2 342 家上市公司股本情况

例 5　我国 1 550—2 342 家上市公司 2007—2011 年股本情况见表 13-5。

表 13-5　我国 1 550—2 342 家上市公司 2007—2011 年股本情况表

项目	2007 年	2008 年	2009 年	2010 年	2011 年	五年平均
上市公司数（家）	1 550	1 625	1 718	2 063	2 342	1 860
股本合计（亿元）	12 233	13 764	15 580	21 157	20 319	16 611

资料来源：中国经济金融数据库（CCER）一般上市公司财务数据库。

二、我国上市公司股东权益情况

（一）我国 1 304 家上市公司股东权益情况

例 6　我国 1 304 家上市公司 2000—2002 年股东权益情况见表 13-6。

表 13-6　我国 1 304 家上市公司 2000—2002 年股东权益情况表

项目	2000 年	2001 年	2002 年	三年合计
股东权益合计（亿元）	13 515	14 563	15 619	43 697

资料来源：中国矿业大学朱学义教授上市公司数据库。

（二）我国 1 550—2 342 家上市公司股东权益情况

例 7　我国 1 550—2 342 家上市公司 2007—2011 年股东权益情况见表 13-7。

表 13-7　我国 1 550—2 342 家上市公司 2007—2011 年股东权益情况表

项目	2007 年	2008 年	2009 年	2010 年	2011 年	五年平均
上市公司数（家）	1 550	1 625	1 718	2 063	2 342	1 860
股东权益合计（亿元）	34 880	40 381	47 815	63 910	68 781	51 153

资料来源：中国经济金融数据库（CCER）一般上市公司财务数据库。

三、我国上市公司股本增值率指标

账面股本增值率，亦称股本安全率，是附加资本与股本的比例。计算公式如下：

$$\text{账面股本增值率（股本安全率）} = \frac{\text{附加资本}}{\text{股本}} \times 100\% = \frac{\text{资本公积} + \text{盈余公积} + \text{未分配利润}}{\text{股本}} \times 100\%$$

$$= \frac{\text{所有者权益} - \text{股本}}{\text{股本}} \times 100\%$$

（一）我国 1 304 家上市公司股本增值率指标

例 8　根据表 13-4、表 13-6，我国 1 304 家上市公司 2000—2002 年股本增值率情况见

表 13-8。

表 13-8　我国 1 304 家上市公司 2000—2002 年股本增值率指标

项目	2000 年	2001 年	2002 年	三年合计
(1) 股本合计(亿元)	5 681	5 977	6 262	17 920
(2) 股东权益合计(亿元)	13 515	14 563	15 619	43 697
(3) 附加资本(亿元)=(2)-(1)	7 834	8 586	9 357	25 777
(4) 股本安全率=(3)/(1)	137.9%	143.6%	149.4%	143.8%

从表 13-8 可知,我国 1 304 家上市公司 2000—2002 年股本安全率(或股本增值率)分别为 137.9%、143.6%、149.4%,三年累计平均为 143.8%。而同期股票市价总值分别为 48 091 亿元、43 522 亿元、38 329 亿元[①],每元股本市值分别为 8.47 元(48 091÷5 861)、7.28 元(43 522÷5 977)、6.12 元(38 329÷6 262),三年累计平均为 7.25 元[(48 091+43 522+38 329)÷17 920]。

(二) 我国 1 550—2 342 家上市公司股本增值率指标

例 9　根据表 13-5、表 13-7,我国 1 342—1 520 家上市公司 2007—2011 年股本增值率指标情况见表 13-9。

表 13-9　我国 1 550—2 342 家上市公司 2007—2011 年股本增值率指标

项目	2007 年	2008 年	2009 年	2010 年	2011 年	五年平均
(1) 上市公司数(家)	1 550	1 625	1 718	2 063	2 342	1 860
(2) 股本合计(亿元)	12 233	13 764	15 580	21 157	20 319	16 611
(3) 股东权益合计(亿元)	34 880	40 381	47 815	63 910	68 781	51 153
(4) 附加资本(亿元)=(3)-(2)	22 647	26 617	32 235	42 753	48 462	34 543
(5) 股本安全率=(4)/(2)	185.1%	193.4%	206.9%	202.1%	238.5%	208.0%

从表 13-9 可知,我国 1 550—2 342 家上市公司 2007—2011 年股本安全率(或股本增值率)分别为 185.1%、193.4%、206.9%、202.1%、238.5%,五年累计平均为 208.0%。而 2007—2011 年股票市价总值分别为 327 141 亿元、121 366 亿元、243 939 亿元、265 425 亿元、214 758 亿元,每元股本市值分别为 26.74 元(327 141÷12 233)、8.81 元(121 366÷13 764)、15.66 元(243 939÷15 580)、12.55 元(265 425÷21 157)、10.57 元(214 758÷20 319),五年累计平均为 14.12 元[(327 141+121 366+243 939+265 425+214 758)÷16 611]。

四、我国上市公司资本保值增值率指标

例 10　我国 1 550—2 342 家上市公司 2007—2011 年资本保值增值率指标情况见表 13-10。

---

① 股票市价总值数据来源于相应年度的《中国统计年鉴》。

表 13-10 我国 1 550—2 342 家上市公司 2007—2011 年资本保值增值率指标

项目	2006 年	2007 年	2008 年	2009 年	2010 年	2011 年	六年平均
(1) 上市公司数(家)	1 421	1 550	1 625	1 718	2 063	2 342	1 787
(2) 股东权益合计(亿元)	23 073	34 880	40 381	47 815	63 910	68 781	46 473
(3) 平均每家股东权益(亿元)	16.2372	22.5032	24.8498	27.8318	30.9792	29.3685	前五年平均 24.4802
(4) 资本保值增值率 = 本年(3)/上年(3)	—	138.6%	110.4%	112.0%	111.3%	94.8%	—
(5) 平均每家股东权益增长额(亿元)	—	6.2661	2.3466	2.9819	3.1474	−1.6107	近五年平均 2.6263
(6) 三年平均资本保值增值率 = (5)总/(3)总 + 1	—	—	—	—	—	—	110.7%[①]

注:① = 2.6263 ÷ 24.4802 + 1 = 110.7%。
资料来源:中国经济金融数据库(CCER)一般上市公司财务数据库。

(一)采用增长额法计算资本保值增值率

从表 13-10 计算结果可见,我国 1 550—2 342 家上市公司 2007—2011 年资本保值增值率分别为 138.6%、110.4%、112.0%、111.3%、94.8%,五年累计平均按增长额计算法计算为 110.7%。

(二)采用加权平均法计算资本保值增值率

表中五年累计平均 110.7% 的另一种计算方法是加权平均计算法,但要以上年平均每家股东权益作权数(即比重)。计算过程如下:

(1) 2006—2010 年平均每家股东权益累计 = 16.2372 + 22.5032 + 24.8498 + 27.8318 + 30.9792 = 122.4012(亿元)。

(2) 2006—2010 年平均每家股东权益的比重分别为 13.3%(16.2372 ÷ 122.4012)、18.4%(22.5032 ÷ 122.4012)、20.3%(24.8493 ÷ 122.4012)、22.7%(27.8318 ÷ 122.4012)、25.3%(30.9792 ÷ 122.4012)。

(3) 2007—2011 年资本保值增值率分别为 138.6%、110.4%、112.0%、111.3%、94.8%。

(4) 2007—2011 年按加权平均法计算的资本保值增值率 = (138.6% × 13.3%) + (110.4% × 18.4%) + (112.0% × 20.3%) + (111.3% × 22.7%) + (94.8% × 25.3%) = 110.7%。

◆ 习题二十

目的:练习资本保值增值专题分析。

东风企业 20×0—20×3 年年末所有者权益金额见下表,完成表中各年资本保值

增值率的计算,并再完成表下计算:

项目	20×0年	20×1年	20×2年	20×3年	平均或累计数
(1) 年末所有者权益(万元)	1 000	1 100	1 210	1 300	1 153
(2) 资本保值增值率	—				
(3) 三年平均资本保值增值率	—	—	—	—	

(1) 采用增长额计算法计算三年平均资本保值增值率。

(2) 采用加权平均计算法计算三年平均资本保值增值率。

第十四章 财务综合分析

第一节 杜邦财务分析

一、杜邦财务分析体系简介

杜邦财务分析体系,亦称杜邦财务分析法,是利用各个主要财务指标间的内在关系,对企业综合经营理财及经济效益进行系统分析评价的方法。它由美国杜邦公司最先设计和使用,故称杜邦财务分析体系。

杜邦财务分析体系的特点是将若干反映企业盈利状况、财务状况和营运状况的比率按其内在联系有机结合起来,形成一个完整的指标体系,并最终通过净资产收益率这一核心指标来体现。净资产收益率指标是反映所有者权益价值的指标。以该指标为核心展开一系列分析,能更好地为实现所有者权益最大化而服务。杜邦财务分析体系由以下两大层次组成。

(一) 第一层次——核心指标展开层次

$$\text{净资产收益率} = \frac{\text{净利润}}{\text{净资产}} = \frac{\text{净利润}}{\text{总资产}} \times \frac{\text{总资产}}{\text{净资产}} = \text{总资产净利率} \times \text{权益乘数} \tag{14-1}$$

$$\text{或} \quad = \frac{\text{净利润}}{\text{营业收入}} \times \frac{\text{营业收入}}{\text{总资产}} \times \frac{\text{总资产}}{\text{净资产}} = \text{营业收入净利率} \times \text{总资产周转率} \times \text{权益乘数} \tag{14-2}$$

(1) 公式(14-1)的含义。上述公式(14-1)从总资产净利率和权益乘数两个方面反映净资产收益率。总资产净利率,亦称总资产收益率,是反映企业总资产盈利能力的指标。权益乘数,亦称业主权益乘数,或权益系数,它是总资产对净资产的倍数。净资产,又称所有者权益,则权益乘数就是总资产对所有者权益的倍数,反映所有者权益与资产、负债之间的关系。这三者之间的关系通过以下公式揭示企业的基本财务状况：

$$\frac{权益}{乘数} = \frac{总资产}{净资产} = 1 \div \frac{净资产}{总资产} = 1 \div \frac{总资产-负债}{总资产} = 1 \div (1-资产负债率)$$

（2）公式(14-2)的含义。上述公式(14-2)从营业收入净利率、总资产周转率和权益乘数三个方面反映净资产收益率。营业收入净利率，亦称销售净利率，是反映企业收入盈利能力的指标。总资产周转率是反映企业总资产营运能力（状况）的指标。公式(14-2)表明，企业的净资产收益率由企业的收入营利能力、资产营运能力和基本财务状况决定。

（二）第二层次——分解指标扩展层次

利用上述公式二对"营业收入净利率"和"总资产周转率"两个指标进行全面分解，充分揭示影响企业盈利能力、营运能力的深层次因素。

（1）营业收入净利率的分解。其中，净利润的计算公式如下：

净利润 = 营业收入 − 营业成本 − 营业税金及附加 − 销售费用 − 管理费用
　　　　− 财务费用 ± 公允价值变动损益 + 投资收益
　　　　± 营业外收支净额 − 所得税费用

$$\frac{营业收入}{净利率} = \frac{净利润}{营业收入} = \frac{营业收入-成本-税附-三费-损益-所得税费用}{营业收入} \quad (14\text{-}3)$$

上述公式(14-3)揭示了影响营业收入净利率的因素，有营业收入成本率、营业收入税附率、营业收入三费率、营业收入损益率、营业收入所得税费用率。

（2）总资产周转率的分解。总资产分为流动资产和非流动资产两大类。其分解计算公式如下：

$$\frac{总资产}{周转率} = \frac{营业收入}{总资产} = \frac{营业收入}{流动资产+非流动资产} \quad (14\text{-}4)$$

其中，
流动资产 = 现金 + 应收款项 + 存货
现金 = 货币资金 + 交易性金融资产
非流动资产 = 非流动资产投资 + 固定资产 + 无形资产
　　　　　　+ 长期待摊费用 + 其他长期资产

上述公式(14-4)揭示了影响总资产周转率的因素，有流动资产的占用水平及其周转速度、非流动资产的占用水平及其周转速度。如果进一步分解，总资产周转率受现金周转率、应收款项周转率、存货周转率、固定资产周转率等因素的影响。

以上杜邦财务分析体系可通过图14-1体现。

二、杜邦财务分析体系应用实例

例1 夏宇工厂20×2年和20×3年资产负债表、利润表分别见表14-1、表14-2。

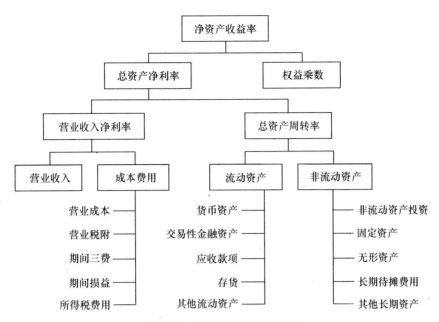

图 14-1 杜邦财务分析体系图

注:"期间三费"包括销售费用、管理费用和财务费用;"期间损益"包括公允价值变动损益、投资收益、营业外收入、营业外支出。

表 14-1 夏宇工厂 20×1—20×3 年资产负债表

单位:元

项目	20×1 年 12 月 31 日 (1)	20×2 年 12 月 31 日 (2)	20×3 年 12 月 31 日 (3)	20×2 年 平均余额 (4)=[(1)+(2)]÷2	20×3 年 平均余额 (5)=[(2)+(3)]÷2
流动资产:					
货币资金	237 612	256 500	690 445	247 056	473 473
交易性金融资产	214 100	535 000	203 000	374 550	369 000
应收款项	560 350	580 620	373 299	570 485	476 959
存货	1 422 888	1 200 600	1 456 488	1 311 744	1 328 544
其他流动资产	380	10 480	10 912	5 430	10 696
流动资产合计	2 435 330	2 583 200	2 734 144	2 509 265	2 658 672
非流动资产:					
持有至到期投资			107 970		53 985
长期股权投资	154 600	154 600	154 600	154 600	154 600
固定资产	2 519 600	2 474 000	2 551 263	2 496 800	2 512 632
在建工程	130 000	135 000	129 500	132 500	132 250
工程物资	17 470		14 291	8 735	7 145
无形资产	123 900	135 400	126 855	129 650	131 128
长期待摊费用	77 500	87 500	74 240	82 500	80 870
非流动资产合计	3 023 070	2 986 500	3 158 719	3 004 785	3 072 610
资产总计	5 458 400	5 569 700	5 892 863	5 514 050	5 731 282
所有者权益合计	2 913 900	3 135 100	3 730 765	3 024 500	3 432 933

表 14-2　夏宇工厂 20×2 年、20×3 年利润表

单位:元

项目	20×2 年	20×3 年
一、营业收入	6 554 600	7 298 385
减:营业成本	4 789 000	5 274 893
营业税金及附加	37 400	41 756
销售费用	212 000	214 663
管理费用	645 000	684 155
财务费用	39 000	150 045
资产减值损失		
加:公允价值变动收益(损失以"-"号填列)		
投资收益(损失以"-"号填列)	47 500	51 233
二、营业利润(亏损以"-"号填列)	879 700	984 106
加:营业外收入	20 000	39 950
减:营业外支出	68 700	80 236
其中:非流动资产处置损失		
三、利润总额(亏损总额以"-"号填列)	831 000	943 820
减:所得税费用	207 750	235 955
四、净利润(净亏损以"-"号填列)	623 250	707 865

(一)杜邦财务分析体系框架图剖析

以夏宇工厂 20×3 年资产负债表平均数(20×2 年年底数和 20×3 年年底数平均)、20×3 年利润表数据为例,填列杜邦财务分析体系框架图如下(见图 14-2)。

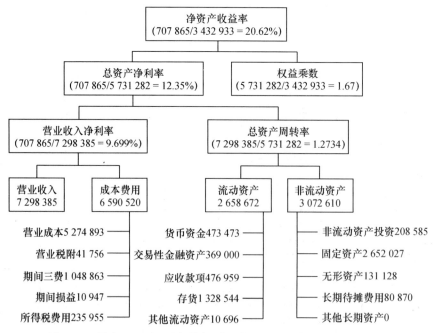

图 14-2　夏宇工厂 20×3 年杜邦财务分析体系框架图(单位:元)

由夏宇工厂 20×3 年杜邦财务分析体系框架图 14-2 可知,夏宇工厂 20×3 年净资产收益率为 20.62%,它由总资产净利率 12.35% 与权益乘数 1.67 相乘得出。其中,总资产净利率 12.35% 由营业收入净利率 9.699% 与总资产周转率 1.2734 相乘得出。

再从分解指标看,夏宇工厂 20×3 年净利润 707 865 元等于营业收入 7 298 385 元减去成本费用 6 590 520 元,成本费用占营业收入的比例为 90.3%(6 590 520÷7 298 385×100%)。降低成本费用是该企业会计工作的重点。在成本费用中,营业成本为 5 274 893 元,占成本费用总数的 80%(5 274 893÷6 590 520×100%),是成本管理的重点。其次,期间三项费用(销售费用、管理费用、财务费用)1 048 863 元,占成本费用总数的 16%(1 048 863÷6 590 520×100%),是成本管理的第二个重点。当然,该企业期间损益(公允价值变动收益＋投资收益－营业外收入－营业外支出)10 947 元,增加了企业的利润总额,尤其是取得投资收益 51 233 元,是值得肯定和发扬的成绩。该企业总资产周转率为 1.27 次(283 天),比全国国有企业 2004—2006 年累计平均良好值 1.1 次(327 天)(见表 8-32)要好得多,应充分肯定该企业具有良好的营运能力。

(二)净资产收益率因素分析

1. 净资产收益率两因素分析法

由于净资产收益率＝总资产净利率×权益乘数,因此影响净资产收益率的因素有两个:一是总资产净利率,二是权益乘数。分析这两个因素对净资产收益率的影响程度,称为净资产收益率两因素分析法。现根据表 14-1、表 14-2 整理编制净资产收益率因素分析表见表 14-3。

表 14-3　夏宇工厂净资产收益率两因素分析表

项目	20×2 年	20×3 年
(1)平均所有者权益(元)	3 024 500	3 432 933
(2)平均总资产(元)	5 514 050	5 731 282
(3)营业收入(元)	6 554 600	7 298 385
(4)净利润(元)	623 250	707 865
(5)净资产收益率＝(4)/(1)	20.6067%	20.6198%
(6)总资产净利率＝(4)/(2)	11.3029%	12.3509%
(7)权益乘数＝(2)/(1)	1.82313	1.66950

根据表 14-3,采用两因素分析法分析夏宇工厂 20×3 年净资产收益率 20.6198% 比 20×2 年 20.6067% 高 0.0131% 的原因。

(1)总资产净利率变动对净资产收益率的影响＝(12.3509%－11.3029%)×1.82313＝1.9106%

(2)权益乘数变动对净资产收益率的影响＝12.3509%×(1.66950－1.82313)＝－1.8975%

通过计算可知,夏宇工厂总资产净利率 20×3 年比 20×2 年升高 1.048%(12.3509%－11.3029%),致使净资产收益率升高 1.9106%,由于夏宇工厂权益乘数

20×3年比20×2年降低0.15363(1.66950 − 1.82313),致使净资产收益率降低1.8975%,两因素影响结果相抵后,导致净资产收益率升高0.0131%(1.9106% − 1.8975%),正好等于分析对象0.0131%。

2. 净资产收益率三因素分析法

由于净资产收益率 = 营业收入净利率 × 总资产周转率 × 权益乘数,因此影响净资产收益率的因素有三个:一是营业收入净利率,二是总资产周转率,三是权益乘数。分析这三个因素对净资产收益率的影响程度,称为净资产收益率三因素分析法。现根据表14-1、表14-2整理编制净资产收益率因素分析表见表14-4。

表14-4　夏宇工厂净资产收益率三因素分析表

项目	20×2年	20×3年
(1) 平均所有者权益(元)	3 024 500	3 432 933
(2) 平均总资产(元)	5 514 050	5 731 282
(3) 营业收入(元)	6 554 600	7 298 385
(4) 净利润(元)	623 250	707 865
(5) 净资产收益率 =(4)/(1)	20.6067%	20.6198%
(6) 营业收入净利率 =(4)/(3)	9.50859%	9.69893%
(7) 总资产周转率 =(3)/(2)	1.18871	1.27343
(8) 权益乘数 =(2)/(1)	1.82313	1.66950

根据表14-4,采用三因素分析法分析夏宇工厂20×3年净资产收益率20.6198%比20×2年20.6067%高0.0131%的原因。

(1) 营业收入净利率变动对净资产收益率的影响 =(9.69893% − 9.50859%) × 1.18871 × 1.82313 = 0.4125%

(2) 总资产周转率变动对净资产收益率的影响 = 9.69893% × (1.27343 − 1.18871) × 1.82313 = 1.4981%

(3) 权益乘数变动对净资产收益率的影响 = 9.69893% × 1.27343 × (1.66950 − 1.82313) = −1.8975%

通过计算可知,由于夏宇工厂营业收入净利率20×3年比20×2年升高0.19034%(9.69893% − 9.50859%),致使净资产收益率升高0.4125%,由于总资产周转率20×3年比20×2年升高0.08472(1.27343 − 1.18871),致使净资产收益率升高1.4981%,由于夏宇工厂权益乘数20×3年比20×2年降低0.15363(1.66950 − 1.82313),致使净资产收益率降低1.8975%,三因素影响结果相抵后,导致净资产收益率升高0.0131%(0.4125% + 1.4981% − 1.8975%),正好等于分析对象0.0131%。

(三) 总资产净利率因素分析

由于总资产净利率 = 营业收入净利率 × 总资产周转率,因此影响总资产净利率的因素有两个:一是营业收入净利率,二是总资产周转率。现根据表14-1、表14-2整理编制总资产净利率因素分析表见表14-5。

表 14-5 夏宇工厂总资产净利率分析表

项目	20×2 年	20×3 年
（1）平均总资产（元）	5 514 050	5 731 282
（2）营业收入（元）	6 554 600	7 298 385
（3）净利润（元）	623 250	707 865
（4）总资产净利率 =（3）/（1）	11.3029%	12.3509%
（5）营业收入净利率 =（3）/（2）	9.50859%	9.69893%
（6）总资产周转率 =（2）/（1）	1.18871	1.27343

根据表 14-5，分析夏宇工厂 20×3 年总资产净利率 12.3509% 比 20×2 年 11.3029% 高 1.048% 的原因。

（1）营业收入净利率变动对总资产净利率的影响 =（9.69893% - 9.50859%）× 1.18871 = 0.2263%

（2）总资产周转率变动对总资产净利率的影响 = 9.69893% ×（1.27343 - 1.18871） = 0.8217%

通过计算可知，夏宇工厂营业收入净利率 20×3 年比 20×2 年升高 0.19034%（9.69893% - 9.50859%），致使总资产净利率升高 0.2263%，由于夏宇工厂总资产周转率 20×3 年比 20×2 年升高 0.08472 次（1.27343 - 1.18871），致使总资产净利率升高 0.8217%，两因素影响结果相加后，导致总资产净利率升高 1.048%（0.2263% + 0.8217%），正好等于分析对象 1.048%。

（四）营业收入净利率多因素分析法

营业收入净利率的影响因素有：营业收入成本率、营业收入税附率、营业收入三费率（三项期间费用分开计算）、营业收入损益率、营业收入所得税费用率。

根据表 14-2 整理夏宇工厂 20×2 年、20×3 年营业收入净利率多因素分析表见表 14-6、表 14-7。

表 14-6 夏宇工厂 20×2 年、20×3 年净利润各项目金额变动表

单位：元

指标	20×2 年	20×3 年	20×3 年比 20×2 年增（减）
营业收入	6 554 600	7 298 385	743 785
营业成本	4 789 000	5 274 893	485 893
营业税金及附加	37 400	41 756	4 356
销售费用	212 000	214 663	2 663
管理费用	645 000	684 155	39 155
财务费用	39 000	150 045	111 045
期间损益	-1 200	10 947	12 147
营业利润	879 700	984 106	104 406
所得税费用	207 750	235 955	28 205
净利润	623 250	707 865	84 615

根据表 14-6，分析夏宇工厂 20×3 年营业收入净利率 9.6989%（707 865/7 298 385）比 20×2 年 9.5086%（523 250/6 554 600）高 0.1903% 的原因。

营业收入净利率的影响因素有：营业收入成本率、营业收入税附率、营业收入三费率、营业收入损益率、营业收入所得税费用率。分别计算这些指标，并比较各具体因素指标 20×2 年和 20×3 年的差异，再进行汇总就得出营业收入净利率的变动差异。根据表 14-6，夏宇工厂营业收入净利率的影响因素计算结果见表 14-7。

表 14-7　夏宇工厂营业收入净利率多因素影响计算表

指标	20×2 年	20×3 年	差异
	（1）	（2）	（3）=（1）-（2）
营业收入成本率	73.0632%	72.2748%	0.7884%
营业收入税附率	0.5706%	0.5721%	-0.0015%
营业收入销售费用率	3.2344%	2.9412%	0.2931%
营业收入管理费用率	9.8404%	9.3741%	0.4664%
营业收入财务费用率	0.5950%	2.0559%	-1.4609%
营业收入损益率	-0.0183%	0.1500%	0.1683%
营业收入所得税费用率	3.1695%	3.2330%	-0.0634%
营业收入净利率	9.5086%	9.6989%	0.1903%

注：表中差异除营业收入损益率、营业收入净利率用 20×3 年数据减去 20×2 年数据得出外，其余指标都是用 20×2 年数据减去 20×3 年数据得出。因为期间损益为正数，增加了企业利润，而成本、税附等因素都是收入的扣除项目，最终要减少企业利润。

从表 14-7 中可见，夏宇工厂 20×3 年营业收入净利率比 20×2 年高 0.1903% 的原因有成本、税附、期间费用和损益及所得税费用共七项。其关系如下：

0.7884% - 0.0015% + 0.2931% + 0.4664% - 1.4609% + 0.1683% - 0.0634%
= 0.1903%

即，营业收入净利率升高 0.1903% 是由于营业收入成本率降低 0.7884%、营业收入税附率升高 0.0015%、营业收入销售费用降低 0.2931%、营业收入管理费用率降低 0.4664%、营业收入财务费用率升高 1.4609%、营业收入损益率升高 0.1683%、营业收入所得税费用率升高 0.0634% 所致。其中，财务费用升高是进一步分析的重点。

三、杜邦财务分析体系的变形与发展

杜邦财务分析体系自产生以来在实践中得到了广泛应用。但随着客观经济环境的变化和人们对企业目标认识的深化，许多人对杜邦财务分析体系进行了补充、完善和发展。其中，美国哈佛大学教授帕利普在其所著的《企业分析与评价》一书中对杜邦财务分析体系进行了变形，有人将其称为"帕利普财务分析体系"。[①]

帕利普财务分析体系的几个关系式如下：

（1）可持续增长比率 = 净资产收益率 × $\left(1 - \dfrac{支付现金股利}{净利润}\right)$

[①] 张先治等编著：《财务分析》，东北财经大学出版社 2004 年版，第 291 页。

(2) 净资产收益率 = $\dfrac{净利润}{净资产}$ = $\dfrac{净利润}{营业收入} \times \dfrac{营业收入}{总资产} \times \dfrac{总资产}{净资产}$

= 营业收入净利率 × 总资产周转率 × 权益乘数

第二个关系式中与营业收入净利率相关的指标有营业收入成本率、营业收入税附率、营业收入三费率、营业收入损益率、营业收入所得税费用率；与总资产周转率相关的指标有应收账款周转率、应付账款周转率、存货周转率、流动资产周转率、营运资金周转率、固定资产周转率等；与权益乘数相关的指标有流动比率、速动比率、现金比率、产权比率、负债与资产比率、以收入为基础的获息倍数、以现金流量为基础的获息倍数等。

帕利普财务分析体系的图形如图 14-3 所示。

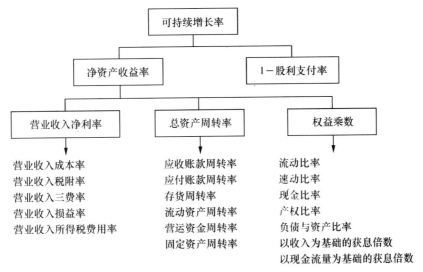

图 14-3　帕利普财务分析体系图

第二节　沃尔评分分析

一、沃尔评分法的概念与原理

美国财务学家亚历山大·沃尔在其 1928 年出版的《信用晴雨表研究》和《财务报表比率分析》中提出了信用能力指数的概念，他选择了七个财务比率（即流动比率、产权比率、固定资产比率、存货周转率、应收账款周转率、固定资产周转率和自有资金周转率），分别给定各指标的比重，然后确定标准比率（以行业平均数为基础），将实际比率与标准比率相比，得出相对比率，将此相对比率与各指标比重相乘，得出总评分，以此来评价企业的财务状况。因此，沃尔评分法是指将选定的财务比率用线性关系结合起来，并分别给定各自的分数比重，然后通过与标准比率进行比较，确定各项指标的得分及总体指标的累计分数,从而对企业的信用水平作出评价的方法。它的原理就是把若干个财务比率用线性关系结合起来,对选中的财务比率给定其在总评价中的比重(比重总和为100),然后确定标准比率,并与实际比率相比较,评出每项指标的得分,最后得出总评分。

二、沃尔评分法的基本步骤

(1) 选择评价指标并分配指标权重。沃尔评分法选择的七个财务比率及其权重是:流动比率(权重25%)、产权比率(权重25%)、固定资产比率(权重15%)、存货周转率(权重10%)、应收账款周转率(权重10%)、固定资产周转率(权重10%)和自有资金周转率(权重5%);权重总分为100分。

(2) 确定各项比率指标的标准值,即各该指标在企业现时条件下的最优值。流动比率标准值为2.00,净资产对负债比率标准值为1.50,固定资产比率标准值为2.50,存货周转率标准值为8,应收账款周转率标准值为6,固定资产周转率标准值为4,自有资金周转率标准值为3。

(3) 计算企业在一定时期各项比率指标的实际值。具体指标计算公式如下:
① 流动比率 = 流动资产 ÷ 流动负债
② 净资产对负债比率 = 净资产 ÷ 负债
③ 固定资产比率 = 资产 ÷ 固定资产
④ 存货周转率 = 销售成本或营业成本 ÷ 存货
⑤ 应收账款周转率 = 销售额或营业收入 ÷ 应收账款
⑥ 固定资产周转率 = 销售额或营业收入 ÷ 固定资产
⑦ 自有资金周转率 = 销售额或营业收入 ÷ 净资产

(4) 计算实际得分。计算公式如下:

实际评分 = $\sum$(某指标实际比率 ÷ 该指标标准比率) × 该指标权重分数

三、沃尔评分法的实际应用

例2 现以夏宇工厂实际情况为例,根据其20×2年、20×3年资产负债表计算的平均数据(见表14-1)和20×3年利润表(见表14-2)计算各项指标如下:

(1) 流动比率 = 流动资产 ÷ 流动负债 = 2 658 672 ÷ 1 507 471 = 1.76
(2) 净资产对负债比率 = 净资产 ÷ 负债 = 3 432 933 ÷ (1 507 471 + 790 878) = 1.49
(3) 固定资产比率 = 资产 ÷ 固定资产 = 5 731 282 ÷ 2 512 632 = 2.28
(4) 存货周转率 = 营业成本 ÷ 平均存货 = 5 274 893 ÷ 1 328 544 = 3.97
(5) 应收账款周转率 = 营业收入 ÷ 平均应收账款 = 7 298 385 ÷ 410 525 = 17.78
(6) 固定资产周转率 = 营业收入 ÷ 平均固定资产 = 7 298 385 ÷ 2 512 632 = 2.90
(7) 自有资金周转率 = 营业收入 ÷ 平均净资产 = 7 298 385 ÷ 3 432 933 = 2.13

沃尔比重评分法的实际分数的计算公式为:实际分数 = 实际值 ÷ 标准值 × 权重。根据上述计算结果编制表14-8如下。

表14-8　夏宇工厂20×3年采用沃尔评分法计算的实际分数表

财务比率	权重 (1)	标准比率 (2)	实际比率 (3)	相对比率 (4)=(3)÷(2)	评分 (5)=(1)×(4)
① 流动比率	25	2.00	1.76	0.88	22.00
② 净资产/负债	25	1.50	1.49	0.99	24.83
③ 资产/固定资产	15	2.50	2.28	0.91	13.68
④ 销售成本/存货	10	8	3.97	0.50	4.96
⑤ 销售额/应收账款	10	6	17.78	2.96	29.63
⑥ 销售额/固定资产	10	4	2.9	0.73	7.25
⑦ 销售额/净资产	5	3	2.13	0.71	3.55
合计	100				105.91

计算结果表明,夏宇工厂20×3年采用沃尔评分法计算的实际分数为105.91分,超过标准分数(100分)5.91分,财务绩效较好。

第三节　能力指标综合分析

一、综合能力评价法①

(一) 综合能力评价法是在对沃尔评分法进行改进的基础上提出来的

沃尔评分法从理论上讲有一个明显的问题,就是未能证明为什么要选择这七个指标,而不是更多或更少些,或者选择别的财务比率,并未能证明每个指标所占比重的合理性。这个问题至今仍然没有从理论上得到解决。

沃尔评分法从技术上讲也有一个问题,就是某一个指标严重异常时,会对总评分产生不合逻辑的重大影响。这个毛病是由财务比率与其比重相"乘"引起的。财务比率提高一倍,评分增加100%,而缩小一倍,其评分只减少50%。

尽管沃尔的方法在理论上还有待证明,在技术上也不完善,但它还是在实践中被应用。耐人寻味的是很多理论上相当完善的经济计量模型在实践中往往很难应用,而企业实际使用并行之有效的模型却又在理论上无法证明。这可能是人类对经济变量之间数量关系的认识还相当肤浅造成的。

针对以上问题,人们对沃尔评分法做了以下改进:

(1) 评价指标和权数反映了现代社会的变化。人们将沃尔评分法的七大财务指标改为三大能力十大指标。具体讲,一是盈利能力指标,包括资产净利率、销售净利率、净值报酬率;二是偿债能力指标,包括自有资本比率、流动比率、应收账款周转率、存货周转率;三是发展能力指标,包括销售增长率、净利增长率、资产增长率。三大能力指标确定后,按重要程度确定各项比率指标的评分值,评分值之和为100。三类指标的评分值约为

---

① 财政部注册会计师考试委员会办公室编《财务成本管理》(经济科学出版社2002年版)称为"综合评价方法",笔者在此称为"综合能力评价法"。

5∶3∶2。盈利能力指标三者的比例约为2∶2∶1,偿债能力指标和发展能力指标中各项具体指标的重要性大体相当,即资产净利率权数20分,销售净利率权数20分,净值报酬率权数10分,自有资本比率权数8分,流动比率权数8分,应收账款周转率权数8分,存货周转率权数8分,销售增长率权数6分,净利增长率权数6分,资产增长率权数6分。

(2) 计算方法及技术做了相应调整。沃尔评分法的一个重要问题是某一指标严重异常时,会对总评分产生不合逻辑的重大影响。财务比率提高一倍,评分增加100%,缩小一倍,评分减少50%。其原因在于综合得分=评分值×关系比率。改进的办法就是将财务比率的标准值由企业最优值调整为本行业平均值,设定评分值的上限(正常值的1.5倍)和下限(正常值的一半)。具体如下:

综合得分 = 标准评分值 + 调整分

调整分 = (实际比率 - 标准比率) ÷ 每分比率

每分比率 = (行业最高比率 - 标准比率) ÷ (最高评分 - 标准评分值)

例如,夏宇工厂20×3年资产净利率实际值为12.35%,资产净利率标准值为10%,标准评分为20分;行业最高比率为20%,最高评分为30分,则:

每分比率 = (20% - 10%) ÷ (30 - 20) = 1%

调整分 = (12.35% - 10%) ÷ 1% = 2.35(分)

综合得分 = 20 + 2.35 = 22.35(分)

(二) 综合能力评价法应用举例

例3 现以夏宇工厂实际情况为例,根据其20×2年、20×3年资产负债表计算的平均数据(见表14-1)和20×3年利润表变动额(见表14-6)计算下列各项指标:

(1) 资产净利率 = 净利润÷资产总额×100% = 707 865÷5 731 282×100% = 12.35%

(2) 销售净利率 = 净利润÷销售收入×100% = 707 865÷7 298 385×100% = 9.70%

(3) 净值报酬率(或称净资产收益率) = 净利润÷净资产×100% = 707 865÷3 432 933×100% = 20.62%

(4) 自有资本比率 = 净资产÷资产总额×100% = 3 432 933÷5 731 282×100% = 59.90%

(5) 流动比率 = 流动资产÷流动负债 = 2 658 672÷1 507 471 = 1.76

(6) 应收账款周转率 = 营业收入÷平均应收账款 = 7 298 385÷410 525 = 17.78

(7) 存货周转率 = 营业成本÷平均存货 = 5 274 893÷1 328 544 = 3.97

(8) 销售增长率(或营业收入增长率) = 销售增长额÷基期销售额×100% = 743 785÷6 554 600×100% = 11.35%(以20×2年数据为基数,下同)

(9) 净利增长率 = 净利增加额÷基期净利×100% = 84 615÷623 250×100% = 13.58%

(10) 资产增长率 = 资产增加额÷基期资产总额×100% = (5 892 863 - 5 569 700)÷5 569 700×100% = 323 163÷5 569 700×100% = 5.80%

根据上述计算结果(其他计算类推)编制表14-9如下。

表 14-9　夏宇工厂 20×3 年改进的沃尔评价计分表

指标	标准评分值	调整分中每分比率的计算				实际比率	实际比率与标准比率的差异	调整分	综合评价得分
		行业最高比率	标准比率	最高评分	每分比率的差				
	(1)	(2)	(3)	(4)	(5)=[(2)−(3)]÷[(4)−(1)]	(6)	(7)=(6)−(3)	(8)=(7)÷(5)	(9)=(1)+(8)
一、盈利能力									
① 资产净利率	20	20%	10%	30	1.0%	12.35%	2.35%	2.35	22.35
② 销售净利率	20	20%	4%	30	1.6%	9.70%	5.70%	3.56	23.56
③ 净值报酬率	10	20%	16%	15	0.8%	20.62%	4.62%	5.78	15.78
二、偿债能力									
④ 自有资本比率	8	100%	40%	12	15.0%	59.90%	19.90%	1.33	9.33
⑤ 流动比率	8	450%	150%	12	75.0%	176%	26.00%	0.35	8.35
⑥ 应收账款周转率	8	1 200%	600%	12	150.0%	1 778%	1 178%	7.85	15.85
⑦ 存货周转率	8	1 200%	800%	12	100.0%	397%	−403%	−4.03	3.97
三、成长能力									
⑧ 销售增长率	6	30%	15%	9	5.0%	11.35%	−3.65%	−0.73	5.27
⑨ 净利增长率	6	20%	10%	9	3.3%	13.58%	3.58%	1.07	7.07
⑩ 资产增长率	6	20%	10%	9	3.3%	5.80%	−4.20%	−1.26	4.74
合计	100			150					116.27

从表 14-9 可知,夏宇工厂 20×3 年采用改进的沃尔评价法计算的财务情况得分为 116.27 分,比标准评分 100 分高 16.27 分,财务状况较好。

二、企业竞争能力评价法

1995 年,当时的国家经贸委财经司、国家统计局公布了《工业企业综合评价指标体系》,从企业经济实力等六个方面十二项指标反映了企业的竞争能力。[①] 具体指标构成如下:

（一）反映企业规模经济实力

反映企业规模经济实力的指标主要有以下两项:

（1）市场占有率 = $\dfrac{\text{销售收入}}{\text{行业销售收入}} \times 100\%$

（2）利税占有率 = $\dfrac{\text{利税总额}}{\text{行业利税总额}} \times 100\%$

公式中"利税总额"分为利润总额和税收总额两方面,利润总额为税前利润总额,税收总额为产品销售税金及附加与应交增值税之和。

（二）反映投入产出能力

反映投入产出能力的指标主要有以下两项:

（1）全员劳动生产率 = $\dfrac{\text{工业增加值}}{\text{全部职工平均人数}}$

[①] 陈清清、杨雄胜:《财务会计与审计改革的若干新观点》,《中国财经报》,1996 年 8 月 24 日第三版。他们认为,该指标体系是"以社会形象（企业竞争能力）评价为核心"的。笔者借此称为"企业竞争能力评价法"。

全员劳动生产率指标能较好地反映企业的生产效率和人均产出水平。

（2）成本费用利润率 = $\dfrac{\text{利润总额}}{\text{成本费用总额}} \times 100\%$

（三）反映营运能力

反映营运能力的指标主要有以下两项：

（1）流动资产周转率 = $\dfrac{\text{产品销售收入}}{\text{流动资产平均余额}}$

（2）产品销售率 = $\dfrac{\text{工业销售产值（现价）}}{\text{工业总产值（现价）}} \times 100\%$

产品销售率指标反映企业的产销衔接和市场状况。

（四）反映盈利能力

反映盈利能力的指标主要有以下两项：

（1）总资产报酬率 = $\dfrac{\text{利润总额} + \text{税收总额} + \text{利息支出}}{\text{平均资产总额}} \times 100\%$

（2）净资产收益率 = $\dfrac{\text{净利润}}{\text{平均所有者权益}} \times 100\%$

净资产收益率指标反映企业出资者向企业投入的全部资本金的获利能力。

（五）反映偿还能力

反映偿还能力的指标主要有以下两项：

（1）资产负债率 = $\dfrac{\text{期末负债总额}}{\text{期末资产总额}} \times 100\%$

（2）营运资金比率 = $\dfrac{\text{期末流动资产} - \text{期初流动负债}}{\text{期末流动资产}} \times 100\%$

（六）反映发展能力

反映发展能力的指标主要有以下两项：

（1）资本保值增值率 = $\dfrac{\text{期末所有者权益}}{\text{期初所有者权益}} \times 100\%$

资本保值增值率指标反映企业净资产的变动状况，是企业发展能力的集中体现。

（2）资产增加值率 = $\dfrac{\text{工业增加值}}{\text{平均资产总额}} \times 100\%$

第四节　资本绩效综合分析

1999年6月1日，当时的财政部、国家发展计划委员会、国家经济贸易委员会、人事部联合发布《国有资本金效绩评价规则》和《国有资本金效绩评价操作细则》，自发布之日起试行。2006年4月7日，国务院国有资产监督管理委员会第14号令《中央企业综合绩效评价管理暂行办法》公布，自2006年5月7日起施行。2006年9月12日，国务院国有资产监督管理委员会印发《中央企业综合绩效评价实施细则》，自2006年10月12日起施行。

一、企业综合绩效评价的概念

企业综合绩效评价是充分体现市场经济原则和资本运营特征,以投入产出分析为核心,运用定量分析与定性分析相结合、横向对比与纵向对比互为补充的方法,综合评价企业经营绩效和努力程度,促进企业提高市场竞争能力的手段。开展企业综合绩效评价应以行业评价标准为依据,运用科学的评价计分方法,计量企业经营绩效水平,充分体现行业之间的差异性,客观反映企业所在行业的盈利水平和经营环境,准确评判企业的经营成果。企业综合绩效评价工作按照产权管理关系进行组织,国资委负责其履行出资人职责企业的综合绩效评价工作,企业集团(总)公司负责其控股子企业的综合绩效评价工作。

二、企业综合绩效评价指标与权重

企业综合绩效评价指标由22个财务绩效定量评价指标和8个管理绩效定性评价指标组成,具体见表14-10。

表14-10 企业综合绩效评价指标与权数表

评价内容	权数	财务绩效(70%)				管理绩效(30%)	
		基本指标	权数	修正指标	权数	评议指标	权数
盈利能力状况	34	净资产收益率	20	销售(营业)利润率	10	战略管理	18
				盈余现金保障倍数	9	发展创新	15
		总资产报酬率	14	成本费用利润率	8	经营决策	16
				资本收益率	7	风险控制	13
资产质量状况	22	总资产周转率	10	不良资产比率	9	基础管理	14
				流动资产周转率	7	人力资源	8
		应收账款周转率	12	资产现金回收率	6	行业影响	8
债务风险状况	22	资产负债率	10	速动比率	6	社会贡献	8
				现金流动负债比率	6		
		已获利息倍数	12	带息负债比率	5		
				或有负债比率	5		
经营增长状况	22	销售(营业)收入增长率	12	销售(营业)利润增长率	10		
				总资产增长率	7		
		资本保值增值率	10	技术投入比率	5		

三、企业综合绩效评价指标的计算公式和基本内容

(一)基本指标

(1)净资产收益率 = 净利润 ÷ 平均净资产 × 100%

平均净资产 = (年初所有者权益 + 年末所有者权益) ÷ 2

(2)总资产报酬率 = (利润总额 + 利息支出) ÷ 平均资产总额 × 100%

平均资产总额 = (年初资产总额 + 年末资产总额) ÷ 2

(3)总资产周转率(次) = 主营业务收入净额 ÷ 平均资产总额

(4)应收账款周转率(次)＝主营业务收入净额÷应收账款平均余额

应收账款平均余额＝(年初应收账款余额＋年末应收账款余额)÷2

应收账款余额＝应收账款净额＋应收账款坏账准备

(5)资产负债率＝负债总额÷资产总额×100%

(6)已获利息倍数＝(利润总额＋利息支出)÷利息支出

(7)销售(营业)收入增长率＝(本年主营业务收入总额－上年主营业务收入总额)÷上年主营业务收入总额×100%

(8)资本保值增值率＝扣除客观增减因素的年末国有资本及权益÷年初国有资本及权益×100%

(二)修正指标

(1)销售(营业)利润率＝主营业务利润÷主营业务收入净额×100%

(2)盈余现金保障倍数＝经营现金净流量÷(净利润＋少数股东损益)

(3)成本费用利润率＝利润总额÷成本费用总额×100%

成本费用总额＝营业成本＋营业税金及附加＋销售费用＋管理费用＋财务费用

(4)资本收益率＝净利润÷平均资本×100%

平均资本＝[(年初实收资本＋年初资本公积)＋(年末实收资本＋年末资本公积)]÷2

(5)不良资产比率＝(资产减值准备余额＋应提未提和应摊未摊的潜亏挂账＋未处理资产损失)÷(资产总额＋资产减值准备余额)×100%

(6)资产现金回收率＝经营现金净流量÷平均资产总额×100%

(7)流动资产周转率(次)＝主营业务收入净额÷平均流动资产总额

平均流动资产总额＝(年初流动资产总额＋年末流动资产总额)÷2

(8)速动比率＝速动资产÷流动负债×100%＝(流动资产－存货)÷流动负债×100%

(9)现金流动负债比率＝经营现金净流量÷流动负债×100%

(10)带息负债比率＝(短期借款＋一年内到期的长期负债＋长期借款＋应付债券＋应付利息)÷负债总额×100%

(11)或有负债比率＝或有负债余额÷(所有者权益＋少数股东权益)×100%

或有负债余额＝已贴现承兑汇票＋担保余额＋贴现与担保外的被诉事项金额＋其他或有负债

(12)销售(营业)利润增长率＝(本年主营业务利润总额－上年主营业务利润总额)÷上年主营业务利润总额×100%

(13)总资产增长率＝(年末资产总额－年初资产总额)÷年初资产总额×100%

(14)技术投入比率＝本年科技支出合计÷主营业务收入净额×100%

其中,"科技支出"是指企业当年技术转让费支出与研究开发实际投入数额,包括企业当年研究开发新技术、新工艺等具有创新性质项目的实际支出,以及购买新技术实际支出列入当年管理费用的部分。技术投入比率从企业的技术创新方面反映了企业的发展潜力和可持续发展能力。

（三）管理绩效

企业管理绩效定性评价指标包括战略管理、发展创新、经营决策、风险控制、基础管理、人力资源、行业影响、社会贡献等八个方面的指标，主要反映企业在一定经营期间所采取的各项管理措施及其管理成效。

（1）战略管理评价主要反映企业所制定的战略规划的科学性，战略规划是否符合企业实际，员工对战略规划的认知程度，战略规划的保障措施及其执行力，以及战略规划的实施效果等方面的情况。

（2）发展创新评价主要反映企业在经营管理创新、工艺革新、技术改造、新产品开发、品牌培育、市场拓展、专利申请及核心技术研发等方面的措施及成效。

（3）经营决策评价主要反映企业在决策管理、决策程序、决策方法、决策执行、决策监督、责任追究等方面采取的措施及实施效果，重点反映企业是否存在重大经营决策失误。

（4）风险控制评价主要反映企业在财务风险、市场风险、技术风险、管理风险、信用风险和道德风险等方面的管理与控制措施及效果，包括风险控制标准、风险评估程序、风险防范与化解措施等。

（5）基础管理评价主要反映企业在制度建设、内部控制、重大事项管理、信息化建设、标准化管理等方面的情况，包括财务管理、对外投资、采购与销售、存货管理、质量管理、安全管理、法律事务等。

（6）人力资源评价主要反映企业人才结构、人才培养、人才引进、人才储备、人事调配、员工绩效管理、分配与激励、企业文化建设、员工工作热情等方面的情况。

（7）行业影响评价主要反映企业主营业务的市场占有率、对国民经济及区域经济的影响与带动力、主要产品的市场认可程度、是否具有核心竞争能力以及产业引导能力等方面的情况。

（8）社会贡献评价主要反映企业在资源节约、环境保护、吸纳就业、工资福利、安全生产、上缴税收、商业诚信、和谐社会建设等方面的贡献程度和社会责任的履行情况。

四、企业综合绩效评价计分

企业综合绩效评价计分方法采取功效系数法和综合分析判断法。其中，功效系数法用于财务绩效定量评价指标的计分，综合分析判断法用于管理绩效定性评价指标的计分。

（一）基本指标的评价计分

财务绩效定量评价基本指标计分是按照功效系数法计分原理，将评价指标实际值对照行业评价标准值，按照规定的计分公式计算各项基本指标得分。

财务绩效基本指标的行业评价标准值由财政部定期颁布。不同行业、不同规模（大型、中型、小型）的企业有不同的标准值。例如，小型电机制造业的标准值见表14-11。

表 14-11　小型电机制造业的标准值表

项目	优秀值(1.0)	良好值(0.8)	平均值(0.6)	较低值(0.4)	较差值(0.2)
一、盈利能力状况					
1. 净资产收益率	16.5%	12.4%	8.5%	3.6%	-1.5%
2. 总资产报酬率	6.0%	4.1%	3.9%	-0.4%	-4.3%
3. 营业收入利润率	23.0%	17.1%	11.2%	4.7%	-0.2%
4. 盈余现金保障倍数	6.2	2.0	0.4	-1.5	-6.7
5. 成本费用利润率	9.0%	4.9%	2.0%	0.4%	-14.7%
6. 资本收益率	3.7%	2.9%	1.0%	0.2%	-7.7%
二、资产质量状况					
7. 总资产周转率	1.5	0.7	0.3	0.2	0.1
8. 应收账款周转率	10.3	6.6	3.0	1.8	1.2
9. 不良资产比率	0.6%	4.1%	9.5%	17.5%	25.6%
10. 流动资产周转率	2.3	1.4	0.5	0.2	0.1
11. 资产现金回收率	10.4%	3.2%	0.4%	-2.8%	-6.8%
三、债务风险状况					
12. 资产负债率	58.5%	73.6%	87.8%	93.3%	98.2%
13. 已获利息倍数	2.4	1.2	0.1	-2.0	-5.3
14. 速动比率	145.1%	99.1%	62.1%	44.5%	30.0%
15. 现金流动负债比率	16.4%	9.9%	5.0%	2.0%	-7.2%
16. 带息负债比率	17.4%	28.6%	39.3%	50.2%	61.2%
17. 或有负债比率	0.4%	1.3%	6.0%	14.5%	23.8%
四、经营增长状况					
18. 营业收入增长率	16.0%	9.6%	3.0%	-4.0%	-21.2%
19. 资本保值增值率	104.5%	102.6%	100.5%	94.5%	92.1%
20. 营业利润增长率	14.7%	7.1%	-8.7%	-17.1%	-22.7%
21. 总资产增长率	5.9%	2.0%	-5.3%	-12.8%	-20.0%
22. 技术投入比率	0.8%	0.4%	0.2%	0.1%	0.0%

资料来源:国务院国资委统计评价局:《企业绩效评价标准值——2007》,经济科学出版社 2007 年版,第 162 页。

1. 单项指标得分的计算

$$单项基本指标得分 = 本档基础分 + 调整分$$

其中:　　　　　　本档基础分 = 指标权数 × 本档标准系数

调整分 = 功效系数 × (上档基础分 - 本档基础分)

$$= \frac{实际值 - 本档标准值}{上档标准值 - 本档标准值} \times \left(\begin{matrix} 指标\\权数 \end{matrix} \times \begin{matrix} 上档标\\准系数 \end{matrix} - \begin{matrix} 本档\\基础分 \end{matrix} \right)$$

说明:"本档标准值"是指上下两档标准值中居于较低等级的一档。

例 4　夏宇工厂是生产电机的一家小型工业企业,属于机械工业大类下电气机械及器材制造业中的电机制造业。因此,要选择"小型电机制造业的标准值"作为计算依据。20×3 年夏宇工厂平均净资产 3 432 933 元,当年净利润 707 865 元,净资产收益率为 20.6%(707 820÷3 432 933×100%);平均总资产 5 731 282 元,当年利润总额 943 820 元,利息支出 150 045 元(计入财务费用的利息),总资产报酬率为 24.3%[(943 820 +

150 045)÷5 731 282×100%],已获利息倍数为7.3[(943 820+150 045)÷150 045];当年营业收入7 298 385元(上年营业收入6 554 600元),总资产周转率1.3(7 298 385÷5 731 282),营业收入增长率为11.3%(7 298 385÷6 554 600－100%);平均应收账款410 525元,应收账款周转率为17.8(7 298 385÷410 525);平均负债2 298 349元,资产负债率为40.1%(2 298 349÷5 731 282×100%);当年年末国家所有者权益扣除客观因素后为2 930 532元,上年年末国家所有者权益为2 489 680元,资本保值增值率为117.7%(2 930 532÷2 489 680×100%)。

(1) 夏宇工厂净资产收益率得分的计算。

对照表14-11"小型电机制造业的标准值表"中"净资产收益率"的数值,夏宇工厂净资产收益率20.6%已超过"优秀值"(16.5%)水平,可以得到该指标的最高权数分。就一般情况而言,基本指标的实际得分不能超过指标权数。当基本指标的实际值大于等于优秀值时,该指标的得分是指标权数;当基本指标的实际值低于较差值时,该指标得零分。

本档基础分 = 指标权数 × 本档标准系数 = 20 × 1.0 = 20(分)

调整分 = 0

夏宇工厂净资产收益率得分 = 本档基础分 + 调整分 = 20 + 0 = 20(分)

(2) 夏宇工厂总资产报酬率得分的计算。

夏宇工厂总资产报酬率为24.3%,超过"优秀值"(6.0%)水平,则:

本档基础分 = 指标权数 × 本档标准系数 = 14 × 1.0 = 14(分)

调整分 = 0

夏宇工厂总资产报酬率得分 = 本档基础分 + 调整分 = 14 + 0 = 14(分)

(3) 夏宇工厂总资产周转率得分的计算。

夏宇工厂总资产周转率为1.3,在"优秀值"(1.5)和"良好值"(0.7)之间,需要调整。即按公式计算"本档基础分"(其权数见表14-10,其系数见表14-11)(其他指标计算方法与此相同)。

本档基础分 = 指标权数 × 本档标准系数 = 10 × 0.8 = 8(分)

$$调整分 = \frac{实际值 - 本档标准值}{上档标准值 - 本档标准值} \times \left(指标权数 \times 上档标准系数 - 本档基础分 \right)$$

$$= \frac{1.3 - 0.7}{1.5 - 0.7} \times (10 \times 1.0 - 10 \times 0.8) = 0.75 \times 2 = 1.50(分)$$

夏宇工厂总资产周转率得分 = 本档基础分 + 调整分 = 8 + 1.50 = 9.50(分)

(4) 夏宇工厂应收账款周转率得分的计算。

夏宇工厂应收账款周转率为17.8,超过"优秀值"(10.3)水平,则:

本档基础分 = 指标权数 × 本档标准系数 = 12 × 1.0 = 12(分)

调整分 = 0

夏宇工厂应收账款周转率得分 = 本档基础分 + 调整分 = 12 + 0 = 12(分)

(5) 夏宇工厂资产负债率得分的计算。

夏宇工厂资产负债率为40.1%,超过"优秀值"(58.5%)水平,则:

本档基础分 = 指标权数 × 本档标准系数 = 12 × 1.0 = 12(分)

调整分 = 0

夏宇工厂应收账款周转率得分 = 本档基础分 + 调整分 = 12 + 0 = 12(分)

说明：如果企业的资产负债率大于等于100%，标准系数为零。

(6) 夏宇工厂已获利息倍数得分的计算。

夏宇工厂已获利息倍数为7.3，超过"优秀值"(2.4)水平，则：

本档基础分 = 指标权数 × 本档标准系数 = 10 × 1.0 = 10(分)

调整分 = 0

夏宇工厂应收账款周转率得分 = 本档基础分 + 调整分 = 10 + 0 = 10(分)

(7) 夏宇工厂营业收入增长率得分的计算。

夏宇工厂营业收入增长率为11.3%，在"优秀值"(16.0%)和"良好值"(9.6%)之间，则：

本档基础分 = 指标权数 × 本档标准系数 = 12 × 0.8 = 9.6(分)

$$调整分 = \frac{实际值 - 本档标准值}{上档标准值 - 本档标准值} \times \left(指标权数 \times 上档标准系数 - 本档基础分\right)$$

$$= \frac{11.3\% - 9.6\%}{16.0\% - 9.6\%} \times (12 \times 1.0 - 12 \times 0.8)$$

$$= 0.2656 \times 2.4 = 0.64(分)$$

夏宇工厂总资产周转率得分 = 本档基础分 + 调整分 = 9.6 + 0.64 = 10.24(分)

(8) 夏宇工厂资本保值增值率得分的计算。

夏宇工厂资本保值增值率为117.7%，超过"优秀值"(104.5%)水平，则：

本档基础分 = 指标权数 × 本档标准系数 = 10 × 1.0 = 10(分)

调整分 = 0

夏宇工厂应收账款周转率得分 = 本档基础分 + 调整分 = 10 + 0 = 10(分)

2. 基本指标总分的计算

$$基本指标总得分 = \sum 单项基本指标得分$$

夏宇工厂20×3年基本指标总得分 = 20 + 14 + 9.5 + 12 + 12 + 10 + 10.24 + 10 = 97.74(分)

夏宇工厂20×3年基本指标得分汇总见表14-12。

表14-12 夏宇工厂20×3年基本指标得分汇总表

类别	基本指标	权数	单项指标得分	分类指标得分	基本指标分析系数
	(1)	(2)	(3)	(4)	(5) = (4) ÷ (2)
盈利能力状况	净资产收益率	20	20	34	34 ÷ (20 + 14) = 1
	总资产报酬率	14	14		
资产质量状况	总资产周转率	10	9.5	21.5	21.5 ÷ (10 + 12) = 0.977
	应收账款周转率	12	12		
债务风险状况	资产负债率	12	12	22	22 ÷ (10 + 12) = 1
	已获利息倍数	10	10		
经营增长状况	营业收入增长率	12	10.24	20.24	20.24 ÷ (12 + 10) = 0.92
	资本保值增值率	10	10		
基本指标总分		100		97.74	

(二) 修正指标系数及总得分的计算

财务绩效定量评价修正指标的计分是在基本指标计分结果的基础上,运用功效系数法原理,分别计算盈利能力、资产质量、债务风险和经营增长四个部分的综合修正系数,再据此计算出修正后的分数。

1. 某部分综合修正系数的计算

第一步,计算某指标单项修正系数。计算公式如下:

某指标单项修正系数 = 1.0 + (本档标准系数 + 功效系数 × 0.2 - 该部分基本指标分析系数),单项修正系数控制修正幅度为 0.7—1.3

其中,某部分基本指标分析系数 = 该部分基本指标得分 ÷ 该部分权数

第二步,计算某指标加权修正系数。计算公式如下:

某指标加权修正系数 = (修正指标权数 ÷ 该部分权数) × 该指标单项修正系数

其中,修正指标权数、该部分权数见表14-10。如营业收入利润率修正指标权数为10,盈利能力部分总权数为34(20 + 14 或 10 + 9 + 8 + 7)。

第三步,计算某部分综合修正系数。计算公式如下:

$$某部分综合修正系数 = \sum 该部分各修正指标加权修正系数$$

(1) 盈利能力状况修正指标系数的计算。

盈利能力部分基本指标分析系数为1(见表14-12)。

① 销售(营业)利润率 = 主营业务利润 ÷ 主营业务收入净额 × 100%

夏宇工厂 20×3 年实施新的会计准则后营业收入利润率

= 利润总额 ÷ 营业收入 × 100%

= 943 820 ÷ 7 298 385 × 100% = 13.11%

查表14-11中营业收入利润率,13.11%在良好值(17.1%)和平均值(11.2%)之间,本档(平均值)标准系数为0.6,则:

$$\frac{营业收入利润率}{功效系数} = \frac{实际值 - 本档标准值}{上档标准值 - 本档标准值} = \frac{13.11\% - 11.2\%}{17.1\% - 11.2\%} = 0.32$$

营业收入利润率指标单项修正系数 = 1.0 + (本档标准系数 + 功效系数 × 0.2 - 该部分基本指标分析系数) = 1.0 + (0.6 + 0.32 × 0.2 - 1) = 0.664,取 0.7(因为单项修正系数控制修正幅度为0.7—1.3)。

营业收入利润率指标加权修正系数

= (修正指标权数 ÷ 该部分权数) × 该指标单项修正系数

= (10 ÷ 34) × 0.7 = 0.2059

② 盈余现金保障倍数 = 经营现金净流量 ÷ (净利润 + 少数股东损益)

夏宇工厂 20×3 年经营现金净流量 7 840 240 元,净利润 707 865 元,则:

盈余现金保障倍数 = 7 840 240 ÷ (707 865 + 0) = 11.1

夏宇工厂盈余现金保障倍数11.1超过小型机电制造业优秀值6.2("优秀值"档标准系数为1.0)。根据《中央企业综合绩效评价实施细则》规定,如果修正指标实际值达到优秀值以上,其单项修正系数的计算公式如下:

单项修正系数 = 1.2 + 本档标准系数 - 该部分基本指标分析系数

夏宇工厂盈余现金保障倍数指标修正系数
  = 1.2 + 本档标准系数 – 该部分基本指标分析系数
  = 1.2 + 1.0 – 1 = 1.2

《中央企业综合绩效评价实施细则》规定:"如果盈余现金保障倍数分子为正数,分母为负数,单项修正系数确定为 1.1;如果分子为负数,分母为正数,单项修正系数确定为 0.9;如果分子分母同为负数,单项修正系数确定为 0.8。"

盈余现金保障倍数指标加权修正系数
  =(修正指标权数 ÷ 该部分权数)× 该指标单项修正系数
  =(9 ÷ 34)× 1.2 = 0.3176

③ 成本费用利润率 = 利润总额 ÷ 成本费用总额 × 100%

夏宇工厂 20×3 年利润总额 943 820 元,营业成本 5 274 893 元,营业税金及附加 41 756 元,销售费用 214 663 元,管理费用 684 155 元,财务费用 150 045 元,则:

成本费用利润率
  = 943 820 ÷(5 274 893 + 41 756 + 214 663 + 684 155 + 150 045)× 100%
  = 14.8%

夏宇工厂成本费用利润率 14.8%,超过小型机电制造业优秀值 9.0%,按下列公式计算:

夏宇工厂成本费用利润率指标修正系数
  = 1.2 + 本档标准系数 – 该部分基本指标分析系数
  = 1.2 + 1.0 – 1 = 1.2

成本费用利润率指标加权修正系数
  =(修正指标权数 ÷ 该部分权数)× 该指标单项修正系数
  =(8 ÷ 34)× 1.2 = 0.2824

④ 资本收益率 = 净利润 ÷ 平均资本 × 100%

夏宇工厂 20×3 年净利润 707 865 元,年初实收资本 2 814 000 元,年初资本公积 23 000 元,年末实收资本 2 814 000 元,年末资本公积 67 600 元,则:

资本收益率 = 707 865 ÷ {[(2 814 000 + 23 000)+(2 814 000 + 67 600)]÷ 2} × 100%
  = 707 865 ÷ 2 859 300 × 100% = 24.8%

夏宇工厂资本收益率 24.8%,超过小型机电制造业优秀值 3.7%,按下列公式计算:

夏宇工厂资本收益率指标修正系数
  = 1.2 + 本档标准系数 – 该部分基本指标分析系数
  = 1.2 + 1.0 – 1 = 1.2

资本收益率指标加权修正系数
  =(修正指标权数 ÷ 该部分权数)× 该指标单项修正系数
  =(7 ÷ 34)× 1.2 = 0.2470

根据以上四项盈利能力指标加权修正系数的计算即可计算盈利能力部分综合修正系数:

  盈利能力部分综合修正系数 = $\sum$ 该部分各修正指标加权修正系数

$$= 0.2059 + 0.3176 + 0.2824 + 0.2470 = 1.0529$$

（2）资产质量状况修正指标系数的计算。

① 不良资产比率 =（资产减值准备余额 + 应提未提和应摊未摊的潜亏挂账 + 未处理资产损失）÷（资产总额 + 资产减值准备余额）× 100%

夏宇工厂 20×3 年没有不良资产，则不良资产比率为 0。超过小型机电制造业优秀值 0.6，该指标修正系数为 1.2（计算方法同前）。

《中央企业综合绩效评价实施细则》规定："如果不良资产比率 ≥ 100% 或分母为负数，单项修正系数确定为 0.8。"

不良资产比率指标加权修正系数

$$= （修正指标权数 ÷ 该部分权数）× 该指标单项修正系数$$
$$= (9 ÷ 22) × 1.2 = 0.4909$$

② 流动资产周转率 = 主营业务收入净额 ÷ 平均流动资产总额
$$= 7\,298\,385 ÷ 3\,658\,672 = 2.0（次）$$

夏宇工厂流动资产周转率为 2.0 次，在小型机电制造业优秀值（2.3）和良好值（1.4）之间，本档（良好值）标准系数为 0.8，资产质量部分基本指标分析系数为 0.977（见表 14-12），则：

$$\text{流动资产周转率功效系数} = \frac{\text{实际值} - \text{本档标准值}}{\text{上档标准值} - \text{本档标准值}} = \frac{2.0 - 1.4}{2.3 - 1.4} = 0.67$$

流动资产周转率指标单项修正系数

$$= 1.0 + （本档标准系数 + 功效系数 × 0.2 - 该部分基本指标分析系数）$$
$$= 1.0 + (0.8 + 0.67 × 0.2 - 0.977)$$
$$= 0.957（在规定的修正幅度 0.7—1.3 之间，取 0.957）$$

流动资产周转率指标加权修正系数

$$= （修正指标权数 ÷ 该部分权数）× 该指标单项修正系数$$
$$= (7 ÷ 22) × 0.957 = 0.3045$$

③ 资产现金回收率 = 经营现金净流量 ÷ 平均资产总额 × 100%
$$= 7\,840\,240 ÷ 5\,731\,282 × 100\%$$
$$= 136.8\%（超过行业优秀值 10.4\%）$$

夏宇工厂资产现金回收率指标为 136.8%，超过行业优秀值 10.4%，修正系数为 1.2。

资产现金回收率指标加权修正系数

$$=（修正指标权数 ÷ 该部分权数）× 该指标单项修正系数$$
$$= (6 ÷ 22) × 1.2 = 0.3273$$

根据以上三项资产质量指标加权修正系数的计算即可计算资产质量部分综合修正系数：

$$\text{资产质量部分综合修正系数} = \sum \text{该部分各修正指标加权修正系数}$$
$$= 0.4909 + 0.3045 + 0.3273 = 1.1227$$

（3）债务风险状况修正指标系数的计算。

① 速动比率 = 速动资产 ÷ 流动负债 × 100%

$$=(流动资产-存货)\div 流动负债\times 100\%$$
$$=(2\,658\,672-1\,328\,544)\div 1\,507\,471\times 100\%=0.882$$

夏宇工厂速动比率为0.882,在小型机电制造业良好值(0.991)和平均值(0.621)之间,本档(平均值)标准系数为0.6,债务风险部分基本指标分析系数为1.0(见表14-12),则:

$$\frac{速动比率}{功效系数}=\frac{实际值-本档标准值}{上档标准值-本档标准值}=\frac{0.882-0.621}{0.991-0.621}=0.71$$

速动比率指标单项修正系数
$$=1.0+(本档标准系数+功效系数\times 0.2-该部分基本指标分析系数)$$
$$=1.0+(0.6+0.71\times 0.2-1.0)$$
$$=0.742(在规定的修正幅度0.7—1.3之间,取0.742)$$

速动比率指标加权修正系数
$$=(修正指标权数\div 该部分权数)\times 该指标单项修正系数$$
$$=(6\div 22)\times 0.742=0.2024$$

② 现金流动负债比率 = 经营现金净流量÷流动负债×100%
$$=7\,840\,240\div 1\,507\,471\times 100\%=5.2$$

夏宇工厂现金流动负债比率为5.2,在小型机电制造业良好值(9.9)和平均值(5.0)之间,本档(平均值)标准系数为0.6,债务风险部分基本指标分析系数为1.0(见表14-12),则:

$$\frac{现金流动负债比率}{功效系数}=\frac{实际值-本档标准值}{上档标准值-本档标准值}=\frac{5.2-5.0}{9.9-5.0}=0.04$$

现金流动负债比率指标单项修正系数 = 1.0 + (本档标准系数 + 功效系数×0.2 - 该部分基本指标分析系数) = 1.0 + (0.6 + 0.04×0.2 - 1.0) = 0.608,取0.7(因为单项修正系数控制修正幅度为0.7—1.3)

现金流动负债比率指标加权修正系数
$$=(修正指标权数\div 该部分权数)\times 该指标单项修正系数$$
$$=(6\div 22)\times 0.7=0.1909$$

③ 带息负债比率
$$=(短期借款+一年内到期的长期负债+长期借款$$
$$\quad +应付债券+应付利息)\div 负债总额\times 100\%$$
$$=(439\,700+199\,821+660\,031+124\,247+0)\div 2\,298\,349\times 100\%$$
$$=61.9\%$$

夏宇工厂带息负债比率为61.9%,劣于小型机电制造业较差值61.4%。根据《中央企业综合绩效评价实施细则》的规定,如果修正指标实际值处于较差值以下,其单项修正系数的计算公式如下:

$$单项修正系数=1.0-该部分基本指标分析系数$$

夏宇工厂带息负债比率指标修正系数 = 1.0 - 该部分基本指标分析系数
$$=1.0-1.0=0$$

带息负债比率指标加权修正系数

= (修正指标权数 ÷ 该部分权数) × 该指标单项修正系数

= (5 ÷ 22) × 0 = 0

④ 或有负债比率 = 或有负债余额 ÷ (所有者权益 + 少数股东权益) × 100%

夏宇工厂没有或有负债,即或有负债比率为 0,超过小型机电制造业优秀值为 0.4,修正系数为 1.2。

或有负债比率指标加权修正系数

= (修正指标权数 ÷ 该部分权数) × 该指标单项修正系数

= (5 ÷ 22) × 1.2 = 0.2727

根据以上四项债务风险指标加权修正系数的计算,即可计算债务风险部分综合修正系数:

债务风险部分综合修正系数 = $\sum$ 该部分各修正指标加权修正系数

= 0.2024 + 0.1909 + 0 + 0.2727 = 0.6660

(4) 经营增长状况修正指标系数的计算。

① 销售(营业)利润增长率 = (本年主营业务利润总额 - 上年主营业务利润总额) ÷

上年主营业务利润总额 × 100%

夏宇工厂营业利润增长率 = (本年营业利润 - 上年营业利润) ÷

上年营业利润 × 100%

= (984 106 - 879 700) ÷ 879 700 × 100% = 11.9%

夏宇工厂营业利润增长率为 11.9%,在小型机电制造业优秀值(16.0%)和良好值(9.6%)之间,本档(良好值)标准系数为 0.8,经营增长部分基本指标分析系数为 0.92(见表 14-12),则:

$$\frac{营业利润增长率}{功效系数} = \frac{实际值 - 本档标准值}{上档标准值 - 本档标准值} = \frac{11.9\% - 9.6\%}{16.0\% - 9.6\%} = 0.36$$

营业利润增长率指标单项修正系数

= 1.0 + (本档标准系数 + 功效系数 × 0.2 - 该部分基本指标分析系数)

= 1.0 + (0.8 + 0.36 × 0.2 - 0.92)

= 0.952(在规定的修正幅度 0.7—1.3 之间,取 0.952)

营业利润增长率指标加权修正系数

= (修正指标权数 ÷ 该部分权数) × 该指标单项修正系数

= (10 ÷ 22) × 0.952 = 0.4327

《中央企业综合绩效评价实施细则》规定:"对于销售(营业)利润增长率指标,如果上年主营业务利润为负数,本年为正数,单项修正系数为 1.1;如果上年主营业务利润为零本年为正数,或者上年为负数本年为零,单项修正系数确定为 1.0。"

② 总资产增长率 = (年末资产总额 - 年初资产总额) ÷ 年初资产总额 × 100%

= (5 892 863 - 5 569 700) ÷ 5 569 700 × 100% = 5.8%

夏宇工厂总资产增长率为 5.8%,在小型机电制造业优秀值(5.9%)和良好值(2.0%)之间,本档(良好值)标准系数为 0.8,经营增长部分基本指标分析系数为 0.92

(见表 14-12),则:

$$\text{总资产增长率功效系数} = \frac{\text{实际值} - \text{本档标准值}}{\text{上档标准值} - \text{本档标准值}} = \frac{5.8\% - 2.0\%}{5.9\% - 2.0\%} = 0.97$$

总资产增长率指标单项修正系数

= 1.0 + (本档标准系数 + 功效系数 × 0.2 - 该部分基本指标分析系数)

= 1.0 + (0.8 + 0.97 × 0.2 - 0.92)

= 1.074(在规定的修正幅度 0.7—1.3 之间,取 1.074)

总资产增长率指标加权修正系数

= (修正指标权数 ÷ 该部分权数) × 该指标单项修正系数

= (7 ÷ 22) × 1.074 = 0.3417

③ 技术投入比率 = 本年科技支出合计 ÷ 主营业务收入净额 × 100%

夏宇工厂技术投入比率 = 116 800 ÷ 7 298 385 × 100% = 1.6%

夏宇工厂技术投入比率指标为 1.6%,超过小型机电制造业优秀值 0.8%,修正系数为 1.2。

技术投入比率指标加权修正系数

= (修正指标权数 ÷ 该部分权数) × 该指标单项修正系数

= (5 ÷ 22) × 1.2 = 0.2727

根据以上三项经营增长指标加权修正系数的计算,即可计算经营增长部分综合修正系数:

经营增长部分综合修正系数 = ∑ 该部分各修正指标加权修正系数

= 0.4327 + 0.3417 + 0.2727 = 1.0471

2. 修正后总得分的计算

修正后总得分的计算分以下两个步骤:

第一步,计算各部分修正后得分。计算公式如下:

各部分修正后得分 = 各部分基本指标分数 × 该部分综合修正系数

第二步,计算修正后总得分。计算公式如下:

修正后总得分 = ∑ 各部分修正后得分

根据上述表 14-12 夏宇工厂 20 × 3 年 8 个基本指标得分和上述 14 个修正指标得分编制夏宇工厂 20 × 3 年综合绩效修正后总得分汇总表见表 14-13。

表 14-13 夏宇工厂 20 × 3 年综合绩效修正后总得分汇总表

项目	基本指标得分 (1)	修正指标系数 (2)	修正后得分 (3) = (1) × (2)
盈利能力状况	34	1.0529	35.7986
资产质量状况	21.5	1.1227	24.1381
债务风险状况	22	0.6660	14.6520
经营增长状况	20.24	1.0471	21.1933
修正后定量指标总分	97.74	—	95.78

（三）管理绩效定性指标的评价计分

管理绩效定性评价指标的计分一般以专家评议打分的形式完成。聘请的专家应不少于 7 名。评议专家应当在充分了解企业管理绩效状况的基础上，对照评价参考标准，采取综合分析判断法，对企业管理绩效指标做出分析评议，评判各项指标所处的水平档次，并直接给出评价分数。计分公式为：

$$\text{管理绩效定性评价指标分数} = \sum \text{单项指标分数}$$

$$\text{单项指标分数} = \left(\sum \text{每位专家给定的单项指标分数}\right) \div \text{专家人数}$$

1. 组织每个专家打分

专家评议打分可通过设计以下"专家评议指标等级表"的形式进行。表 14-14 是一位专家的打分表。

表 14-14　专家评议指标等级表

评议指标	权数	等级（参数）				
		优（1.0）	良（0.8）	中（0.6）	低（0.4）	差（0.2）
1. 战略管理	18		√			
2. 发展创新	15			√		
3. 经营决策	16		√			
4. 风险控制	13			√		
5. 基础管理	14	√				
6. 人力资源	8		√			
7. 行业影响	8				√	
8. 社会贡献	8			√		

2. 汇总全部专家得分

$$\text{单项评议指标分数} = \left[\sum\left(\text{单项评议指标权数} \times \text{各评议专家给定等级参数}\right)\right] \div \text{评议专家人数}$$

例如，夏宇工厂有 7 名评议专家，对管理绩效中"战略管理"指标评议的结果是：优秀 2 人，良好 4 人，中等 1 人，则：

战略管理指标专家评议得分
$$= [(18 \times 1.0 \times 2) + (18 \times 0.8 \times 4) + (18 \times 0.6 \times 1)] \div 7$$
$$= 14.9（分）$$

其他各项指标计算方法与此相同。其他 7 项指标专家评议结果分别是：14、15、12、14、7.6、6、7.5，则：

专家评议指标总得分 = 14.9 + 14 + 15 + 12 + 14 + 7.6 + 6 + 7.5 = 91（分）

（四）综合评价结果及定级

在得出财务绩效定量评价分数和管理绩效定性评价分数后，应当按照规定的权重，耦合形成综合绩效评价分数。计算公式为：

企业综合绩效评价分数 = 财务绩效定量评价分数 × 70%
+ 管理绩效定性评价分数 × 30%

夏宇工厂 20×3 年综合绩效评价分数 = 95.78 × 70% + 91 × 30% = 94.35 ≈ 94(分)

《中央企业综合绩效评价实施细则》规定了优（A）、良（B）、中（C）、低（D）、差（E）五个等级的分值，见表 14-15。

表 14-15　企业综合绩效评级表

等级	级别	分数
优（A）	A++	95 分以上
	A+	90—94
	A	85—89
良（B）	B+	80—84
	B	75—79
	B-	70—74
中（C）	C	60—69
	C-	50—59
低（D）	D	40—49
差（E）	E	39 分及以下

对照表 14-14，夏宇工厂 20×3 年综合绩效评价分数为 94 分，属于优秀（A+）级。

（五）各年评价及比较

企业领导任期财务绩效定量评价指标计分，应当运用任期各年度评价标准分别对各年度财务绩效定量指标进行计分，再计算任期平均分数，作为任期财务绩效定量评价分数。计算公式为：

任期财务绩效定量评价分数 = ($\sum$ 任期各年度财务绩效定量评价分数) ÷ 任期年份数

在得出评价分数以后，应当计算年度之间的绩效改进度，以反映企业年度之间经营绩效的变化状况。计算公式为：

绩效改进度 = 本期绩效评价分数 ÷ 基期绩效评价分数

绩效改进度大于 1，说明经营绩效上升；绩效改进度小于 1，说明经营绩效下滑。

（六）综合评价得分的奖励及惩罚

1. 奖励内容及得分

《中央企业综合绩效评价实施细则》规定，对企业经济效益上升幅度显著、经营规模较大、有重大科技创新的企业，应当给予适当加分，以充分反映不同企业努力程度和管理难度，激励企业加强科技创新。具体的加分办法如下：

（1）效益提升加分。企业年度净资产收益率增长率和利润增长率超过行业平均增长水平 10%—40% 加 1—2 分，超过 40%—100% 加 3—4 分，超过 100% 加 5 分。

（2）管理难度加分。企业年度平均资产总额超过全部监管企业年度平均资产总额的给予加分,其中,工业企业超过平均资产总额每100亿元加0.5分,非工业企业超过平均资产总额每60亿元加0.5分,最多加5分。

(3) 重大科技创新加分。重大科技创新加分包括以下两个方面:企业承担国家重大科技攻关项目,并取得突破的,加3—5分;承担国家科技发展规划纲要目录内的重大科技专项主体研究,虽然尚未取得突破,但投入较大的,加1—2分。

(4) 国资委认定的其他事项。以上加分因素合计不得超过15分,超过15分按15分计算。对加分前评价结果已经达到优秀水平的企业,以上加分因素按以下公式计算实际加分值:

$$实际加分值 = (1 - X\%) \times 6.6Y$$

其中,X 表示评价得分,Y 表示以上因素合计加分。

2. 惩罚内容及扣分

《中央企业综合绩效评价实施细则》规定,被评价企业评价期间(年度)发生以下不良重大事项的,应当予以扣分:

(1) 发生属于当期责任的重大资产损失事项,损失金额超过平均资产总额1%的,或者资产损失金额未超过平均资产总额1%,但性质严重并造成重大社会影响的,扣5分。正常的资产减值准备计提不在此列。

(2) 发生重大安全生产与质量事故的,根据事故等级,扣3—5分。

(3) 存在巨额表外资产,且占合并范围资产总额20%以上的,扣3—5分。

(4) 存在巨额逾期债务,逾期负债超过带息负债的10%,甚至发生严重的债务危机的,扣2—5分。

(5) 国资委认定的其他事项。

第五节 经济效益综合分析

一、财政部颁布的经济效益评价指标体系

1995年1月9日,财政部印发《企业经济效益评价指标体系(试行)》的通知,决定从1995年开始先在全国工业企业试行。

(一) 十项经济效益指标

1. 销售利润率

销售利润率是反映企业销售收入获利水平的指标。计算公式如下:

$$销售利润率 = \frac{利润总额}{产品销售净收入} \times 100\%$$

产品销售净收入是指产品销售收入扣除销售折让、销售折扣和销售返回后的销售净额。产品销售净收入也称主营业务收入净额,在营业收入附表中以"主营业务收入"项目列示,因此,销售利润率可由主营业务收入利润率代替:

$$主营业务收入利润率 = \frac{利润总额}{主营业务收入} \times 100\%$$

2. 总资产报酬率

总资产报酬率是反映企业全部资产获利能力的指标。计算公式如下:

$$总资产报酬率 = \frac{利润总额 + 利息支出}{平均资产总额} \times 100\%$$

$$平均资产总额 = (期初资产总额 + 期末资产总额) \div 2$$

3. 资本收益率

资本收益率是反映企业运用投资者投入的资本获得收益的能力的指标。计算公式如下:

$$资本收益率 = \frac{净利润}{实收资本} \times 100\%$$

4. 资本保值增值率

资本保值增值率是反映投资者投入企业的资本的完整和保全程度的指标。计算公式如下:

$$资本保值增值率 = \frac{期末所有者权益}{期初所有者权益} \times 100\%$$

资本保值增值率等于100%为资本保值;大于100%为资本增值。

5. 资产负债率

资产负债率是反映企业举债经营状况的指标。计算公式如下:

$$资产负债率 = \frac{负债总额}{资产总额} \times 100\%$$

6. 流动比率和速动比率

流动比率和速动比率是反映企业短期偿债能力的指标。计算公式如下:

$$流动比率 = \frac{流动资产}{流动负债}$$

$$速动比率 = \frac{流动资产 - 存货}{流动负债} = \frac{速动资产}{流动负债}$$

7. 应收账款周转率

应收账款周转率是反映企业应收账款回收速度的指标。计算公式如下:

$$应收账款周转率 = \frac{产品销售净收入}{平均应收账款余额} \times 100\%$$

在2007年1月1日实施新的《企业会计准则》后,公式中分子可用利润表中营业收入代替产品销售净收入。

$$平均应收账款余额 = (期初应收账款余额 + 期末应收账款余额) \div 2$$

8. 存货周转率

存货周转率是反映企业存货周转速度的指标。计算公式如下:

$$存货周转率 = \frac{产品销售成本}{平均存货成本} \times 100\%$$

$$平均存货成本 = (期初存货余额 + 期末存货余额) \div 2$$

在2007年1月1日实施新的《企业会计准则》后,公式中分子可用利润表中营业成本代替产品销售成本。

9. 社会贡献率

社会贡献率是衡量企业运用全部资产为国家或社会创造或支付价值的能力的指标。计算公式如下：

$$社会贡献率 = \frac{企业社会贡献总额}{平均资产总额} \times 100\%$$

企业社会贡献总额是企业为国家或社会创造或支付的价值总额，包括工资（奖金、津贴等工资性收入）、劳保退休统筹及其他社会福利支出、利息支出净额、应缴增值税、应缴营业税金及附加、应缴所得税、其他税收、净利润等。

10. 社会积累率

社会积累率是衡量企业社会贡献总额中多少用于上缴国家财政的指标。计算公式如下：

$$社会积累率 = \frac{上缴国家财政总额}{企业社会贡献总额} \times 100\%$$

上缴国家财政总额包括应缴增值税、应缴营业销售税金及附加、应缴所得税、其他税收等。

以上 1 至 4 项是从投资者角度考虑的指标；2 至 8 项是从债权人角度考虑的指标；9 至 10 项是从国家或社会角度考虑的指标。

（二）指标权数和综合分数

以上 10 项经济效益评价指标可以分别记分，考虑全国行业平均值和国际参考标准可确定标准值，计算出综合分数。计算公式如下：

$$综合实际分数 = \sum \left(\frac{权数}{比分} \times \frac{实际值}{标准值} \right)$$

公式中权数比分分别为：销售利润率 20 分，总资产报酬率 12 分，资本收益率 8 分，资本保值增值率 10 分，资产负债率 10 分，流动比率（或速动比率）10 分，应收账款周转率 5 分，存货周转率 5 分，社会贡献率 12 分，社会积累率 8 分。

公式中标准值可运用朱学义《建立新经济效益全国标准值的探讨》（《财务与会计》1996 年第 4 期）中的数据（见表 14-16）。

对资产负债率综合实际分数的计算有特殊规定：若小于 60%，得满权数分 10 分；若大于 60%，实际分数按下列公式计算：

$$\frac{资产负债率大于60\%}{实际考核得分} = \frac{实际值 - 不允许值100}{60 - 不允许值100} \times 权数分10$$

（三）十大经济效益指标应用举例

现以夏宇工厂 20×3 年实际情况为例，计算说明财政部十大经济效益指标考核评价体系的应用。具体计算及评价计分见表 14-16。

计算结果表明，夏宇工厂 20×3 年综合经济效益得分 176.40 分，是全国考核标准的 1.76 倍，经济效益很好。

表 14-16　夏宇工厂 20×3 年十大经济效益指标考核评价计分表

指标	权数 (1)	全国标准值 (2)	企业实际值 (3)	加权值 (4)=(3)÷(2)×(1)
① 销售利润率	20	5.6%	12.93%	46.185
② 总资产报酬率	12	7.0%	19.09%	32.719
③ 资本收益率	8	8.0%	25.16%	25.155
④ 资本保值增值率	10	105.0%	119.00%	11.333
⑤ 资产负债率	10	60.0%	40.10%	10.000
⑥ 流动比率	10	160.0%	176.37%	11.023
⑦ 应收账款周转率	5	600.0%	1777.82%	14.815
⑧ 存货周转率	5	350.0%	397.04%	5.672
⑨ 社会贡献率	12	16.0%	18.0%	13.500
⑩ 社会积累率	8	40.0%	30.0%	6.000
综合分数	100			176.40

二、国家统计局颁布考核的工业经济效益指标体系

1992 年 2 月,国家统计局制订了工业经济效益评价考核指标(六项指标)实施方案,从 1992 年一季度开始正式执行。1993 年 5 月,国家统计局又对这六项指标的内容和计算方法进行了修改。1997 年 10 月,国家统计局、国家计划委员会和国家经济贸易委员会又联合修订发布《工业经济效益评价考核指标体系》,确定评价考核工业经济效益的指标体系为七项。

(一)工业经济效益指标体系的内容

1. 总资产贡献率

总资产贡献率,反映企业全部资产的获利能力,是企业经营业绩和管理水平的集中体现,是评价和考核企业盈利能力的核心指标。计算公式如下:

$$总资产贡献率 = \frac{利润总额 + 税金总额 + 利息支出}{平均资产总额} \times \frac{12}{累计月数} \times 100\%$$

公式中,税金总额为营业税金及附加与应交增值税之和。

2. 资本保值增值率

资本保值增值率,反映所有者投入企业的资本是否得到保值和增值。计算公式如下:

$$资本保值增值率 = \frac{期末所有者权益}{期初所有者权益} \times 100\%$$

3. 资产负债率

资产负债率指标,既反映企业举债经营风险的大小,也反映企业利用债权人提供的资金从事经营活动的能力。计算公式如下:

$$资产负债率 = \frac{负债总额}{资产总额} \times 100\%$$

4. 流动资产周转次数

流动资产周转次数,指一定时期内流动资产完成的周转次数,反映投入工业企业流动资金的周转速度。计算公式如下:

$$流动资产周转次数 = \frac{营业收入}{平均流动资产余额} \times \frac{12}{累计月数}$$

5. 成本费用利润率

成本费用利润率指标反映企业投入产品的成本及费用的经济效益,同时也反映企业降低成本所取得的经济效益。计算公式如下:

$$成本费用利润率 = \frac{报告期累计实现的利润总额}{报告期累计成本费用总额} \times 100\%$$

成本费用总额 = 营业成本 + 营业税金及附加 + 销售费用 + 管理费用 + 财务费用

6. 全员劳动生产率

全员劳动生产率指标反映企业全部职工平均为社会创造的工业增加值情况。计算公式如下:

$$全员劳动生产率 = \frac{报告期止累计工业增加值}{报告期全部职工平均人数} \times \frac{12}{累计月数}$$

7. 产品销售率

产品销售率指标反映工业产品已实现销售的程度,是分析工业产销衔接情况、研究工业产品满足社会需求状况的指标。计算公式如下:

$$产品销售率 = \frac{报告期现价工业销售产值}{报告期现价工业总产值} \times 100\%$$

8. 工业经济效益综合指数

$$工业经济效益综合指数 = \sum \left(\frac{某项经济效益指标报告期数值}{该项指标全国标准值} \times 权数 \right) \div 总权数$$

上式中总权数为 100 分,各项指标的全国标准值和权数分别为:总资产贡献率 10.7%、20 分;资本保值增值率 120%、16 分;资产负债率 60%、12 分;流动资产周转次数 1.52 次、15 分;成本费用利润率 3.71%、14 分;全员劳动生产率 16 500 元/人、10 分;产品销售率 96%、13 分。

对资产负债率综合实际分数的计算有特殊规定:若小于60%,得满权数分10分;若大于60%,实际分数按如下公式计算:

$$\frac{资产负债率大于60\%}{实际考核得分} = \frac{实际值 - 不允许值100}{60 - 不允许值100} \times 权数分12$$

(二)工业经济效益指标考核评价体系的应用

现以 20×3 年夏宇工厂的实际情况为例,计算说明国家统计局工业经济效益七大指标考核评价体系的应用。具体计算及评价计分见表 14-17。

表 14-17　夏宇工厂 20×3 年工业经济效益七大指标考核评价体系计分表

指标	权数 (1)	全国标准值 (2)	企业实际值 (3)	加权值 (4)=(3)÷(2)×(1)
① 总资产贡献率	20	10.70%	26.23%	49.022
② 资本保值增值率	16	120%	119.00%	15.867
③ 资产负债率	12	60%	40.10%	12.000
④ 流动资产周转次数(次)	15	1.52	2.75	27.090
⑤ 成本费用利润率	14	3.71%	14.83%	55.951
⑥ 全员劳动生产率(元/人)	10	16 500	16 129	9.775
⑦ 产品销售率	13	96%	99.01%	13.408
综合指数	100			183.11

从表 14-17 可见,夏宇工厂 20×3 年七大工业经济效益指标评价得分 183.11 分,是全国工业企业考核标准 100 分的 1.83 倍,经济效益很好。

◆ 习题二十一

目的:练习财务综合分析。

1. 对以下 A 企业财务数据进行杜邦分析。

A 企业 20×1 年至 20×3 年财务数据表

单位:元

项目	20×1 年	20×2 年	20×3 年
所有者权益	321 000	163 000	1 843 800
总资产	747 350	2 210 000	2 532 000
营业收入	882 000	949 000	990 000
净利润	196 800	206 500	225 000

(1) 20×2 年权益净利率 =
(2) 20×3 年权益净利率 =
(3) 权益净利率 20×3 年较 20×2 年总差异 =
(4) 20×2 年总资产净利率 =
(5) 20×3 年总资产净利率 =
(6) 20×2 年权益乘数 =
(7) 20×3 年权益乘数 =
(8) 总资产净利率变动对权益净利率的影响 =
(9) 权益乘数变动对权益净利率的影响 =

2. 根据习题十五凤洋工厂资料及其对国家社会的贡献指标(凤洋工厂当年社会贡献

率 76%,社会积累率 54%),计算财政部考核的企业十大经济效益指标综合分数,并作简要评价。

(1) 主营业务收入利润率 =

(2) 总资产报酬率 =

(3) 资本收益率 =

(4) 资本保值增值率 =

(5) 资产负债率 =

(6) 流动比率 =

(7) 应收账款周转率 =

(8) 存货周转率 =

(9) 社会贡献率 =

(10) 社会积累率 =

根据以上凤洋工厂经济效益指标计算结果填入下表,完成表中计算,并评价。

凤洋工厂 20××年十大经济效益指标考核评价计分表

指标	权数	全国标准值	企业实际值	加权值
	1	2	3	4 = 3 ÷ 2 × 1
(1) 主营业务收入利润率(%)	20	5.6%		
(2) 总资产报酬率(%)	12	7.0%		
(3) 资本收益率(%)	8	8.0%		
(4) 资本保值增值率(%)	10	105.0%		
(5) 资产负债率(%)	10	60.0%		
(6) 流动比率(%)	10	160.0%		
(7) 应收账款周转率(次)	5	6.0		
(8) 存货周转率(次)	5	3.5		
(9) 社会贡献率	12	16.0%		
(10) 社会积累率	8	40.0%		
综合分数	100			

3. 根据习题十五凤洋工厂资料及其他有关资料(凤洋工厂当年工业销售产值 180 万元,工业总产值 186 万元,工业增加值 51 万元,应交增值税 2 万元,全年职工平均人数 30 人),计算国家统计局考核的企业七大经济效益指标综合指数,并作简要评价。

(1) 总资产贡献率 =

(2) 资本保值增值率 =

(3) 资产负债率 =

(4) 流动资产周转次数 =

(5) 成本费用利润率 =

(6) 全员劳动生产率 =

（7）产品销售率 =

根据以上凤洋工厂经济效益指标计算结果填入下表,完成表中计算,并评价。

凤洋工厂 20××年七大指标考核评价体系计分表

指标	权数 1	全国标准值 2	企业实际值 3	加权值 4 = 3 ÷ 2 × 1
（1）总资产贡献率(%)	20	10.70%		
（2）资本保值增值率(%)	16	120%		
（3）资产负债率(%)	12	60%		
（4）流动资产周转次数(次)	15	1.52		
（5）成本费用利润率(%)	14	3.71%		
（6）全员劳动生产率(元/人)	10	16 500		
（7）产品销售率(%)	13	96%		
综合指数	100			

■ 案例四

目的:对上市公司综合效益进行评价。

要求:登陆"证券之星"等网站,收集上市公司郑州煤电(代码:600121)下列情况:

1. 公司概况;

2. 股票发行情况;

3. 股份构成;

4. 近三年主要财务指标;

5. 近三年每股收益及分红配股方案;

6. 下载最近一年的资产负债表;

7. 下载最近一年的利润表;

8. 下载最近一年的现金流量表;

9. 下载最近一年的所有者权益变动表;

10. 对郑州煤电综合经济效益相关指标进行分析和评价(要求选杜邦财务分析法、沃尔评分分析法、资本绩效综合分析法、经济效益综合评价法中任何一种方法作深入分析),并结合分析结果写出应收账款管理问题评价报告。

第三篇　财务分析高级教程

part 3

第十五章　资金流动分析

第十六章　企业价值评估分析

第十七章　期权估价

第十八章　会计实证研究与实证分析

第十五章 资金流动分析

第一节 资金流动分析概述

一、资金流动的概念

资金流动是指资金的实物形态随价值的转移而不断地变换。企业的资金流动分为三个部分[①]：一是投资，即企业购买存货、厂房、机器设备，发生应收账款等；二是融资，即企业通过各种途径筹集资金，包括所有者投入资本及各种长、短期负债融资；三是运营，即将资金用于生产经营，产生营业收入，发生营业支出等。资金流动的前两部分通常以资产负债表项目集中反映，第三部分通常以利润表项目集中反映。

二、资金流动性概念

资金流动性是指资金的实物形态随价值的转移而不断地变换的性质，包括三个方面：一是资产的流动性[②]，通常指资产的变现能力，即企业占用在各种形态资产上的资金转变为货币资金的速度和能力。资产的耗用周期短、变现速度快，流动性就强。二是资本的流动性，是指企业持有的投资者投入的资本——自有资本——不断地在生产经营过程中循环周转，并带来价值增值的特性。三是负债的流动性，是指企业能够方便地以较低成本随时获得需要的资金，并能按期还本付息的特性。企业资产负债表项目按流动性大小排列，一般是将流动性强的项目，如货币资金、交易性金融资金等流动资产排在前

[①] 陈石进编译：《财务分析技巧》，香港财经管理研究社1986年版，第1页。
[②] 侯耀宗：《新制度确定流动资产分类的作用》，《中国乡镇企业会计》，1994年第4期。

面,各类非流动资产排列在后,根据负债偿还期的长短,将流动负债排在前面,长期负债排列在后。

三、资金流动分析模式

资金流动分析是以财务报表为主要分析对象,从资金筹集、资金投放、资金运营等方面分析资金形成渠道、资金投放去向、资金运营结果过程中的资金动态变化,为管理决策提供依据。

资金流动分析的模式是:融资——投资——运营。具体如图 15-1 所示。

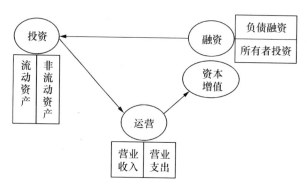

图 15-1　资金流动分析模式图

第二节　融资资金流动分析

企业融资资金流动分析是分析企业从哪些途径取得资金,又将这些资金应用到哪些方面,从而分析资金来源和资金应用的对应性。例如,某投资者创办甲科技公司投入资本金 100 万元存入银行。当期,该公司支付 70 万元购买一批科技产品,并全部售出,收款 86 万存入银行。由于该科技公司新办,一切税费免缴,未发生其他费用。期末,该公司编制的资产负债表、利润表如下(见表 15-1、表 15-2)。

表 15-1　资产负债表　　　　　　　　　　　　　　　　单位:万元

项目	期初	期末	差额
资产			
银行存款	100	116	+16
权益			
实收资本	100	100	0
未分配利润		16	+16

表 15-2　利润表　　　　　　　　　　　　　　　　单位:万元

项目	金额
营业收入	86
营业成本	70
利润总额	16

根据表 15-1、表 15-2 进行资金流动分析如下：

(1) 公司创立时：

资金的应用

  银行存款余额　　　　100 万元

资金的来源

  实收资本余额　　　　100 万元

(2) 营业一期后：

资金的应用

  增加银行存款　　　　16 万元

资金的来源

  增加未分配利润　　　16 万元

从以上分析可知，企业融资资金流动分析主要是比较资产、权益项目的期初、期末差额。对于资产类项目来说，期末余额大于期初余额，是企业增加资金的应用；期末余额小于期初余额，是企业增加资金的来源。对于权益类项目来说，期末余额大于期初余额，是企业增加资金的来源；期末余额小于期初余额，是企业增加资金的应用。

例 1　夏宇工厂 20×3 年 12 月 31 日资产负债表（见表 8-1）年初、年末差额计算如下（见表 15-3、表 15-4）。

表 15-3　夏宇工厂资产负债表——资产项目年初年末差额

单位：元

资产	年初余额	年末余额	差额
流动资产：			
货币资金	256 500	690 445	433 945
交易性金融资产	535 000	203 000	−332 000
应收票据	20 500	103 662	83 162
应收账款	558 320	262 730	−295 590
预付款项		598	598
应收利息		2 500	2 500
其他应收款	1 800	3 809	2 009
存货	1 200 600	1 456 488	255 888
其他流动资产	10 480	10 912	432
流动资产合计	2 583 200	2 734 144	150 944
非流动资产：			
持有至到期投资		107 970	107 970
长期股权投资	154 600	154 600	0
固定资产	2 474 000	2 551 263	77 263
在建工程	135 000	129 500	−5 500
工程物资		14 291	14 291
无形资产	135 400	126 855	−8 545
长期待摊费用	87 500	74 240	−13 260
非流动资产合计	2 986 500	3 158 719	172 219
资产总计	5 569 700	5 892 863	323 163

表 15-4　夏宇工厂资产负债表——权益项目年初年末差额

单位:元

负债和所有者权益	年初余额	期末余额	差额
流动负债:			
短期借款	384 400	495 000	110 600
应付票据		175 500	175 500
应付账款	489 000	293 100	-195 900
应付职工薪酬	86 200	93 653	7 453
应交税费	95 900	83 648	-12 252
应付股利	262 100	156 800	-105 300
一年内到期的非流动负债	369 641	30 000	-339 641
流动负债合计	1 687 241	1 327 701	-359 540
非流动负债:			
长期借款	627 031	693 031	66 000
应付债券	120 328	128 166	7 838
递延所得税负债		13 200	13 200
非流动负债合计	747 359	834 397	87 038
负债合计	2 434 600	2 162 098	-272 502
所有者权益:			
实收资本	2 814 000	2 814 000	0
资本公积	23 000	67 600	44 600
盈余公积	98 910	205 090	106 180
未分配利润	199 190	644 075	444 885
所有者权益合计	3 135 100	3 730 765	595 665
负债和所有者权益总计	5 569 700	5 892 863	323 163

根据表 15-3、表 15-4 进行资金流动分析如下(见表 15-5)。

表 15-5　夏宇工厂资金流动分析表

单位:元

资金应用	金额	资金来源	金额
货币资金增加	433 945	交易性金融资产减少	332 000
应收票据增加	83 162	应收账款减少	295 590
预付款项增加	598	在建工程减少	5 500
应收利息增加	2 500	无形资产减少	8 545
其他应收款增加	2 009	长期待摊费用减少	13 260
存货增加	255 888	短期借款增加	110 600
其他流动资产增加	432	应付票据增加	175 500
持有至到期投资增加	107 970	应付职工薪酬增加	7 453
固定资产增加	77 263	长期借款增加	66 000
工程物资增加	14 291	应付债券增加	7 838
应付账款减少	195 900	递延所得税负债增加	13 200
应交税费减少	12 252	资本公积增加	44 600
应付股利减少	105 300	盈余公积增加	106 180
一年内到期的非流动负债减少	339 641	未分配利润增加	444 885
资金应用总计	1 631 151	资金来源总计	1 631 151

从表15-5中可知,夏宇工厂本期"资金来源"1 631 151元,其中,主要产生于流动资金项目和盈利的增加:(1) 企业盈利使"未分配利润"增加444 885元,占全部资金来源的27.3%(444 885÷1 631 151×100%);(2) 出售交易性金融资产增加资金来源332 000元,占全部资金来源的20.4%(332 000÷1 631 151×100%);(3) 收回应收账款增加资金来源295 590元,占全部资金来源的18.1%(295 590÷1 631 151×100%);(4) 购货签发应付票据增加资金来源175 500元,占全部资金来源的10.8%(175 500÷1 631 151×100%)。这四项内容共增加资金来源1 247 975元,占全部资金来源的76.5%(1 247 975÷1 631 151×100%)。其中,最主要的资金来源是"未分配利润"的增加,它表明该企业主要依靠增加盈利来扩大资金来源。如果企业主要靠增加贷款来增加资金来源,就有可能产生财务风险。

从表15-5中可知,夏宇工厂本期"资金应用"1 631 151元,其中,主要用于流动资金项目的增加:(1) 货币资金增加433 945元,占全部资金应用的26.6%(433 945÷1 631 151×100%);(2) 一年内到期的非流动负债减少339 641元,相当于动用偿债的流动资产增加了20.8%(339 641÷1 631 151×100%);(3) 企业购买的存货增加,多占用资金255 888元,占全部资金应用的15.7%(255 888÷1 631 151×100%);(4) 应付账款减少195 900元,相当于动用偿债的流动资产增加了12.0%(195 800÷1 631 151×100%)。这四项内容共使资金应用增加了1 225 374元,占全部资金应用的75.1%(1 225 374÷1 631 151×100%)。其中,最主要的资金应用是"货币资金"的增加,它表明该企业主要依靠回流货币增加资金应用。值得注意的是,如果企业应收账款过度增加,存货中的库存商品超常规增加,这些都有可能产生经营风险,会给企业的发展带来很大的不利。

再对非流动资产增加的对应性进行分析。夏宇工厂本期"非流动资产"共增加了199 524元,其中,"持有至到期投资"增加了107 970元,占全部资金应用的6.6%;"固定资产"增加了77 263元,占全部资金应用的4.7%;"工程物资"增加14 291元,占全部资金应用的0.9%。企业"非流动资产"的增加,主要依靠"长期融资"解决,即主要依靠投资者资金积累和长期负债解决。夏宇工厂本期"长期借款"增加66 000元,"应付债券"增加7 838元,共计73 838元,占"非流动资产"增加额的37%;其次,夏宇工厂本期"盈余公积"增加了106 180元,占"非流动资产"增加额的53%。可见,夏宇工厂本期增加"非流动资产"的途径是正常的,且主要依靠自身积累扩大企业规模。需要注意的是,如果企业增加"非流动资产"主要依靠短期融资,这将存在极大的偿债风险,一旦短期债权人到期逼债,企业会产生债务危机,有可能走上破产的道路。

第三节 运营资金流动分析

运营资金流动分析是对企业将资金运用于生产经营过程产生营业收入、发生营业费用、取得运营效应的情况进行分析。分析的重点是经营活动产生的现金净流量及其对应性。分析的方法有直接分析法和间接分析法。直接分析法是以现金流量表为依据对经营活动流入量各项目和流出量各项目直接进行分析;间接分析法是以现金流量表为依据,以净利润为分析起点,加减不涉及现金变动的收入或收益及其费用和损失,调整得出经营活动现金净流量的方法。

一、运营收入、费用与现金流量的变动分析

例2 夏宇工厂20×3年12月利润表(见表8-2)、现金流量表(见表8-4)重新排列内容如下(见表15-6、表15-7)。

表15-6 夏宇工厂利润表(重新编排)

单位:元

项目	本年金额
一、企业业务收入	
营业收入	7 298 385
投资收益	51 233
营业外收入	39 950
企业业务收入合计	7 389 568
二、企业成本费用	
营业成本	5 274 893
营业税金及附加	41 756
销售费用	214 663
管理费用	684 155
财务费用	150 045
营业外支出	80 236
所得税费用	235 955
企业成本费用小计	6 681 703
三、净利润	707 865

表15-7 夏宇工厂现金流量表(经营活动项目)

单位:元

经营活动产生的现金流量项目	本年金额
一、经营活动现金流入	
销售商品、提供劳务收到的现金	8 737 294
收到的税费返还	0
收到其他与经营活动有关的现金	96 890
经营活动现金流入小计	8 834 184
二、经营活动现金流出	
购买商品、接受劳务支付的现金	5 919 307
支付给职工以及为职工支付的现金	611 370
支付的各项税费	672 052
支付其他与经营活动有关的现金	637 511
经营活动现金流出小计	7 840 240
三、经营活动产生的现金流量净额	993 944

根据表15-6、表15-7可以进行以下两项分析:

一是分析收支运营过程中的现金流动。夏宇工厂20×3年取得业务收入共计7 389 568元,其中,营业收入7 298 385元,占全部业务收入的98.8%。同时,夏宇工厂20×3年发生成本费用6 681 703元,其中,营业成本5 274 893元,占全部成本费用的78.9%。收支相抵后取得净利润707 865元。可见,该工厂主要依靠取得营业收入流入现金,发生营业成本流出现金,表明该工厂运营过程中的现金流动是正常的。需要指出的是,如果有些单位不是主要依靠经营活动发生收支,赚取利润,而是主要依靠其他途径发生收支,赚取利润,就有可能存在某些不良情况。

二是分析营业收支与现金流入流出的对应性。(1)收入与流入的对应性分析。夏宇工厂20×3年取得业务收入共计7 389 568元,经营活动现金流入量共计8 834 184元,后者比前者多1 444 616元,表明该工厂除了将相对于本期的全部收入都收回来外还收回前期欠款1 444 616元,货币回笼的情况很好。(2)支出与流出的对应性分析。夏宇工厂20×3年发生成本费用6 681 703元,经营活动现金流出量共计7 840 240元,后者比前者多1 158 537元,表明该工厂有1 158 537元的现金流出尚未转化为成本费用。这些现金流出有的留在存货仓库。例如,从表15-5可知,夏宇工厂存货就增加了255 888元;有的偿付了货款和税费。造成营业收支与现金流入流出存在差距的主要原因是会计基础不同。营业收支按权责发生制处理,现金流入流出是按现金制处理的。(3)净利润与经营活动净流量的对应分析。夏宇工厂20×3年实现净利润707 865元,经营活动产生的现金流量净额为993 944元,后者比前者多286 079元,盈余现金保障倍数为120%(993 944÷707 865×100%)。它说明,夏宇工厂20×3年实现的净利润有充分的现金流量予以保证。

进行营业收支与现金流入流出的对应分析,其目的是考察企业赊销赊购偏离现金流动的程度。一般地说,企业一定时期赊销赊购的数额过大,营业收支与现金流入流出的差额就会很大。夏宇工厂20×3年营业收支与现金流入流出基本上是适应的,同时该工厂净利润的"现金含量"是较高的。

二、净利润与经营现金净流量的偏差分析

企业编制现金流量表中的补充资料"将净利润调整为经营活动净流量"时,采用的编制方法是间接法,即以净利润为起点,加减不涉及现金变动的收入或支出项目金额,调整得出经营活动现金净流量的方法。企业对净利润与经营现金净流量的偏差进行分析就是分析不涉及现金变动的收入或支出的各个调整项目的内容及其变动数额。这些调整项目分为以下三类:

一是实际没有支付现金或收到现金的费用或收益,包括资产减值准备,固定资产折旧、油气资产折耗、生产性生物资产折旧,无形资产摊销,长期待摊费用摊销,公允价值变动损失(减收益),财务费用(减收益),递延所得税资产减少(增加用"-"号),递延所得税负债增加(减少用"-"号)。

二是不属于经营活动的损益,包括处置固定资产、无形资产和其他长期资产的损失(减收益),固定资产报废损失(减收益),投资损失(减收益)。

三是经营性应收应付及其他项目的变动,包括存货的减少(增加用"-"号),经营性应收项目的减少(增加用"-"号),经营性应付项目的增加(减少用"-"号)等。

例3 夏宇工厂20×3年12月编制的现金流量表(见表8-4)按调整类别重新排列如下(见表15-8)。

表15-8 夏宇工厂现金流动表(按调整类别重新排列)

单位:元

补充资料——将净利润调节为经营活动现金流量	本年金额	调整项目占偏差的比重
一、净利润	707 865	
二、加:		
(一)实际没有支付现金或收到现金的费用或收益		
资产减值准备	4 783	1.7%
固定资产折旧、油气资产折耗、生产性生物资产折旧	276 417	96.6%
无形资产摊销	12 545	4.4%
长期待摊费用摊销	31 520	11.0%
公允价值变动损失(收益用"-"号)		
财务费用(收益用"-"号)	150 045	52.4%
递延所得税资产减少(增加用"-"号)		
递延所得税负债增加(减少用"-"号)		
实际没有支付现金或收到现金的费用或收益小计	475 310	166.1%
(二)不属于经营活动的损益		
处置固定资产、无形资产和其他长期资产的损失(收益用"-"号)	-19 300	-6.7%
固定资产报废损失(收益用"-"号)	6 400	2.2%
投资损失(收益用"-"号)	-51 233	-17.9%
不属于经营活动的损益小计	-64 133	-22.4%
(三)经营性应收应付及其他项目的变动		
存货的减少(增加用"-"号)	-312 386	-109.2%
经营性应收项目的减少(增加用"-"号)	210 510	73.6%
经营性应付项目的增加(减少用"-"号)	-34 790	-12.2%
其他	11 568	4.0%
经营性应收应付及其他项目的变动小计	-125 098	-43.7%
三、经营活动产生的现金流量净额	993 944	
四、净利润与经营活动产生的现金流量净额的偏差	286 079	

由表15-8可知,夏宇工厂20×3年经营活动产生的现金流量净额为993 944元,比实现的净利润707 865元多286 079元。原因有三:(1)实际没有支付现金或收到现金的费用或收益共计475 310元,占偏差额的166.1%;(2)不属于经营活动的损益为-64 133元,占偏差额的-22.4%;(3)经营性应收应付及其他项目的变动额为-125 098元,占偏差额的-43.7%。在这些变动类别中,比较突出的项目是"固定资产折旧"、"存货的减少"、"经营性应收项目的减少"和"财务费用",它们分别占其偏差额的96.6%、-109.2%、73.6%、52.4%。

第十六章 企业价值评估分析

第一节 企业价值评估概述

一、企业价值的概念

企业价值是通过市场评价确定的企业买卖价格。① 企业价值具有如下特征：

(1) 企业全部财产的价值。企业可以看成是由流动资产、固定资产、无形资产等组成的整体。企业价值不是其中某几项资产的价值，而是各项财产综合体的价值。

(2) 潜在的获利能力。企业各项财产综合体的使用效果和潜在获利能力，是决定企业价值的关键因素。

(3) 时间价值和风险价值。企业价值体现了时间价值和风险价值的综合作用。

(4) 市场评价。企业市场价格的形成依据并非企业资产的账面价值，也不是简单考察企业已获利润的多少，而是通过投资者对企业未来获利能力的预计所形成的市场评价。

二、企业价值评估的概念

企业价值评估是评估企业整体经济价值。企业整体经济价值是指企业作为一个整体的公允市场价值。它有以下两种表述：

(1) 企业价值用企业实体价值来反映。企业实体价值是指企业这一经营实体全部资产所反映的公允市场价值。由于企业资产由负债和所有者权益所组成，因此：

---

① 冯淑萍主编：《简明会计辞典》，中国财政经济出版社 2002 年版，第 272 页。

企业实体价值＝股权价值＋债务价值

股权价值不是会计账面上所有者权益的价值,而是股权的公允市场价值。债务价值也不是会计账面上负债价值,而是债务的公允市场价值。大多数企业购并是以购买股份的形式进行的,它是卖方标的股权价值。然而,购买方的实际收购成本等于股权价值加上所承接的债务。例如,甲企业以 8 亿元的价格买下了 A 企业的全部股份,并承担了 A 企业原有的 4 亿元的债务。甲企业收购成本为 12 亿元。因为甲企业收购 A 企业时要支付 8 亿元的现款,同时还以书面契约形式承担了 4 亿元的债务在未来到期时支付,因而甲企业实质上需要支付 12 亿元。因此,甲企业所购 A 企业实体价值为 12 亿元,其中,股权价值 8 亿元,债务价值 4 亿元。

需要说明的是,股权价值又分为少数股权价值和控股股权价值两部分。从控股股东看,他合并子公司的报表,归属母公司的股东权益所反映的市场价值是控股股东(亦称主权股东)的股权价值;从少数股东看,他投资到受资企业的少数股东权益所反映的市场价值是少数股权价值;从企业经营实体看,控股股权价值和少数股权价值共同组成了企业实体价值。我国上市公司中,有相当多的控股股东的股票不在市场上进行交易,往往是分散的少数股东在市场上进行股票买卖交易。一旦控股股东的股票也在市场上进行交易,则股价会迅速飙升。因此,我国目前的少数股东的股票的市场价值不能反映企业全部股东的股权价值。

(2) 企业价值用企业持续经营价值来反映。持续经营价值是指企业持续经营所产生的未来现金流量的现值。企业持续经营价值不同于企业清算价值。企业清算价值是企业处于停止经营状态时出售资产产生的价值流。

三、企业价值评估的方法及具体项目估值技术的种类

(一) 企业价值评估的方法

企业价值评估的方法主要有三种:一是未来现金流量折现法,简称现金流量折现法;二是经济利润法,即以经济利润推算企业价值的评估方法;三是相对价值法,即以类似企业的市场定价来估算目标企业价值的方法,也称以价格比为基础的企业价值评估方法。

(二) 具体项目估值技术的种类

1. 市场法

市场法基于相同或可比资产或负债的市场交易产生的价格,以及利用其他相关的市场信息来计量评估项目的市场公允价值。当被评估项目存在活跃市场时,应当运用在活跃市场中的报价来确定其评估价值。

应用市场法评估企业价值时,应当关注相关市场的活跃程度,从相关市场获得足够的交易案例或其他比较对象,判断其可比性、适用性和合理性,并尽可能选择最接近的、比较因素调整较少的交易案例或其他比较对象作为参照物。

选择参照物时,应当考虑以下几方面的因素:(1) 应当有公开、活跃的市场。公开和活跃的市场是运用市场法的重要前提,是信息客观性、可核实性以及真实性的重要保障。(2) 应当获取足够的参考样本,判断其可比性、适用性和合理性。(3) 应当选择最接近的、比较因素调整较少的交易案例或其他比较对象作为参照物。

在应用市场法时,应当对参照物的比较因素进行分析,做出恰当、合理的调整,重点关注作为参照物的交易案例的交易背景、交易地点、交易市场、交易时间、交易条件、付款方式等因素。

2. 成本法

成本法是基于当前将要重置的一项资产的服务能力的金额来计量公允价值。当被评估项目不存在活跃市场时,应参考熟悉情况并自愿交易的各方最近进行的市场交易中使用的价格,或参照实质上相同或相似的其他资产或负债等的市场价格确定被评估项目的公允价值。

采用成本法确定资产的公允价值时,应按照当前市场条件确定重新取得同样一项资产所需支付的现金或现金等价物金额。

应用成本法确定评估项目的公允价值需要考虑各项损耗因素,主要包括:(1) 有形损耗。资产投入使用后,由于使用磨损和自然力的作用,其物理性能会不断下降,价值会逐渐减少,这种损耗一般称为资产的物理损耗或有形损耗,也称实体性贬值。(2) 功能性损耗。新技术的推广和运用使企业原有资产与社会上现在普遍推广和运用的资产相比较,技术上明显落后,性能降低,其价值也就相应减少,这种损耗称为资产的功能性损耗,也称功能性贬值。(3) 经济性损耗。资产以外的外部环境因素(包括政治因素、宏观政策等)变化会引致资产价值降低,这种损耗一般称为资产的经济性损耗,也称经济性贬值。

3. 收益法

收益法是基于未来金额的现行市场期望所反映的价值来计量被评估项目的公允价值。当被评估项目既不存在活跃市场,又没有相同或相似的其他资产或负债等的市场价格时,应采用收益法进行估价。

在收益法下,企业主要是运用现值技术将未来现金流量折算为现值来确定被评估项目的价值。现值技术,即现金流量现值技术的简称,也称为现金流量折现法,这是目前较为成熟、使用较多的估值技术。

上述三种方法,是企业对具体项目进行估值最常用的方法。企业应优先考虑市场法,其次考虑成本法,最后采用收益法。

四、企业价值评估的目的和意义

企业价值评估的目的是帮助投资人和管理当局改善决策。其意义主要有以下三点:

(1) 企业价值评估可用于投资分析。企业将融得的资金投放到流动资产、固定资产等方面,必然会使企业的价值发生变化。企业价值与财务数据之间存在着函数关系,这种关系在一定时间内是稳定的,尽管不断出现偏离状况,但偏离经过一段时间的调整会趋向于价值回归。企业资金投放产生何种效益,通过财务数据能计算出它的投资报酬率。企业将该投资报酬率和企业价值评估得出的市场平均报酬率进行比较,就能正确评价投资效益的高低。

(2) 企业价值评估可用于战略分析。企业战略管理是指企业有关目标、方向的,带有全局性、长期性的重大决策和管理,分为战略分析、战略选择和战略实施三大内容。其中,战略分析是战略管理的起点,是对企业未来价值创造的设计,目的是揭示企业目前和今后增加股东财富所要选择的关键因素。企业价值评估在企业战略分析中起核心作用，它通过对企业未来决策方案前后价值的评估，告诫企业是否能增加股东财富，以及靠什么来增加股东财富。

（3）企业价值评估可用于以价值为基础的管理。企业的目标是增加股东财富，而股东财富就是企业的价值。企业价值最大化是企业财务管理的目标。通过企业价值评估，能判别企业财务管理的目标是否实现及其实现的程度，进而进一步改进企业的管理。

第二节 现金流量折现法

一、现金流量折现模型

企业任何资产都可以使用现金流量折现模型来估价。它同财务会计核算中"未来现金流量现值"的应用模型一样，由以下三个变量组成：

$$未来现金流量现值 = \sum_{t=1}^{n} \frac{预计未来现金流量_t}{(1+折现率)^t}$$

（一）预计未来现金流量

1. 按具体项目（资产组）预计未来现金流量

（1）传统法。预计资产未来现金流量，通常应当根据某资产或资产组未来每期最有可能产生的现金流量进行预测，这种方法通常叫做传统法，它使用单一的未来每期预计现金流量和单一的折现率计算资产未来现金流量的现值。

传统法的优点是简单易行，如果资产和负债具有合同约定的现金流量，运用其计量的结果同市场参与者对该项资产或负债的价值表述能够趋于一致。采用传统法的关键在于选择并识别现金流量与其未来不确定性的相关性的大小。为此，需要找到可比较的两个因素：一是被计量的资产或负债；二是具有相似的未来现金流量特征的另一参照性质的资产或负债。在较为复杂的计量问题中，找到后一因素相当困难。

（2）期望现金流量法。在实务中，有时影响某资产或资产组未来现金流量的因素较多，情况较为复杂，带有很大不确定性，而传统法计算现值，只考虑一种可能的现金流量，因此使用单一的现金流量可能并不会如实地反映资产创造现金流量的实际情况，这样就要应用期望现金流量法。

根据现金流量不确定性的不同表现，期望现金流量法又可以分为两种情况：一是现金流量金额上存在不确定性。在这种情况下，未来现金流量应当根据每期现金流量期望值进行预计，每期现金流量期望值按照各种可能情况下的现金流量与其发生概率加权计算；二是现金流量时间上存在不确定性。在这种情况下，应当根据资产或负债在每种可能情况下的现值及其发生概率直接加权计算未来现金流量的现值。

期望现金流量法考虑了所有可能的现金流量，并计算它们的期望值，在实务中有时较传统法更为合理。但是，值得注意的是，在运用期望现金流量法计算现值时应当考虑成本效益原则。因为关于未来现金流量估计的假设可以无止境地进一步精确和提炼。

根据边际效益递减规律,通常最后对假设的精确和提炼的努力所带来的效益很小,即对提高数据的准确性的作用很小,甚至不能改变最终的结果,而且最终计算出来的数据仍然是估计的数据。为使估计更加精确的额外投入应该用成本效益原则来控制,即将增加的成本与增加的数据质量的提高进行比较,如果花费的成本不能产生足够的效益,则应当终止努力。

通常而言,如果现金流量是由一项或多项经济合同规定的,或虽然经济合同不存在,但可以预测最可能或者最低的现金流量,则直接采用传统法。在其他情况下,应采用期望现金流量法进行估算。

2. 按企业价值主体预计未来现金流量

企业价值主体有股东和债主两大类。股东投入企业的资金经过运用产生股权现金流量;债主(债权人)将资金借给企业使用产生债权人现金流量,它是偿还债务的现金流量,包括偿还债务本金和利息两部分。股权现金流量和债权人现金流量共同组成企业实体现金流量。实体现金流量是企业全部现金流入扣除成本费用和必要的投资后的剩余部分,它是企业一定时期可以提供给企业所有投资人(包括股权投资人和债权投资人)的所得税后现金流量。

需要说明的是,如果企业股东将股权现金流量全部用于股利分配,则股权现金流量等于股利现金流量。事实上,股东为了企业的可持续发展,不可能将股权现金流量全部分光,则股权现金流量代表股东留存在企业持续经营使用的现金流量。因此,股权现金流量还可以采用间接方法计算,即它等于实体现金流量减去债权人现金流量。

(二) 预计折现率

对具体项目(资产组)预计的折现率是计算未来现金流量现值时所使用的反映当前市场货币时间价值和资产特定风险的税前利率。如果在预计未来现金流量时已经对资产或负债特定风险的影响做了调整,折现率的估计就不需要考虑这些特定风险。如果用于估计折现率的基础是税后的,则还应当将其调整为税前的折现率,以便与未来现金流量的估计基础一致。具体项目确定折现率时,应当首先以市场利率为依据;如果无法从市场获得,则可以使用替代利率估计。在估计替代利率时,应当充分考虑资产剩余寿命期间的货币时间价值和其他相关因素,比如资产未来现金流量金额及其时间的预计离散程度、资产内在不确定性的定价等。如果预计未来现金流量已经对这些因素做了有关调整的,则应当予以剔除。替代利率在估计时,可以根据加权平均资金成本率、增量借款利率或者其他相关市场借款利率做适当调整后确定。调整时,应当考虑与预计现金流量有关的特定风险以及其他有关政治风险、货币风险和价格风险等。企业对具体项目计算未来现金流量现值时,通常使用单一的折现率。未来现金流量的现值对未来不同期间的风险差异或利率的期间结构反应敏感的,可以在未来各不同期间采用不同的折现率。

对企业不同价值主体未来现金流量进行折现时,应使用"资本成本率"。计算股权现金流量现值用"股权资本成本率"来折现;计算实体现金流量现值用企业实体的"加权平均资本成本率"来折现;计算债权人现金流量现值用"等风险债务成本率"来折现。

(三) 现金流量的持续年数

企业对具体项目(资产组)进行估值时,预计现金流量最多覆盖 5 年,企业管理层如能证明更长的期间是合理的,则可以覆盖更长的期间。在对预算或者预测期之后年份的现金流量进行预计时,所使用的增长率除了企业能够证明更高的增长率是合理的之外,不应当超过企业经营的产品、市场、所处的行业或者所在国家或地区的长期平均增长率,或者该资产所处市场的长期平均增长率。

企业对不同价值主体预计未来现金流量的持续年数应分为两个阶段:第一阶段是有限的、明确的预测期,称为"详细预测期"或简称"预测期"。在此阶段,企业需要对每年的现金流量进行详细预测,并根据现金流量模型计算其预测期价值。第二阶段是预测期以后的无限时期,称为"后续期"或"永续期"。在此期间假设企业已进入稳定状态,有一个稳定的增长率,可以用简便方法直接估计后续价值。后续价值也称为"永续价值"或"残值"。这样,企业价值分为两部分:

$$企业价值 = 预测期价值 + 后续期价值$$

二、现金流量折现模型的种类

评估企业价值即确定企业不同价值主体未来现金流量现值,其现金流量折现模型分为以下三种:

(一) 实体现金流量模型

1. 预测期实体价值模型

$$预测期实体现金流量现值 = \sum_{i=1}^{n} \frac{实体现金流量_i}{(1 + 加权平均资本成本率)^i}$$

公式中"实体现金流量"是经营现金净流量扣除"资本支出"后的剩余部分。它是企业在满足经营活动和资本支出后,可以支付给债权人和股东的现金流量。其公式如下:

$$实体现金流量 = 经营现金净流量 - 资本支出$$

公式中"经营现金净流量"是经营活动产生的现金净流量。它可采用直接法或间接法两种方法计算。一般而言,在预计未来现金流量时,由于净利润是企业首选的预测指标,往往采用间接法计算。公式如下:

$$经营现金净流量 = 净利润 + 折旧与摊销 - 经营营运资本增加$$
$$经营营运资本 = 经营流动资产(含经营现金) - 经营流动负债$$

公式中"资本支出"是指企业用于购置各种长期资产的支出,减去无息长期负债增加额。长期资产包括非流动资产投资、固定资产、无形资产和其他长期资产;无息长期负债包括各种不需要支付利息的长期应付款、专项应付款和其他长期负债等。企业长期资产支出扣除了无息长期负债增加额后才反映企业实体提供的现金流量。其中"长期资产支出"等于长期资产增加与当期折旧与摊销之和,即:

$$资本支出 = 长期资产增加 + 折旧与摊销 - 无息长期负债增加$$

2. 后续期实体价值模型

企业后续期价值的估计方法很多,有永续增长模型法、经济利润模型法、价值驱动因素模型法、价格乘数模型法、延长预测期法、账面价值法、清算价值法、重置成本法等。其中,现金流量折现的永续增长模型法较为简便,其应用模型如下:

$$后续期实体终值 = \frac{现金流量_{t+1}}{加权平均资本成本率 - 现金流量增长率}$$

后续期实体现值 = 后续期实体终值 × 折现系数

3. 企业实体价值

企业实体价值 = 预测期现金流量现值 + 后续期实体现值

(二) 债务现金流量模型

$$债务价值 = \sum_{t=1}^{n} \frac{偿还债务现金流量_t}{(1+等风险债务成本率)^t}$$

公式中"偿还债务现金流量"亦称"债权人现金流量",是偿还债务本金和利息扣除新借债务后净流出的现金。计算公式如下:

偿还债务现金流量 = 税后利息支出 + 债务净增加

= 税后利息支出 + 偿还债务本金 - 新借债务

(三) 股权现金流量模型

股权现金流量模型的基本形式是:

$$股权价值 = \sum_{t=1}^{n} \frac{股权现金流量_t}{(1+股权资本成本率)^t}$$

公式中"股权现金流量"的计算公式如下:

股权现金流量 = 实体现金流量 - 债务现金流量

三、现金流量折现模型的应用

(一) 实体现金流量模型的应用

例 1 W 公司基期息前税后利润[①] 40 万元,折旧与摊销 20 万元,经营营运资本 120 万元,长期资产 210 万元,无息长期负债 10 万元。预计未来五年净利润平均每年递增 8.20%,折旧与摊销平均每年递增 1.25%,经营营运资本平均每年递增 8.36%,长期资产平均每年递增 8.10%,无息长期负债平均每年递增 6%。计算该公司预测期实体现金流量。

W 公司基期及未来五年预计未来现金流量表如下(见表 16-1)。

表 16-1 W 公司预计未来现金流量表

单位:万元

项目	行次	基期	年递增率	20×4年	20×5年	20×6年	20×7年	20×8年
一、息前税后利润	(1)	40	8.20%	43.28	46.83	50.67	54.82	59.32
加:折旧与摊销	(2)	20	1.25%	20.25	20.50	20.76	21.02	21.28
经营现金毛流量	(3)=(1)+(2)	60		63.53	67.33	71.43	75.84	80.60
减:经营营运资本增加	(4)	120	8.36%	10.03	10.87	11.78	12.76	13.83
经营现金净流量	(5)=(3)-(4)			53.50	56.46	59.65	63.08	66.77
二、资本支出	(6)							
长期资产增加	(7)	210	8.10%	17.01	18.39	19.88	21.49	23.23
加:折旧与摊销	(8)	20		20.25	20.50	20.76	21.02	21.28

---

① 张先治主编的《财务分析》(第二版)(东北财经大学出版社 2005 年版)第 329 页称为"息前税后利润";而中国注册会计师协会编的《财务成本管理》(经济科学出版社 2008 年版)第 272、275 页称为"税后经营利润"。笔者认为"息前税后利润"概念更为准确。

（续表）

项目	行次	基期	年递增率	20×4年	20×5年	20×6年	20×7年	20×8年
长期资产支出	(9)=(7)+(8)	230		37.26	38.89	40.64	42.51	44.51
减：无息长期负债增加	(10)	10	6.00%	0.6	0.64	0.67	0.71	0.76
资本支出	(11)=(9)-(10)	220		36.66	38.25	39.96	41.79	43.75
三、实体现金流量	(12)=(5)-(11)			16.84	18.21	19.69	21.29	23.02

例2 接例1，W公司预计未来五年加权平均资本成本率为10%，折现率为10%。计算该公司预测期实体现金流量现值。

W公司预测期实体现金流量现值的计算见表16-2。

表16-2 W公司预计实体现金流量现值表

项目	行次	基期	20×4年	20×5年	20×6年	20×7年	20×8年
实体现金流量（万元）	(1)		16.84	18.21	19.69	21.29	23.02
加权平均资本成本率	(2)		10%	10%	10%	10%	10%
折现系数（10%）	(3)		0.9091	0.82645	0.75131	0.68301	0.6209
预测期实体现金流量现值（万元）	(4)=(1)×(3)	58.67	15.31	15.05	14.79	14.54	14.29

从表16-2中可知，W公司预测期（20×4—20×8年）实体现金流量现值分别为15.31万元、15.05万元、14.79万元、14.54万元、14.29万元，将其相加可得预测期实体现金流量现值总额58.67万元。

例3 接例2，W公司20×8年实体现金流量23.02万元，后续增长率为5.9633%，加权平均资本成本率10%，折现率10%。计算W公司后续期实体现值。

$$后续期实体终值 = \frac{现金流量_{t+1}}{加权平均资本成本率 - 现金流量增长率}$$

$$= \frac{23.02 \times (1 + 5.9633\%)}{10\% - 5.9633\%} = 604.275（万元）$$

后续期实体现值 = 后续期实体终值 × 折现系数

$$= 604.275 \times (1 + 10\%)^{-5}$$

$$= 604.275 \times 0.6209 = 375.19（万元）$$

例4 接例2、例3，W公司预测期实体现金流量现值58.67万元，后续期实体现值375.19万元。计算W公司实体价值。

企业实体价值 = 预测期现金流量现值 + 后续期实体现值

$$= 58.67 + 375.19 = 434.86 \approx 434（万元）$$

（二）债务现金流量模型的应用

例5 W公司预计未来五年取得短期借款、长期借款扣除偿还债务本金后新增债务净额分别为11.5万元、10.8万元、9.5万元、7.7万元、7.1万元，据短期借款、长期借款及其借款利率计算的利息支出分别为6.4万元、6.9万元、7.6万元、7.9万元、8.4万元，所得税税率25%。计算W公司预测期偿还债务现金流量。

W公司预测期偿还债务现金流量的计算见表16-3。

表 16-3 W 公司预测期偿还债务现金流量计算表

单位：万元

项目	行次	基期	20×4年	20×5年	20×6年	20×7年	20×8年
一、利息支出	(1)		6.4	6.9	7.6	7.9	8.4
减：抵扣所得税(25%)	(2)		1.6	1.7	1.9	2.0	2.1
税后利息支出	(3)=(1)-(2)		4.8	5.2	5.7	5.9	6.3
二、债务净增加	(4)		11.5	10.8	9.5	7.7	7.1
三、偿还债务现金流量	(5)=(3)-(4)		-6.7	-5.6	-3.8	-1.8	-0.8

为了简化，企业债务价值可以不按上述债务价值模型计算，而采用账面价值法计算，即按基期会计账面上实际债务价值（包括短期借款、长期借款等需要还本付息的账面债务价值）计算。还可以采用下列简化办法倒算：

企业债务价值 = 企业实体价值 - 企业股权价值

例 6 根据上述例 4 和下述例 7 计算结果，W 公司债务价值计算如下：

企业债务价值 = 企业实体价值 - 企业股权价值
= 434 - 189 = 245（万元）

（三）股权现金流量模型的应用

例 7 根据表 16-2 中 W 公司"实体现金流量"和表 16-3 中 W 公司"偿还债务现金流量"数据计算 W 公司 20×4 年至 20×8 年"股权现金流量"分别为 23.54[16.84-(-6.7)]万元、23.81[18.21-(-5.6)]万元、23.49[19.69-(-3.8)]万元、23.09[21.29-(-1.8)]万元、23.82[23.02-(-0.8)]万元，预计 20×8 年以后期间（即后续期）股权现金流量增长率为 4%。预计 W 公司 20×4 年至 20×8 年股权成本率 14%。计算 W 公司股权价值。

W 公司股权价值计算见表 16-4。

表 16-4 W 公司基期股权价值计算表

单位：万元

项目	行次	基期	20×4年	20×5年	20×6年	20×7年	20×8年
股权现金流量	(1)		23.54	23.81	23.49	23.09	23.82
股权成本率	(2)		14%	14%	14%	14%	14%
折现系数	(3)		0.8772	0.7695	0.6750	0.5921	0.5194
预测期股权现金流量现值	(4)=(1)×(3)	60.22	20.65	18.32	15.86	13.67	12.37
后续期股权现金流量增长率	(5)						4%
后续期股权现金流量现值	(6)	128.67[2]					247.73[1]
股权价值	(7)=(4)+(6)	189[3]					

注：[1] 23.82×(1+4%)÷(14%-4%)=247.73（万元）；[2] 247.73×0.5194=128.67（万元）；[3] 实为 188.89≈189（万元）。

由表 16-4 可知，W 公司确认的股权价值为 189 万元。如果 W 企业共有普通股 100 万股，市价每股 2 元，则 W 公司每股价值为 1.89 元，市场每股 2 元显得高估了一些。

第三节 经济利润法

一、经济利润的概念

经济利润是经济学家揭示的利润。虽然它也是收入扣除成本后的差额,但经济收入不同于会计收入,经济成本也不同于会计成本,因而经济利润也就不同于会计利润。在经济学家看来,企业价值的增加取决于企业超额收益的增加。企业超额收益是企业投入的资本所产出的利润超过资本成本的剩余收益,即息前税后利润扣除全部资本成本后的余额。全部资本成本不仅包括使用债权人资本所花费的代价——债务资本成本(简称债务成本),而且还包括使用所有者资本(所有者权益)所花费的代价——股权资本成本(简称股权成本)。由于企业超额收益真实反映了企业价值的增加,因此经济利润又称经济增加值(Economic Value Added, EVA)或附加经济价值或剩余收益等。

二、经济利润的计算方法

经济利润的复杂计算方法是:先逐项调整会计收入使之变为经济收入;再逐项调整会计成本使之变为经济成本;最后用经济收入减去经济成本得出经济利润。由于这样计算很麻烦,美国纽约斯特恩-斯图尔特公司(EVA注册商标持有人)1993年首次设计了非常具体的经济增加值的简化计算方法,后被许多公司采用。

经济利润的计算公式如下:

经济利润 = 息前税后利润 − 全部资本成本

= 息前税后利润 − 债务成本 − 股权成本

= 期初投资资本 × 期初投资资本回报率 − 期初债务资本 × 债务利率

− 期初股权资本 × 股权成本率   (16-1)

上述等式两边同除以"期初投资资本"后,得:

$$\frac{经济利润}{期初投资资本} = 期初投资资本回报率 - \left(\frac{期初债务资本}{期初投资资本} \times 债务利率 + \frac{期初股权资本}{期初投资资本} \times 股权成本率\right)$$

由于期初投资资本=期初债务资本+期初股权资本,因此上述公式右边括号内即为"加权平均资本成本率",则:

$$\frac{经济利润}{期初投资资本} = 期初投资资本回报率 - 加权平均资本成本率$$

上述等式两边再同乘以"期初投资资本"后,得:

$$经济利润 = 期初投资资本 \times \left(期初投资资本回报率 - 加权平均资本成本率\right) \quad (16\text{-}2)$$

公式(16-1)笔者称为经济利润的"全部资本成本法";公式(16-2)笔者称为经济利润的"资本回报差率法"。经济利润的"全部资本成本法"还可以按以下公式计算:

经济利润 = 息前税后利润 − 期初投资资本 × 加权平均资本成本率

例8 W公司期初投资资本①303.60万元,其中,期初债务资本182.16万元(债务利率7.33%),期初股权资本121.44万元(股权成本率14%);期初投资资本回报率为14.25%;息税前利润53.25万元;所得税税率25%。分别采用"全部资本成本法"和"资本回报差率法"计算W公司的经济利润。

(1)采用"全部资本成本法"计算W公司的经济利润。

债务成本 = 债务资本 × 债务利率 = 182.16 × 7.33% = 13.35(万元)

股权成本 = 股权资本 × 股权成本率 = 121.44 × 14% = 17(万元)

利润总额 = 息税前利润 − 债务成本 = 53.25 − 13.35 = 39.90(万元)

所得税费用 = 利润总额 × 所得税税率 = 39.90 × 25% = 9.98(万元)

息前税后利润 = 息税前利润 − 所得税费用 = 53.25 − 9.98 = 43.27(万元)

经济利润 = 息前税后利润 − 债务成本 − 股权成本
        = 43.27 − 13.35 − 17 = 12.92 ≈ 12.9(万元)

(2)采用"资本回报差率法"计算W公司的经济利润。

$$\text{加权平均资本成本率} = \frac{\text{期初债务资本}}{\text{期初投资资本}} \times \text{债务利率} + \frac{\text{期初股权资本}}{\text{期初投资资本}} \times \text{股权成本率}$$

$$= \frac{182.16}{303.60} \times 7.33\% + \frac{121.44}{303.60} \times 14\% = 10\%$$

$$\text{经济利润} = \text{期初投资资本} \times (\text{期初投资资本回报率} - \text{加权平均资本成本率})$$

$$= 303.60 \times (14.25\% - 10\%) = 12.9(\text{万元})$$

或

= 息前税后利润 − 期初投资资本 × 加权平均资本成本率

= 43.27 − 303.60 × 10%

= 12.91

≈ 12.9(万元)

三、企业价值评估的经济利润模型

以经济利润为基础确定企业价值的计算公式如下:

企业实体价值 = 期初投资资本 + 经济利润现值

经济利润现值分为预测期经济利润现值和后续期经济利润现值两部分。

$$\text{预测期经济利润现值} = \sum_{t=1}^{n} \frac{\text{经济利润}_t}{(1 + \text{折现率})^t}$$

$$\text{后续期经济利润终值} = \frac{\text{经济利润}_{t+1}}{\text{加权平均资本成本率} - \text{经济利润增长率}}$$

后续期经济利润现值 = 后续期经济利润终值 × 折现系数

综上所述,企业实体价值计算公式如下:

---

① 经济学中投资资本或称总资本相当于会计学中的"总资产"。参见张先治主编:《财务分析(第二版)》,东北财经大学出版社2005年版,第330页。

$$企业实体价值 = \frac{基期}{投资资本} + \frac{预测期经济}{利润现值} + \frac{后续期经济}{利润现值}$$

例9 W公司20×4年至20×9年息前税后利润分别为43.28万元、46.83万元、50.67万元、54.82万元、59.32万元、64.18万元(见表16-1,其中20×9年数据是在20×8年数据基础上增长8.2%得出),20×4年至20×9年各年年初投资资本分别为303.60万元、346万元、394万元、449万元、511万元、582万元,其投资资本回报率分别为14.25%、13.54%、12.86%、12.22%、11.61%、11.03%,加权平均资本成本率为10%,后续期经济价值增长率4%。按经济利润估价模型计算的企业价值见表16-5。

表16-5 W公司按经济利润估价模型计算的企业价值表

项目	行次	基期	20×4年	20×5年	20×6年	20×7年	20×8年	20×9年
息前税后利润(万元)	(1)	40	43.28	46.83	50.67	54.82	59.32	64.18
投资资本(年初)(万元)	(2)		303.60	346	394	449	511	582
投资资本回报率	(3)		14.25%	13.54%	12.86%	12.22%	11.61%	11.03%
加权平均资本成本率	(4)		10%	10%	10%	10%	10%	10%
差额	(5)=(3)-(4)		4.25%	3.54%	2.86%	2.22%	1.61%	1.03%
经济利润(万元)	(6)=(2)×(5)		12.90	12.25	11.27	9.97	8.23	5.99
折现系数(10%)	(7)		0.9091	0.8264	0.7513	0.6830	0.6209	0.5645
预测期经济利润现值(万元)	(8)=(6)×(7)	42.24	11.73	10.12	8.47	6.81	5.11	
后续期价值(增长4%)(万元)	(9)	88.58[②]					142.67[①]	
期初投资资本(万元)	(10)	303.6						
企业实体价值合计(万元)	(11)=(8)+(9)+(10)	434.42[③]						

注:① $[8.23×(1+4\%)] \div (10\%-4\%) = 8.56 \div 6\% = 142.67(万元)$;② $142.67×(1+10\%)^{-5} = 142.67 × 0.6209 \approx 88.58(万元)$;③ $434.42 \approx 434(万元)$。

由表16-5可知,W公司按经济利润模型计算确定的企业实体价值约为434万元,和前述"现金流量折现法"确定的企业实体价值434万元(见前述例4)基本一致。

第四节 相对价值法

一、相对价值法的概念及基本做法

相对价值法,是利用类似企业的市场定价来估计被评估企业(目标企业)价值的一种方法,也称价格乘数法或可比交易价值法。它的假设前提是存在一个支配企业市场价值的主要变量(如净利等),被评估企业利用该变量的比值能推断出它的市场价值。

相对价值法的基本做法是:首先,寻找一个影响企业价值的关键变量,如净利润;然后,确定一组可以比较的类似企业,计算这些类似企业的市价与关键变量的平均值,如计算这些类似企业的市价与净利润的比率,得出平均市盈率;最后,用被评估企业的关键变量乘以类似企业的平均值,如用被评估企业的净利润乘以平均市盈率,计算得出被评估企业的评估价值。

采用上述方法计算确定的企业价值,是类推市场上其他类似企业的价值而确定的价值,这种价值不是被评估企业的内在价值,而是一个相对价值,即如果类似企业价值被高估,则被评估企业价值也会被高估,故称相对价值法。

相对价值法在人们日常生活中用得较广泛。例如,张三要买一套100平方米的商品住宅,售房者报价60万元,即每平方米0.6万元。该报价高不高呢?一个简单的办法就是寻找一套类似区域、类似质量的商品住宅的实际价格进行判断。比如,他已找到一套110平方米的商品住宅,其成交价格为55万元,即每平方米0.5万元。张三由此判断,他想购买的商品住宅报价高了,每平方米高了0.1(0.6-0.5)万元。张三按每平方米0.5万元的价格推算他所要购买的商品房价格应该为50万元(0.5×100)。这50万元就是一个相对价值。当然,采用相对价值法评估确认企业价值并非如此简单。

二、相对价值法关键变量(指标)的选择及其模型的应用

相对价值法关键指标很多,如股权市价与净利的比率——市盈率,股权市价与净资产的比率——市净率,股权市价与销售额的比率——收入乘数①,实体价值与息前税后利润的比率,实体价值与实体现金流量的比率,实体价值与投资资本的比率,实体价值与销售额的比率,等等。其中,前三种比率以股权市价为基础,更具有公认性。下面以之作为相对价值法的关键指标阐述其相应模型的应用。

(一) 市盈率及其模型的应用

市盈率是股权每股市价与每股净利的比率,也称"价格与收益比率"。计算公式如下:

$$市盈率 = \frac{每股市价}{每股净利} \qquad (16-3)$$

上述指标的计算,通常用已经发生的实际数值。通过对近几年数据的计算与考察,能反映企业管理部门的经营能力,反映企业盈利能力的稳定性及潜在的成长能力。一般情况下,发展前景好的企业通常都有较高的市盈率,发展前景不佳的企业,该比率较低。

然而,选择市盈率作为企业价值评估的关键指标,不仅仅要对企业以往价值进行评估,而且要从企业未来发展的角度进行评估。与市盈率相关联的企业未来发展的因素通常有企业净利润增长率、企业稳定增长的股利支付率(每股现金股利与每股净利的比率)等。因此,要采用因素分析法对市盈率指标进行扩展分析。

根据股利折现模型,处于稳定状态企业的股权价值计算公式如下:

$$股权价值 = \frac{股利}{股权成本率 - 股利增长率}$$

上述公式两边同除以"每股净利"得:

$$\frac{股权价值}{每股净利} = \frac{股利 \div 每股净利}{股权成本率 - 股利增长率} \qquad (16-4)$$

在考虑本期实际股利较上年增长的情况下,上述公式中的"股利"应该是含有增长因素的股利,即:

---

① 中国注册会计师协会编:《财务成本管理》,经济科学出版社2008年版,第298页。

本期股利 = 每股现金股利 × (1 + 股利增长率)

$$= \frac{每股现金股利}{每股净利} × 每股净利 × (1 + 股利增长率)$$

= 股利支付率 × 每股净利 × (1 + 股利增长率)

将"本期股利"公式代入公式(16-4)中得：

$$\frac{股权价值}{每股净利} = \frac{[股利支付率 × 每股净利 × (1 + 股利增长率)] ÷ 每股净利}{股权成本率 - 股利增长率}$$

$$本期市盈率 = \frac{股利支付率 × (1 + 股利增长率)}{股权成本率 - 股利增长率} \qquad (16-5)$$

企业在本期市盈率的基础上预测下期市盈率，且保持本期股利支付水平不变，则预期市盈率(也称内在市盈率)的计算公式如下：

$$预期市盈率 = \frac{股利支付率}{股权成本率 - 股利增长率} \qquad (16-6)$$

公式(16-5)、公式(16-6)中的"股权成本率"按下面的公式计算：

$$股权成本率 = \frac{无风险}{报酬率} + β 系数 × \left(\frac{市场投资}{组合收益率} - \frac{无风险}{报酬率}\right)$$

= 无风险报酬率 + β 系数 × 风险附加率

从上述分析可知，市盈率的基本公式是每股市价与每股净利的比率(见公式(16-3))，市盈率的扩展公式分为"本期市盈率"(见公式(16-5))和"预期市盈率"(见公式(16-6))两种。

例 10 M 公司今年每股净利 0.60 元，每股现金股利 0.45 元，其股利增长率为 5%，β 系数为 0.8，政府长期债券利率为 6%，股票的风险附加率为 5.6%。计算本期市盈率和预期市盈率。

M 公司股利支付率 = 每股现金股利 ÷ 每股净利 = 0.45 ÷ 0.60 = 75%

M 公司股权成本率 = 无风险报酬率 + β 系数 × 风险附加率
= 6% + 0.8 × 5.6% = 10.48%

$$M 公司本期市盈率 = \frac{股利支付率 × (1 + 股利增长率)}{股权成本率 - 股利增长率}$$

$$= \frac{75\% × (1 + 5\%)}{10.48\% - 5\%} = 14.37$$

$$M 公司预期市盈率 = \frac{股利支付率}{股权成本率 - 股利增长率}$$

$$= \frac{75\%}{10.48\% - 5\%} = 13.69$$

例 11 N 公司与 M 公司是类似企业。今年 N 公司实际每股净利为 0.90 元，预计明年每股净利为 1.06 元。要求：根据 M 公司本期市盈率对 N 公司进行估价，确定 N 公司的股票价值(元/股)；根据 M 公司预期市盈率对 N 公司进行估价，确定 N 公司的股票价值(元/股)。

N 公司股票价值 = 目标企业本期每股净利 × 可比企业本期市盈率
= 0.90 × 14.37
= 12.93(元/股)

N 公司股票价值 = 目标企业预期每股净利 × 可比企业预期市盈率
= 1.06 × 13.69
= 14.51(元/股)

(二) 市净率及其模型的应用

市净率是股权每股市价与每股净资产的比率。计算公式如下:

$$市净率 = \frac{每股市价}{每股净资产} \quad (16-7)$$

目标企业股权价值 = 目标企业净资产 × 可比企业平均市净率

根据股利折现模型,处于稳定状态企业的股权价值计算公式如下:

$$股权价值 = \frac{股利}{股权成本率 - 股利增长率}$$

上述公式考虑本期情况,其"股利"是包含股利增加因素的"本期股利",等式两边同时除以"本期股权账面价值"得:

$$\frac{股权市价}{本期股权账面价值} = \frac{股利 \times (1+股利增长率) \div 本期股权账面价值}{股权成本率 - 股利增长率}$$

$$= \frac{\frac{每股现金股利}{每股收益} \times \frac{每股收益}{本期股权账面价值} \times (1+股利增长率)}{股权成本率 - 股利增长率}$$

$$= \frac{股利支付率 \times 股东权益收益率 \times (1+股利增长率)}{股权成本率 - 股利增长率}$$

$$= 本期市净率 \quad (16-8)$$

如果上述公式中的"本期股权账面价值"换成"预计下期股权账面价值",且保持本期股利支付水平不变,则可得出"预期市净率",也称"内在市净率"。即:

$$\frac{股权市价}{预计下期股权账面价值} = \frac{股利支付率 \times 预计下期股东权益收益率}{股权成本率 - 股利增长率}$$

$$= 预期市净率 \quad (16-9)$$

例12 浦东金桥上市公司是地处上海的主要从事房地产开发、经营、销售、出租和中介的企业,20×3 年每股净资产为 3.74 元。表 16-6 列示了 20×3 年房地产业 5 家上市公司的财务数据。要求按平均市净率计算浦东金桥的股票价值,同时,按平均市盈率确定该上市公司股票价值,并指出哪一种方法更接近于股票实际价格。

表 16-6　20×3 年房地产业 5 家上市公司财务指标表

序号	股票简称	平均市价(元)(1)	每股收益(元)(2)	每股净资产(元)(3)	市盈率(4)=(1)÷(2)	市净率(5)=(1)÷(3)
1	新湖创业	8.02	0.84	2.69	9.55	2.98
2	空港股份	4.63	0.26	2.29	17.81	2.02
3	合肥城建	7.68	0.28	4.46	27.43	1.72
4	滨江集团	9.05	0.62	2.77	14.60	3.27
5	华丽家族	7.06	0.44	2.26	16.05	3.12
	平均				17.09	2.62
6	浦东金桥	8.55	0.27	3.74		

浦东金桥按市净率估价 = 3.74 × 2.62 = 9.80（元／股）
浦东金桥按市盈率估价 = 0.27 × 17.09 = 4.61（元／股）

通过计算，浦东金桥上市公司按市净率确定的股票价值每股 9.80 元，更接近该股票全年平均市价每股 8.55 元。

（三）收入乘数及其模型的应用

收入乘数是股权每股市价与每股销售收入的比率。计算公式如下：

$$\text{收入乘数} = \frac{\text{每股市价}}{\text{每股销售收入}} \tag{16-10}$$

目标企业股权价值 = 目标企业销售收入 × 可比企业平均收入乘数

根据股利折现模型，按公式（16-8）推导方法推导结果如下：

$$\frac{\text{股权市价}}{\text{本期每股收入}} = \frac{\text{股利支付率} \times \text{本期销售净利率} \times (1 + \text{股利增长率})}{\text{股权成本率} - \text{股利增长率}}$$

$$= \text{本期收入乘数} \tag{16-11}$$

$$\frac{\text{股权市价}}{\text{预计下期每股收入}} = \frac{\text{股利支付率} \times \text{预计下期销售净利率}}{\text{股权成本率} - \text{股利增长率}}$$

$$= \text{预期收入乘数} \tag{16-12}$$

例 13 R 公司今年每股销售收入为 600 元，每股净利润 28.20 元。公司近几年来固定的股利支付率为 70%。预期利润和股利的长期增长率为 5%。该公司的 β 系数为 0.8，该时期无风险利率（政府长期债券利率）为 6.5%，市场投资组合收益率（市场平均报酬率）为 12%。要求按本期收入乘数确定 R 公司的价值。

R 公司销售净利润率 = 每股净利润 ÷ 每股销售收入 × 100%
= 28.20 ÷ 600 × 100% = 4.7%

R 公司股权成本率
= 无风险报酬率 + β 系数 × (市场投资组合收益率 − 无风险报酬率)
= 6.5% + 0.8 × (12% − 6.5%) = 10.9%

$$\text{本期收入乘数} = \frac{70\% \times 4.7\% \times (1 + 5\%)}{10.9\% - 5\%} = 0.5855$$

R 公司按本期收入乘数估价 = 600 × 0.5855 = 351.3（元／股）

三、相对价值法应用模型的修正

在实际工作中评估企业的价值，往往无法像上述举例那么简单找到一个完全相类似的企业。如果寻找可比企业的条件较严格，或者同行业该类型上市企业很少，则经常找不到足够的可比企业。解决的办法之一是采用修正的市价比率对其模型进行修正应用。

（一）修正市盈率

在影响市盈率的诸多驱动因素中，关键变量是增长率。因此，可以用增长率修正实际市盈率，而同业企业预期增长率较容易得到，则可比的范围会广一些，预测的结果也更贴近实际。修正市盈率的计算公式如下：

修正市盈率 = 实际市盈率 ÷ （预期增长率 × 100）

1. 修正平均市盈率法

在选择若干个同类企业的时候,可采用简单平均法计算"修正平均市盈率",则:

$$\frac{\text{目标企业}}{\text{每股价值}} = \frac{\text{修正平均}}{\text{市盈率}} \times \frac{\text{目标企业}}{\text{预期增长率}} \times 100 \times \frac{\text{目标企业}}{\text{每股净利}} \quad (16\text{-}13)$$

例 14 依例 12,浦东金桥上市公司根据 20×3 年同类房地产业 5 家上市公司实际市盈率和预期增长率确定其股票价值。该上市公司 20×3 年每股收益 0.27 元,预期增长率为 15%。要求计算修正平均市盈率和浦东金桥上市公司每股价值。修正平均市盈率的计算见表 16-7。

表 16-7 20×3 年房地产业 5 家上市公司修正平均市盈率计算表

序号	股票简称	平均市价（元）(1)	每股收益（元）(2)	实际市盈率 (3)=(1)÷(2)	预期增长率 (4)	修正平均市盈率 (5)=(3)÷[(4)×100]
1	新湖创业	8.02	0.84	9.55	8%	
2	空港股份	4.63	0.26	17.81	7%	
3	合肥城建	7.68	0.28	27.43	6%	
4	滨江集团	9.05	0.62	14.60	10%	
5	华丽家族	7.06	0.44	16.05	9%	
	平均			17.09	8%	2.14
6	浦东金桥	8.55	0.27	31.67	14%	

表中修正平均市盈率 = 可比企业实际平均市盈率 ÷ (平均预期增长率 × 100)
　　　　　　　　　 = 17.09 ÷ (8% × 100)
　　　　　　　　　 = 2.14

浦东金桥每股价值 = 修正平均市盈率 × 目标企业增长率 × 100 × 目标企业每股净利
　　　　　　　　 = 2.14 × 14% × 100 × 0.27
　　　　　　　　 = 8.09(元/股)

2. 股价平均法

股价平均法的计算公式如下:

$$\frac{\text{目标企业}}{\text{每股价值}} = \sum\left(\frac{\text{各可比企业}}{\text{修正市盈率}}\right) \div \frac{\text{可比}}{\text{企业数量}} \times \frac{\text{目标企业}}{\text{预期增长率}} \times 100 \times \frac{\text{目标企业}}{\text{每股净利}}$$

(16-14)

例 15 依例 14,浦东金桥上市公司根据 20××年同类房地产业 5 家上市公司各实际市盈率和预期增长率确定其平均股票价值如表 16-8 所示。

$$\frac{\text{目标企业}}{\text{每股价值}} = \sum\left(\frac{\text{各可比企业}}{\text{修正市盈率}}\right) \div 5 \times \frac{\text{目标企业}}{\text{预期增长率}} \times 100 \times \frac{\text{目标企业}}{\text{每股净利}}$$

　　　　　　　　 = 2.31 × 14% × 100 × 0.27
　　　　　　　　 = 8.73(元/股)

表 16-8 20××年浦东金桥上市公司股票价值计算表

序号	股票简称	实际市盈率	预期增长率	修正市盈率	浦东金桥每股收益(元)	浦东金桥预期增长率	浦东金桥每股价值(元)
		(1)	(2)	(3)=(1)÷[(2)×100]	(4)	(5)	(6)=(3)×(4)×(5)×100
1	新湖创业	9.55	8%	1.19	0.27	14%	4.51
2	空港股份	17.81	7%	2.54	0.27	14%	9.62
3	合肥城建	27.43	6%	4.57	0.27	14%	17.28
4	滨江集团	14.60	10%	1.46	0.27	14%	5.52
5	华丽家族	16.05	9%	1.78	0.27	14%	6.74
	平均			2.31			8.73

（二）修正市净率

修正市净率的计算公式如下：

$$修正市净率 = 实际市净率 \div (预期股东权益净利率 \times 100)$$

$$\frac{目标企业}{每股价值} = \frac{修正平均}{市净率} \times \frac{目标企业股东}{权益净利率} \times 100 \times \frac{目标企业}{每股净资产} \quad (16-15)$$

例 16 依例 12，浦东金桥上市公司根据 20×3 年同类房地产业 5 家上市公司实际市净率和预期股东权益净利率确定其股票价值。该上市公司 20×3 年每股收益 0.27 元，预期股东权益净利率为 15%。要求计算修正平均市净率和浦东金桥上市公司每股价值。修正平均市净率的计算见表 16-9。

表 16-9 20×3 年房地产业 5 家上市公司修正平均市净率计算表

序号	股票简称	实际市净率	预期股东权益净利率	修正市净率	浦东金桥预期股东权益净利率	浦东金桥每股净资产(元)	浦东金桥每股价值(元)
		(1)	(2)	(3)=(1)÷[(2)×100]	(4)	(5)	(6)=(3)×(4)×(5)×100
1	新湖创业	2.98	30%				
2	空港股份	2.02	11%				
3	合肥城建	1.72	6%				
4	滨江集团	3.27	22%				
5	华丽家族	3.12	20%				
	简单算术平均	2.62	18%	0.15			
6	浦东金桥	2.29			15%	3.74	8.42

浦东金桥每股价值 = 修正平均市净率 × 目标企业股东权益净利率
× 100 × 目标企业每股净资产
= 0.15 × 15% × 3.74 × 100
= 8.42（元/股）

（三）修正收入乘数

修正收入乘数的计算公式如下：

$$\text{修正收入乘数} = \text{实际收入乘数} \div (\text{预期销售净利率} \times 100)$$

$$\frac{\text{目标企业}}{\text{每股价值}} = \text{修正平均收入乘数} \times \text{目标企业销售净利率} \times 100 \times \text{目标企业每股销售收入} \qquad (16\text{-}16)$$

上述公式的应用方法和修正市盈(净)率法相同。

如果所选的可比企业在非关键变量方面也存在较大差异，就需要进行多个差异因素的修正。修正的方法是使用多元回归技术，包括线性回归和其他回归技术。其过程如下：

首先，选择整个行业全部上市公司甚至跨行业上市公司数据，把市价比率作为因变量，把驱动因素作为自变量，求解回归方程。

其次，利用方程计算所需要的乘数。通常，多因素修正的数据处理量较大，需要借助计算机才能完成。

最后，在得出评估价值后还需要全面检查评估的合理性。对于不合理部分要做适当的调整，使之与客观现实接近。

第十七章　期权估价

第一节　期权的基本概念

一、期权的定义

期权是一种合约，该合约赋予持有人在某一特定日期或该日之前的任何时间以固定价格购进或售出一种资产的权利。例如，张癸今年花了50万元购入一套住房，他同时又与胡东（房地产开发商）签订了一项期权合同，约定后年7月1日或者说此前的任何时间可将该住房以60万元的价格售给胡东。这是张癸享有的一项期权。如果在后年7月1日前该住房市场价格高于60万元，则张癸不会执行该期权，反之，市场价格低于60万元，张癸可以选择执行该期权，将住房出售给胡东获得60万元现金。从这一实例可知，期权定义的要点如下：

（一）期权是一种权利

期权指在未来一定时期可以买卖的权利。签订期权合约至少涉及购买人和出售人两方。获得期权的一方（上例张癸）称为期权购买人，出售期权的一方（上例胡东）称为期权出售人。期权合约签订后，购买人张癸成为期权持有人。他以后有执行该期权的权利，也有不执行该期权的权利。从这一点看，期权合约不同于远期合约和期货合约，因为远期合约和期货合约的双方权利和义务对等，各自具有要求对方履约的权益，不像期权合约仅赋予持有人做某事的权利，但不要求他履行义务。因此，期权是持有人只享有权利而不承担相应"义务"的一种"特权"，当然，取得这种"特权"时要支付期费，以此作为不承担义务的代价。

（二）期权交易双方不一定拥有标的资产

期权的标的资产指的是选择购买或出售的资产，包括股票、政府债券、货币、股票指数、商品期货等。期权是这些标的资产的"衍生物"，因此称为衍生金融工具。然而，期权出售人不一定拥有标的资产。例如,要出售华达公司股票的人,不一定是华达公司本身,他也未必持有华达公司的股票,从这一点看,期权是可以"卖空"的。期权购买人也不一定真的想购买标的资产。因此,期权到期时,双方不一定进行标的资产的交割,而只需要按价差补足价款即可。

(三) 期权约定到期日

签订期权合约的双方约定的期权到期的那一天称为"到期日"。如上例张癸和胡东约定的到期日为后年的"7月1日",在那一天之后,期权失效。期权按执行时间分为欧式期权和美式期权。如果该期权只能在到期日执行,则称为欧式期权;如果该期权可以在到期日或到期日之前执行,则称为美式期权。

(四) 期权的执行

依据期权合约购进或出售标的资产的行为称为"执行"。张癸在后年7月1日或此前的任何时间将住房按固定价格60万元售给胡东,这60万元称为"执行价格"。

二、期权的构成要素

期权主要构成要素有:(1) 执行价格。又称履约价格,敲定价格,指期权的买方行使权利时事先规定的标的物买卖价格。(2) 权利金。期权的买方支付的期权价格,即买方为获得期权而付给期权卖方的费用。(3) 履约保证金。期权卖方必须存入交易所用于履约的财力担保。(4) 看涨期权和看跌期权。看涨期权,是指在期权合约有效期内按执行价格买进一定数量标的物的权利。看跌期权,是指卖出标的物的权利。当期权买方预期标的物价格会超出执行价格时,他就会买进看涨期权,相反就会买进看跌期权。期权交易可从看涨期权和看跌期权两个方面去观察。

(1) 从看涨期权看。1月1日,标的物是钢材期货,它的期权执行价格为4 020元/吨。A买入这个权利,每吨支付15元;B卖出这个权利,每吨收入15元。2月1日,钢材期货价上涨至4 100元/吨。A可采取以下两个策略:

一是行使权利。A有权按4 020元/吨的价格从B手中买入钢材期货;B在A提出这个行使期权的要求后,必须予以满足,如果行权日手中没有钢材,则只能以4 100元/吨的市价在期货市场上买入而以4 020元/吨的执行价格卖给A,而A可以4 100元/吨的市价在期货市场上抛出,获利65元/吨(4 100 − 4 020 − 15)。B则损失65元/吨(4 020 − 4 100 + 15)。

二是售出权利。A可以80元的价格售出看涨期权,获利65元/吨(80 − 15)。如果钢材价格下跌,即钢材期货市价低于执行价格4 020元/吨,A就会放弃这个权利,只损失15元/吨的权利金,B则净赚15元/吨。

(2) 从看跌期权看。1月1日,钢材期货的执行价格为3 940元/吨,A买入这个权利,每吨支付15元;B卖出这个权利,每吨收入15元。2月1日,钢材价跌至3 870元/吨。此时,A可采取两个策略:

一是行使权利。A可以按3 870元/吨的价格从市场上买入钢材,而以3 940元/吨的价格卖给B,B必须接受,A从中获利55元/吨(3 940 − 3 870 − 15),B损失55元/吨。

二是售出权利。A可以70元/吨的价格售出看跌期权。A获利55元/吨(70 − 15)。如果钢材期货价格上涨,A就会放弃这个权利而损失15元/吨,B则净得15元/吨。

通过上面的例子,可以得出以下结论:一是作为期权的买方(无论是看涨期权还是看跌期权)只有权利而无义务。他的风险是有限的(亏损最大值为权利金),但在理论上获利是无限的。二是作为期权的卖方(无论是看涨期权还是看跌期权)只有义务而无权利,在理论上他的风险是无限的,但收益是有限的(收益最大值为权利金)。三是期权的买方无须付出保证金,卖方则必须支付保证金作为履行义务的财务担保。

三、期权交易的场所

期权交易分为有组织的证券交易所交易和场外交易两部分。世界上许多证券交易所都进行期权交易。目前,世界上最大的期权交易所是芝加哥期权交易所(Chicago Board Options Exchange,CBOE);欧洲最大的期权交易所是欧洲期货与期权交易所(Eurex),其前身为德意志期货交易所(DTB)与瑞士期权与金融期货交易所(Swiss Options & Financial Futures Exchange,SOFFEX);亚洲方面,韩国的期权市场发展迅速,并且其交易规模巨大,目前它是全球期权发展最好的国家,中国香港地区以及中国台湾地区都有期权交易。目前,国内方面包括郑州商品交易所在内的几家交易所已经对期权在我国上市做了初步研究。

第二节 期权价值评估的方法

从20世纪50年代开始,折现现金流量法成为资产估价的标准方法。但折现现金流量法是否可靠,取决于两大预计数值:一是预计未来现金流量,二是估计必要的折现率(必要报酬率)。人们曾力图使用折现现金流量法解决期权估价问题,但一直没有成功。问题在于期权的必要报酬率随标的资产市场价格的随机变动而不断变化,很难找到一个适当的折现率,从而折现现金流量法也就无法在期权方面应用。因此,必须开发新的模型,才能解决期权定价问题。1973年,布莱克-斯科尔斯期权定价模型①(Black-Scholes Option Pricing Model)被提出,人们终于找到了实用的期权定价方法。此后,期权市场和整个社会衍生金融工具交易飞速发展。1997年10月10日,第二十九届诺贝尔经济学奖授予了两位美国学者——哈佛商学院教授罗伯特·默顿(Robert Merton)和斯坦福大学教授迈伦·斯科尔斯(Myron Scholes)。他们创立和发展的布莱克-斯科尔斯期权定价模型为包括股票、债券、货币、商品在内的新兴衍生金融市场的各种以市场价格变动定价的衍生金融工具的合理定价奠定了基础。

斯科尔斯与他的同事、已故数学家费雪·布莱克(Fischer Black)20世纪在70年代初合作研究出了一个期权定价的复杂公式。与此同时,默顿也发现了同样的公式及许多其他有关期权的有用结论。结果,两篇论文几乎同时在不同刊物上发表。所以,"布莱克-斯科尔斯定价模型"亦可称为"布莱克-斯科尔斯-默顿定价模型"。默顿扩展了原模型的内涵,使之同样适用于许多其他形式的金融交易。瑞士皇家科学协会(The Royal Swedish Academy of Sciences)赞誉他们在期权定价方面的研究成果是今后25年经济科学中最杰出的贡献。

---

① 也有的书将其译成"布莱克-斯克尔斯期权定价模型"。

一、布莱克-斯科尔斯期权定价模型的假设

（1）在期权寿命期内，买方期权标的股票不发放股利，也不做其他分配；
（2）股票或期权的买卖没有交易成本；
（3）短期的无风险利率是已知的，并且在期权寿命期内保持不变；
（4）任何证券购买者都能以短期的无风险利率借得任何数量的资金；
（5）允许卖空，卖空者将立即得到等于所卖空股票当天价格的资金；
（6）看涨期权只能在到期日执行；
（7）所有证券交易都是连续发生的，股票价格随机游走。

二、布莱克-斯科尔斯模型

布莱克-斯科尔斯模型包括三个计算公式：

$$C(E) = S[N(d_1)] - \frac{E}{e^{rt}}[n(d_2)]$$

$$d_1 = \frac{\ln(S/E) + (r + 0.5\sigma^2)t}{\sigma\sqrt{t}}$$

$$d_2 = \frac{\ln(S/E) + (r - 0.5\sigma^2)t}{\sigma\sqrt{t}} = d_1 - \sigma\sqrt{t}$$

其中：$C(E)$ 为看涨期权的当前价值；S 为当期期权标的资产的当前价格；E 为期权合约中标的资产的未来执行价格；t 为期权到期日前的时间；$N(d)$ 为正态分布下的累积概率，即变值；$e \approx 2.7183$；σ 为期权标的资产收益率的标准差；r 为连续复利的无风险利率。

三、布莱克-斯科尔斯模型参数的估计

布莱克-斯科尔斯模型有 5 个参数：期权授予日的标的资产市价、预计标的资产价格的波动幅度、预计的授予日至期权行使日的时间、行权价格和无风险利率等。在具体运用时要深入分析期权资产的特点和收益波动的规律等，不可简单地套用公式。其中，期权标的资产的现行价格和执行价格容易取得。至到期日的剩余年限计算，一般按自然日（一年 365 天或为简便起见用 360 天）计算，也比较容易确定。比较难估计的是无风险利率和股票收益率的标准差。

（一）无风险利率的估计

无风险利率应当用无违约风险的固定收益证券的利率来估计，例如国库券的利率。国库券的到期时间不同，其利率也不同。应选择与期权到期日相同的国库券的利率。如果没有相同时间的，应选择时间最接近的国库券的利率。这里所指的国库券利率是指其市场利率，而不是票面利率，即根据市场价格计算的到期收益率。需要说明的是，模型中的无风险利率是指按连续复利计算的利率，而不是常见的年复利。连续复利假定利息是连续支付的，利息支付的频率比每秒 1 次还要频繁。

连续复利的计算方法不同于年复利。如果用 F 表示终值，P 表示现值，r 表示连续复利率；t 表示时间（年），则：

$$F = P \times e^{rt}$$

$$r = \frac{\ln\left(\frac{F}{P}\right)}{t}$$

例1 W公司在对其股票期权确定价值的时候,选择半年期国库券计算无风险利率。已知每张国库券现值 $P = 1\,600$ 元,时间 $t = 0.5$ 年,终值 $F = 1\,682$ 元,则连续复利率 r 的计算过程如下:

$$r = \ln(1\,682 \div 1\,600) \div 0.5 = \ln(1.051\,25) \div 0.5 = 0.049\,98 \div 0.5 = 10\% \,①$$

(二)收益率标准差的估计

股票收益率的标准差可以用历史收益率来估计,其计算公式如下:

$$\sigma = \sqrt{\frac{1}{n-1}\sum_{t=1}^{n}(R_t - \bar{R})^2}$$

其中,R_t 指收益率的连续复利值。R_t 的计算公式如下:

$$R_t = \ln\left(\frac{P_t + D_t}{P_{t-1}}\right)$$

其中,R_t 是股票在 t 时期的收益率;P_t 是 t 期的价格;P_{t-1} 是 $t-1$ 期的价格;D_t 是 t 期的股利。

例2 W公司股票过去6年每股股价见表17-1。该公司各年均未发放股利,据此计算的连续复利收益率如表17-1所示。

表17-1 W公司股票连续复利收益率及标准差计算表

年份	股价(元)	连续复利的收益率 R_t(%)
1 年	10	
2 年	13.11	27.08% ①
3 年	21.53	49.61%
4 年	45.69	75.24%
5 年	33.27	−31.72%
6 年	39.16	16.30%
平均值	27.13 ②	27.30% ③
标准差		40.00% ④

注:① $R_2 = \ln\frac{P_t + D_t}{P_{t-1}} = \ln\frac{13.11 + 0}{10} = \ln 1.311 = 27.08\%$。此公式中 D_t 为0,表示未发放股利;此公式中 $\ln(1.311)$ 是以 e 为底的对数,可使用计算器求得结果:先在计算器上按1.311,再按计算器上对数符号 ln,即得出 0.270 8,取 27.08%,它表示 e 的 0.270 8 次方等于 1.311;连续复利的收益率的其他指标计算类推。

② $(10 + 13.11 + 21.53 + 45.69 + 33.27 + 39.16) \div 6 = 27.13$。

③ $(27.08\% + 49.61\% + 75.24\% - 31.72\% + 16.30\%) \div 5 = 27.30\%$。

④ $\sigma = \sqrt{\frac{1}{n-1}\sum_{t=1}^{n}(R_t - \bar{R})^2}$

$= \sqrt{[(27.08\% - 27.3)^2 + (49.61\% - 27.3)^2 + (75.24\% - 27.3)^2 + (-31.72\% - 27.3)^2 + (16.30\% - 27.3)^2] \div 4}$

$= 40.00\%$。

---

① 该例题复利下年利率(设为 r)的计算:$1\,600 \times (1 + r)^{0.5} = 1\,682$,$r = 10.512\,7\%$,则半年期实际复利率 = $\sqrt{(1 + 10.512\,7\%)} - 1 = 5.125\%$;半年期名义复利率 = $10.512\,7\% \div 2 = 5.256\,35\%$。

(三) 看涨期权定价举例

例 3 W 公司股票当前价格每股 16 元,授予高管人员期权的未来执行价格 15 元,期权到期日前后时间 0.5 年,连续复利的无风险利率为 10%(见上述例 1),$\sigma^2 = (40.00\%)^2 = 0.16$(见上述例 2)。要求计算该股票期权的价格。

$$d_1 = \frac{\ln(S/E) + (r + 0.5\sigma^2)t}{\sigma\sqrt{t}}$$

$$= \frac{\ln(16 \div 15) + [10\% + (0.5 \times 0.16) \times (0.5)]}{0.4 \times \sqrt{0.5}}$$

$$= \frac{0.0645 + 0.14}{0.4 \times 0.7071}$$

$$= 0.72$$

公式中 $\ln(16 \div 15) = \ln(1.066667)$,可使用计算器求得结果,也可利用 Excel 的 LN 函数功能求得。

$$d_2 = \frac{\ln(S/E) + (r - 0.5\sigma^2)t}{\sigma\sqrt{t}} = d_1 - \sigma\sqrt{t}$$

$$= 0.72 - 0.4 \times \sqrt{0.5}$$

$$= 0.44$$

$$N(d_1) = N(0.72) = 0.7642$$

$N(0.72)$ 是正态分布下的累积概率,可以查正态分布下的累积概率表求得:查横坐标 0.7 对应于纵坐标 0.02 的交点,其系数为 0.7642。[①]

$$N(d_2) = N(0.44) = 0.6700$$

$$C(E) = S[N(d_1)] - \frac{E}{e^{rt}}[N(d_2)]$$

$$= 16 \times 0.7642 - 15 \times e^{-10\% \times 0.5} \times 0.6700$$

$$= 12.23 - 15 \times 0.9512 \times 0.6700$$

$$= 12.23 - 9.56$$

$$= 2.67(元)$$

计算结果表明,W 企业授予高管人员半年期股票期权价值为每股 2.67 元。

(四) 看跌期权估价

在大部分情况下,期权的价格走势是上涨的,上述看涨期权定价模式有较广泛的适用性。然而,在套利驱动的均衡状态下,看涨期权价格、看跌期权价格和股票价格之间存在一定的依存关系。对于欧式期权,假定看涨期权和看跌期权有相同的执行价格和到期日,则下述等式成立:

看涨期权价格 − 看跌期权价格 = 标的资产价格 − 执行价格现值

设看涨期权价格为 C,看跌期权价格为 P,标的资产价格为 S,执行价格现值为 $PV(X)$,则:

---

① 如果查标准正态分布表,横坐标 0.7 与纵坐标 0.02 交点的系数为 0.2642,再加 0.5000 后为 0.7642。

$$C = S + P - PV(X)$$

在上述等式中，4个变量如果有3个已知，就能求出另外一个变量的值，即：

$$P = -S + C + PV(X)$$
$$S = C - P + PV(X)$$
$$PV(X) = S - C + P$$

例4 W公司股票看涨期权和看跌期权的执行价格均为15元，半年的无风险利率为5%，股票的现行价格为16元，看涨期权的价格为每股2.67元，则看跌期权的价格为：

$$P = -S + C + PV(X)$$
$$= -16 + 2.67 + [15 \div (1 + 5\%)]$$
$$= -16 + 2.67 + 14.29$$
$$= 0.96(元)$$

（五）派发股利的期权定价

布莱克-斯科尔斯期权定价模型假设在期权寿命期内买方期权的股票不发放股利。在标的股票派发股利的情况下又如何对期权进行估价呢？

股利的现值是股票价值的一部分，但是只有股东可以享有该收益，期权持有人不能享有。因此，在期权估价时要从股价中扣除期权到期日前所派发的全部股利的现值。也就是说，把所有到期日前预计发放的未来股利视同已经发放，将这些股利的价值从现行股票价格中扣除。此时，模型建立在调整后的股票价格而不是实际价格基础之上。考虑派发股利的期权定价公式如下：

$$C(E) = Se^{\delta t}[N(d_1)] - \frac{E}{e^{rt}}[n(d_2)]$$

$$d_1 = \frac{\ln(S/E) + (r - \delta + 0.5\sigma^2)t}{\sigma\sqrt{t}}$$

$$d_2 = d_1 - \sigma\sqrt{t}$$

δ 为标的股票的年股利收益率（假定股利连续支付，而不是离散分期支付）。

如果标的股票的年收益率 δ 为零，则与前面介绍的布莱克-斯科尔斯期权定价模型相同。

第十八章 会计实证研究与实证分析

第一节 实证研究法

实证研究作为一种研究范式,产生于培根的经验哲学和牛顿-伽利略的自然科学研究。法国哲学家孔多塞(1743—1794)、圣西门(1760—1825)、孔德(1798—1857)倡导将自然科学实证的精神贯彻于社会现象的研究之中,他们主张从经验入手,采用程序化、操作化和定量分析的手段,使社会现象的研究达到精细化和准确化的水平。1830年到1842年孔德《实证哲学教程》六卷本的出版,揭开了实证主义运动的序幕,在西方哲学史上形成了实证主义思潮。

实证研究法用于会计研究、形成实证会计理论是在20世纪六七十年代,而进一步系统化则是在80年代。1986年,实证会计理论创立者中的两位美国著名学者瓦茨(Watts)和齐默尔曼(Zimmerman)出版了他们的代表作《实证会计研究》一书,比较完整地介绍了实证会计理论的形成与发展过程,把实证会计理论提高到一个崭新水平。我国学者对此给予了高度重视,已经出现了许多运用实证研究方法对我国企业成功的管理会计案例进行归纳和理论总结的实例,并且取得了一定的成果。

实证研究所推崇的基本原则是科学结论的客观性和普遍性,强调知识必须建立在观察和实验的经验事实上,通过经验观察的数据和实验研究的手段来揭示一般结论,并且要求这种结论在同一条件下具有可证性。根据该原则,实证性研究方法可以概括为通过对研究对象大量的观察、实验和调查,获取客观材料,从个别到一般,归纳出事物的本质属性和发展规律的一种研究方法。实证研究的方法如下:

(1)观察法。研究者直接观察他人的行为,并把观察结果按时间顺序系统地记录下来,这种研究方法就叫观察法。它分为自然观察与实验室观察、参与观察与非参与观察等方法。

（2）谈话法。它是研究者通过与对象面对面地交谈,在口头信息沟通的过程中了解对象心理状态的方法,分为有组织与无组织谈话两种。

（3）测验法。它是指通过各种标准化的心理测试表对被试者进行测验,以评定和了解被试者心理特点的方法,分为问卷测试、操作测验和投射测验等。

（4）个案法。对某一个体、群体或组织在较长时间里连续进行调查、了解,收集全面的资料,从而研究其心理发展变化的全过程,这种方法称为个案法(个案研究)。

（5）实验法。研究者在严密控制的环境条件下有目的地给被试者一定的刺激以引发其某种心理反应,并加以研究的方法称为实验法。它分为实验室实验和现场实验两种。

第二节 实证分析法

一、实证分析的概念

实证分析(example analysis;case analysis;empirical analysis)在学术文献中有如下几种解释：

（1）实证分析是指借助对经验事实的描述通过诉诸事实来解决人们经验事实中所遇到的问题,它注重人的现实功利要求,追求结果的时效性。

（2）在经济学中,实证分析是指分析经济现象"是什么"的方法,即对事实判断的分析,也即对客观事物的状况及客观事物之间的关系是什么的事实性陈述的分析。

（3）有学者认为,实证分析是指按照一定程序性的规范进行经验研究、量化分析的方法。它由三个基本要素构成:程序、经验和量化。

需要指出的是,有人往往对实证分析有种误解,认为用统计计量方法对经济数据进行处理的分析方法就是实证分析法,实际上这只是经济学计量分析方法,它只是实证分析方法中的一种,不是实证分析的全部。斯坦利·旺(Stanley Wong)所写的词条的解释是:"实证经济学是经济学中对经济现象进行描述与解释的一个分支,而规范经济学的内容则致力于对实证经济学的应用,其目的是就实际问题,包括公共政策问题而提出建议。"对实证分析和规范分析可以这样理解,你在研究问题时通过事例和经验等从理论上推理说明,那就属于实证分析;而在研究问题时通过严格的数理方法推导,用方程或图形等证明,那就属于规范分析。

二、实证分析的步骤

（一）提出问题和分析目标

实证分析法首先要选择有价值的问题,即焦点问题、理论或政策与实际出现偏差的问题、需要通过深入研究才能解决的问题。抓住了这个问题,就抓住了事物的主要矛盾。实证分析法在提出问题后,就要确定分析的目标。围绕目标可进行以下五方面的研究：

（1）验证规范性的结论。一些规范性的结论往往被人们奉为信条，成为指导人们的行为。然而，任何真理都具有相对性，即真理是同事物发展的一定环境、一定条件相适应的。当事物发展的环境和条件发生变化时，真理也要随之变化，否则，真理就不能发展了。验证规范性的结论，是早期实证法研究的出发点，至今也是实证法的重要目标。实证研究法应验证规范研究结论在实践中的正确性。

（2）解释理论与实践不符的原因。人们在验证规范性结论时，有时发现实证的结果和规范的预期并不一致，甚至相悖。实证法由此要研究解释理论与实践不符的原因。

（3）解释规范研究中相互冲突的理论结论。规范研究是根据一定的理论前提主要采用演绎法推理得出结论的。其中，不同的研究者的价值判断可能有很大的不同，从而得出可能相互冲突的结论。实证法就是要通过研究揭示正确的结论。

（4）弥补前人研究方法的不足。前人的研究结论往往是在特定方法下得出的。随着科学技术的发展和人们认识能力的提高，研究方法也在不断变化。实证法应寻求先进的研究方法去弥补原有研究方法的不足。

（5）提升观察分析的结论。学者们总喜欢对观察到的一些现象进行概括性的描述，以判断这些现象是否具有普遍性。实证研究可以对他们的假设进行统计检验，以辨别真伪，再将观察分析中得到的印象上升为统计结论。

（二）建立可证伪的假设

实证研究的关键步骤是假设和检验，实证分析的本质目标就是检验预期结果的真伪。

实证研究中所说的假设，是对所研究问题的研究结果的预期，需要通过假设检验，用证据判断其真伪。也就是说，经过实证分析，开始时提出的假设，最终可能因得到实际资料的支持而被认可，也可能由于实际资料的不支持而被拒绝。一个假设可以用统计方法加以检验，就是可检验的，也就是"可证伪的"，并非它一定会被证伪。假设检验的通常做法是：建立两个相互排斥的"原假设"和"备择假设"。所谓原假设通常是假设某总体均值为零或两个总体的均值相等，在这个条件下被检验的统计量符合某种统计分布。根据统计中"小概率事件不会发生"的判断理论，决定拒绝或不拒绝原假设。但是经济研究中的问题即研究的预期结果假设，常常是某因素有较大影响，实际就是原假设被拒绝、备择假设得到支持的情况。在这种情况下，当统计检验中原假设被拒绝时，实际问题中的假设得到支持，通常称之为"通过检验"，因而这种方法也被称为"证伪"法。

建立可检验的假设，是对研究问题的预期的具体化，用可以检验的形式把预计的研究结果表述出来。当研究者提出假设时，通常都需要或详或简地阐述产生这种预期的理由，没有良好的理论功底和逻辑推理能力，是很难提出好的假设的。

（三）设计技术方法和技术路线

所谓技术方法，是运用一定技术对研究对象作客观的符合逻辑关系的分析。技术方法一般分为特别方法、一般方法和技术诀窍三种。技术分析方法的本质是一种经验模型,它解释变化原因的依据是经验模型内部建立起来的逻辑关系。所谓技术路线,是指从设计到实施再到完成各技术环节的步骤或线路或路径。设计技术方法和技术路线要求研究者选择先进的技术方法,并围绕目标设计实现目标的途径。从实证法看,通常的做法是:先进行前提假设,选取合适的变量,然后对假设进行统计检验。

变量选择一般有两种思路:一是理性思考;二是实际验证。所谓理性思考,就是根据现有理论或研究者的经验,判断哪些因素对所研究的问题有影响,并进而将它们纳入检验的模型框架;而通过实际验证选择变量,指的是可能有很多因素对所研究的问题有影响,但检验模型不能全部容纳它们,这时研究者先对选择的变量进行统计验证,从中选出最合适的变量构成检验模型。实践中这两种思路也可以结合使用。

设计统计检验时,可以根据研究的需要直接对所选择的相关变量进行参数或非参数检验,也可以利用某些检验模型进行检验,如一般可运用线性回归模型、Logit 模型等。检验模型的选择非常关键,不同的模型可能会得出不同甚至截然相反的结论,这时应当在备选的模型之间进行慎重比较,选择更能反映研究实际并且科学严谨的检验模型。

(四) 取得数据

实证分析可从不同途径取得检验假设所需的数据。通常选择数据来源的原则是数据可得性和成本效益原则。如果可以借用其他研究者曾经用过的数据,自己就不再做重复的数据搜集工作;如果能用比较容易的方法取得数据,就首先不考虑复杂困难的途径。搜集数据除利用常见的色诺芬、CSMAR 等数据库以外,还可在某些证券公司和证券交易所的网站上自行搜集所需的数据。

在样本选定之后,研究者经常需要对取得的数据做描述性统计。描述性统计是对样本数据所做的简单统计,以显示其结构,如均值、分位数、差异程度、某些重要的百分比、某些现象出现的频率等,用这些简单的统计来表现所选取样本的基本特征。这些描述性统计的目的通常不是对研究假设进行检验,而是说明样本选择的适当性,因此人们常常称之为有效性测试。有效性测试通常包括检验样本数据的代表性、对照数据的匹配性以及样本数据结构与理论推测的一致性。在某些情况下,研究者也借助描述性统计对预期结果做一些辅助性观察,作为对预期假设支持或否定的部分证据。

(五) 利用数据检验假设

按照研究设计中的统计检验方法对样本数据进行处理,以验证假设是否能够接受。这部分工作主要由计算机完成,常用的统计软件有 SPSS、SAS、EViews 等,研究者需要对软件运算的结果进行适当的汇总和提炼。

许多实证研究在检验了主要假设之后还进行敏感性测试(sensitivity checks)。敏感性测试通常是对可能影响结论的某些因素所做的补充性测试。有时进行敏感性测试是为了说明某些因素对结论不会产生影响,如对某种因素的分析可以选用不同的指标作为代表,在敏感性测试中,研究者可以换用其他指标进行检验,说明结论对指标的变换不敏感。有时敏感性测试对假设检验做一些补充研究,如假设检验是对全体样本做的,敏感性测试则对样本中不同行业再做一次分组测试,观察一下行业因素对结果是否敏感,即有无不同的表现。

（六）解释结果并得出结论

实证分析最终解释的是假设检验的结果。从某种意义上说，假设检验的结果只有两种可能，即开始时预期的结果出现或没有出现，或者说预期的结果得到或没有得到证据的支撑。当预期的假设得到证据支持时，应当对结果辅以定性的文字分析，指出通过检验的制度性背景及原因。若假设没有得到强有力的证据支持，对结果的解释通常比较困难，由于假设是建立在一定的理论基础上的，预期的结果往往被认为具有合理性，因而分析人员不得不花费大量的篇幅解释实践与理论不一致的原因。对于没有得到强有力证据的研究情况而言，总结研究的局限性和不足之处是非常重要的。人们通常会检查检验模型中考虑的变量是否包括了全部重要的因素，以及理论模型是否有过多的限制与事实不符，另外还有样本容量是否足够大，样本结构的偏差是否有重要的影响等。即使预期的假设得到了足够的证据支持，研究也常常还有一些不尽如人意之处需要在总结研究局限时指出。

三、实证研究的技术方法

实证研究中的技术方法主要涉及一些统计学方法、计量经济学方法。这些方法是实证分析的工具和手段。会计实证分析中常用的技术方法包括线性回归、假设检验、方差分析等。不同类型的数据资料，要求采用不同的统计分析方法。例如，在自变量和因变量都为定量资料时可以进行回归分析；而在自变量为定性资料、因变量为定量资料时则常采用方差分析；反之，在自变量为定量资料、因变量为定性资料时，常用聚类分析和判定分析。

（一）线性回归

回归分析是会计实证研究中最常用的统计方法，包括以下几个环节：

（1）设计模型。进行回归分析时，首先要对经济活动进行深入的分析，选择回归模型中将包含的变量，并根据经济理论和样本数据所显示的变量间的关系，建立描述这些变量之间关系的数学表达式。

（2）采集数据。在建立了模型之后，就要根据模型中变量的含义按一定的统计口径搜集并整理样本数据。根据实证分析的需要，采集的数据通常有时间序列数据、截面数据、混合数据、面板数据、虚拟变量数据几种类型。

（3）估计参数。参数估计的方法一般是普通最小二乘法（OLS），有时也采用极大似然估计法。

（4）检验模型。一般说来，经济学和管理学模型必须通过四级检验，即理论检验、统计检验、计量经济学检验和预测检验。

① 理论检验，主要检验模型是否符合经济理论和管理理论的要求，参数估计值的符号和大小是否与人们的预期基本一致。若不符，则要查找原因，并采取必要的修正措施。

② 统计检验。在参数估算出来后，必须找到一个准则来判断估计的参数与理论上预期的结果是否一致，方程模拟的效果是否理想。完成这一任务需要依靠数理统计学的统计推断方法，主要是假设检验，一般包括参数的 t 检验、方差的 F 检验。

③ 计量经济学检验,主要包括随机干扰项的自相关检验、异方差检验和解释变量的多重共线性检验等。

④ 预测检验,包括内插检验和外推检验。

(5) 使用模型。包括对经济现象未来值的预测和政策模拟。

(二) 假设检验

在各种统计假设中,有的仅涉及总体分布的某个指标,如总体的平均数或方差,而有的则涉及总体的分布形式。涉及某些未知参数的统计假设称为参数假设,涉及总体分布形式的假设称为非参数假设。相应地,有关前者的假设检验是参数检验,有关后者的假设检验是非参数检验。

(1) 参数检验。参数检验主要是针对有关总体的均值、总体的比例和总体方差的各种假设。在会计实证分析中,均值的检验通常采用 t 检验,比例的检验采用 μ 检验,单样本的方差检验采用 χ^2 检验,双样本的方差检验采用 F 检验。

(2) 非参数检验。参数检验都是假定样本来自正态分布的总体,而在现实生活中,许多总体的分布却是未知的,需要我们检验其是否与某个已知的分布相同。非参数检验的假设前提比参数检验要少,也容易满足,适用于分析信息较弱的资料,加上其计算方法简便易行,因此在实证分析中有着广泛的应用。

常见的单样本非参数检验有 χ^2 分布拟合检验、列联表(Crosstabs)检验、柯尔莫哥洛夫-斯密尔诺夫检验(简称 K-S 检验)、游程(Runs)检验。对于两样本的非参数检验,若两个样本是独立的,常用曼-惠特尼(Mann-Whitney) U 检验;若两个样本是相关的,常用威尔科克森(Wilcoxon)检验、符号(Sign)检验。对于多个独立样本,常见的非参数检验方法是克鲁斯卡-瓦利斯(Kruskal-Wallis) H 检验、Dunn 多重比较。对于多个相关样本,常见的检验方法有弗里德曼(Friedman)检验、肯德尔 W (Kendall's W) 检验和科库兰 Q (Cochran's Q) 检验。

(三) 方差分析

方差分析是检验两个或多个样本均数之间是否具有统计意义上的显著差异的一种统计方法。它是根据因变量的样本数据,分析和检验某种或多种因素的变化对因变量的观察数据是否具有显著影响。根据因素变量的多少,方差分析可分为单因素方差分析和多因素方差分析。多因素方差分析涉及比较复杂的统计学知识,会计实证分析中常用到的是单因素方差分析。单因素方差分析用来检验由单一因素影响的一个或几个相互独立的因变量依该因素按不同水平分组的各组均值之间是否具有显著差异,也可用来对该因素的若干水平分组中哪一组与其他各组之间是否具有显著差异进行分析,即进行均值的多重比较。

在进行方差分析时,必须满足或近似满足三个条件:一是被检验的各水平的总体都服从正态分布;二是各水平的总体的方差相等;三是各次试验是独立的。若上述条件未能全部满足,则方差分析结论的可靠性就差。此时,可采用非参数分析方法。

(四) 聚类分析

聚类分析和回归分析、判定分析被称为多元分析的三大方法。聚类分析和判定分析是研究事物分类的基本方法。聚类分析就是研究"物以类聚,人以群分"的一种方法。它将相似的个体聚成小类,最后由小类聚成大类或总类,其目的就是要将相似的事物归为一类。在归类过程中,它根据事物本身的特征来确认其类属。所以,聚类分析的原则就是同一类中的个体有较大的相似性,不同类中的个体差异很大。例如,在经济管理上,可以根据企业资产规模的大小、销售总额的多少和利税水平的高低将企业分为大型、中型、小型企业,以便对其进行分类分析和管理。

根据分类对象的不同,聚类分析分为样品聚类和变量聚类两种;按照聚类方法的不同,又可分为快速聚类和分层聚类。

(五) 判定分析

在证券市场上,一些上市公司是否已陷入财务困境,是否快要破产,这要根据这些公司的各项财务指标加以判定,这时就需要运用统计上的判定分析方法,如奥尔特曼(Altman)的"Z 计分法"中的 Z 值计算公式就是利用判定分析得到的判定函数。所谓判定分析,就是根据对某种事物现有类别的认识,来对一新事物的类别进行判定的方法。具体地说,就是根据表明事物特点的变量值和它们所属的类求出判定函数,然后根据判定函数来对未知类别的事物进行分类。显然,在进行判定分析时必须已知观测对象的分类情况和若干反映观测对象特征的变量值,以便从中筛选出能提供较多信息的变量并建立判定函数,并把各个案的自变量值回代入判定函数,得出判定分数,据此确定各个案的所属类别。然后对比按原始数据的分类和按判定分数的分类,给出错判率。对判定函数的要求是:利用推导出的判定函数,对个案判定其所属类别时的错判率最小。

判定分析要求数据必须可靠地拟合分布,即要求每组个案必须是从一个多变量、正态分布的总体中抽取的样本,即要求每类的观测值服从多元正态分布,而且总体的协方差矩阵必须相等。

第三节 上市公司实证研究分析法的应用

一、信息披露及时性与可靠性实证研究

刘建勇、朱学义 2008 年 12 月在《中南财经政法大学学报》2008 年第 6 期上发表了一篇实证论文——《信息披露及时性与可靠性关系实证研究》。现以此论文来说明相关分析和二分类变量 Logistic 回归分析在上市公司研究中的应用。

(一) 引言

财务报告的首要目标是向用户提供对他们有用的信息。信息有用程度如何,与信息质量有关,即提供的信息应该符合相关性和可靠性的要求。相关性的主要要素之一是及时性,国际会计准则《编报财务报表的框架》第 45 段指出,信息的报告如果不及时披露,就可能失去相关性。① 及时性要求企业对于已经发生的交易或者事项,应当及时进行确认、计量和报告,不得提前或者延后。会计信息的价值在于帮助投资者或其他利益相关

---

① IASC,财政部会计准则委员会译:《国际会计准则 2002》,中国财政经济出版社 2003 年版,第 21—27 页。

者作出经济决策,具有时效性。即使是客观、可比、相关的会计信息,如果不能及时提供,对于使用者的效用也会大大降低,甚至不再具有实际意义。为了在会计确认、计量和报告过程中贯彻及时性,一是要求及时收集会计信息,即在经济交易或者事项发生后,及时收集整理各种原始单据或者凭证;二是要求及时处理会计信息,即按照会计准则的规定,及时对经济交易或者事项进行确认、计量,并编制财务报告;三是要求及时传递会计信息,即按照国家规定的有关时限,及时地将编制的财务报告传递给财务报告使用者,便于其及时使用和决策。可靠性要求企业应当以实际发生的交易或者事项为依据进行确认、计量和报告,如实反映符合确认和计量要求的各项会计要素及其他相关信息,保证会计信息真实可靠、内容完整。为了贯彻可靠性要求,企业应当做到:以实际发生的交易或者事项为依据进行确认、计量,将符合会计要素定义及其确认条件的资产、负债、所有者权益、收入、费用和利润等如实反映在财务报表中,不得根据虚构的、没有发生的或尚未发生的交易或者事项进行确认、计量和报告。①

在实务中,为了及时提供会计信息,可能需要在有关交易或者事项的信息全部获得之前进行会计处理,这样就满足了会计信息的及时性要求,但可能会影响会计信息的可靠性;反之,如果企业等到与交易或者事项有关的全部信息获得之后再进行会计处理,这样的信息可能会由于时效性问题,对财务报告使用者决策的有用性大大降低。这就需要在及时性和可靠性之间做相应权衡,以更好地满足财务报告使用者的决策需要作为判断标准。

面对及时性与可靠性的两难选择,我国上市公司是如何进行取舍的呢?这里拟从信息披露的视角对我国上市公司信息披露及时性与可靠性之间的关系进行实证研究,以期为信息披露及时性与可靠性之间的权衡选择提供经验证据。

(二) 研究假设

会计的目标在于向企业利益相关人提供对投资、融资、监管等决策有用的信息,会计信息的质量特征直接影响着利益相关人的决策。对会计信息质量特征较具代表性的阐述出自美国财务会计准则委员会的财务会计概念公告第二号《会计信息的质量特征》。该公告以财务报告目标为起点,提出了两条最基本的质量特征:相关性和可靠性。相关性是"信息影响决策的能力",包括信息的预测价值、反馈价值和及时性;可靠性是"它反映了它意在反映的经济情况或事项",分为真实性、可核性和中立性。在改善会计信息质量过程中,相关性和可靠性并不一定同时改善,有时两者是相互冲突的。② 因此,关于会计信息质量的相关性和可靠性两者不可兼得一直是理论研究的一个重要问题。朱元午从相关性、可靠性是两个含义不能确指的模糊概念出发,认为人们在对信息有用性的不断追求上面临着相关性和可靠性的两难选择,相关性与可靠性并非总是在同一方向上影响信息的有用性。③ 叶有忠从成本效益角度探讨了会计信息相关性与可靠性之间此消彼长的关系,以此说明会计信息质量的两难选择,进而提出从信息提供者和使用者之间不同的期望目标的内在差异性入手,建议健全社会监督机制,促进信息提供者和使用者质

---

① 财政部会计司编写组:《企业会计准则讲解 2006》,人民出版社 2007 年版,第 6—8 页。
② FASB,娄尔行译:《论财务会计概念》,中国财政经济出版社 1992 年版,第 58—68 页。
③ 朱元午:《会计信息质量:相关性和可靠性的两难选择》,《会计研究》,1999 年第 7 期。

量目标的动态平衡。① 夏冬林从会计确认、计量和报告的时间角度进行了探讨,认为相关性和可靠性本质上是一个时间问题,如果确认会计事项的时间越早,会计信息披露越及时,会计信息越具备相关性,但不确定性越高,从而可靠性越差;反之,如果确认和披露时间越晚,则可靠性越高,但相关性会将低。② 翁健英认为相关性和可靠性产生冲突、需要权衡的根源在于及时性上。及时性削弱、影响了相关性,但可靠性得到了加强;及时性强化,相关性往往会提高,但却降低了可靠性。③

综上所述,信息披露相关性与可靠性之间存在两难选择,并且信息披露的及时性直接影响相关性。为了直观和论述方便,我们用及时性来替代相关性。鉴于以上分析,提出假设:

假设1 我国上市公司信息披露及时性与可靠性之间存在显著的负相关关系。

关于在及时性与可靠性之间如何进行权衡,美国财务会计准则委员会在财务概念公告第二号中概括可靠性的特点时指出,财务报告的可靠性标准并不追求分毫不差的精确真实,而是"大致可靠",即财务报告描述的状况基本符合公司状况即可,追求财务报告的"精确可靠是没有必要的,反而会降低质量标准"。④ 国际会计准则《编报财务报表的框架》第45段指出,及时性和可靠性的各自优点应该进行权衡,为了在及时的基础上提供信息,在了解某一交易或事项的所有各方面之前就进行报告,可能会影响可靠性;相反,如果在了解某一交易或事项的所有各方面之后再报告,信息可能极为可靠,但用处可能很小。要在及时性和可靠性之间达到平衡,决定性的问题是如何最佳地满足使用者的决策需要。⑤ 在某些情况下,信息影响决策的能力消失得很快,甚至可以说瞬息变幻,及时与否可能要以日计,甚至以小时计,因而会产生一个有用性总体上得失的问题,有时为了及时,要放弃数据的精确性。因为迅速产生的近似数,往往比用较长时间才能求得的精确信息更为有用。当然,如果为了及时,而大大损害了信息的可靠性,结果也会使信息的有用性大为逊色。快速地求出近似数,而又并不严重地放弃可靠性则通常是能办到的,通常这样做的结果能从总体上提高会计信息的有用性。⑥ 也就是说,在不影响基本可靠性的前提下,大概的可靠比延迟的精确更为可取。鉴于以上分析,提出如下假设:

假设2 面对信息披露及时性与可靠性的权衡选择,我国上市公司优先考虑信息披露的及时性。

(三) 实证研究设计

1. 变量设置

(1) 及时性的度量(TIME)。我国实行的上市公司年报披露制度规定,上市公司必须在企业会计年度结束日以后的4个月内,即下一年4月30号之前公开披露审计后的财

---

① 叶有忠:《会计信息质量特征及其两难性选择》,《华东经济管理》,2000年第2期。
② 夏东林:《财务会计信息的可靠性及其特征》,《会计研究》,2004年第1期。
③ 翁健英:《关于会计信息的相关性与可靠性的思考》,《北京工商大学学报(社会科学版)》,2007年第5期。
④ FASB,娄尔行译:《论财务会计概念》,中国财政经济出版社1992年版,第58—68页。
⑤ IASC,财政部会计准则委员会译:《国际会计准则2002》,中国财政经济出版社2003年版,第21—27页。
⑥ 朱晓婷:《中国上市公司会计信息披露的及时性研究》,首都经济贸易大学2006年硕士学位论文,第12页。

务报告。然而近年来,随着上市公司数量的增多,上市公司年报披露进度出现"前松后紧"的现象,年报集中于最后期限前披露,年报披露滞后。王建玲、张天西经统计分析发现我国上市公司 1993—2002 年报告时滞①均值为 90 天左右,只有 50% 稍多一点的企业在 3 个月以内披露年报。② 刘建勇、朱学义统计发现我国上市公司 2005—2007 年报告时滞均值为 90.23 天。③ 因此,我们可以合理地认为在 3 个月以内披露年报的上市公司,及时性较好,令 TIME 取值为 1;在第四个月及以后披露年报的公司,及时性较差,令 TIME 取值为 0。

(2) 可靠性的度量(RELI)。近年来,在上市公司年报披露之后,屡屡可见公司对年报的各类补充公告或更正公告,实务界形象地称之为打补丁。补丁的出现意味着原来的年报中可能存在着错误或者缺失;如此,就会降低年报的可靠性,从而降低会计信息决策的有用性,甚至导致财务报告使用者作出错误的决策。这里我们定义:若上市公司当年以临时公告形式发布了关于上年年报的补丁公告,则认为其可靠性较差,令 RELI 取值为 0;没有发布补丁公告的公司,则认为可靠性较好,令 RELI 取值为 1。

(3) 信息披露质量的度量(DSCL)。一般而言,信息披露越及时可靠,信息披露质量越高,对于会计信息使用者决策的有用性越强,因此可以用信息披露质量来衡量会计信息决策有用性的高低。这里以深圳证券交易所上市公司"诚信档案"中"信息披露考评"结果作为信息披露质量的替代变量。该考评结果是根据《深圳证券交易所上市公司信息披露工作考核办法》(2001 年颁布)打分确定的。该所的评价标准有四类,按信息披露质量的高低依次为优秀、良好、及格和不及格。我们对优秀和良好的信息披露质量赋值 1,其他的赋值 0。④

2. 研究方法

(1) 检验假设 1。对信息披露及时性变量与可靠性变量执行两变量相关性检验,看二者是否存在显著的负相关关系。

(2) 检验假设 2。我们构建如下回归分析模型:

$$\text{Logistic}(DSCL) = \beta_0 + \beta_1 \times TIME + \beta_2 \times RELI + \beta_3 \times TOP1 + \beta_4 \times IDRA$$
$$+ \beta_5 \times ROE + \beta_6 \times LEVE + \beta_7 \times SIZE + \varepsilon \quad \text{(方程式一)}$$

其中,DSCL 为因变量,代表信息披露质量;TIME 和 RELI 为解释变量,分别代表信息披露的及时性与可靠性;其余为控制变量,选取原因及含义分别解释如下:① 股权集中度(TOP1)。一般认为,股权集中度越高,控股股东对公司的控制能力越强,其操纵信息生成及披露的空间越大,信息披露质量可能会越低。② 独立董事比例(IDRA)。一般认为,董事会外部成员比例增加能显著降低财务报告欺诈现象发生的可能性,即外部独立董事增多会提高信息披露质量。③ 公司盈利能力(ROE)。当上市公司经营状况

---

① 报告时滞是指从财务报告所涉及的会计期间结束日到报告披露日之间的时间间隔,即为上一会计年度末(12 月 31 日)至年报披露日之间所包含的实际日历天数。
② 王建玲、张天西:《基于信息质量理论的财务报告及时性研究》,《当代经济科学》,2005 年第 5 期。
③ 刘建勇、朱学义:《机构投资者影响信息披露及时性吗?》,《云南财经大学学报》,2009 年第 3 期。
④ 据统计,2001—2007 年深圳证券交易所上市公司信息披露考评结果为优秀和不及格的比例每年均在 10% 以下,都不占主体,考评结果为良好和及格的公司占了绝大多数(可查阅网址 http://www.szse.cn/main/disclosure/bulliten/cxda/xxplkp),故将优秀和良好赋值为 1,及格和不及格赋值为 0。

良好、盈利能力较强时,其提高信息披露质量的主观意愿更高。相反,亏损公司在亏损年度存在着人为调减收益的盈余管理行为,其信息披露质量则会较低。④ 资产负债率(LEVE)。资产负债率越高,公司"粉饰"报表的动机越强烈,从而信息披露质量也可能越低。⑤ 公司规模(SIZE)。一般而言,大公司比小公司有更好的内部控制,并且投资者对大公司的信息需求可能较多,要求也较高,从而迫使公司提高信息披露质量。① 各变量的定义见表18-1。

表 18-1 变量符号及定义

变量名称	变量代码	变量含义及说明
信息披露质量	DSCL	信息披露考评结果为优或良,DSCL 取值为 1;否则 DSCL 取值为 0
及时性	TIME	公司在 1—3 月份披露上年年报,TIME 取值为 1;否则 TIME 取值为 0
可靠性	RELI	公司发布上年年报补丁公告,RELI 取值为 0;否则 RELI 取值为 1
股权集中度	TOP1	上年年末第一大股东持股数/上年年末总股本
独立董事比例	IDRA	上年年末独立董事人数/上年年末董事会规模
净资产收益率	ROE	上年净利润/上年年末所有者权益
资产负债率	LEVE	上年年末总负债/上年年末总资产
公司规模	SIZE	上年年末总资产的自然对数

如果假设 2 成立,则检验结果应满足下列条件之一:第一,方程式一中的及时性变量(TIME)与因变量(DSCL)显著相关,而可靠性变量(RELI)与 DSCL 不存在显著的相关关系;第二,及时性变量和可靠性变量在相同的显著性水平下均与因变量存在显著的相关关系,并且及时性变量系数的绝对值大于可靠性变量系数的绝对值,即 $|\beta_1|>|\beta_2|$。

3. 样本选择与数据来源

根据巨潮资讯网提供的资料,深圳证券交易所在 2007 年披露 2006 年年报的上市公司共有 690 家,其中披露年报后又以临时公告形式发布关于 2006 年年报补充或更正公告的公司有 47 家,其中发布补充公告的公司 18 家,发布更正公告的公司 22 家,同时发布补充及更正公告的公司 7 家,剔除金融类、ST 类(包括 ST、*ST 和 S*ST)以及数据不全的公司,有效样本为 36 家(此处称为"补丁样本");披露 2006 年年报但没有发布年报补充公告或更正公告的上市公司有 643 家,剔除金融类、ST 类以及数据不全的公司后还剩465 家(此处称为"控制样本总体")。

由于"补丁样本"和"控制样本总体"所包含的公司数量存在明显的倍数差异,我们按 1∶1 的比例在"控制样本总体"中为前述"补丁样本"选取了相应数量的控制样本,为避免控制样本的选择性偏见和群集现象以及由此产生的异方差,同时也为了降低 Logistic 回归模型预测准确性的一、二类误差,其选取原则如下:首先对控制样本总体按股票代码进行排序;其次根据要抽取的样本数,确定抽样距离间隔;最后按照间隔数在控制样本总体中进行等距离抽样。最后得到 36 家控制样本,和前面 36 家补丁样本共同构成了我们的研究样本,共 72 个样本观测值。本研究中可靠性变量的数据为笔者根据巨潮资讯网

---

① 王斌、梁欣欣:《公司治理、财务状况与信息披露质量》,《会计研究》,2008 年第 3 期。

提供的资料自己整理所得,信息披露质量变量的数据来自于深圳证券交易所上市公司"诚信档案"中"信息披露考评"结果,其他变量数据均来自 CCER 数据库。有关所选控制样本和控制样本总体的无差异检验结果详见表 18-2。

表 18-2 控制样本和控制样本总体的无差异检验结果

项目	控制样本均值 ($n=36$)	控制样本总体均值 ($n=465$)	独立两样本均值 t 检验	
			t-值	Sig.
DSCL	0.56	0.65	-1.077	0.282
TIME	0.39	0.50	-1.336	0.189
TOP1	0.3592	0.3484	0.421	0.674
IDRA	0.3502	0.3589	-0.756	0.450
ROE	0.0384	0.0474	-1.225	0.246
LEVE	0.5432	0.4894	1.623	0.105
SIZE	21.33	21.26	0.439	0.661

表 18-2 的无差异检验结果显示,从 465 个控制样本总体中等距离抽取的 36 个控制样本的随机误差未达到 10% 的统计显著性水平,说明控制样本的选取是恰当的。

(四) 实证结果与分析

1. 相关性检验结果与分析

表 18-3 列示了及时性与可靠性的相关性检验结果。由该表可知,及时性变量与可靠性变量在 5% 的显著性水平上负相关,表明我国上市公司年报披露及时性与可靠性之间存在两难选择,即二者之间确实存在着此消彼长的负相关关系,有力地支持了研究假设 1。

表 18-3 年报披露及时性与可靠性的相关性分析

	及时性	可靠性
及时性	1	-0.278**
可靠性	-0.278**	1

注:$N=72$,Sig. (2-tailed) $=0.018$,** 表示在 0.05 的水平上显著。

2. 多元回归结果与分析

表 18-4 是以信息披露质量为因变量的 Logistic 回归分析结果。由该表可知,及时性变量与信息披露质量在 5% 的显著性水平上正相关,可靠性变量虽与信息披露质量正相关但不显著。这表明,面对信息披露及时性与可靠性的两难选择,为了提高信息披露质量,更好地满足财务报告使用者的决策需要,我国上市公司会优先考虑信息披露的及时性,有力地支持了假设 2。另外,公司盈利能力和公司规模均与信息披露质量在 5% 的显著性水平上正相关,表明公司盈利能力越强、公司规模越大,越有利于提高公司信息披露质量,与预期一致。此外,并未发现股权集中度、独立董事比例、资产负债率与信息披露质量存在显著相关关系的证据。

表 18-4 多元回归结果（被解释变量：信息披露质量为优良的概率，$N=72$）

变量	系数	Wald 值	Sig.
TIME	1.403	5.680**	0.017
RELI	0.905	2.340	0.126
TOP1	-0.354	0.026	0.872
IDRA	-3.269	0.461	0.497
ROE	2.012	4.762**	0.029
LEVE	-2.410	2.494	0.114
SIZE	0.387	4.993**	0.024
Constant	-7.142	6.287**	0.013
-2 Log likelihood		84.728	
Cox & Snell R Square		0.189	
Nagelkerke R Square		0.252	

注：*** 表示在 0.01 的水平上显著，** 表示在 0.05 的水平上显著，* 表示在 0.1 的水平上显著。

（五）结论与启示

信息披露及时性与可靠性是衡量会计信息披露质量高低的两个重要因素，此处我们在对信息披露及时性与可靠性关系进行理论分析的基础上，首次对二者的关系进行了实证检验，研究结果发现：我国上市公司信息披露及时性与可靠性之间存在着此消彼长的负相关关系，面对信息披露及时性与可靠性的两难选择，为了更好地满足财务报告使用者的决策需要，我国上市公司会优先考虑信息披露的及时性。这一研究结论可以为证券交易所制定相关信息披露管理办法提供依据。由于可靠性不被优先重视，导致近年来许多上市公司急于披露年报，然后频繁地对已经披露的年报打补丁。针对这种现象，建议证券交易所对打补丁现象做出相应处罚规定，切实提高信息披露的可靠性。同时，该研究结论提醒会计信息使用者在进行决策时不要只看重信息披露的及时性，及时性固然重要，但一定要认识到上市公司年报中可能隐藏着的不可靠性——年报披露之后打补丁。

上述研究的不足之处在于：只用了 1 年的样本，不能反映信息披露及时性与可靠性关系的变化趋势，致使实证结果可能带有偶然性。另外，选用上市公司是否以临时公告形式发布年报补充或更正公告作为信息披露可靠性的代理变量是否恰当，仍是一个有待于进一步论证的问题。

二、机构投资者持股、公司业绩与总经理变更

刘建勇、朱学义、侯晓红 2009 年 2 月在《管理现代化》2009 年第 1 期上发表了一篇实证论文——《机构投资者持股、公司业绩与总经理变更》。现以此论文来说明描述性统计分析和二分类变量 Logistic 回归分析在上市公司研究中的应用。

（一）引言

在所有权与经营权分离的现代企业中，所有者需要内部控制机制对经营者进行监督。公司治理作为一套制度安排，其目的在于解决因所有权和经营权分离所产生的代理问题,而上市公司能否积极约束和惩戒不称职管理者则是公司治理制度有效与否的必要条件。换言之,如果公司治理机制是行之有效的,那么管理者将因其经营不善而被更换,即管理者变更概率应与公司业绩之间存在反向的关系(Volpin,2002;Gibson,2003)。

 对于高管变更与公司业绩之间的敏感度,国外学者已做了大量研究(Volpin,2002;Gibson,2003;Warner,Watts and Wruck,1988;Weisbach,1988),国内学者也展开广泛的讨论(张俊生等,2005;陈旋等,2006;游家兴等,2007)。这些研究都表明,公司经营业绩越差,管理者被更换的可能性越大,并且高管变更与公司业绩二者之间的关系受限于各种条件。如 Weisbach 指出,当公司董事会主要由外部董事构成时,管理者因经营业绩不好而被更换的可能性更大。而 Volpin 和 Gibson 的研究表明,在投资者法律保护较差的国家里,由于缺乏严格执行的监督和约束机制,大股东的存在,特别是当大股东同时兼任公司的管理者时,将大大增强管理者的壕沟效应,削弱了高管变更对公司业绩变动的敏感度。张俊生等(2005)研究结果表明董事会召开会议次数与相对业绩下降公司的总经理变更概率呈反向显著关系,在董事长与总经理两个职位分开的公司中,相对业绩下降时总经理发生的概率较高。陈旋等(2006)基于政府控制权差异,检验了经营业绩和总经理变更的关系。发现政府直接控制型公司总经理变更对业绩的敏感性显著低于政府间接控制型公司。游家兴等(2007)考察信息透明度对总经理变更与公司业绩之间敏感程度的影响,结果表明,公司信息透明度越高,总经理因业绩下降而被更换的可能性越大。

 然而,上述研究都没有涉及机构投资者在高管变更中的作用机制。自 2004 年我国政府出台《国务院关于推进资本市场改革开放和稳定发展的若干意见》以来,我国机构投资者得到大力发展,已经成为公司股东中一支不可忽视的力量。机构投资者是否已影响到总经理变更对公司业绩的敏感度,目前尚没有相关方面的文献。我们通过对机构投资者持股、公司业绩与总经理变更三者关系进行研究发现,机构投资者持股提高了总经理变更对公司业绩的敏感度,并且机构投资者持股比例越高,总经理变更对公司业绩的敏感度越强。以下的内容分为四部分。第二部分为理论分析与研究假设;第三部分为实证研究设计;第四部分为实证结果与分析;第五部分为结论与不足。

 (二)理论分析与研究假设

 相对于普通的公众投资者,机构投资者的持股比例较大,有着较为完整的信息、专业的知识、较大的投资规模和较强的博弈能力,机构投资者可以凭借自身的"用手投票"能力和"用脚投票"能力,从内、外部两方面对上市公司的治理机制施加影响。但是机构投资者选择"用脚投票"来表达对上市公司治理行为的不满会对股票的价格产生负面影响,从而导致自身利益的较大损失,这不是一个明智之举。由于机构投资者资产规模大,对公司实施监控的成本与收益的匹配度较好,这就使得机构投资者有能力和动力通过"用手投票"的方式来参与公司治理,实现对公司经营的监督,尤其是持股比例较高时这种能力和动力更为强烈。

 机构投资者积极主义被普遍认为是一种新的公司治理机制,机构投资者可以通过在例会上积极运用投票权、推荐董事、进行代理投票权竞争、提出新的或完善公司战略、发起反对公司的诉讼、提名那些经营绩效或者治理较差的公司作为治理"目标",以及与公司管理层协商、在公司年度会议上发出股东提案等方式参与公司治理(Parrino, et al.,

2003）。据 Brent（2002）报告，自 2001 年以来，更多机构股东倾向于发起、参与股东议案或征集投票代理权，以加强对公司治理的参与。Shleifer & Vishny（1986）的研究表明，有一个占支配地位的机构股东并对其进行监督的企业，业绩表现更好。Jarrell 和 Poulsen（1987）认为机构投资者更有可能来阻止那些可能有损股东利益的议案。Huddart（1993）、Maug（1998）和 Noe（2002）论证了机构投资者通过参与监督和控制公司事务，使得限制和部分解决代理问题成为可能。Michael Useem（1993）认为总体上来说，股东积极主义有利于公司治理的改进。Strickland、Wiles 和 Zenner（1996）通过实证研究发现，机构股东的监督有利于提高公司的绩效。Opler 和 Sokobin（1995）实证研究也表明，以公共基金为代表的机构投资者对上市公司治理改革的积极参与导致了上市公司长期经营绩效的提高。Carleton、Nelson 和 Weisbach（1998）从不同的方面肯定了机构股东积极参与公司治理的作用。Guercio 和 Hawkins（1999）对美国 5 大活动最积极的养老金组织进行研究，发现股东提议对其他治理机制有补充作用，机构投资者提交股东议案后，目标公司会显著地增加治理活动，例如资产出售和重组。Gillan 和 Starks（2000）实证研究表明，由机构发起的股东提案往往比其他股东发起的提案获得更高的支持率。Diane 等（1999）发现目标公司收到养老基金建议后通常会发生一些治理上的事件，比如，卖掉资产、机构调整或裁员等。Parrino, et al.（2003）研究结果发现，在 CEO 被迫离职前一年公司总的机构所有权和机构投资者数量下降，但这一结论并不适用于所有机构投资者，个别机构投资者持股反而上升，机构投资者所有权的变化方向与企业 CEO 被迫离职的概率以及由外部职业经理人来继任 CEO 的概率之间呈现出负相关关系。

由于我国机构投资者起步较晚，研究中国机构投资者在公司治理中作用的文献较少。娄伟（2002）发现基金持股比例与托宾 Q 显著正相关，他猜测可能是基金参与了公司治理并改善了公司绩效。王琨和肖星（2005）研究结果发现上市公司的前十大股东中机构投资者的存在及其持股比例的增加都会显著降低上市公司因关联交易而产生的资产和资产负债净值，因此认为我国机构投资者已经在一定程度上参与公司的经营和治理活动。肖星和王琨（2005）发现证券投资基金在选择投资对象时会选择会计业绩优良的公司，同时证券投资基金也起到了促进公司会计业绩改善的作用；所以他们认为中国证券投资基金既通过"用手投票"的积极方式参与公司治理，又通过"用脚投票"的被动方式影响公司治理。王彩萍（2007）结合我国首起机构投资者积极行动的案例，即中兴通讯 H 股发行事件，对目前我国机构投资者参与上市公司治理决策的方式及效果进行实证分析，结果发现我国机构投资者已开始通过股东大会或股票市场来影响上市公司决策，但不同方式的效果存在较大差异。

综上所述，机构投资者的积极主义行为已对公司治理产生一定的积极作用，这种积极作用有助于改善公司治理状况和惩戒不称职的管理者。因此，我们提出如下研究假设：

H1：机构投资者持股提高了总经理变更对公司业绩的敏感度。

一般而言，机构投资者持股比例越高，其参与公司治理的能力越强，并且越有可能以合理的成本收益参与公司治理。因此，机构投资者持股比例越高，其参与公司治理的动机和能力越强，越有助于赶走不称职的管理者。因此，我们提出如下研究假设：

H2：机构投资者持股比例越高，总经理变更对公司业绩的敏感度越强。

(三) 实证研究设计

1. 变量设定

（1）被解释变量——总经理变更状况(Turn)。当公司在相应年份发生总经理变更时，Turn 取 1，否则取 0。

（2）解释变量——公司业绩和机构持股比例。公司业绩一般分为会计业绩和市场业绩。会计业绩是可以从公司公布的报表中直接获取或者间接计算而得的业绩指标，常用的包括每股收益(EPS)、净资产收益率(ROE)、总资产收益率(ROA)等。会计业绩指标获取方便、直观，但可能受到管理层的操纵，在反映公司真实业绩时可能被认为"不纯净"。市场业绩是一段时间内公司股票获取的收益，一般认为其反映了市场对公司的客观评价，反映了公司的真实业绩。但在实际中，市场业绩也会受到诸多因素的影响，并不能反映公司管理者的真实经营能力，例如受到行业环境的影响。为此，我们既选用会计业绩也选用市场业绩，选用的会计业绩是 CROE，即主营业务利润/净资产，因为和净利润相比，主营业务利润较难被操纵，相对于 ROE 和 ROA，CROE 是一个更为稳定的指标(陈小悦等，2001)，选用的市场业绩为股票回报率(RET)。另外，定义：机构持股比例(Inve)=机构投资者持股数量/总股本，其中机构投资者包括证券投资基金、社保基金、保险机构、信托投资公司和境外机构投资者(QFII)。

（3）控制变量。除公司业绩对总经理变更造成影响外，公司状况、股权结构和董事会特征等都可能对总经理变更产生影响。为了准确地检验我们所提出的假设，选取公司状况变量（公司规模、公司成长性、资产负债率）、股权结构变量（第一大股东持股比例、前五大股东持股比例之和）和董事会特征变量（董事长是否兼任总经理、独立董事比例）作为控制变量。具体变量定义见表 18-5。

表 18-5 变量明细表

变量名称	变量代码	变量定义
总经理变更状况	TURN	第 t 年总经理发生变更，TURN 取 1，否则取 0
主营业务净资产收益率的变化	ΔCROE	第 t 年与第 $t-1$ 年 CROE 之差
股票回报率的变化	ΔRET	第 t 年与第 $t-1$ 年 RET 之差
机构投资者持股比例	INVE	第 t 年机构投资者持股数量/总股本
公司规模	Size	第 t 年公司总资产的自然对数
成长性	Grow	第 t 年公司主营业务收入增长率
资产负债率	Leve	第 t 年公司期末总负债/期末总资产
第一大股东持股比例	Top1	第 t 年公司第一股东持股数量/总股本
前五大股东持股比例和	CR5	第 t 年前五大股东持股数量之和/总股本
董事长是否兼任总经理	Unit	第 t 年若是，Unit 取值为 1，否则为 0
独立董事比例	Idra	第 t 年独立董事人数/董事会规模

2. 研究样本与数据选择

我们选取 2005—2006 年年报中机构投资者持股的上市公司为研究对象，根据中国上市公司资讯网[①]提供的数据，2005 年年报中机构投资者持股的上市公司有 438 家，2006

---

① http://www.cnlist.com/datacount.

年年报中机构投资者持股的上市公司有667家。剔除以下公司：① B股类和金融类公司；② 2005年1月1日及以后上市的公司，目的为了排除股票初次发行中机构投资者的高比例持股现象；③ 总经理变更情况未知以及股权结构和董事会特征资料不全的公司。

研究的目的是检验机构投资者持股对总经理变更与公司业绩敏感度的影响，总经理变更的原因很多，其中是否因为公司经营不善而被迫离职是判断公司治理效率高低的关键所在，为了消除总经理正常离职①可能产生的噪音，有效地反映公司治理机制在约束和惩戒不称职管理者中的有效性，我们关注的是总经理被迫离职的情况。因此，继续剔除以下公司：① 因实际控制人发生变更②而导致总经理变更的公司，因为此种类型的变更更多的是外部控制机制的力量所起到的作用，而我们的主要目的是研究我国上市公司内部控制机制在约束管理者方面的有效性。② 因总经理年龄大于60岁而导致离职的公司③。一般说来，我国企业员工在达到法定年龄时，会自动退休，由此我们将60岁作为临界点，当总经理年龄大于60岁而离职的视为正常离职。

最后得到符合条件的上市公司，2005年355家，2006年504家，组成859个混合截面数据样本。除机构投资者持股比例为笔者根据巨潮资讯网和中国上市公司资讯网提供的资料自己整理所得外，其他数据均来自CCER数据库。另外，我们采用Logistic模型作为研究公司总经理变更概率的模型。

（四）实证结果与分析

1. 描述性统计结果

表18-6列示了2005—2006年机构投资者持股上市公司总经理变更情况，从中可以看出，这些公司总经理变动率为31.90%，高于1995—2000年中国上市公司高层变动比率为24.4%（龚玉池，2001），同时也超过了美国1971—1994年上市公司CEO被迫离职的平均比率为16.2%（Huson，2001）。这可能是因为：第一，笔者所分析的样本仅仅为机构投资者持股的上市公司，而龚玉池、Huson等人分析了包含样本期间所有上市公司的情况；第二，机构投资者持股提高了上市公司总经理变更的概率。表18-7为部分变量的描述性统计结果，我们可知，样本公司机构投资者平均持股为2.1%、第一大股东平均持股41.6%。机构投资者持股比例远高于一般公众投资者，同时又显著低于控制性股东（第一大股东），在这种股权高度集中的情况下（前五大股东持股比例之和为56.7%），机构投资者能否在公司治理中发挥重要作用，进而影响到公司总经理的变更状况呢？为此，笔者下面进行了回归分析。

表18-6 总经理变更情况表

2005年			2006年			合计		
样本量	变动量	变动率	样本量	变动量	变动率	样本量	变动量	变动率
355	89	25.07%	504	185	36.71%	859	274	31.90%

---

① 包括因控制权发生变动而导致的总经理变更和总经理年龄超过60岁而导致的变更。
② 实际控制人为多个自然人的，只要排在第一位的自然人未发生变更，视同实际控制人未发生变更。
③ 总经理年龄为笔者根据巨潮资讯网下载的上市公司年报逐一查找所得。

表 18-7 部分变量描述性统计结果

变量	N	Minimum	Maximum	Mean	Std. Deviation
第一大股东持股比例	859	0.051772	0.837522	0.416451	0.160494
前五大股东持股比例	859	0.124727	0.946604	0.567	0.149865
独立董事比例	859	0	0.714286	0.341094	0.070716
股票回报率	859	−1.3791	4.1438	0.37792	0.523917
主营业务净资产收益率	859	−0.75495	26.8667	0.05246	0.929531
机构持股比例	859	0.00025	0.581313	0.021088	0.033078

2. 回归结果及分析

（1）分组检验结果与分析

为了检验机构投资者持股对总经理变更与公司业绩敏感性的影响,笔者将样本按机构投资者持股比例高低,以 3% 为分界点①分为两组,即：机构持股比例≥3%、机构持股比例<3%,分组结果见表 18-8。

表 18-8 样本分组分布表

项目	全部公司	机构持股≥3%		机构持股<3%	
样本量	859	191	22.24%	668	77.76%
变动量及比率	274	65	23.72%	209	76.28%

在上述分组的基础上,建立如下模型,进行回归分析：

$$\text{Logit(Turn)} = \alpha_0 + \alpha_1 \Delta \text{CROE} + \alpha_2 \Delta \text{RET} + \sum_{i=3}^{9} \alpha_i \text{CTR}_i + \varepsilon$$

其中,Turn 表示公司总经理变更状况,△CROE 和 △RET 分别代表公司会计业绩与市场业绩,CTR 为控制变量,α 为待估参数,ε 为随即扰动项。回归分析结果见表 18-9。

表 18-9 回归分析结果（被解释变量：总经理变更概率）

变量	全部公司($N=859$)	机构持股≥3%($N=191$)	持股<3%($N=668$)
CROE	0.202	0.674	0.067
	(0.502)	(0.651)	(0.893)
RET	0.428***	0.717*	0.399**
	(0.003)	(0.060)	(0.013)
Size	0.034	0.307*	−0.032
	(0.653)	(0.071)	(0.709)
Grow	0.002	0.313	0.002
	(0.624)	(0.523)	(0.619)
Leve	−0.027	−0.983	0.034
	(0.915)	(0.316)	(0.887)

---

① 由表 18-7 可知,机构持股比例均值为 2.1% 左右,以 3% 为界将样本公司划分为两组,大于 3% 的为高机构持股比例组,小于 3% 为低机构持股比例组是合理的。

(续表)

变量	全部公司($N=859$)	机构持股≥3%($N=191$)	持股<3%($N=668$)
Top1	-0.099	-0.740	0.127
	(0.882)	(0.636)	(0.865)
CR5	0.931	1.276	0.766
	(0.197)	(0.459)	(0.340)
Unit	-1.498***	-20.445	-1.268***
	(0.002)	(0.999)	(0.009)
Idra	-1.497	-0.874	-1.855
	(0.147)	(0.750)	(0.101)
Constant	-1.579	-7.399**	-0.074
	(0.347)	(0.045)	(0.969)
-2 Log likelihood	1041.409	227.235	806.848
Cox & Snell R Square	0.039	0.089	0.034
Nagelkerke R Square	0.055	0.123	0.048

注：括号内的数据表示 Sig.，不带括号的数据为参数估计值，*** 表示在 0.01 的水平上显著，** 表示在 0.05 的水平上显著，* 表示在 0.1 的水平上显著。

由表 18-9 可知，样本公司总经理变更概率与市场业绩变化显著正相关。其中，全部公司总经理变更概率与市场业绩变化在 1% 的显著性水平上正相关，机构持股比例大于 3% 的一组公司总经理变更概率与市场业绩变化在 10% 的显著性水平上正相关，机构持股比例小于 3% 的一组总经理变更概率与市场业绩变化在 5% 的显著性水平上正相关，并且机构持股比例较高的一组系数 α_2（为 0.717）大于机构持股比例较低的一组系数 α_2（为 0.399）。说明机构投资者持股比例越高，总经理变更概率与市场业绩敏感度越强，证实了假设二。

另外，实证结果并未发现总经理变更概率与会计业绩变化之间显著相关的证据，这可能是因为，会计业绩信息披露具有滞后性，如要求年报在年度结束后的四个月内对外报出，机构投资者直到下期才知道会计业绩的下降，其采取的积极股东主义行为以及对总经理变更的影响也只有到下期才能体现出来。为此，笔者进一步检验了上一期机构投资者持股对本期总经理变更的影响。

（2）上一期机构投资者持股对本期总经理变更影响的检验结果与分析

考虑到机构投资者持股对总经理变更的影响具有滞后效应，总经理变更可能需要有一定的周期，因而这样的变化可能是在下期实现的。因此，笔者以 2005 年和 2006 年均含有机构投资者的 269 家上市公司①为样本进一步检验了 2005 年机构投资者持股对 2006 年总经理变更的影响，建立如下回归分析模型：

$$\text{Logit}(\text{Turn}_t) = \beta_0 + \beta_1 \Delta \text{CROE} + \beta_2 \Delta \text{CROE} \times \text{Inve}_{t-1} + \sum_{i=3}^{9} \beta_i \text{CTR}_t + \varepsilon$$

为了避免出现共线性问题，分别单独代入会计业绩和市场业绩，先代入会计业绩

---

① 这 269 家上市公司为 2005 年 355 家公司和 2006 年 504 家公司的重叠部分。

ΔCROE。如果会计业绩和机构持股比例的交互变量回归系数 β_2 显著为正,则表明机构投资者持股提高了总经理变更对公司业绩的敏感度,说明我国的机构投资者对上市公司发挥着监督作用,这种监督机制提高了总经理被更换的概率。回归分析结果见表18-10。

表 18-10　回归分析结果(被解释变量:总经理变更概率)

变量	CROE($N=269$)	RET($N=269$)
CROE	1.868 (0.115)	
CROE × Inve	106.208* (0.098)	
RET		0.194 (0.661)
RET × Inve		13.147 (0.127)
Size	0.062 (0.671)	0.081 (0.578)
Grow	-0.021 (0.953)	-0.087 (0.803)
Leve	2.007** (0.014)	1.865** (0.023)
Top1	-1.367 (0.265)	-1.239 (0.307)
CR5	2.146 (0.101)	2.363* (0.072)
Unit	-1.240 (0.120)	-1.169 (0.139)
Idra	-1.811 (0.292)	-1.704 (0.324)
Constant	-2.990 (0.342)	-3.574 (0.257)
-2 Log likelihood	329.462	330.182
Cox & Snell R Square	0.067	0.065
Nagelkerke R Square	0.092	0.089

注:括号内的数据表示 Sig.,不带括号的数据为参数估计值,*** 表示在0.01的水平上显著,** 表示在0.05的水平上显著,* 表示在0.1的水平上显著。

由表18-10可知,会计业绩和机构持股比例交互变量的回归系数为正,并且与总经理变更概率在10%的显著性水平上正相关,表明机构投资者持股提高了总经理变更对会计业绩的敏感度,证实了假设一。另外,市场业绩和机构持股比例交互变量的回归系数虽然为正,但与总经理变更概率的相关关系并不显著。这可能是因为,机构投资者持股对总经理变更与市场业绩敏感度的影响体现在本期,而对总经理变更与会计业绩敏感度的影响下期才能体现出来。根本的原因可能是市场业绩(如股价、股票回报率等)能立即被投资者熟知,而机构投资者得知会计业绩下降的信息具有滞后性,因为年报在年度结束后的四个月内才对外披露。

综合以上两个实证结果,我们可以得出如下结论:机构投资者持股提高了总经理变更与公司业绩的敏感度,并且机构投资者持股比例越高,总经理变更对公司业绩的敏感度越强。这一结论有力地支持了前面所提研究假设。

(五) 结论与不足

我们通过对机构投资者持股是否影响上市公司总经理变更与公司业绩敏感度的理论与实证分析,结果显示,我国的机构投资者已对公司内部治理机制产生一定的影响,机构投资者持股提高了总经理变更对公司业绩的敏感度,并且机构投资者持股比例越高,总经理变更对公司业绩的敏感度越强,有力地支持了所提研究假设。但由于会计业绩信息披露具有滞后性,在判断上期机构投资者持股对本期总经理变更与公司业绩敏感度的影响时,公司业绩最好选用会计业绩;在判断本期机构投资者持股对本期总经理变更与公司业绩敏感度的影响时,公司业绩最好选用市场业绩,因市场业绩信息能立即被机构投资者所熟知。

机构投资者持股对总经理变更与公司业绩敏感度的影响到底是"用手投票"的结果还是"用脚投票"的结果?这种影响是积极的还是消极的,对改善公司业绩是否有积极作用?这些问题有待于后续的进一步研究。另外,我们未对公司业绩变化的方向是上扬还是下跌进行区分。此外,由于机构投资者持股数据计算困难,我们只检验了2005—2006年机构投资者持股对公司总经理变更与公司业绩敏感度的影响以及2005年机构投资者持股对2006年总经理变更与公司业绩敏感度的影响,以后可以通过更长的时间区间进行检验。

三、不同机构持股比例下上市公司特征比较研究

刘建勇、朱学义、侯晓红在《商业研究》2009年第6期上发表了一篇实证论文——《不同机构持股比例下上市公司特征比较研究》。现以此论文来说明均值检验和多元线性回归分析在上市公司的应用。

自2004年政府出台《国务院关于推进资本市场改革开放和稳定发展的若干意见》以来,我国证券投资基金规模稳步增长,QFII试点逐步放大,保险资金、社保基金和信托投资资金投资资本市场的工作取得重要进展,机构投资者在证券市场已经成为一支不可忽视的力量。机构投资者在投资实践中究竟如何行动,它们偏好具有什么特征的上市公司;为什么有的上市公司机构持股比例较高而有的较低,影响上市公司机构持股比例高低的因素有哪些?我们将对上述问题进行经验研究,研究结果将为机构投资者的选股决策提供理论依据和经验支持。

(一) 理论分析与研究指标选择

机构投资者的本质特征是通过组合投资和专业理财,在控制风险的基础上获取最大化利润。因此,价值投资型机构投资者在进行投资股票选择时需全面考虑上市公司的情况和股票的一些市场化指标。下文将从这两方面进行分析,并结合中国的实际情况加以阐述。

1. 盈利能力与成长能力。为了追求利润最大化,作为理性的投资者,机构投资者一

般偏好持有每股收益、每股净资产、净资产收益率和每股经营现金流量较高的股票,因为这四个指标分别反映了上市公司的盈利水平、所拥有的资产现值、运用自有资本的效率和赚取现金分红派息的能力,它们越大,反映公司的基本面越好,这样的股票就越具有投资价值。另外,机构投资者可能还通过挖掘具有成长潜力的公司股票来获取最大的投资回报,主营业务收入增长率反映了公司潜在的成长能力,该指标越大,表明公司成长潜力越好。

2. 经营风险与财务风险。机构投资者实质上是一种委托代理关系,代理人有义务履行一定收益情况下的风险最小化。经营杠杆系数和财务杠杆系数这两个指标能从基本层面上对上市公司的经营风险和财务风险进行计量,两系数越大,则分别表示公司的经营风险和财务风险越大。另外,流动比率代表公司偿还短期债务能力的大小,在一定程度上也能反映公司财务风险的大小,该指标越大表明公司的财务越安全。机构投资者在考虑一定收益情况下风险最小化原则时,一般会选择经营杠杆系数和财务杠杆系数较小、流动比率较大的公司股票。

3. 公司治理状况。近年来,越来越多的研究发现治理状况对公司经营和公司绩效会产生重要影响,完善的治理结构有利于提高公司未来价值,因此价值投资型的投资者在进行投资决策时非常重视上市公司治理,我们主要从董事会和股权结构两个角度来考虑上市公司的治理状况。一般来说,董事长不兼任总经理的上市公司能更好地发挥董事会对高级管理层的监督作用,这样的治理结构较为合理。同样,在上市公司中引入外部独立董事也有利于更好地对管理层进行监督,独立董事在董事总数中所占的比例越高,监控经理人员机会主义行为的效果就越佳,治理状况也就越好。股权结构指标可选择第一大股东与第二大股东持股比例的比值(Z 指数)、前五大股东持股比例之和(TOP5)和流通股比例。在当前我国上市公司国有股一股独大的情况下,流通股比例高表明上市公司股权结构较为合理,这样的公司投资价值相对股权结构畸形的上市公司更大。Z 指数和 TOP5 指数两者都是对上市公司股权集中度的计量指标,根据对我国股权结构与业绩关系相关的实证研究结果(陈小悦等,2001;王克敏等,2004;谢军,2006;徐莉萍等,2006),股权集中度具有正向的治理激励效应,一定程度的股权集中度有利于公司绩效的提高。因此机构投资者一般偏好 Z 指数和 Top5 指数相对较高的公司股票。

4. 市场化指标。股票的主要属性是收益性和风险性,机构投资者一般偏好股票收益率较高的上市公司。其中,对风险性存在悖论,马柯维茨的现代投资组合理论(PMT)表明股票的市场风险(β 值)与投资决策密切相关,一般认为机构投资者不应该持有 β 值过高或过低的股票。一方面,机构投资者通过持有较高 β 值的股票可以获得较高的预期收益;但另一方面,持有较高 β 值的股票也会产生负面作用,即在不存在法律成本的情况下,如果机构投资者不能战胜市场,它们的报酬就会面临较大损失。此外,市盈率也可以测度股票的风险和公司的成长前景,市盈率高表示公司成长前景较好但风险较大;市盈率较低的股票则可能被投资者认为存在问题。但在我国目前市场状况下,市盈率普遍偏高,上市公司存在较大风险,相反,相对较低市盈率的公司则较为稳健,因此审慎的投资者所选择的上市公司市盈率应相对较低。由于受审慎原则的影响,机构投资者持有的股票一般还应具有较好的流动性。如果股票的流动性很低,机构的大额交易会对股价产生相当大的压力,为了避免这样的价格风险,机构投资者一般偏爱流动性较高的股票。一般情况下,如果股票规模较大、换手率较大,则其流动性越好。因此,审慎的机构投资者一般偏好规模和换手率均较大的股票。

综上所述,所得的比较指标及相应说明见表18-11所示。

表18-11 比较指标明细表

类别	指标名称	指标代码	指标定义	预期影响	序号
盈利能力与成长能力	每股收益	EPS	净利润/期末总股本	+	1
	每股净资产	NAPS	股东权益总额/期末总股本	+	2
	净资产收益率(主业)①	CROE	主营业务利润/股东权益总额	+	3
	每股经营现金净流量	NOCF	经营活动产生的现金流量净额/期末总股本	+	4
	主营业务收入增长率	Grow	本年主营业务收入/上年主营业务收入 − 1	+	5
经营风险与财务风险	经营杠杆系数	DOL	主营业务利润/(利润总额+财务费用)	−	6
	财务杠杆系数	DFL	(利润总额+财务费用)/利润总额	−	7
	流动比率	LIQU	流动资产/流动负债	+	8
公司治理状况	Z指数	Z指数	第一大股东持股比例/第二大股东持股比例	+	9
	TOP5	TOP5	前5大股东持股比例之和	+	10
	流通股比例	ASHA	流通股东持股数量/期末总股本	+	11
	两职合一情况	UNIT	若董事长兼总经理,取值为1,否则为0	−	12
	独立董事比例	IDRA	独立董事人数/董事会总人数	+	13
市场化指标	股票回报率	RET	年度股票的平均回报率	+	14
	市场风险(β值)	BETA	个股收益率增量/市场平均收益率增量	?	15
	市盈率	PER	每股市价/每股收益	−	16
	股票规模	SIZE	流通股总市值的自然对数	+	17
	股票换手率	EXCH	年度总换手率=$\sum$个股月换手率(1—12月)	+	18

注:指标选择参考了杨德群和王彩萍的相关研究。"−"表示应选择指标值相对较低的公司股票;"+"表示应选择指标值相对较高的公司股票;"?"表示需要视具体情况而定。

(二)研究样本与数据来源

我们选取2005—2006年年报股东中含机构投资者的上市公司为研究对象,其中在此所称的机构投资者包括证券投资基金、社保基金、境外机构投资者(QFII)、保险公司和信托投资公司。根据中国上市公司资讯网提供的数据(查阅网址 http://www.cnlist.com/datacount),2005年年报中机构投资者持股的上市公司有438家,2006年年报中机构投资者持股的上市公司有667家。剔除以下公司:① B股类和金融类公司;② 计算研究指标时所涉及的资料不全的公司。最后得到符合条件的上市公司,2005年418家,2006年594家,组成1012个混合截面数据样本。除机构投资者持股比例为笔者根据中国上市公司资讯网提供的资料自己整理所得外,其他数据均来自CCER数据库。

(三)实证结果与分析

1. 均值检验结果与分析

通过计算可知1012家截面数据样本公司机构投资者持股比例的均值为2%,其中机

---

① 我们选用净资产收益率(主营业务利润)来衡量公司的盈利能力,因为和净利润相比,主营业务利润更稳定且较难被操纵,更能准确反映公司真实的获利能力。

构持股比例(INVE) = 机构投资者持股数量/总股本,将样本公司以2%为分界点按机构持股比例高低分成两组,对这两组样本采用SPSS(13.0)进行Independent-Sample T Test检验。

表18-12为机构持股≥2%与机构持股<2%的上市公司均值检验结果,根据 T 检验结果可知,有10个指标存在显著差异,高机构持股比例上市公司的每股收益、每股净资产、净资产收益率、每股经营现金流量、流通股比例、独立董事比例、股票收益率和股票规模显著高于低机构持股比例的上市公司,与理论预期一致;但流动比率和 Z 指数与预期刚好相反。另外,并未发现高机构持股比例上市公司与低机构持股比例上市公司在主营业务收入增长率、经营杠杆系数、财务杠杆系数、前五大股东持股比例之和、董事长是否兼任总经理、股票市场风险、市盈率和股票换手率方面存在显著差异的证据。造成以上现象的可能原因是:

第一,机构投资者为投机者,主要看重公司当期的盈利能力,而并不注重公司的成长潜力。因此高机构持股比例上市公司的盈利能力指标也较高,主营业务收入增长率指标不存在显著差异。第二,流动比率过高可能表明公司资金没有充分利用或存货积压,从而影响公司的盈利能力,所以高机构持股比例上市公司的流动比率反而较低。第三,我国上市公司市盈率普遍偏高,市盈率均值高达39.4,上市公司整体存在较大风险,加上各个公司经营风险和财务风险普遍较高,故不同机构持股比例上市公司的经营杠杆系数、财务杠杆系数和市场风险指标值差别不大。第四,机构投资者注重股票的短期收益性和流动性,交易频繁,缺乏长期投资理念,从股票换手率高达501%可以看到这一点。第五,当前我国上市公司整体股权过度集中,前五大股东持股比例之和高达56.4%,加上国有股一股独大现象较为严重,使机构投资者在参与公司治理时声音很小;而高的独立董事比例和流通股比例有利于提高机构投资者的话语权,更好地对管理层和控股股东进行监督,从而改善公司治理状况。因此,机构投资者偏好于股权分散(Z 指数低)、独立董事比例和流通股比例较高的上市公司。

综上所述,不同机构持股比例的上市公司在盈利能力、治理状况和市场化指标等方面存在显著差异,机构投资者偏爱盈利能力强、治理状况好和流通股市值大的公司股票,而对公司经营及财务风险、成长能力和股票市场风险并不是很关注。那么,存在显著差异的这10个指标反过来会不会对上市公司机构持股比例高低造成显著影响呢?

2. 回归结果与分析

为了回答上述问题,笔者以机构持股比例为被解释变量(INVE),以上述存在显著差异的10个指标为解释变量进行回归分析,建立如下回归分析模型。

$$INVE = \beta_0 + \beta_1 EPS + \beta_2 NAPS + \beta_3 CROE + \beta_4 NOCF + \beta_5 LIQU + \beta_6 Z 指数 + \beta_7 ASHA + \beta_8 IDRA + \beta_9 RET + \beta_{10} SIZE + \varepsilon$$

其中,INVE为机构投资者持股比例,β 为待估回归系数,ε 为随机扰动项。另外,我们采用SPSS(13.0)进行统计分析。对该回归方程的检验结果,将有助于我们判断各项指标是否对机构持股比例造成显著影响及影响方向。

表 18-12　均值检验结果

项目	全部公司(1012)均值(1)	持股≥2%(374)均值(2)	持股<2%(638)均值(3)	均值差(2)-(3)	T检验(2)与(3)(t值)
每股收益	0.318	0.378	0.284	0.094	3.738***
每股净资产	3.253	3.437	3.145	0.292	3.162***
净资产收益率(主业)	0.395	0.472	0.35	0.122	2.213**
每股经营现金流	0.588	0.682	0.533	0.15	2.563**
流动比率	1.516	1.418	1.573	-0.156	1.760*
Z指数	20.346	11.5	25.532	-14.032	5.959***
流通股比例	0.466	0.485	0.456	0.029	3.189***
独立董事比例	0.341	0.347	0.338	0.009	1.950*
股票收益率	0.242	0.338	0.186	0.152	6.742***
股票规模	20.863	21.09	20.73	0.36	5.897***
主业收入增长率	0.302	0.28	0.316	-0.035	-0.231
经营杠杆系数	2.446	2.465	2.434	0.03	0.122
财务杠杆系数	1.383	1.328	1.415	-0.087	-0.899
前五大持股比例和	0.564	0.557	0.568	-0.011	-1.176
两职合一情况	0.065	0.072	0.061	0.011	0.688
市场风险	1.056	1.062	1.052	0.01	0.516
市盈率	39.41	37.129	40.747	-3.618	-0.797
股票换手率	5.012	5.091	4.966	0.124	0.724

注：*表示在0.1的水平上显著；**表示在0.05的水平上显著；***表示在0.01的水平上显著。

表 18-13 列示了以机构持股比例(INVE)为被解释变量的回归分析结果，其中第一列数据为参数估计值，第二列数据为 t 值。由下表可知，净资产收益率(主业)、Z 指数、流通股比例、股票收益率和股票规模对机构投资者持股比例具有显著影响。具体分析如下：

净资产收益率(主业)和股票收益率与机构持股比例在5%的显著性水平上正相关，表明机构投资者偏好于盈利能力强、收益率高的公司股票。这可能是因为，相对于其他盈利能力指标(包括每股收益、每股净资产、每股经营现金流量)，净资产收益率(主业)和股票收益率更为稳定且较难被操纵，更能准确反映公司真实的获利能力。Z 指数和流通股比例分别与机构持股比例在1%的显著性水平上负相关和正相关，表明机构投资者偏好股权分散、流通股比例高的上市公司，因为这样的公司机构投资者的话语权大，有利于机构投资者参与公司内部治理。股票规模与机构持股比例在1%的显著性水平上正相关，表明机构投资者偏好于流通股总市值大的公司股票，因为这样的公司股票流动性更强。

表 18-13　回归分析结果(被解释变量:机构持股比例)

项目	B	t 值	Sig.
(Constant)	−0.0795	−3.231***	0.001
每股收益	0.0005	0.152	0.879
每股净资产	0.0006	0.738	0.461
净资产收益率(主业)	0.0032	2.183**	0.029
每股经营现金流量	0.0005	0.459	0.647
流动比率	0.0004	0.637	0.524
Z 指数	−0.0001	−2.947***	0.003
流通股比例	0.0223	3.093***	0.002
独立董事比例	0.0162	1.175	0.240
股票收益率	0.0067	2.372**	0.018
股票规模	0.0038	3.217***	0.001
调整的 R^2		0.570	
F 统计量的概率		0.000	

注:*** 表示在 0.01 的水平上显著,** 表示在 0.05 的水平上显著,* 表示在 0.1 的水平上显著。

(四) 结论与建议

我们通过对机构投资者的持股特征进行分析,来探求影响我国机构投资者持股比例的因素。具体包括不同机构持股比例下的上市公司特征比较研究和机构持股比例高低的影响因素研究两个方面的实证检验。结果显示不同机构持股比例的上市公司在盈利能力、治理状况和市场化指标方面存在显著差异,公司盈利能力越强、股权越分散、流通股比例及流通市值越大,越受机构投资者的欢迎,其机构投资者持股比例就越高。因此,机构投资者在选股投资时应尽量选择盈利能力强、股权结构分散、流通股市值大的公司股票。

另一方面,上市公司要想吸引更多机构投资者进而通过机构投资者的参与来改善公司的治理状况,应尽快将股权分置改革方案结果落到实处,加快非流通股股票进入流通市场的速度,提高流通股总市值规模。同时,政府应加快引入更多合格的境外机构投资者(QFII),发展包括养老基金、社保基金、保险基金等强度介入型机构投资者,进一步壮大机构投资者的力量,优化机构投资者素质和治理经验,配合完善机构投资者参与公司治理的法律支持。

案例五

目的:对国内外上市公司财务指标进行实证分析(学生自编案例)。
要求一:登陆国内下列网站及数据库收集上市公司财务报表。
1. 金融街网站 http://www.jrj.com.cn;
2. 海融证券网站 http://258china.com;

3. 全景网络网站 http://www.p5w.net;

4. 中国上市公司资讯网站 http://www.cnlist.com;

5. CCER 经济金融研究数据库(外购数据库)。

要求二:登陆国外网站收集上市公司财务报表。

1. 中文雅虎 http://www.hao123.net;

2. 美国通用电气公司 http://www.gm.com;

3. 荷兰皇家壳牌公司 http://www.shell.com;

4. 德国大众公司 http://www.vm.com;

5. 其他自选公司。

要求三:写出国内外上市公司财务指标实证分析报告(学生自编案例中要有数学模型)。

Reference

参考文献

[1] Brent, A., "Some Funds Try Shareholder Activism", *Mutual Fund Market News*, 2002(25).

[2] Carleton, W., Nelson, J., Weisbach, M., "The Influence of Institutions on Corporate Governance through Private Negotiations: Evidence from TIAA-CREF", *Journal of Finance*, 1998, 53(4).

[3] Gibson, M. S., "Is Corporate Governance Ineffective in Emerging Markets?", *Journal of Financial and Quantitative Analysis*, 2003(38).

[4] Guercio, D. D., Hawkins, J., "The Motivation and Impact of Pension Fund Activism", *Journal of Financial Economics*, 1999, 52(3).

[5] Huson, M. R., Parrino, R., Starks, L. T., "Internal Monitoring Mechanisms and CEO Turnover: A Long-term Perspective", *Journal of Finance*, 2001(56).

[6] Jarrell, G., Poulsen, A., "Shark Repellents and Stock Prices: The Effects of Antitakeover Amendments Since 1980", *Journal of Financial Economics*, 1987(19).

[7] Maug, E., "Large Shareholders as Monitors: Is There a Trade-off Between Liquidity and Control?", *Journal of Finance*, 1998(53).

[8] Useem, M., *Executive Defense: Shareholder Power and Corporate Reorganization*, Cambridge, MA: Harvard University Press, 1993.

[9] Parrino, R., Sias, R. W., Starks, L. T., "Voting with Their Feet: Institutional Ownership Changes around Forced CEO Turnover", *Journal of Financial Economics*, 2003(68).

[10] Shleifer, A., Vishny, R., "Large Shareholders and Corporate Control", *Journal of Political Economy*, 1986(94).

[11] Huddart, S., "The Effect of a Large Shareholder on Corporate Value", *Management Science*, 1993(39).

[12] Strickland, D., Wiles, K. W., Zenner, M., "A Requiem for the USA: Is Small Shareholder Monitoring Effective?", *Journal of Financial Economics*, 1996, 40(2).

[13] Gillan, S. L., Starks, L. T., "Corporate Governance Proposals and Shareholder Activism: The Role of Institutional Investors", *Journal of Financial Economics*, 2000, 57(2).

[14] Noe, T. H., "Institutional Activism and Financial Market Structure", *Review of Financial Studies*, 2002(15).

[15] Opler, T. C., Sokobin, J., "Does Coordinated Institutional Shareholder Activism Work?", Working Paper, 1995.

[16] Volpin, P. F., "Governance with Poor Investor Protection: Evidence from Top Executive Turnover in Italy", *Journal of Financial Economics*, 2002(64).

[17] Warner, J. B., Watts, R. L., Wruck, K. H., "Stock Prices and Top Management Changes", *Journal of Financial Economics*, 1988(20).

[18] Weisbach, M., "Outside Directors and CEO Turnover", *Journal of Financial Economics*, 1988(20).

[19] E. B. Deakin、M. W. Maher著,孙庆元等译.现代成本会计.北京:立信会计出版社,1992.

[20] 陈石进编译.财务分析技巧.香港:香港财经管理研究社,1986.

[21] 朱学义编著.中级财务会计(第4版).北京:机械工业出版社,2010.

[22] 周前华、杨济华编著.现代西方财务管理.北京:北京出版社,1992.

[23] 方傅报等主编.最新税收制度实用手册.北京:经济日报出版社,1994.

[24] 罗飞主编.企业财务报表阅读与分析.北京:中国经济出版社,1993.

[25] 陈信华编著.财务报表分析技巧.上海:立信会计出版社,1994.

[26] 国务院国资委统计评价局制定.企业绩效评价标准值——2008.北京:经济科学出版社,2008.

[27] 国务院国资委统计评价局制定.企业绩效评价标准值——2009.北京:经济科学出版社,2009.

[28] 国务院国资委统计评价局制定.企业绩效评价标准值——2010.北京:经济科学出版社,2010.

[29] 国务院国资委统计评价局制定.企业绩效评价标准值——2011.北京:经济科学出版社,2011.

[30] 国务院国资委统计评价局制定.企业绩效评价标准值——2012.北京:经济科学出版社,2012.

[31] 朱学义、周咏梅.财务分析.北京:机械工业出版社,1995.

[32] 财政部制定.企业会计准则——2006.北京:经济科学出版社,2006.

[33] 财政部制定.企业会计准则——应用指南(2006).北京:中国财政经济出版社,2006.

[34] 财政部企业司编.《企业财务通则》解读.北京:中国财政经济出版社,2007.

[35] 王治安著.现代财务分析.成都:西南财经大学出版社,2006.

[36] 财政部企业司编写组.企业会计准则讲解2010.北京:人民出版社,2010.

[37] 张先治主编.财务分析(第二版).大连:东北财经大学出版社,2005.

[38] 胡奕明主编.财务分析案例.北京:清华大学出版社,2006.

[39] 张新明编著.企业财务报表分析——教程与案例(第二版).北京:对外经济贸易大学出版社,2004.

[40] 斯蒂芬·佩因曼著,刘力、陆正飞译.财务报表分析与证券定价.北京:中国财政经济出版社,2002.

[41] E. B. Deakin、M. W. Maher著,孙庆元等译.现代成本会计.上海:立信会计图书用品社,1992.

[42] 中国注册会计师协会编.财务成本管理.北京:经济科学出版社,2008.

[43] 财政部注册会计师考试委员会办公室编.财务成本管理.北京:经济科学出版社,2002.

[44] 朱学义.智力投资分析[J].会计之友.2006(2):4—7.

[45] 刘建勇、朱学义.信息披露及时性与可靠性关系实证研究[J].中南财经大学学报.2008(6):94—98.

[46] 朱学义、王建华、吴江龙、任艳杰、曹荣兴.财务分析创新内容与实践研究[J].会计之友(下旬刊).2009(4):36—37.

教师反馈及教辅申请表

　　北京大学出版社本着"教材优先、学术为本"的出版宗旨，竭诚为广大高等院校师生服务。为更有针对性地提供服务，请您认真填写以下表格并经系主任签字盖章后寄回，我们将按照您填写的联系方式免费向您提供相应教辅资料，以及在本书内容更新后及时与您联系邮寄样书等事宜。

书名		书号	978-7-301-	作者	
您的姓名				职称职务	
校/院/系					
您所讲授的课程名称					
每学期学生人数	＿＿＿人＿＿＿年级			学时	
您准备何时用此书授课					
您的联系地址					
邮政编码		联系电话（必填）			
E-màil（必填）		QQ			
您对本书的建议：				系主任签字 盖章	

我们的联系方式：

北京大学出版社经济与管理图书事业部

北京市海淀区成府路 205 号，100871

联系人：徐冰

电话： 010-62767312 / 62757146

传真： 010-62556201

电子邮件： em_pup@126.com   em@pup.cn

Q Q： 5520 63295

新浪微博：@北京大学出版社经管图书

网址： http://www.pup.cn